Philosophische Texte / *Band 5*

Herausgegeben von
Hans Heinz Holz
Alessandro Mazzone
Helmut Plessner

Für Karl Schlechta

Hans Heinz Holz

Die abenteuerliche Rebellion

Bürgerliche Protestbewegungen in der Philosophie

Stirner · Nietzsche · Sartre · Marcuse · Neue Linke

Luchterhand

Herausgeber
Hans Heinz Holz, Marburg
Alessandro Mazzone, Rom und Messina
Helmuth Plessner, Erlenbach bei Zürich

Redaktion
Wieland Eschenhagen

Gesamtherstellung: Druck- und Verlagsgesellschaft mbH,
Darmstadt
Printed in Germany 1976
ISBN 3-472-78005-3

Inhalt

Vorwort

Wie Georg Lukács richtig hervorgehoben hat, markiert die gescheiterte Revolution von 1848 einen wesentlichen Einschnitt in der bürgerlichen Ideologie. Der Versuch der spekulativen Philosophie, die Totalität von Geschichte und Gesellschaft wie auch die unterschiedliche Einheit von Geschichte und Natur aus Prinzipien zu konstruieren, wird nun angesichts einer sich immer mehr zersplitternden und als widerspruchsvoll erweisenden gesellschaftlichen Realität aufgegeben, da er – wie sich schon an Hegel, dann aber vor allem bei den Junghegelianern zeigte – nur um den Preis einer kritischen Destruktion dieser Realität hätte durchgehalten werden können. Einerseits zog sich die Philosophie gegenüber den mächtig sich entfaltenden Naturwissenschaften auf eine Dienerinnen-Rolle zurück, indem sie ihre Aufgabe gegenüber den Wissenschaften nur noch als Erkenntnistheorie definierte; andererseits befriedigte sie ein mit der Krise der Religion wachsendes Weltanschauungsbedürfnis, indem sie apologetisch oder resignativ die Versöhnung des bürgerlichen Individuums mit der gesellschaftlichen Wirklichkeit betrieb.

Es konnte nicht ausbleiben, daß das Auseinanderklaffen zwischen den weltanschaulichen Normen bürgerlichen Denkens, die in der Aufklärung und in der Klassik formuliert worden waren, und der ihnen widerstreitenden gesellschaftlichen Realität gerade bei den politisch bewußten Vertretern des Bürgertums Mißbehagen hervorrufen mußte, das sich mit der zunehmenden Verschärfung dieser Widersprüche steigerte. Man kann es geradezu als ein Indiz für den Rang eines Philosophen nach 1848 betrachten, ob und auf welche Weise und mit welcher Tiefe und Klarheit er diese Widersprüche reflektiert und zu ihrem Wesen vordringt. Seit dem offenen Übergang des Kapitalismus zu imperialistischen Praktiken traten darum immer wieder und mehr und mehr Philosophen hervor, die sich kritisch gegen die bürgerliche Welt wandten. Die fortschreitende Desavouierung der bürgerlichen Libertät und Liberalität durch die gesellschaftliche Praxis in dem Jahrhundert von 1870 bis 1970 brachte – vom Boden eines selbst bürgerlichen Bildungs-, Erziehungs- und Autonomie-Ideals aus – eine weltanschauliche Rebellionsbewegung in Gang, die sich in den verschiedensten philosophischen Strömungen manifestierte. Diese Rebellionsbewegungen konnten jedoch, weil ihrer theoretischen Ausgangslage die Klasseninteressen des Bürgertums inhärierten, nur abenteuerliche Alternativen produzieren, die letztlich wieder in den ideologischen Mechanismus der Hegemonie des Bürgertums einmündeten (obschon sie dabei dessen weltanschauliche Konsistenz und Überzeugungskraft zerfällen mußten).

So werden die hier untersuchten Philosophien zum Indiz für die Krise, in die die bürgerliche Weltanschauung geraten ist, nachdem die heroischen Illusionen der französischen Revolution an der Wirklichkeit der kapitalistischen Produktionsverhältnisse gescheitert waren.. Die Zwänge der Kapitalverwertung und die humanistische und rationale Weltanschauung der Aufklärung ließen sich, je weiter sich die bürgerliche Gesellschaft ihrem Spätstadium näherte, umso weniger mehr in in einer konsistenten Theorie integrieren. Der Widerspruch zwischen dem gesellschaftlichen und kulturellen Selbstverständnis des Bürgertums und der politischen Realität, in der das Bürgertum sich als Klasse allein noch erhalten konnte, zeichnet sich in den ideologischen Positionen seit der Mitte des 19. Jahrhunderts deutlich ab. Auf der einen Seite werden apologetische Weltanschauungslehren und instrumentalisierbare Wissenschaftstheorien ausgebildet, die in unmittelbarem Zusammenhang mit der Reproduktion der kapitalistischen Produktionsverhältnisse stehen; auf der anderen Seite drückt sich das Unbehagen der ihrer selbständigen gesellschaftlichen Rolle immer mehr beraubten kleinbürgerlichen Schichten in Ansätzen zu einer Kritik oder Negation des Bestehenden aus, die auf nunmehr politisch entleerte Vorstellungen von der Freiheit und dem Selbstsein des Menschen, will sagen des Individuums, zurückgreifen, die aus der Aufstiegsperiode des Bürgertums übernommen werden. Da jedoch diese Schichten ihren sozialen Status an die Erhaltung der bürgerlichen Welt geknüpft wähnen, gelingt es ihnen zumeist nicht, ihre Kritik in eine politische Theorie einmünden zu lassen, die als Leitfaden gesellschaftsverändernden Handelns dienen könnte. Ihre Negation des Bestehens bleibt individualistisch, anarchisch und ephemer; sie schlägt in ein Moment der weltanschaulichen Stabilisierung der kapitalistischen Gesellschaft um, welche die geschichtlich wirkungslose Kritik an ihr selbst noch pluralistisch als integrierenden Faktor oder gar als ideologische Waffe im Klassenkampf nutzen kann (wie das Beispiel Sartres zeigt); oder aber das kritische Potential einer abenteuerlichen Rebellion zur Legitimation imperialistischer oder faschistischer Abenteurerpolitik zu verkehren mag (wie die Entwicklung Nietzsches und die Geschichte seiner Rezeption belegen).

Hans G. Helms hat gezeigt, daß ein Strang dieser abenteuerlichen Rebellionsideologien mit Max Stirners abstruser Apotheose des „Einzigen" verknüpft ist. Und Marx' Stirnerkritik behält für die gesamte Stirnernachfolge ihre Gültigkeit. Mit einem Rückblick auf Stirner muß darum eine Geschichte des revolutionären Scheins in der spätbürgerlichen Welt einsetzen. Im übrigen kann eine solche Geschichte, wenn sie in ideologiekritischer Absicht geschrieben wird, auf eine umfassende Beschreibung einzelner Richtungen verzichten und braucht sich nur jenen Erscheinungen zuzuwenden, die typologisch aufschlußreich sind, die aktuelles Problembewußtsein bewiesen und darum ein respektables philosophisches Niveau erreicht haben und die eine nachhaltige Wirkung erlangen konnten.

Wir gehen also paradigmatisch vor. Die Paradigmata, an denen die Phasen der „kritischen Kritik“ und die in ihnen sich vollziehende Selbstzerstörung der bürgerlichen Philosophie als ideologischer Prozeß einsichtig gemacht werden können, sind Friedrich Nietzsche, Jean Paul Sartre und Herbert Marcuse. Diese Auswahl muß sich im Laufe der Analyse rechtfertigen, der Zusammenhang unter ihnen wird zutage treten.

Stellt Stirner das Vorspiel zu den drei Akten des scheinrevolutionären Dramas dar, so die Ideologie der Studentenführer von 1968, die sich in groteskem Mißverständnis auch noch auf Marx und Lenin beriefen, das Satyrspiel: hier, wo die intellektuelle Rebellion zu politischer Praxis werden wollte, machte sie die Probe auf die Exempel der Theorie.

Dieses Buch ist meinem Lehrer Karl Schlechta zugeignet; nicht nur, weil ich seinem Nietzsche-Verständnis wesentliche Anregungen verdanke; die Begegnung mit ihm hat mir vielmehr über alle Inhalte des Philosophierens hinaus gezeigt, was es heißt, in philosophischer Einstellung die Erfahrungen des Lebens und des Denkens auszuhalten.

Erster Teil

Max Stirner – die Apotheose des bürgerlichen Individuums

I. Die seltsame Geheimschrift des Johann Caspar Schmidt

Natürlich nahm ihn unter den Gebildeten keiner ernst: jenen wunderlichen Heiligen, der die erste Person des Personal- und des Possessivpronomens zur Kategorie erhob und groß schrieb, der einen reinen, metaphysischen Egoismus lehrte und alles, was nicht *Ich* bin, als unbeachtlich vom Tisch fegte; so ungestüm im Geiste, daß nicht einmal der Tisch übrig blieb, um doch wenigstens das *Meinige* zu tragen, und daß *Ich*, als der Einzige, von *Mir* sagen darf und muß:

„Ich hab Mein Sach' auf Nichts gestellt".

Demnach war dieser wunderliche Heilige Johann Caspar Schmidt, der sich Max Stirner nannte, eine Art Geheimtip. Man verleugnete ihn zwar, war aber von ihm tief beeindruckt und schätzte sein Prinzip durchaus. Es gibt Bekannte, denen man nicht gern unter den Linden begegnet, sondern lieber an verschwiegenem Orte, in verschwörerischen Hinterstübchen. Daß die Gemeinde der Stirnerianer zu seiner Zeit nicht gering war, mag aus dem Umstand erhellen, daß Marx und Engels es für nötig hielten, die Hirngespinste des Berliner Propheten mit bissiger Ironie und Polemik zu destruieren. Daß diese Gemeinde indessen, durch mannigfache unmittelbare und mittelbare Wirkungen hindurch, sich hartnäckig im ideologischen Untergrund erhielt, um schließlich im Nationalsozialismus fröhliche Urständ zu feiern, hat uns Hans G. Helms' erschöpfende Analyse der „Ideologie der anonymen Gesellschaft" (1) gezeigt: Stirners Denken erweist sich als das Strukturmodell des kleinbürgerlichen Selbstbewußtseins. Und das Papier, auf dem mit dunklen Lettern erhabene Philosopheme niedergeschrieben wurden, trug schon in weißer Tinte die Schriftzüge des Einzigen.

Stirners Trick ist leicht durchschaubar. Er geht aus vom Unbehagen des Individuums in einer Gesellschaft, die eben diesem Individuum keinerlei Chance läßt, sich zu dem zu entfalten, was es sein könnte, sondern es einhegt in von außen auferlegte Bestimmungen. Die Gesellschaft stürzt uns in Unfreiheit, weil wir uns ihren Regeln fügen müssen, statt wir selbst zu sein. Die Regeln aber sind die des Besitzers:

„Die Weltgeschichte ist mit Uns grausam umgegangen, und der Geist hat eine allmächtige Gewalt errungen. Du mußt meine elenden Schuhe achten, die Deinen nackten Fuß schützen könnten. Mein Salz, wodurch Deine Kartoffeln genießbar würden, und Meine Prunkkarosse, deren Besitz Dir alle Not auf einmal abnähme: Du darfst nicht danach lagen. Von all dem und unzähligem Anderen soll der Mensch die *Selbständigkeit* anerkennen, es soll ihm für unergreifbar und unnahbar gelten, soll ihm entzogen sein". (2)

Nur als Einziger wäre der Mensch frei, denn dann vermöchte er die ganze Welt sich anzueignen. Mit mehreren aber ist's anders; sie begrenzen sich gegenseitig, machen sich das Eigentum an den Dingen der Welt streitig, unterwerfen einer den anderen, stellen das Verhältnis von Herrschaft und Knechtschaft her. Die Gesellschaft, die sich ihrem Begriff nach Verhaltensregeln setzt – den Gesellschaftsvertrag, aus dem Hobbes so gut wie Rousseau das Wesen des Staats konstruierten –, beraubt den Menschen, sei's auf absolutistische, sei's auf demokratische Weise, seines schrankenlosen Selbstseins; sie macht ihn zum Sklaven, sei's eines mächtigen Souveräns, sei's eines allgemeinen Willens.

Schon ist Stirner bei seinem Trick ertappt: er setzt die *Denk*möglichkeit des einzelnen, sich die ganze Welt anzueignen, der *Real*möglichkeit gleich, dies als Einziger zu tun. Dem Robinson aber, der dieser Welt allein gegenüberträte, würde die Natur unübersteigbare Schranken errichten. Er wäre unfreier als in jeder möglichen Gesellschaft, weil er machtloser wäre, mit den Unbilden der äußeren Welt fertig zu werden. Außerstande seine Denkmöglichkeiten zu verwirklichen, fiele er auf die Stufe vollständiger dinglicher Determiniertheit zurück; nur in Gedanken frei, wäre er tatsächlich ganz und gar entäußert und unfrei. Das „Zurückdrängen der Naturschranke", von dem Marx spricht, geschieht nur im „Tun aller und jeder" (Hegel), also in der gesellschaftlichen Tätigkeit.

Der Einzige kann sich mithin als Eigner dieser Welt nur *denken*. Wirklich wird er erst, wenn er sich (qua Einziger) aufhebt und in die Gemeinschaft mit anderen eintritt. Daß diese simple Realität die Konstruktionen Stirners ins luftige Reich der Träume verweist, hat deren Wirkung keinen Abbruch getan. Die Tröstlichkeit einer Lehre, die behauptet, "*Eigner* bin Ich meiner Gewalt, und Ich bin es dann, wenn Ich Mich als *Einzigen* weiß"(3), ließ sich von der Unverbindlichkeit dieses Wissens nicht anfechten. Im Gegenteil. Der Rückzug auf das bloße und unmittelbare Bewußtsein meiner selbst ersparte die Anstrengung des Begriffs, der das einzelne in seinen konkreten geschichtlichen Vermittlungen fassen muß, und ersparte darüber hinaus auch die Disziplin eines revolutionären Tuns, das sich nun in Gedanken allein, allenfalls noch in selbstgefälligen Exzentrizitäten abzuspielen braucht.

Nicht zufällig aber hatte das Windei Stirners Aussicht darauf, bebrütet zu werden. Daß die Welt aus dem Kopf des einsamen Ich deduziert werde, ist seit Descartes in der neuzeitlichen Philosophie gang und gäbe geworden. Bei ihm hatte dies allerdings den Sinn, der wissenschaftlichen Erkenntnis gegen den kirchlichen Dogmatismus einen konkreten Stand zu sichern und die Autonomie des Subjekts gegen den Anspruch fremder Mächte zu bewahren: da ich an allem zweifeln kann außer an meinem Zweifel selbst, muß der Erkenntnisgrund für alles, was außer mir ist, in mir allein gesucht werden.

Diese zugleich kritische und stolze Strenge hatte indessen unabwendbare Konsequenzen. Von Descartes ging der Weg zu Kant, der die Welt, so wie sie uns erscheint, als unaufhebbar behaftet mit den Anschauungsformen des Subjekts erkannte, so daß zwar nicht ihr Ansichsein, wohl aber alle ihre Daseinsformen als Produkte subjektiver Leistung betrachtet werden (woraus in einer Folgelinie Schopenhauer die Welt zum Resultat von Wille und Vorstellung machte und Nietzsche ihr schließlich jede Wahrheitsgeltung nahm). Von Kant führte der nächste Schritt zu Fichte, der auf Erwägungen über das unerkennbare Ansichsein verzichtete und das Nicht-Ich als vom Ich gesetzt dachte, so daß das Ich als Erzeuger der ganzen Welt (in Gedanken) quasi göttlich dastand. Stirner ist davon nicht weit entfernt:

„Man sagt von Gott: Namen nennen Dich nicht. Das gilt von Mir: kein *Begriff* drückt Mich aus, nichts, was man als mein Wesen angibt, erschöpft Mich; es sind nur Namen. Gleichfalls sagt man von Gott, er sei vollkommen und habe keinen Beruf, nach Vollkommenheit zu streben. Auch das gilt allein von Mir". (4)

Die Gottähnlichkeit, die Stirner für sich, das heißt für den Einzigen beansprucht, ist konsequenterweise nur idealistisch zu begründen. Als dieses leibhafte, materielle Wesen, als das Exemplar der Gattung *homo sapiens*, ist der Einzelne in seiner Einzelheit beschränkt; er ist ein Seiendes unter anderen Seienden, den Gesetzen der Natur unterworfen, bedürftig des Unterhalts zum Überleben, schließlich dem Tode verfallen. Doch im Geiste kann er denkend, imaginierend alles umfassen, was ist, was sein kann und was gedacht werden kann; all dies ist der Inhalt seiner Vorstellung, als Geist ist er alles, und als das Ganze im Geiste ist er einzig und alles andere ist nur in ihm als angeeignet durch den Geist. So lautete in der Tat die Bestimmung Gottes, der eben darum auch nur als Geist gedacht werden konnte, wenn er nicht pantheistisch in der Welt beziehungsweise in der Natur aufgehen sollte. Das Totum ist einzig und hat kein Gegenüber – „gegeben" sein kann es nur im Geiste. Löwith hat nicht zu Unrecht darauf hingewiesen, daß in Stirner ein nur oberflächlich verdeckter (allerdings, möchte ich hinzufügen, auch bis zur Sinnlosigkeit banalisierter und seiner spekulativen Strenge beraubter) Hegelianismus steckt:

„Stirners Buch. . . ist eine letzte Konsequenz aus Hegels weltgeschichtlicher Konstruktion, die es – allegorisch entstellt – genau wiederholt. . . Stirners Hegelianismus wird aber dadurch verdeckt, daß er den Hegelschen Kategorien populäre und darum konkreter wirkende Namen gibt, womit er sich über die Geschichte des ‚Geistes' erhaben wähnt". (5)

Stirner hat jedoch den objektiven Idealismus Hegels, ja sogar auch noch die transzendentale Subjektivität Fichtes auf das empirische Ich zurückgebracht. Stirner hat sich ausdrücklich auf Fichte bezogen, bei dem er bezeichnenderweise schon Hegels wesentliche Positionen vorgebildet sah:

„Wenn Fichte sagt: ‚Das Ich ist Alles', so scheint dies mit meinen Aufstellungen vollkommen zu harmonisieren. Allein nicht das Ich *ist* Alles, sondern das Ich *zerstört*

Alles, und nur das sich selbst auflösende Ich, das nie seiende Ich, das – *endliche* Ich ist wirklich Ich. Fichte spricht vom ‚absoluten' Ich, Ich aber spreche von Mir, dem vergänglichen Ich. . . Auch Fichtes Ich ist dasselbe Wesen außer Mir, denn Ich ist Jeder, und hat nur dieses Ich Rechte, so ist es ‚das Ich', nicht Ich bin es. Ich bin aber nicht ein Ich neben anderen Ichen, sondern das alleinige Ich: Ich bin einzig". (6)

Der absolute Geist wird da auf das transzendentale Subjekt und dieses auf das Individuum reduziert, welches zwar nicht mit der *res cogitans* des Descartes, wohl aber mit seinem *ego dubitans* koinzidiert. Die materiell-leibliche Einzelheit des Einzigen verbietet seine Gleichsetzung mit dem Ganzen, allein in der Zerstörung von allem, was ihm entgegengesetzt ist, kann er seine Einzigkeit gewinnen. – Die Zerstörung bleibt aber eine geistige, eine solche der Kritik der Welt durch den Nihilismus – und die Welt geht, außerhalb der Vorstellung des Nihilisten – ihren Gang weiter. Das Muster der Zerstörung des Anderen zum Zwecke der Selbstbehauptung des Einzelnen (bis daß er schließlich der Einzige sei) ist der Verzehr, die Aneignung als Einverleibung. Ein atavistischer Kannibalismus versteckt sich zuweilen unter der Stirnerschen Phraseologie:

„Mein Verkehr mit der Welt besteht darin, daß Ich sie genieße und so sie zu meinem Selbstgenuß verbrauche". (7)

Doch die Abneigung von Welt durch Verbrauch, die Mediatisierung von Dingen und Menschen zu Gebrauchsgegenständen (in glatter Umkehrung des Kantschen kategorischen Imperativs) ist für das beschränkte Individuum nur im Geiste möglich – wohl aber, als Äquivalent der geistigen Aneignung, kann die Potenz zum beliebigen Konsum durch die Bereitstellung abstrakten Vermögens, des Geldes, erworben werden:

„*Menschliche* oder *allgemeine* Bedürfnisse können durch die Gesellschaft befriedigt werden; für *einzige* Bedürfnisse musst Du Befriedigung erst suchen. . . Darum verlaß Dich nicht auf die Gesellschaft, sondern sieh zu, daß Du habest, um die Erfüllung Deiner Wünsche zu – erkaufen. . . Das Geld ist eine Ware, und zwar ein wesentliches *Mittel* oder Vermögen. . . Nicht das Geld tut Euch Schaden, sondern Euer Unvermögen, es zu nehmen. Laßt Euer Vermögen wirken, nehmt Euch zusammen, und es wird an Geld – an eurem Gelde, dem Gelde *eures* Gepräges – nicht fehlen. Arbeiten aber, das nene ich nicht ‚euer Vermögen wirken lassen' ". (8)

Der Kapitalist schaut hier unter dem Mantel des Anarchisten nur allzu erkennbar hervor. Indessen bleibt die Theorie wieder auf den Bereich der dem Einzelnen unmittelbar erfahrbaren Oberfläche beschränkt: nicht die Zwangsläufigkeit der Kapitalakkumulation, sondern die Maßlosigkeit des Konsums ist für Stirner Triebkraft des Aneigungswillens:

„Wo Mir die Welt in den Weg kommt – und sie kommt Mir überall in den Weg – da verzehre Ich sie, um den Hunger meines Egoismus zu stillen. Du bist für mich nichts als – meine Speise, gleichwie auch Ich von Dir verspeiset und verbraucht werde. Wir haben zueinander nur eine Beziehung, die der *Brauchbarkeit*, der Nutzbarkeit, des Nutzens". (9)

Primär richtet sich dieses Verwertungsinteresse auf die Natur, die – wie wir inzwischen erfahren haben: zum Nachteil der Menschen – der ungehemmten Ausnutzung ausgeliefert wird:

„An der Natur als solcher respektiere Ich nichts mehr, sondern weiß Mich gegen sie zu Allem berechtigt". (10)

Doch der Schritt von der Ausnutzung der Natur zur Ausbeutung des Menschen ist schnell getan:

„Sagte Ich erst, Ich liebe die Welt, so setze Ich jetzt ebenso hinzu: Ich liebe sie nicht, denn Ich *vernichte* sie, wie Ich Mich vernichte: *Ich löse sie auf*. . . Wie sollte Ich's nicht in aller Grellheit auszusprechen wagen? Ja, *Ich benutze* die Welt und die Menschen!" (11)

Und die äußerste Konsequenz ist schließlich die der Selbstzerstörung (die hier schon in Vorwegnahme lebensphilosophischer Perspektiven als Lebensgenuß, als Feier des Lebendigen gepriesen wird):

„Über der Pforte unserer Zeit steht nicht jenes apollinische ‚Erkenne Dich selbst', sondern ein *Verwerte Dich*! . . . Fassen wir dieselbe Sache von einer anderen Seite auf. Wer nur besorgt ist, daß er *lebe*, vergißt über diese Ängstlichkeit leicht den *Genuß* des Lebens. Ist's ihm nur ums Leben zu tun und denkt er, wenn Ich nur das liebe Leben habe, so verwendet er nicht seine volle Kraft darauf, das Leben zu nutzen, das heißt zu genießen. Wie aber nutzt man das Leben? Indem man's verbraucht, gleich dem Lichte, das man nutzt, indem man's verbrennt. Man nutzt das Leben und mithin sich, den Lebendigen, indem man es und sich *verzehrt*. *Lebensgenuß* ist Verbrauch des Lebens. Nun – den *Genuß* des Lebens suchen wir auf!" (12)

Der Einzelne, der alles und alle benutzt und verzehrt, bleibt schließlich zurück als der Einzige, der im Verbrauch alle und jeder sich selbst verbraucht. Der schrankenlose Egoismus als Prinzip der bürgerlichen Gesellschaft erhält hier seine weltanschauliche Legitimation.

Nun hat schon Hegel den „Eigendünkel" als Prinzip der bürgerlichen Gesellschaft herausgestellt. (13) Doch Hegel hatte die Kompossibilität der konkurrierenden Zwecke durch die Funktionen des Staates garantiert, der das System egoistischer Interessen vor dem Zerfall ins Chaos – notfalls gegen die Partikularinteressen Einzelner, ja sogar aller Einzelnen – zu bewahren hat.

„Die konkrete Person, welche sich als *besonderer* Zweck ist, als ein Ganzes von Bedürfnissen und eine Vermischung von Naturnotwendigkeit und Willkür, ist das *eine Prinzip* der bürgerlichen Gesellschaft, – aber die besondere Person als wesentlich in *Beziehung* auf andere solche Besonderheit, so daß jede durch die andere und zugleich schlechthin nur als durch die Form der *Allgemeinheit, das andere Prinzip, vermittelt* sich geltend macht und befriedigt. Der selbstsüchtige Zweck in seiner Verwirklichung, so durch die Allgemeinheit bedingt, begründet ein System allseitiger Abhängigkeit, daß die Subsistenz und das Wohl des Einzelnen und sein rechtliches Dasein in die Subsistenz, das Wohl und Recht aller verflochten, darauf gegründet und nur in diesem Zusammenhange wirklich und gesichert ist. – Man kann dies System zunächst als den *äußeren Staat*, – *Not-* und *Verstandesstaat* ansehen". (14)

So verwirklicht sich im Staat und durch den Staat das Gesamtinteresse der bürgerlichen Gesellschaft, weil der Staat über die Zwangsgewalt verfügt, dem Allgemeinen gegen das Besondere Vorrang zu verleihen. Insofern der einzelne Bürger durch die Staatstätigkeit in der absoluten Freiheit seiner Einzelheit (die nur als Einzigkeit denkbar wäre) beschränkt wird, erscheint ihm der Staat als repressiv. Dagegen richtet sich Stirners Empörung, ein Protest, der sich noch ebenso anarchistisch wie nominalistisch bei Adorno wiederholt, wenn er emphatisch das Recht des Einzelnen gegen die abstrakte Allgemeinheit geltend zu machen sucht. (15) Daß die bürgerliche Gesellschaft, wie Hegel gezeigt hat, des Staates unausweichlich bedarf, so sie *Gesellschaft* sein will, nimmt Stirner zum Anlaß der Polemik gegen den Bürger:

„Das Bürgertum ist nichts anderes als der Gedanke, daß der Staat alles in allem, der wahre Mensch sei, und daß der Einzelnen Menschenwert darin bestehe, ein Staatsbürger zu sein. . . Kein *Sonder-Interesse* soll ferner verfolgt werden, sondern das *allgemeine Interesse Aller* . . . Was heißt, das, Wir genießen Alle ‚Gleichheit der politischen Rechte'? Nur dies, daß der Staat keine Rücksicht auf Meine Person nehme, daß Ich ihm, wie jeder Andere, nur ein Mensch bin, ohne eine andere ihm imponierende Bedeutung zu haben". (16)

Auch Stirner ist jedoch kein Robinson, wie sehr sein „Einziger" diese Fiktion auch als real vorzutäuschen sich bemüht. Die Aufhebung des Staats als (zugegebenermaßen repressive) Ordnungsmacht könnte nur zur Willkürherrschaft eines Einzigen, nämlich des Stärksten, führen. An die Stelle des Rechts (und des ihm korrespondierenden Unrechts) träte die nackte Gewalt.

„Gegen *das* Recht kann man nicht mehr, wie gegen *ein* Recht, mit der Behauptung auftreten, es sei ‚ein Unrecht'. Man kann nur noch sagen, es sei Unsinn, eine Illusion. Nennete man's Unrecht, so müßte man ein *anderes* Recht dagegen stellen und an diesem es messen. Verwirft man hingegen das Recht als solches, das Recht an und für sich, ganz und gar, so verwirft man auch den Begriff des Unrechts, und löst den ganzen Rechtsbegriff (wozu der Unrechtsbegriff gehört) auf". (17)

Und weiter:

„Meine Freiheit wird erst vollkommen, wenn sie meine – *Gewalt* ist; durch diese aber höre Ich auf, ein bloß Freier zu sein, und werde ein Eigener. . . Die Gewalt ist eine schöne Sache, und zu vielen Dingen nütze; denn ‚man kommt mit einer Hand voll Gewalt weiter, als mit einem Sack voll Recht'. Ihr sehnt Euch nach der Freiheit? Ihr Toren! Nähmet Ihr die Gewalt, so käme die Freiheit von selbst. Seht, wer die Gewalt hat, der ‚steht über dem Gesetze'. Wie schmeckt Euch diese Aussicht, Ihr ‚gesetzlichen' Leute? Ihr habt aber keinen Geschmack!" (18)

Daß Stirner mit solchen Formulierungen direkt die Ideologie des Faschismus vorbereitet, hat Helms deutlich herausgearbeitet. (19) In der Polemik gegen den Bürger, der bei Hegel doch immer noch der *citoyen* ist, enthüllt sich der Bürger als *bourgeois.* Unter der Reinschrift des anarchistischen Programms tritt die Geheimschrift der kapitalistischen Ideologie hervor. In der Kritik an Hegel manifestieren sich die Widersprüche der bürgerlichen Gesellschaft, die Hegel noch, als theoretischer Vollstrecker der französischen Revolution, in der Rechtsphilosphie als einer dialektischen Institutionenlehre glaubte aufheben zu können.

II. Ortsbestimmung

Stirners erstaunliche Egozentrik ist nicht einfach Ausdruck eines abnormen Geisteszustands, wie man bei der ersten Lektüre seines monströsen Werkes vielleicht argwöhnen könnte. Schon die langhin sich erstreckende Nachwirkung (der Hans G. Helms im Detail nachgegangen ist) erlaubt es nicht, den „Einzigen" ins Reich der Absonderlichkeiten abzuschieben. Vielmehr zeigen sich – von Nietzsche bis zu Adorno, von Sartre bis zu Marcuse – in der neueren bürgerlichen Rebellionsphilosophie die Topoi Stirnerschen Denkens erhalten, wenn auch ihre Herkunft meist unter dem Schleier eines elaborierten Code verborgen bleibt. Es zeugt von der ideologiekritischen Klarsicht, die Marx und Engels schon in ihren Anfängen besaßen, daß sie in den abstrusen Thesen des wunderlichen Heiligen Stirner die Virulenz der ideologischen Position erkannten, die in mannigfachen Varianten den weltanschaulichen Bedürfnissen der Bourgeoisie zu dienen vermag.

Stirner hatte indessen zu seiner Zeit nicht nur eine noch unbekannte Zukunft vor sich, er hatte auch – ungeachtet des Absturzes im Niveau – seinen Platz in der Folge einer philosophiegeschichtlichen Tradition, die aus der Systematik des deutschen Idealismus sich herleitet. Stirner selbst hat sich in der, wenn auch negativen, Nachfolgeschaft Hegels gesehen. (20) Auf Hegel, den Giganten, bezogen sich negativ, umstürzend alle Philosophen des 19. Jahrhunderts, die Lombardi die „undankbaren Söhne Hegels" nennt (21); einzig Marx und Engels, die den Umsturz methodisch als „Umkehrung", als „vom Kopf auf die Füße stellen", betrieben, vermochten in der Aufhebung Hegels diesen zugleich zu bewahren. In jedem Falle muß von der Opposition gegen Hegel ausgegangen werden, wenn die Rebellionsphilosophien des bürgerlichen Zeitalters auf ihren Ursprung befragt werden sollen.

Als Hegel in Berlin seine großen Vorlesungen über „Geschichte der Philosophie der Weltgeschichte" hielt, verstand er den Gang des Geschehens so, daß sein eigenes System Resultat, Krönung und Abschluß einer kontinuierlichen Entwicklung des Denkens sei, über die hinaus es nun keine neue Stufe der Philosophie mehr geben könne. Was auf ihn folge, so meinte er, sei nur noch die Ausführung seiner Systematik in die Breite und ins Detail. So vermessen uns dieser Anspruch heute erscheinen mag, so sehr müssen wir ihn von Hegels Standpunkt aus als berechtigt anerkennen. Das große Anliegen seiner Jugend und reifen Mannesjahre, wie es sich in seinen Werken von den Berner Schriften bis zur „Logik" hin widerspiegelt, war die gedankliche Bewältigung der Erfahrungen der französischen Revolution, die einen Einschnitt in der europäischen Geschichte gesetzt hatte und als historisches Faktum mit den Mitteln der bisherigen Philosophie nicht angemessen zu begreifen war. (22) Die „Phänomenologie des Geistes" hatte gezeigt, daß die Geschichte in ihrem Ablauf einer strengen, durch das dialektische Schema definierten Gesetzlichkeit folgt und daß diese Gesetzlichkeit, die sich über die Natur erhebt, das eigentliche Reich menschlicher Entfaltung und Bewährung ist.

Zu dieser theoretischen Aufgabe, das Fazit aus den Erfahrungen seiner Epoche zu ziehen, gesellte sich für Hegel die Revolution – die Emanzipation des einzelnen, den Konstitutionalismus der Staatsverfassung, die strikte Gesetzlichkeit der Verwaltung – auch in Deutschland durchzusetzen. Während seiner ganzen philosophischen Laufbahn finden wir Hegel immer wieder im publizistischen Einsatz für dieses Ziel. Anfänglich radikaler, mäßigt er später seine Auffassungen und glaubt in der konstitutionellen preußischen Monarchie die Verwirklichung der „besten Verfassung" sehen zu dürfen. Diese Anschauung mag durch die Prosperität der nachnapoleonischen Ära gefördert worden sein. Die bürgerliche Gesellschaft mit ihren besonderen Formen des Handels und der Industrie begann sich zu entfalten, eine Änderung der Verhältnisse schien weder absehbar noch wünschenswert.

In dieser Situation ist es verständlich, daß Hegel, der sein philosophisches System mit einem gewissen Recht als den gedanklichen Reflex jener Entwicklung und ihres schließlich erreichten Dauerzustandes betrachtete, damit auch den Abschluß alles systematischen Philosophierens für gekommen hielt. Und die Geschichte *bestätigt* diese seine Selbsteinschätzung. Seit Hegel in der Tat kein rein philosophisches System mehr entworfen worden, das den Anspruch erheben konnte, den Sinn des Weltgeschehens gleichsam als Ergebnis zusammenzufassen. Mit Hegels Tod setzt auch der Zerfall der Philosophie ein, der bis in unsere Tage noch andauert. Während die Epigonen in den dreißiger und vierziger Jahren des 19. Jahrhunderts sich (mit minderem Niveau) darauf beschränkten, Hegels Grundgedanken zu differenzieren und anzuwenden, rebellierte die junghegelianische Opposition nicht nur gegen die Hegelsche, sondern gegen die Philosophie überhaupt. Die selbstgenügsame Welt der Ideen schien den Forderungen des Lebens nicht mehr gerecht zu werden. Seine schärfste Formulierung fand dieses junghegelianische Postulat der praktischen Tätigkeit des Denkers in der elften Feuerbach-These von Karl Marx:

> „Die Philosophen haben die Welt nur verschieden *interpretiert*; es kommt darauf an, sie zu *verändern*".

Die elfte Feuerbachthese von Marx, im Umkreis der „Deutschen Ideologie" entstanden, ist der Programmsatz jener Aufhebung der Philosophie, die Marx und Engels im weiteren betrieben haben. Auf die Bestimmtheit des Verhältnisses der Philosophie zu ihrer Aufhebung werden wir noch zu sprechen kommen. Hier ist zunächst wichtig, den Ursprung der Probleme der modernen Philosophie aus dem Scheitern der Hegelschen Systematik zu begreifen. Hegel konnte die Kontingenz der geschichtlichen Wirklichkeit nur dadurch intelligibel machen, daß er sie in die Notwendigkeit des logischen Gesetzes überführte: er faßte die wirkliche Geschichte als das Wissen von der Geschichte (in der „Phänomenologie des Geistes") und konnte so die Geschichte als Selbstentfaltung des absoluten Geistes dessen Gesetzen (nämlich denen der Dialektik) unterwerfen. Die Gesetze der Dialektik aber müssen dann als solche des absoluten Geistes den Charakter logischer Notwendigkeit haben (der in der „Wissenschaft der Logik" aufgezeigt wird). Wissen ist wahres nur als ganzes, die Logik der dialektischen Entwicklung ist nur dann apriorisch und evident, wenn sie schließlich auf die Tautologie des identischen Satzes zurückgebracht wird; zwischen dem Anfang beim Sein und dem Ende bei der Idee waltet die Entzweiung in Wesen und Erscheinung. Die Überzeugungskraft der Hegelschen Methode steht und fällt mit der konstitutiven Funktion der Kategorie Totalität, also mit dem abgeschlossenen System, als welches seine Philosophie dasteht. Für Hegel und die Hegelianer kann Philosophie nach Hegel nicht mehr Konstruktion, sondern nur noch Interpretation sein; denn die Konstruktion ist vollendet, das Konstrukt liegt vor.

Hegels Konstruktion der Geschichte als System zerfällt jedoch vor der Geschichte der Wirklichkeit, die das System überschreitet. Darum stellt sich für die Folgegeneration, die noch den Hegelschen Anspruch der Einheit von System und Methode begriff, die Aporie der Hegelschen Philosophie an vier Punkten dar: die Dialektik ist, da auf die Identität von Anfang und Ende hinführend, unbeweglich; die Dialektik, dem Prinzip *praedicatum inest subiecto* gehorchend, bleibt begriffslogisch; die Dialektik, die ihre prognostische Kraft nur aus der Idee des Ganzen gewinnen könnte, sperrt sich gegen den Fortgang der Geschichte und nichtet damit sich selbst; die Dialektik, dem Allgemeinen des Begriffs entspringend, kann das Reale, Kontingente weder erklären, noch rechtfertigen. (23) Die Nachfolger Hegels sahen sich mithin genötigt, das Medium, in dem die Dialektik zum System gerinnen konnte, zu destruieren: sie mußten die spekulative Gleichung von Geschichte und absolutem Geist aufheben, um die Singluarität des Geschichtlichen wiederzugewinnen. (24)

Das Auseinanderfallen von logischer Geltung und historischer Besonderheit, ja persönlicher Einsatz wird an der „Rechtsphilosophie" abgreifbar.

Hegel hatte den Menschen in einen übergreifenden Zusammenhang von Familie, bürgerlicher Gesellschaft und Staat, also in ein Gefüge institutioneller Objektivitäten eingeordnet, von denen der einzelne erst bestimmt wird, so und nicht anders zu sein, zu leben und sich zu entwikkeln. Diese Ordnung steht als „objektiver Geist", mithin als eine ideelle Allgemeinheit, dem subjektiven Ich des Einzelmenschen gegenüber. Stirner will nun die der Gattung Mensch zukommenden allgemeinen Bestimmungen, wie Recht, Moral, Gesellschaft, Bildung, nicht mehr als verbindlich anerkennen. Wer den Menschen von seinen Gattungseigenschaften her sieht, schafft sich eine Art „heiliges Tabu", dessen ideologischen, unwirklichen Charakter Stirner entlarven möchte. Allein das *einzelne Ich* könne als wirklich hingenommen werden, alles andere sei ein künstlich geschaffener Fetisch, der der Ungleichheit der Menschen untereinander dienen solle. Das einzelne Ich sei Schöpfer seiner selbst und seiner Welt, außer und vor ihm gebe es nichts, woran es gebunden wäre:

„Stell ich auf Mich, den Einzigen, meine Sache, dann steht sie auf dem vergänglichen, dem sterblichen Schöpfer seiner, der sich selbst verzehrt, und Ich darf sagen: Ich hab' mein Sach' auf Nichts gestellt." (25)

Solche Thesen sind uns gar nicht so fremd. Der Existentialismus hat diese absolute Ungebundenheit des Individuums behauptet und auf die Formel gebracht: „Der Mensch schafft sich selbst"; und er hatte als den metaphysischen Gegenpol des schöpferischen Ich nicht die dingliche, kompakte Welt des Seins gelten lassen, sondern das reine, leere Nichts, aus dem das Bewußtsein alle seine Gestalten willkürlich erzeugen mochte. Die Verwandtschaft des Stirnerschen und des existentialistischen Grundgedankens läßt sich bis auf eine gemeinsame Wurzel zurückverfolgen: beide interpretieren nämlich das Fichtesche Ich, das in absoluter Selbstherrlichkeit das Nicht-Ich aus sich heraussetzt, als das individuelle Subjekt, während Fichte es als das transzendentale, intellegible Ich verstanden wissen wollte, das in allen Menschen als ihr Wesen wirksam sei und im Einzelnen sich nur teilhaft konkretisiere. Bezieht Fichtes Idee der Produktivität sich also auf die *Menschheit* als Ganzes, so die Stirners (und des Existentialismus) auf *den Menschen* als einzelnen. Dieser Sprung vom transzendentalen zum einmalig-geschichtlichen Subjekt ist dann notwendigerweise verbunden mit einer Absage an alle Verpflichtungen, die der einzelne gegenüber seinen Mitmenschen hat. Die Freiheit Stirners, wie die der Existentialisten, ist eine Freiheit der Immoralität (womit zugleich die Querverbindung zum Denken Nietzsches angedeutet ist). Der antihumanistische Grundzug dieser Philosophie tritt deutlich hervor.

In dieser Parallele erweist sich Stirners Denken als durchaus nicht so absonderlich, wie die traditionelle Philosophiehistorie meinte. Es ergeben sich vielmehr aktuelle Perspektiven, die Stirner als einen Vorläufer moderner nihilistischer Strömungen kenntlich machen. Schärfer aber als diese gegenwärtigen Lehren stellt Stirner die Problematik seines „Einzigen" auf die Besitzverhältnisse als Ausdruck der dinglichen Bindung des Menschen an die Welt ab. Sein Hauptwerk heißt aus gutem Grunde „Der Einzige und sein Eigentum". Nach der Aufhebung aller moralischen und gesellschaftlichen Bindungen des Menschen bleibt die Abneigung als das alleinige Prinzip seines Handelns. Und in dieser Rückführung aller menschlichen Tätigkeiten und Eigenschaften auf die Überführung des fremden in eigenes Eigentum enthüllt sich Stirners Philosophie als die metaphysische Doktrin eines radikalen Liberalismus. Nichts begrenzt nämlich mehr jenen Prozeß der Aneigung, dessen Subjekt der einzelne ist, als die konkurrierende Aneigung anderer „Einzelner". Das ökonomische „laissez-faire" ist damit zum geschichtsphilosophischen und anthropologischen Axiom erhoben. Was bei Hegel, Rößler und Ruge die Arbeit war, was bei Marx die gesellschaftliche Produktion werden sollte – das ist bei Stirner die Aneignung: nämlich der Vorgang der Selbstwerdung des Menschen. Insofern Stirner aber keinen anderen Ordnungsgrundsatz zuläßt als den des ungehemmten Erwerbsstrebens selbst, schlägt seine „Befreiung" des Individuums in ihr Gegenteil um: sie wird zur ausschließlichen Freiheit des Bewußtseins, sich als „Eigner" – oder wenigstens als möglichen Erwerber – aller Reichtümer der Welt vorzustellen, während in Wirklichkeit nur die realen bestehenden Machtverhältnisse über den tatsächlichen Zugang zu den Gütern entscheiden. Wo aber mit Stirners Postulat des Egoismus, alles an sich zu reißen, was man begehrt, ernst gemacht würde, müßte eine totale Anarchie herrschen und jegliche menschliche Existenz aufhören. Der von Hobbes als Urzustand gedachte „Krieg aller gegen alle" erwiese sich dann auch als Endzustand der Geschichte. Diese Konsequenz hat dann der Anarchismus, unter den theoretischen Führung Bakunins, gezogen, ohne mit dieser negativen Gegenutopie ein realisierbares Gesellschaftsbild ausmalen zu können.

Die Kritik der Junghegelianer an ihrem Erzvater verstrickte sich in einen unauflösbaren Widerspruch: wollten sie das Konstruktionsprinzip des Hegelschen Systems (als des Weltbilds unter dem Aspekt der Geschichte) um der Konkretheit der Geschichte willen eliminieren, also Geschichte vom wirklichen Menschen und nicht von absoluten Geist her begreifen, so mußte sich ihnen die Rationalität der Geschichte in eine Mannigfaltigkeit von Einzelheiten auflösen. Feuerbach weist in seiner „Kritik der Hegelschen Philosophie" darauf hin, daß die philosophische Systematik der Aspekt der *Darstellung* des Wissens, nicht der Aspekt seiner *Gegenständlichkeit* ist.

„Aber gleichwohl ist das systematische Denken nicht das *Denken an sich*, das *wesentliche* Denken, sondern nur das sich *darstellende* Denken. Indem ich meine Gedanken darstelle, versetze ich sie *in die Zeit;* was in mir ein Zugleich ist, eine über die Sukzession übergreifende Einsicht, wird jetzt ein Nacheinander. Ich setze das Darzustellende als nicht seiend, ich lasse es entstehen vor meinen Augen, ich abstrahiere von dem, was es vor der Darstellung ist. Was ich daher auch setze als Anfang, es ist zunächst nur das rein Unbestimmte; ich weiß ja noch gar nichts von ihm – das darstellende Wissen soll ja erst Wissen werden. . . Der Fortgang ist daher ein Rückgang, – ich komme wieder auf das zurück, wovon ich ausgegangen, – im Rückgang nehme ich die *Sukzession*, die *Verzeitlichung* des Gedankens wieder zurück: ich stelle die verloren gegangene Identität wieder her". (26)

Dieses Schema der Darstellung, das dem Vorgang der prädikativen Aussage entspricht, setzt an den Anfang das gänzlich Unbestimmte. Nun ist jedoch (so Feuerbach) die Erfahrung, die in den Anfang des Wissens eingeht und also erst das Denken über den Anfang auslöst, keineswegs unbestimmt.

„Die Hegelsche Philosophie trifft daher derselbe Vorwurf, der die ganze neuere Philosophie von Descartes und Spinoza an trifft: der Vorwurf eines *unvermittelten* Bruchs mit der sinnlichen Anschauung, der Vorwurf der *unmittelbaren* Voraussetzung der Philosophie".

Und in einer Anmerkung dazu heißt es:

„Es gibt freilich einen unvermeidlichen Bruch, der in der Natur der Wissenschaft überhaupt liegt; aber daß er ein unvermittelter ist, ist nicht notwendig. Die Philosophie vermittelt ihn dadurch, daß sie sich aus der Nicht-Philosophie erzeugt". (27)

Die Nicht-Philosophie – das ist die materielle Tätigkeit des Menschen, seine gegenständliche Praxis. In diesem Punkt korrigiert Marx entscheidend die Feuerbachsche Hegelkritik, insofern Feuerbach nur die sinnliche Anschauung der Philosophie entgegenstellt hatte (Feuerbachthesen 1, 5 und 9). Der Gegenstand der sinnlichen Anschauung aber ist das einzelne Faktum, von daher ist die Vermittlung zur Wissenschaft, die Feuerbach fordert, nicht zu leisten. Sie ereignet sich erst in der Praxis. Die Theorie dieser Vermittlung ist die Philosophie, die sich selbst begreift, wenn sie ihren Anfang aus der Nicht-Philosophie denkt. Nimmt sie diesen Anfang nicht aus der gegenständlichen Praxis, sondern bloß aus der sinnlichen Anschauung, so stößt sie dabei als Prius der Geschichte nur auf das bürgerliche Individuum:

„Das höchste, wozu der anschauende Materialismus kommt, das heißt der Materialismus, der die Sinnlichkeit nicht als praktische Tätigkeit begreift, ist die Anschauung der einzelnen Individuen und der bürgerlichen Gesellschaft". (28)

Feuerbach selbst hat diese Beschränkung in seiner Liebesideologie zu durchbrechen versucht, Stirner hat sie radikal als Egoismus zu Ende gedacht.

Indessen führte, wie gesagt, der Stirnersche Egoismus, würde er praktisch, in die Selbstvernichtung des Menschengeschlechts. Mache ich die ganze Welt mir tatsächlich zu eigen, so kann ich dies nur auf Kosten aller anderen. Mit der Allgemeinheit der gesellschaftlichen Ordnung als Vermittlung der Individuen miteinander wird zugleich die Überlebenschance der Individuen aufgehoben. (Die gegenstandslose Abstraktheit dieses Gedankens liegt offen). Die Praxis, durch die die Hegelsche Philosophie dementiert wird, kann nicht die der Negation des Allgemeinen sein. Die Scheinradikalität solcher Negation erweist sich sogleich darin, daß sie auf die bloße Tätigkeit des Geistes beschränkt bleibt und sich so als ein Rückzug von der politischen, gesellschaftlichen Praxis ausweist:

„Der Humane will die alle Materie *verarbeitende* Arbeit des *Geistes*, den Geist, der kein Ding in Ruhe oder in seinem Bestande läßt, der sich bei nichts beruhigt, alles auflöst, jedes gewonnene Resultat von neuem kritisiert. Dieser ruhelose Geist ist der wahre Arbeiter, er vertilgt die Vorurteile, zerschmettert die Schranken und Beschränktheiten und erhebt den Menschen über alles, was ihn beherrschen möchte". (29)

Stirner steht also auf jener Grenzscheide der nachhegelschen Epoche, wo die Philosophie zwar schon die Aufhebung ihrer selbst durch die ökonomische Praxis zum Gegenstand ihres Fragens gemacht hat, ihr Fragen selbst sich aber innerhalb des reinen Denkens hält. Daraus ergibt sich der Widerspruch zwischen der scheinbaren Radikalität der Stirnerschen Lehre und ihrer effektiven Folgenlosigkeit. Das entfesselte Ich vermochte als einzelnes nur im Kreislauf des Denkens der Wirklichkeit zu entrinnen, nicht aber Wirklichkeit und Gedanken zur Deckung zu bringen. Der Berliner Schullehrer Caspar Schmidt, der sich als Literat Max Stirner nannte, fiel diesem inneren Widerspruch seines Denkens zum Opfer. Er wurde zum Spintisierer, der mit sich eine neue Epoche der Weltgeschichte heraufrücken sah und ein neuer Christus sein wollte. Er fand aber bloß Jünger und keine Gemeinde, denn vom Ich des „Einzigen" führt kein Weg zum Wir einer Gemeinschaft, also kein Weg zur Realität des geschichtlichen Menschen. Hier zeichnet sich mithin jene sophistische Isolation des Individuums vor, die in unserer Zeit für die existentialistische Theorie kennzeichnend ist und deren Übergang zu einer konsequenten revolutionären Haltung verhindert.

III. Leitmotive der Scheinrebellion

Schon eine knappe Darstellung der leitenden Motive des Stirnerschen Werks führt uns auf Positionen, die wir in späteren scheinradikalen Philosophien mutatis mutandis wiederfinden werden. Ist die Subsumption aller Lebensverhältnisse unter die Kategorie der Aneignung (bei völliger Auslassung und Verachtung der Produktionssphäre) schon ein Indiz kleinbürgerlicher Akkomodation an die bürgerlich-rechtliche Institutionsform der kapitalistischen Produktionsweise, so ist die Verlagerung der Aneignung in den Bereich des Geistes der unmittelbare Ausdruck der Klassenlage des Kleinbürgertums: ausgeschlossen nicht nur von der politischen, sondern auch von der ökonomischen Macht, der Inhalte seiner einst progressiv-aufklärerischen Weltanschauung beraubt, der neu aufsteigenden Klasse des Proletariats ebenso feindlich gesonnen wie von Ressentiments gegen das erfolgreiche kapitalistische Großbürgertum erfüllt, versteifte sich das Kleinbürgertum in einer Negativität, die aus mürrischer Misanthropie, engherziger Moral und verbalem Auftrumpfen gemischt war und der realen Bedeutungslosigkeit sich durch geistige Selbstbestätigung zu entziehen suchte. Das ideologische Spektrum reicht vom Pessimismus Schopenhauers bis zum Nihilismus Stirners, von der religiösen Innerlichkeit Kierkegaards bis zum Vulgärmaterialismus eines Ernst Haeckel. Innerhalb dieses Spektrums fällt Stirner nicht nur wegen seiner zugespitzten Formulierungen auf. Vielmehr finden wir bei ihm aus der Basiskategorie der Aneignung alle jene Weltanschauungsbegriffe herausgesponnen, die von späteren Rebellionsideologien aufgenommen wurden. Aneignung der Welt durch den Einzigen stellt sich ihm dar als *Macht,* als *Eigentlichkeit*, als *totale Negation*, als *Befreiung* als *Selbsterzeugung* – und all das im Bereich einer schrankenlosen Subjektivität, die nur deshalb schrankenlos ist, weil sie sich nicht an der widerständigen Wirklichkeit, sondern nur in der Vorstellung bewähren muß. Wir sehen, wie sich hier die privatistischen Protesthaltungen vorbereitet finden. Individualismus, Egoismus, Immoralismus wurden wie bei Stirner so bei Nietzsche bestimmend für das Selbstverständnis des Einzelnen, der sich gegenüber allen anderen herausgehoben fühlt. Die Verwandtschaft von Stirner und Nietzsche im einzelnen zu belegen, müßte eine ergiebige Arbeit sein; hier mögen, dem Charakter der einleitenden Bemerkungen entsprechend, einige Hinweise genügen.

Nietzsches Entlarvung der „Hinterwelt" als eine Projektion des Ich hat ihre genaue Entsprechung bei Stirner:

Stirner:

„Wie Ich Mich hinter den Dingen finde, und zwar als Geist, so muß Ich *Mich* später auch *hinter den Gedanken* finden, nämlich als ihr Schöpfer und Eigner. In der Geisterzeit wuchsen Mir die Gedanken über den Kopf, dessen Geburten sie doch waren; wie Fieberphantasien umschwebten und erschütterten sie Mich, eine schauervolle Macht. Die Gedanken waren für sich selbst *leibhaftig* geworden, waren Gespenster, wie Gott, Kaiser, Papst, Vaterland usw. Zerstöre Ich ihre Leibhaftigkeit, so nehme Ich sie in die Meinige zurück und sage: Ich allein bin leibhaftig. Und nun nehme Ich die Welt als das, was sie Mir ist, als die *Meinige*, als Mein Eigentum: Ich beziehe alles auf Mich. . . Erst dann, wenn man sich *leibhaftig* liebgewonnen, und an sich, wie man leibt und lebt, eine Lust hat – so aber findet sich's im reifen Alter, beim Manne – erst dann hat man ein persönliches oder *egoistisches* Interesse, das heißt ein Interesse nicht etwa nur Unseres Geistes, sondern totaler Befriedigung, Befriedigung des ganzen Kerls, ein *eigennütziges* Interesse". (30)

Nietzsche:

„Einst warf auch Zarathustra seinen Wahn jenseits des Menschen, gleich allen Hinterweltlern. Eines leidenden und zerquälten Gottes Werk schien mir da die Welt. Traum schien mir da die Welt, und Dichtung eines Gottes. . . Ach, ihr Brüder, dieser Gott, den ich schuf, war Menschen-Werk und -Wahnsinn, gleich allen Göttern! Mensch war er, und nur ein armes Stück Mensch und Ich: aus der eigenen Asche und Glut kam es mir, dieses Gespenst, und wahrlich! Nicht kam es mir von Jenseits. Was geschah, meine Brüder? Ich überwand mich, den Leidenden, ich trug meine eigne Asche zu Berge, eine hellere Flamme erfand ich mir. Und siehe! Da *wich* das Gespenst von mir. . . Ja, dies Ich und des Ichs Widerspruch und Wirrsal redet noch am redlichsten von seinem Sein, dieses schaffende, wollende, wertende Ich, welches das Maß und der Wert der Dinge ist. . . Immer redlicher lernt es reden, das Ich: und je mehr es lernt, umso mehr findet es Worte und Ehren für Leib und Erde". (31)

Die Welt aber, die hier gegen die „Hinterwelt" gewonnen werden soll, ist nicht die der Gattung Mensch, die Welt als Gegenstand der gattungsgeschichtlichen Tätigkeit des Menschen, sondern die Welt des Ich, das aus seiner individuellen Subjektivität den Sinn hervorbringen soll; es ist die Welt, die der Einzelne sich als seinen Sinn aneignet. Und volle Aneignung ist Gewalt, Macht, Herrschaft:

Stirner:

„Mithin ist, weil Jegliches *auf sich hält*, und zugleich mit Anderem in stete Kollision gerät, der *Kampf* der Selbstbehauptung unvermeidlich. *Siegen* oder *Unterliegen* – zwischen beiden Wechselfällen schwankt das Kampfgeschick. Der Sieger wird der *Herr*, der Unterliegende der *Untertan*: jener übt die *Hoheit* und ‚Hoheitsrechte', dieser erfüllt in Ehrfurcht und Respekt die ‚Untertanenpflichten' . . . Eigentum ist der Ausdruck für die *unumschränkte Herrschaft* über Etwas (Ding, Tier, Mensch), womit ‚Ich schalten und walten kann nach Gutdünken'. Aber Eigentum wird durch Gewalt bedingt. Was ich in der Gewalt habe, das ist mein eigen. . . Was ist also *mein* Eigentum? Nichts als was in meiner *Gewalt* ist! Zu welchem Eigentum bin Ich berechtigt? Zu jedem, zu welchem Ich Mich *ermächtige*. Das Eigentums-Recht gebe Ich Mir, indem Ich Mir Eigentum nehme, oder mir die *Macht* des Eigentümers, die Vollmacht, die Ermächtigung gebe. Worüber man Mir die Gewalt nicht zu entreißen vermag, das bleibt mein Eigentum; wohlan, so entscheide die Gewalt über das Eigentum, und Ich will Alles von meiner Gewalt erwarten!" (32)

Solche Auffassung vom Leben als dem Kampf um Macht kann keine allgemeinen Werte anerkennen. (33) Nietzsches Programm einer Philosophie „jenseits von Gut und Böse“ ist bekannt. Fast wörtlich findet sich dieses Programm bei Stirner vorgebildet:

„Was gut, was Böse! Ich bin ja selber Meine Sache, und Ich bin weder gut noch böse. Beides hat für mich keinen Sinn“. (34)

Der auf die absolute Freiheit oder Autonomie bezogene Immoralismus gehört nun wiederum zu den Grundzügen der existentialistischen Morallehre. Sartres frühe Romane legen Zeugnis davon ab, wenn er auch später zu einer Art Kantschem kategorischen Imperativ als einem formalen regulativen Prinzip des menschlichen Verhaltens kommt. Daß der Mensch nichts ist, soweit er nicht sich selbst schafft – diese Grundthese des Existentialismus findet sich als Programmsatz schon bei Stirner und dient bei ihm wie beim frühen Sartre nicht nur zur Legitimation des egoistischen Immoralismus, sondern vor allem auch zur Begründung der Singularität des Individuums, zur Rechtfertigung des Postulats eines uneingeschränkten, ungesellschaftlichen Selbstseins:

„Ich bin nicht Nichts im Sinne der Leerheit, sondern das schöpferische Nichts, das Nichts, aus welchem Ich selbst als Schöpfer alles schaffe . . . Meine Sache ist weder das Göttliche noch das Menschliche, ist nicht das Wahre, Gute, Rechte, Freie usw., sondern allein das *Meinige*, und sie ist keine allgemeine, sondern ist – *einzig*, wie Ich einzig bin. Mir geht nichts über Mich!“ (35)

Dies unterscheidet sich kaum von Sartres Proklamation:

„Wenn der Mensch, so wie ihn der Existentialist begreift, nicht definierbar ist, so darum, weil er anfangs überhaupt nichts ist. Er wird erst in der weiteren Folge sein, und er wird so sein, wie er sich geschaffen haben wird“. (36)

Der radikale subjektive Idealismus, den Sartre wie Stirner vertreten, ist ein sowohl metaphysischer als auch erkenntnistheoretischer – auch hierin der Position Fichtes verwandt, auf den Stirner sich selber beruft (wie wir gesehen haben), während bei Sartre (ohne direkte Bezugnahme) die Parallelität zu Fichte bis in die Formulierung hinein feststellbar ist. (37)

Jedoch gewinnt bei Stirner, auch darin spätere Rebellionsphilosophien antizipierend, der subjektive Idealismus unmittelbar politische Programmfunktion. Wenn jede Satzung, die die Ordnung menschlicher Gemeinschaft verbürgt, Unfreiheit des Einzelnen und damit Vergewaltigung seiner autonomen Subjektivität ist, so müssen Satzung und Ordnung überhaupt und schlechthin verworfen werden; eine Ordnung darf nicht durch eine andere, bessere abgelöst werden, sondern nur durch die Aufhebung der Ordnung insgesamt, durch die totale Negation. „Negative Dialektik“ (die sich per definitionem die positive Alternative verbietet) und „Große Weigerung“ treten schon am Anfang anarchischen Rebellionsdenkens auf.

„Alle Menschensatzung zu unterwühlen, um über dem aufgeräumten Bauplatz eine neue und – bessere zu schaffen, alle Sitten zu verderben, um neue und – bessere Sitten an die Stelle derselben zu setzen usw., darauf beschränkt sich ihre (scil. der „kaukasischen“ Rasse) Tat. Ist sie so aber schon rein und wirklich das, was sie zu sein trachtet, und erreicht sie ihr letztes Absehen? Nein, sie ist in diesem Erschaffen eines *‚Besseren'* mit dem Mongolentum behaftet. Sie stürmt den Himmel nur, um wieder einen Himmel zu machen, sie stürzt eine alte Gewalt nur, um eine neue Gewalt zu legitimieren, sie – *verbessert* nur . . . Das *Verbessern* und *Reformieren* ist das Mongolentum des Kaukasiers, weil er dadurch von neuem wieder setzt, was vorher schon war, nämlich eine *Satzung*, ein Allgemeines, einen Himmel". (38)

Dem entspricht, daß Adorno die Dialektik als „Logik des Zerfalls" kennzeichnete und von ihr den Verzicht auf Positivität forderte:

„Kein Positives ist von Philosophie zu erlangen, das mit ihrer Konstruktion identisch wäre. Im Prozeß von Entmythologisierung muß Positivität negiert werden bis in die instrumentale Vernunft hinein, welche Entmythologisierung besorgt". (39)

Deutlicher noch als bei Adorno werden bei Stirner alle Erscheinungsformen von Positivität abgewiesen: Institutionen, Wissenschaft, Begriffe (40) – alles, was (im heutigen Sprachgebrauch) Affirmation enthält. Ganz entsprechend charakterisiert Marcuse die „Logik der Herrschaft" und die ihr gemäße „eindimensionale Philosophie" und stellt die totale Negation entgegen:

„Aller Inhalt scheint auf die eine abstrakte Forderung nach dem Ende der Herrschaft reduziert – das einzige wahrhaft revolutionäre Erfordernis und das Ereignis, das die Errungenschaften der Zivilisation bestätigen würde. Angesichts ihrer wirksamen abschlägigen Beantwortung durch das bestehende System erscheint diese Negation in der politisch ohnmächtigen Form der ‚absoluten Weigerung' ". (41)

Die in der Nachfolge Marcuses entwickelte Lehre einer neuen, von der Widerständigkeit des Gegenstandes, von dem Prozeß des „Zurückdrängens der Naturschranke" (Marx) und dem Gattungswesen des Menschen abgelösten individuellen Bedürfnisstruktur findet sogar schon bei Stirner ihre erste Andeutung:

„Der Humane will die alle Materie *verarbeitende* Arbeit des *Geistes*, den Geist, der kein Ding in Ruhe oder in seinem Bestande läßt, der sich bei nichts beruhigt, alles auflöst, jedes gewonnene Resultat von neuem kritisiert. Dieser ruhelose Geist ist der wahre Arbeiter, er vertilgt die Vorurteile, zerschmettert die Schranken und Beschränktheiten und erhebt den Menschen über alles, was ihn beherrschen möchte, indes der Kommunist nur für sich, und nicht einmal frei, sondern aus Not arbeitet, kurz einen Zwangsarbeiter vorstellt. . . Er (scil. der Humane) arbeitet also um seinetwillen und zur Befriedigung *seines* Bedürfnisses. Daß er damit auch Andern, ja der Nachwelt nützlich war, nimmt seiner Arbeit den *egoistischen* Charakter nicht". (42)

Und die Ableitung der Einzelheit „meiner Sache" oder des „Meinigen" –

„Meine Sache ist weder das Göttliche noch das Menschliche, ist nicht das Wahre, Gute, Rechte, Freie usw., sondern allein das *Meinige*, und sie ist keine allgemeine, sondern ist – *einzig*, wie Ich einzig bin" (43)

– diese bis zur Absurdität gesteigerte Robinson-Attitude (auf deren Selbstbetrug Marx und Engels hingewiesen haben), gibt noch unverdeckter ihren „lebensphilosophischen" oder „daseinsanalytischen" Sinn preis, als spätere Philosophen dies tun: bei Stirner wird die kleinbürgerliche

Illusion des individuellen Heraustretens aus dem geschichtlichen Gattungswesen noch mit bonapartesker Großmäuligkeit zur Schau gestellt:

„Vor anderen Menschen zeichnest Du Dich nicht dadurch aus, daß Du Mensch bist, sondern weil Du ein ‚einziger' Mensch bist. Du zeigst wohl, was ein Mensch leisten kann, aber weil Du, ein Mensch, das leistest, darum können Andere, auch Menschen, es noch keineswegs leisten: Du hast es nur als *einziger* Mensch verrichtet und bist darin einzig. Nicht der Mensch macht Deine Größe aus, sondern *Du* erschaffst sie, weil Du mehr bist, als Mensch, und gewaltiger, als andere – Menschen". (44)

Nietzsches Kult des großen Einmaligen ist – bis in die Sprachgebärde – nahe:

„Das Individuum ist etwas ganz *Neues* und *Neuschaffendes*, etwas Absolutes, alle Handlungen ganz *sein* Eigen. Die Werte für seine Hadlungen entnimmt der einzelne zuletzt doch sich selber: weil er auch die überlieferten Worte sich *ganz individuell deuten* muß. Die *Auslegung* der Formel ist mindestens persönlich, wenn er auch keine Formel *schafft*: als *Ausleger* ist er immer noch schaffend". (45)

Die Linie läßt sich bis zu Heideggers Thematik von „Sein und Zeit" verlängern:

„Das Seiende, dessen Analyse zur Aufgabe steht, sind wir je selbst. Das Sein dieses Seienden ist *je meines* . . . Das Ansprechen von Dasein muß gemäß dem Charakter der *Jemeinigkeit* dieses Seienden stets das *Personal*pronomen mitsagen: ‚ich bin', ‚du bist'. . . Das Sein, *darum* es diesem Seienden in seinem Sein geht, ist je meines". (46)

Daß „meine Sache" – „das Meinige" ist, wird hier in einer neuen Scholastik ausgebreitet. Helms hat zu Recht auf Affinitäten Heideggers zu Stirner hingewiesen. (47) In Stirners „Die Menschheit ist sich selber ihre Sache" (48) erscheint Feuerbachs Anthropologisierung des Hegelschen Weltgeists auf eine pervertierte Weise wieder aufgenommen. Wirklich pervertiert? Ist nicht in der Substitution der Ontologie durch Anthropologie die kleinbürgerliche Egozentrik des Menschenwesens schon angelegt? Auch bei Feuerbach geht der nächste Schritt dann ja zur Setzung der Priorität des Individuums vor der Gattung. Und noch die späten Revisionisten des Marxismus im Namen eines sogenannten Humanismus berufen sich auf den „jungen Marx", den sie dann auf Feuerbach zurechtstilisiert haben. (49) Marx und Engels haben dagegen ein sicheres Fundament in der geschichtsphilosophischen Einsicht gewonnen, daß die Formen der Vergesellschaftung erst das historische Wesen des Menschen konstituieren und daß die Hegelsche Erkenntnis von den objektiven Gesetzen der Geschichte aus der spekulativen Gestalt der Entwicklungsgeschichte des absoluten Geistes in die reale Geschichte der Produktionsverhältnisse übersetzt werden kann und muß. Wer gegen den hegelianischen Gehalt im Marxismus polemisiert, fällt auf die kleinbürgerliche Position der Junghegelianer zurück, die Marx und Engels in der „Heiligen Familie" und in der

„Deutschen Ideologie" schon destruiert hatten. – Die Leitmotive kleinbürgerlichen Bewußtseins halten sich durch; Stirner hat sie samt und sonders geliefert und sie unter dem scheinrevolutionären Stichwort *Empörung* zusammengefaßt. Von hier schlägt sich der Bogen zu den antiautoritären Ideologien des 20. Jahrhunderts. (50)

Die Empörung bekennt offen ihren privatistischen Charakter. Sie will keine neue Welt, sondern überhaupt keine Welt (und muß darum auf den bloßen Rückzug des Empörers aus der Welt – wahlweise in das Clochard-Dasein oder in die Innerlichkeit – hinauslaufen).

„Sie (scil. die Empörung) ist ein Kampf gegen das Bestehende, da, wenn sie gedeiht, das Bestehende von selbst zusammenstürzt, sie ist nur ein Herausarbeiten Meiner aus dem Bestehenden. Verlasse Ich das Bestehende, so ist es tot und geht in Fäulnis über. Da nun nicht der Umsturz eines Bestehenden mein Zweck ist, sondern meine Erhebung darüber, so ist meine Absicht und Tat keine politische oder soziale, sondern, als allein auf Mich und meine Eigenheit gerichtet, eine *egoistische*". (51)

Stirner verbietet sich (und seinen Adepten) die Konzeption einer besseren Gesellschaft; für seine Robinsonade ist das Ziel nicht eine Verbesserung der Verhältnisse, sondern keine Verhältnisse, also der Solipsismus:

„*Einrichtungen* zu machen gebietet die Revolution, *sich auf- oder emporzurichten* heischt die Empörung. Welche *Verfassung* zu wählen sei, diese Frage beschäftigte die revolutionären Köpfe, und von Verfassungskämpfen und Verfassungsfragen sprudelte die ganze politische Periode, wie auch die sozialen Talente an gesellschaftlichen Einrichtungen (Phalansterien u. dergl.) ungemein erfinderisch waren. Verfassungslos zu werden, bestrebt sich der Empörer". (52)

Mit einer für jeden späteren Anarchismus paradigmatischen Deutlichkeit weist Stirner das dialektische Prinzip der bestimmten Negation zurück, das erst die Negation der Negation in der Setzung eines bestimmten Anderen möglich machen würde, und insistiert auf der Negation schlechthin, die Dialektik damit auf den Status einer bloß „negativen Dialektik" zurückbringend.

„Die Revolution war nicht gegen *das Bestehende* gerichtet, sondern gegen *dieses Bestehende*, gegen einen *bestimmten* Bestand . Sie schaffte *diesen* Herrscher ab, nicht *den* Herrscher. . . Bis auf den heutigen Tag ist das Revolutionsprinzip dabei geblieben, nur gegen *dieses* und *jenes* Bestehende anzukämpfen, d. h. *reformatorisch* zu sein. . . Der Drang nach einer *bestimmten* Freiheit schließt stets die Absicht auf eine neue *Herrschaft* ein, wie denn die Revolution zwar ‚ihren Verteidigern das erhebende Gefühl geben konnte, daß sie für die Freiheit kämpften', in Wahrheit aber nur, weil man auf eine bestimmte Freiheit, darum auf eine neue *Herrschaft,* die ‚Herrschaft des Gesetzes' ausging. Freiheit wollt Ihr Alle, Ihr wollt *die* Freiheit. Warum schachert Ihr denn um ein Mehr oder Weniger? *Die* Freiheit kann nur die ganze Freiheit sein; ein Stück Freiheit ist nicht *die* Freiheit. . . Die Revolution zielt auf neue *Einrichtungen*, die Empörung führt dahin, Uns nicht mehr einrichten *zu lassen*, sondern Uns selbst einzurichten, und setzt auf ‚Institutionen' keine glänzende Hoffnung". (53)

Marx und Engels haben diese Urform der „Großen Weigerung" als kleinbürgerliches Bramabarsieren verspottet:

„Die Philosophie der Empörung, die uns soeben in schlechten Antithesen und welken Redeblumen vorgetragen wurde, ist in letzter Instanz nichts als eine bramabarsierende Apologie der Parvenüwirtschaft (Parvenü, Emporkömmling, Emporgekommener, Empörer). Jeder Empörer hat bei seiner ‚egoistischen Tat' ein spezielles Bestehendes sich gegenüber, worüber er sich zu erheben strebt, unbekümmert um die allgemeinen Verhältnisse. Er sucht das Bestehende, nur insoweit es eine Fessel ist, loszuwerden, im übrigen dagegen sucht er es sich vielmehr anzueignen. Der Weber, der zum Fabrikaten ‚emporkommt', wird dadurch seinen Webstuhl los und verläßt ihn: im übrigen geht die Welt ihren Gang fort und unser ‚gedeihender' Empörer stellt an die Anderen nur die heuchlerische moralische Forderung, auch Parvenü zu werden, wie er. So verlaufen sich alle kriegerischen Rodomontaden Stirners in moralische Schlussfolgerungen aus Gellerts Fabeln und spekulative Interpretationen der bürgerlichen Misere". (54)

In der Tat hat Stirner, wie wir sahen,ein Repertoire von ideologischen Topoi aufgestellt, aus dem die nachfolgenden Generationen die Inhalte einer ebenso radikalistischen wie politisch wirkungslosen Rebellion schöpften und die Arkana der Selbstbefriedigung rebellischen Bewußtseins nehmen konnten. Von Nietzsche bis zu Heidegger und Sartre, von Buber (55) bis zu Adorno und Marcuse ist die Linie der philosophischen Stirner-Nachfolge nachzuzeichnen (um von den gedanklich minderen, aber politisch nicht minder wirkungsträchtigen Epigonen zu schweigen). Marx und Engels haben die Risiken der kleinbürgerlichen Rebellionsideologie bereits in ihren Anfängen erkannt und nicht ohne Grund die Mühe aufgewandt, den „Sankt Max" einer so aufwendigen Kritik zu unterziehen. Wie Stirner das Arsenal anarchistischer Gedankenmotive bereitstellte, so ließen Marx und Engels die Batterien der revolutionären Theorie auffahren: die polemischen Argumente der „Deutschen Ideologie" sind solange aktuell, wie Stirners Hirngespinste noch in den Köpfen der Ideologen einer Gesellschaft spuken, die abenteuerlicher Rebellionen als Katalysatoren ihrer Konsolidierung bedarf.

Zweiter Teil

Friedrich Nietzsche – von der Kritik bürgerlicher Kultur zum Präfaschismus

I. Legenden und Kontroversen

Zur Einleitung

Friedrich Nietzsche – bewundert viel und viel gescholten – hat in der ersten Hälfte unseres Jahrhunderts die Gemüter mehr erregt, hat mehr die Stellungnahme seines Publikums herausgefordert als je ein Philosoph vor ihm – Stellungnahmen jedoch, die nicht so sehr auf Argumenten beruhten, als sie vielmehr ausgelöst wurden durch Assoziationen und verdrängte Motivationen, deren Determinationsmechanismen durch seinen Appell in Gang gesetzt wurden. Selten hat wohl ein philosophischer Schriftsteller so nachhaltig auf die Ideologiebildung eingewirkt, selten ist einer so oberflächlich ausgeschlachtet, so gründlich mißverstanden worden wie er. Zum Teil liegt das an den objektiven Bedingungen der gesellschaftlichen Entwicklung in unserem Jahrhundert, denen seine Lehre (oder das, was man darunter verstand) nur zu weit entgegenkam. Als Zeuge in Anspruch genommen von den einen, als Indiz gewertet von den anderen, ist er doch eigentlich selten nur *als Philosoph* ernst genommen, zumeist hingegen in geistesgeschichtlicher Interpretation als Ausdruck und Wortführer einer bestimmten Bewußtseinslage verstanden worden.

Allerdings ist Nietzsche selbst an der Einseitigkeit, mit der seine Schriften als Weltanschauung aufgenommen wurden, nicht unschuldig. Schon von jungen Jahren an eignete ihm jene Verkündigungsgebärde, die sich dann in seinen Reife- und Spätschriften so exzessiv steigerte, daß er in der Tat mehr einem enthusiasmierten (und enthusiasmierenden) Sektengründer als einem besonnenen Philosophen gleichen mochte. Ein übriges bewirkte dann die in die Hand von wirklichen Sektierern geratene Überlieferung, die aus den bei Nietzsche vorhandenen Ansätzen jenes stilisierte Nietzsche-Bild schuf, das zum Gegenstand heftigster Parteikämpfe und zum weltanschaulichen Stimulans wurde. Schließlich stand der Mythos Nietzsche vor der Wirklichkeit des Werks. (1)

Um Nietzsche nicht als weltanschauliche Stifterfigur, sondern als Denker aus seinen eigenen geistigen Antrieben zu verstehen, müssen die Schichten des Werks wieder freigelegt werden. Gegen die Abwertung der Frühschriften, die der Nietzsche der achtziger Jahre selbst vorgenommen hat, müssen in dem kulturkritisch inspirierten Griechen-Bild der Basler Zeit die Motive aufgespürt werden, deren Steigerung und Übersteigerung dann zu den Positionen der „Umwertung aller Werte“ führte, von denen Nietzsches Wirkung ausgegangen ist. Der Nietzsche der frühen Schriften wäre gewiß nicht zum Schutzpatron der Mussolini und Hitler erkoren, zum Ahnherrn ihrer minderen Ideologen ausersehen worden. Eine genialische spätromantische, lebensphilosophische Variante des deutschen Humanismus – eines Humanismus, der sich, in Opposition zum bloß philologischen Historismus, auf Aktualität und Zeitprobleme bezogen wußte und sich mithin als Lebenskraft, nicht als Wissensfülle verstand: so wäre Nietzsche, als Dritter im Bunde und den anderen voran, neben Rohde und Bachofen getreten. Erst sein Spätwerk, dieses schrille Zeugnis eines in Wahnsinn übergehenden Aufbegehrens, staut in sich jene amokläuferische Aggressivität auf, aus der die Caligulas unserer Zeit ihre Parolen herausdestillierten. Diese Aggressivität aber hat ihre Ursachen und Ursprünge. Sie nährt sich aus einem Pessimismus, der die Frucht der Desillusionierung ist: die kulturelle und politische Situation Europas nach der deutschen Reichsgründung, in einer Epoche sprunghafter Entwicklung der ökonomischen und sozialen Lebensformen des Hochkapitalismus, ließ keine Hoffnung auf eine Entfaltung der kulturschöpferischen Kräfte des Menschen, auf eine quellende Produktivität des ästhetisch zu sich selbst gekommenen Individuums mehr zu, von der der junge Nietzsche geträumt hatte. Die Alternative war die totale Vernichtung der bestehenden Ordnung, ein Abgrund des Nichts, hinter dem erst eine neue Wertsetzung möglich sein würde. Nietzsches Rebellion ist die des desillusionierten und desorientierten Jungbürgers in einer inhumanen Gesellschaft. Was ihn bedeutend macht, ist die radikale Konsequenz, mit der er die Krankheit der Zeit zum Ausbruch bringt und durchleidet. Insofern sich diese Krankheit von Jahrzehnt zu Jahrzehnt verschärft hat, ihre Symptome immer deutlicher geworden sind, ist Nietzsches Ausweg in die anarchische Negation, sein Rezept, „wie man mit dem Hammer philosophiert“, nicht einfach eine historische Erscheinung: immer noch besteht die Geisteslage der Umwertung, immer noch kann die bürgerliche Verzweiflung einer Artikulation positiver Alternativen im Wege stehen. Unter einer rational ganz anders formulierten kritischen Theorie wirkt subterren Nietzsches Einfluß nach.

Schlechtas Entmythologisierung des Nietzsche-Bildes (2)

Die Philosophie Nietzsches wurde im beginnenden 20. Jahrhundert zum Ansatzpunkt fast aller kulturkritischen, literarischen und philosophischen Strömungen, die einen anti-humanen, aristokratischen, brutalen Affekt gegen Niedrigkeit und Kleinlichkeit des bürgerlichen Alltagslebens ausspielten. Nietzsche, dessen prophetisch-kündender und polemisch-aggressiver Ton dem ästhetischen wie psychologischen Bedürfnis nach einer irrationalen Offenbarungsquelle rational nicht begründbarer Aussagen Vorschub leistet, wurde von seinen Nachfolgern zum Stifter einer säkularen Weltanschauungsreligion gestempelt. Dieser Effekt ist nicht zufällig, sondern zweifellos in Nietzsches Denken und dessen Ausdruck selbst angelegt. Dabei bleibt aber für die betroffene Nachwelt eine zwiespältige Aufnahme dessen möglich, was Nietzsche *bedeutet*. (3) Ja, diese seine Bedeutung müßte sich gerade dann erschließen, wenn seine Lehre nicht als Weltanschauung der Zukunft gepredigt, sondern als zeitgenössischer Versuch einer Antwort auf die erlebten und erlittenen Erscheinungsformen des Verfalls der bürgerlichen Kultur interpretiert wird.

Solcher selbständigen Auseinandersetzung steht nun der Mythos entgegen, den Nietzsches unmittelbare Erben um die Person des Philosophen gewoben haben. Die Schwester, Elisabeth Förster-Nietzsche, hat aus dem Briefwechsel mit ihrem Bruder das Recht hergeleitet, als Hüterin seines Lehrwortes aufzutreten; sie hat eine Art Heiligenkult für Nietzsche geschaffen, der in gerader Deszendenz zu ihr als der vorgeblich autorisierten Interpretin hinführt. Sie hat planmäßig eine Gemeindebildung gefördert und damit entscheidend zu jener narkotisierenden Wirkung beigetragen, die Nietzsche auf die europäische Intelligenz unseres Jahrhunderts ausübte.

Karl Schlechta räumte mit dieser Legende von der „Berufung" der Schwester erbarmungslos auf. Er konnte zeigen, daß es sich bei den zur Legitimation des Verhältnisses von Bruder und Schwester herangezogenen Briefen um klare Fälschungen handelt, die Frau Förster-Nietzsche in raffinierter Weise vorgenommen hat. Daß sie textverändernd in den Nachlaß ihres Bruders eingegriffen hat, war bekannt. Daß sie bis zu ihrem Tode den Mitarbeitern der historisch-kritischen Gesamtausgabe den Zugang zu den Originalmanuskripten des Briefwechsels mit Mutter und Schwester schroff verweigerte, erfuhren wir im einzelnen aus Schlechtas Erlebnisbericht. Diese Weigerung hatte ihren guten Grund. Nach dem Tode von Frau Förster-Nietzsche stellte sich nämlich heraus, daß zu mindestens zweiunddreißig zum Teil sehr inhaltsschweren Briefen keine Originale, sondern nur von der Hand der Schwester stammende sogenannte „Urabschriften" vorhanden sind. Da diese Briefe jedoch unzweifelhaft Nietzsches Diktion zeigen, wenn auch mit Bruchstellen, war der Verdacht einer Erfindung nicht zu begründen, wenn auch der Inhalt die Vermutung einer Fälschung nahelegte. Schlechta gelang nun eine entscheidende Entdeckung. Er fand nämlich in den Notizbüchern von Nietzsche zu einem Teil der fraglichen Briefe die Vorentwürfe und mußte feststellen, daß diese an jenen Stellen, die den Adressaten kenntlich machen, beschädigt sind. Diese Entdeckung brachte des Rätsels Lösung. Frau Förster-Nietzsche war es nämlich gelungen, sich Originale von Briefen Nietzsches an seine Freunde zu beschaffen, die sie unter Auslassung oder Veränderung verräterischer Stellen kopierte, an sich umadressierte und dann vernichtete. Um ihre Abschriften quellenmäßig zu belegen, nahm sie an den handschriftlichen Entwürfen Nietzsches zu diesen Briefen, die sich in den Notizbüchern fanden, entsprechende Änderungen vor, indem sie die ungeeigneten Partien durch Rasuren, Kleckse oder Brandstellen unkenntlich machte. Allen Mitarbeitern des Nietzsche-Archivs wurde dann bis zum Ableben Frau Förster-Nietzsches der Zugang zu den Quellen verweigert. Erst nach ihrem Tode konnte man anhand der Notizbücher feststellen, daß die angebrachten Veränderungen, vermutlich wegen der starken Kurzsichtigkeit der Fälscherin, nicht immer das ursprüngliche Schriftbild zu verdecken vermochten; man konnte in einigen Fällen den sicheren Nachweis erbringen, daß Briefe an dritte Personen von der Schwester für sich in Anspruch genommen worden waren. Schlechta fand nun andererseits in den Antwortbriefen der Korrespondenzpartner Nietzsches eine Reihe von Stellen, die eindeutig als Entgegnung auf solche Äußerungen des Philosophen aufgefaßt werden müssen, die in den angeblich an die Schwester gerichteten Schreiben stehen. Damit war die Beweiskette geschlossen, daß die Schwester solche Schreiben an sich umadressiert und für die Herausgabe frisiert hat, deren sie im Original habhaft werden konnte und aus deren Text sie nach den vorgenommenen Änderungen eine Autorisierung herzuleiten vermochte, als Hüterin des Nietzscheschen Geisteserbes und als Sprecherin der Nietzsche-Gemeinde aufzutreten.

An dieser Stelle beginnt nun genau das Problem der Nietzsche-Rezeption durch die Nachfolgegeneration. Die absolut singuläre (wenn auch in einem später zu erörternden Sinne exemplarische) Existenz des Denkers wurde durch diese Manipulationen seiner auf sektiererische Geltung bedachten Schwester zu einer quasi-religiösen Stifterfigur verfälscht. Er wurde zum *Künder* einer neuen Daseinsform gemacht, wo er nichts als ein Suchender, ein sehr verzweifelter, war.

Wenn die Schwester derart die subjektiven Voraussetzungen dafür zu schaffen bemüht war, eine Nietzsche-Gemeinde ins Leben rufen zu können, so darf man diese Bestrebungen nicht isoliert von den allgemeinen Strömungen bürgerlich-deutschnationaler Provenienz sehen, deren Repräsentantin sie nur wurde. Ihr (nach dem Fallieren seiner Unternehmungen durch Selbstmord aus dem Leben geschiedener) Gatte, Bernhard Förster, der schon 1882 (nach Nietzsches Worten: als „ein wunderlicher Apostel") in Berlin Vorträge über den Philosophen gehalten hatte, verfolgte deutsche Kolonisationspläne in Südamerika und gehörte zu den eifrigsten Antisemiten (weswegen sich Nietzsche alsbald mit ihm und der Schwester verfeindete). In diese Atmosphäre des deutschen Gründerkapitalismus und -imperialismus gehörte also die Schwester, und aus dieser Perspektive versuchte sie, aus der Philosophie ihres Bruders eine Lebensanweisung zu machen. Eine ganze Generation preußisch-deutscher „Herrenmenschen" (die Nietzsche schwerlich als seines Geistes Kinder anerkannt hätte) bezog auf diesem Wege ihre oft schlagwortartig vereinfachte Ideologie. Für sie wurden die von der Schwester kontrollierten Veröffentlichungen zum Reservoir ihrer Weltanschauung.

Was nun über die von Nietzsche selbst veröffentlichten Schriften, in denen sich eine oft sehr verschlungene Entwicklung anzeigt, hinausgehend als das letzte Vermächtnis und Künderwort des Philosophen ausgegeben wurde, waren die unter dem Titel und Leitgedanken „Der Wille zur Macht" zusammengefaßten Nachlaß-Notizen, deren Zusammenstellung zu einem Werkplan aus der gleichen Wurzel epigonenhafter Aneignung erwuchs. Schlechta konnte aufgrund dokumentarischen Materials zeigen, daß es sich nicht um Bruchstücke eines geplanten größeren Werkes, sondern um aphoristische, unzusammenhängende Skizzen handelt, die Nietzsche selbst oft schon in der vorliegenden oder in veränderter Fassung in die von ihm veröffentlichten Schriften aufgenommen hat, oder die, chronologisch bestimmbar, in deren Umkreis gehören. Der bisher bekannt gewordene Nachlaß bietet gegenüber den zu Lebzeiten erschienen Werken *keine* grundsätzlich neuen Gesichtspunkte. Die Interpretation Nietzsches vom „Willen zur Macht" her ist ein Mißverständnis seines Denkstils und seiner Intention. Die Nachlaß-Manipulatoren glaubten hier ein System entworfen zu haben, das den Vorstellungen Nietzsches von einer positiven Philosophie der Zukunft entsprechen und sich auf seine Pläne und Anweisungen stützen sollte. Das programmatisch in den Titel gerückte Prinzip des Willens zur Macht, das in Nietzsches Entlarvung der Geschichtslegenden und in seiner Naturauffassung eine entscheidende Rolle spielt, eignete sich ausgezeichnet zur ideologischen Verbrämung der hemmungslosen Gier nach dem Maximalprofit und als Apologie kolonialistisch-imperialistischer Expansionspolitik. Wenn sich Nietzsches letzte verbindliche Aussage über das Wesen des neuen Menschen wirklich hierauf reduzierte, so durfte man in seiner Philosophie die Rechtfertigung und die Richtschnur der kapitalistischen Erwerbsmethoden und ihrer imperialistischen Zuspitzung erblicken.

Jedoch auch diese Fixierung Nietzsches auf einen Systemgedanken erweist sich als eine nachträgliche Korrektur. Wieder war es Frau Förster-Nietzsche (und der durch seine „Jünger"-Stellung zu Nietzsche nicht unvoreingenommene Freund Peter Gast stand ihr zur Seite), die diese willkürliche Anordnung zusammenhangloser Nachlaß-Notizen vornahm. Doubletten und Nebenprodukte zu den von dem Philosophen noch selbst veröffentlichten Schriften rückten so in den Rang eines abschließenden Gesamtwerks auf, wobei die unzusammenhängende Stoffmaße ad hoc disponiert wurde. Damit wurde der ideologischen Breitenwirkung Nietzsches ein sicheres Fundament gegeben, auf dem sich all jene luftigen Gebäude der Nietzsche-Interpretation erheben konnten, die schließlich in der Ausschlachtung seines Werks durch den Faschismus gipfelten. Es lag ja auch nahe, ein Denken, das auf seiner Höhe jäh abbrach, rückwirkend von dem Werk her zu verstehen, das als letztes diesen Höhepunkt angeblich bezeichnen sollte. Daß derart ein System konzipiert wurde, das dem vom impressionistisch aufgefaßten Einzeleindruck ausgehenden, in isolierten Pointen denkenden Philosophen nicht gemäß sein konnte, fiel weder den „Jüngern" noch der Schulphilosophie auf. Denn Nietzsche hat ja nie ein zusammenhängendes, in sich widerspruchsfreies System seiner Gedanken entworfen. Er war im Grunde seines Wesens ein Aphoristiker (mit jenen Modifikationen, auf die wir später zurückkommen) und konnte bei seiner punktuellen Kritik des überlieferten Wertsystems in gar keiner anderen Form denken und schreiben. Dieser diskontinuierliche Typus Philosophie taugt allerdings nicht oder nur schlecht dazu, Gemeinden zu stiften oder Bewegungen zu inspirieren. Die auf ideologische Breitenwirkung ausgehenden Nachfolger konstruierten darum ein Systemgebäude, das die Vision des „neuen Menschen" auf eine auswertbare Formel bringen sollte. Damit wurde nun aber gerade der Zugang zum echten Nietzsche verbaut, der nur aus einer sorgfältigen Lektüre des erschienenen Werkes gewonnen werden kann. Die weltanschauliche Ausrichtung der Nietzsche-*Präsentation* erzeugte dann die Widersprüche der Nietzsche-*Rezeption,* die für das erste Halbjahrhundert nach Nietzsches Tod charakteristisch sind.

Beispiele zur Wirkungsgeschichte

Nietzsches Wirkungsgeschichte tritt in Extreme auseinander. Die einen stilisieren ihn zu einer quasi alttestamentarischen Prophetengestalt und feiern ihn als einen „mythischen Genius". Die anderen beschimpfen ihn als Ahnherrn des Faschismus, als den Schöpfer des Ideals der „blonden Bestie", als geistigen Vater finstersten Herrenmenschentums. Wie man es einfältig mache, zeigt Ernst Sandvoss in seinem Buche „Nietzsche und Hitler" (4). Das Thema ist groß und sollte ernsthaft untersucht werden. Auswirkungen und Einfluß wären abzutasten, aus Wort und Schrift nachzuweisen, Verständnis, Mißverständnis, Unverständnis an Gegenüberstellungen zu belegen. Sandvoss hingegen parallelisiert psychologisierende Werturteile, deren einige hier beispielhaft angeführt werden sollen:

„Daß Nietzsche ein ‚Erz- und Kardinalphilister' war und blieb, hat schon Gottfried Keller zutreffend bemerkt. Wie Hitler auch als ‚größter Feldherr aller Zeiten' immer nur ein kleiner petit bourgeois blieb, so hat sich Nietzsche auch als ‚erster Geist des Zeitalters', als den er sich selbst feierte, nicht über das Niveau eines mit sich selbst und der Welt zerfallenen, schimpfenden Moralphilisters erhoben."

„Die ‚Logik' der Verlogenheit und des Verbrechens ist bei Sophisten und Rhetoren, bei Nietzsche wie Hitler, im Grunde stets die gleiche. Eigenes Unvermögen, Niederlagen werden nicht eingestanden, sondern auf arglistig-rachsüchtige Verschwörer übertragen" ... „Nietzsches und Hitlers Taktik, mit ‚Niederlagen fertigzuwerden', besteht im Grunde aus zwei primitiven Täuschungsmanövern: Entweder wird die

Niederlage in einen Sieg umgefälscht, oder das Versagen wird durch erhöhte Ansprüche und Zielsetzungen überboten. Beide Wege der ‚Bewältigung' sind pathologisch."

„Hitlers Taktik der vollendeten Tatsachen, die die Konferenzteilnehmer nur zu akzeptieren hatten, war im Gegensatz zum sokratisch-demokratischen Gespräch in Form von Konferenzen, eine echt sophistische Variante seiner Machtpolitik. Zu dieser Taktik gehört es auch, den Verdacht unlauteren Vorgehens von sich abzuwälzen und andere, in der Regel anständige, aber gefährliche Gegner damit zu belasten. Nietzsches eristische Deutung der sokratischen Dialektik, wie er sie im ‚Problem des Sokrates', die Tatsachen vergewaltigend, vornimmt, ist ein klassisches Beispiel vorwegnehmender Selbstverteidigung durch Anklagen und Angriffe."

„Nietzsche und Hitler, in verschiedenen Bewußtseinsformen ihres pathologischen Egoismus ähnlich: Glaube an sich, Missionswahn, Genie- und Größenwahn, Selbstvergottung, scheinen auch die letzte Stufe geistigen Verfalls miteinander gemeinsam gehabt zu haben, auf der jeder Versuch, mit dem Prinzip: ‚Der Mensch ist das Maß aller Dinge' ernst zu machen, notwendig endet: den *Wahnsinn*." (5)

Der Stil dieses „komparatistischen" Pamphlets entlarvt sich selbst und den Autor. Man könnte darüber stillschweigend hinweggehen, wäre diese primitive Art der „Abrechnung" nicht ein besonders eklatantes Beispiel dafür, wie man nach 1945 mit dem beunruhigenden Faktum Nietzsche glaubte fertig werden zu könnnen. Sandvoss' Attacke ist universell: sie richtet sich gegen Heraklit und die Sophisten nicht weniger als gegen Nietzsche und Hitler, und ganz besonders hat es ihm Hegel angetan, dem er den Imperialismus wilhelminischer und nazistischer Zeit zur Last legt. Er spricht von der „welterobernden Tendenz Hegelisch-deutschen Geistes" und unterstellt, Nietzsche sei eine Art extremistischer Hegelianer gewesen. Das Sündenregister, das er mit der Eloquenz, allerdings ohne den Charme, Leporellos aufzählt, reicht weit: „Naturalismus, Heraklitismus, Biologismus, Determinismus, Darwinismus, Aristokratismus, Radikalismus" werden da aufgeführt. (6) Sandvoss' Kritik kommt von „rechts", von der Position eines behäbigen konservativen Bürgers aus, der jede Unruhe als verdächtig ablehnt und daher von den Sophisten bis zu Nietzsche alles Unglück der Welt mit diesen Maulwürfen des Geistes in Verbindung bringt, die die bestehende Ordnung unterwühlen.

Doch nicht weniger undifferenziert ist die Verteufelung Nietzsches von „links", für die – natürlich auf einem ungleich höheren Niveau als Sandvoss – Georg Lukács repräsentativ ist. Spontaner noch als in seinen analytischen Essays sagt er im Gespräch:

„Wenn von etwas Schlechtem die Rede ist, komme ich immer auf Nietzsche zu sprechen. Nietzsche zum Beispiel hat erfunden, daß das ganze Klassenbewußtsein des Proletariats ein Ressentiment von Sklaven ist. Und diese Ideologie, das weiß ich nur zu gut aus meiner Jugend, hat für viele anständige Intellektuelle damals den Anschluß an die Arbeiterbewegung verhindert. Denn für ihr Bewußtsein konnten sie bei einem vornehmen, moralischen Menschen keine Ressentiments und keine Unterstützung von Ressentiments dulden." (7)

So einfach ist das also! Warum allerdings Nietzsche, der doch auch in

Frankreich immer einen großen Einfluß hatte, die Intellektuellen dort nicht daran hinderte, sich mit der Arbeiterbewegung zu verbünden, warum sich das rebellische Bewußtsein dort eher klassenkämpferisch, in Deutschland eher faschistisch orientierte, warum Nietzsche also ambivalent wirkt: das ist mit diesem einfachen Rückgriff auf einen ideologischen Sündenbock nicht gesagt. Allein die Tatsache, daß die traditionell herrschenden Mächte nicht minder in Nietzsche einen unheimlichen Gegner sehen als die revolutionären Ideologiekritiker, scheint mir zu belegen, wie sich Nietzsche einer einsinnigen gesellschaftlichen Lokalisierung entzieht; daß ein bisher nicht bestimmter Rest bei ihm übrig bleibt, der vielleicht gerade das philosophisch Wesentliche an ihm ist. Immerhin ist seine Wirkungsgeschichte nicht außer acht zu lassen, wenn dieser Rest unter allen weltanschaulichen Deutungen ausgegraben werden soll.

Nun war nach dem Zweiten Weltkriege unter den Ideologiekritikern Georg Lukacs sicher der einflußreichste, auch der gründlichste. Sein Verdikt gegen Nietzsche, zuerst 1943 formuliert in dem Essay „Nietzsche und der deutsche Faschismus", dann ausgeführt in dem großen Nietzsche-Kapitel seines Werks „Die Zerstörung der Vernunft" und zuletzt noch einmal verschärft in der Taschenbuchausgabe unter dem Titel „Von Nietzsche zu Hitler", hat nachhaltige Wirkung ausgeübt. Mit Recht bemerkte er in dem erstgenannten Essay:

„Von Mereschkowski und Gide bis Spengler, Bäumler und Rosenberg gibt es keine reaktionäre Strömung in der imperialistischen Periode, die nicht einiges Wichtige aus der Lehre Nietzsches aufgenommen hätte." (8)

Nietzsches Gedanken und insbesondere deren Zuspitzung in der Spätphase waren in der Tat für präfaschistische und faschistische Ideologie zu gebrauchen, zumal man sie, dank ihrer aphoristischen Darstellungsform, isoliert herausgreifen konnte, ohne auf einen systematischen Kontext Rücksicht nehmen zu müssen.

Lukács versucht, die Grundtendenz Nietzsches auf eine Formel zu bringen:

„Wir glauben, daß der – sich freilich erst allmählich herauskristallisierende – Einheitspunkt des Zusammenhangs von Nietzsches Gedanken die Abwehr des Sozialismus, der Kampf um die Entstehung eines imperialistischen Deutschland war." (9)

Nun ist Nietzsche sicher von vielen seiner Leser in diesem Sinne ausgelegt worden, obschon Äußerungen über den Sozialismus in seinem Werk nur sporadisch verteilt sind und sich genügend Kritik an der preußisch-wilhelminischen Reichsgründung zu allen Zeiten bei ihm findet. Weniger von Nietzsches ausdrücklichen Stellungnahmen zur sozialen Frage als vielmehr von dem grundsätzlich elitären Charakter seiner Ethik her wird er zum Ideologen eines Klassenkampfs von oben. Seine Philosophie ist, wie Lukács feststellt, „die Weltanschauung einer offensiven Abwehr des Hauptfeindes, der Arbeiterklasse, des Sozialismus" (10). Ihre mythisierende Form ist Ausdruck der Verschleierung der gesellschaftlichen Wirklichkeit, ihr aggressiver, vielfach gereizter Ton spiegelt das Gefühl der Bedrohung wider, von dem die herrschende Klasse unter dem Eindruck der sozialen Bewegung ergriffen wird. So gesehen ist Nietzsches Erfolg erklärbar daraus, daß er der unter dem Ansturm der Arbeiterklasse unsicher gewordenen Bourgeoisie ein neues Instrument geistiger Selbstbehauptung liefert.

Indessen faßt Lukács, so richtig diese Analysen für die Wirkungsgeschichte Nietzsches auch sind, nur eine Seite des Phänomens. In seinem ersten Essay „Nietzsche und der deutsche Faschismus" nennt er repräsentativ für eine Generation, die unter dem Einfluß Nietzsches von linker Revolte zu verlogenem Pseudo-Revolutionärtum umkippte, Namen wie Gerhart Hauptmann, Bahr, Hartleben, Harden, Holz, Schlaf, Paul Ernst. (11) Später sprach er dagegen polemischer und undifferenzierter von „parasitärer Intelligenz", die sich an Nietzsche orientiert habe. So aber ist die erstaunliche Wirkung Nietzsches nicht einfach abzutun, so lassen sich die zuvor genannten Schriftsteller nicht einfach verrechnen. Das Problem, wie es zur Faszinationskraft des Zarathustra-Autors kam, wird damit eher größer. Selbst Lukács, der nach eigenem Eingeständnis geneigt war, alles Schlechte in der Ideologie unserer Zeit mit dem Namen Nietzsche zu verbinden, konnte doch nicht umhin, eine besondere Begabung des Philosophen für seine Wirkung verantwortlich zu machen.

„Er besitzt ein besonderes antizipierendes Feingefühl, eine besondere Problemempfindlichkeit dafür, was sie parasitäre Intelligenz in der imperialistischen Periode braucht, was sie innerlich bewegt und beunruhigt, welche Art von Antwort sie am meisten befriedigen würde. Er kann deshalb sehr breite Gebiete der Kultur umkreisen, ihre brennenden Fragen mit geistvollen Aphorismen beleuchten, die unzufriedenen, ja mitunter rebellischen Instinkte dieser parasitären Intellektuellenschicht durch faszinierend-hyperrevolutionär scheinende Gesten befriedigen und gleichzeitig alle diese Fragen so beantworten, oder wenigstens ihre Beantwortung so andeuten, daß aus allen Feinheiten und Nuancen der robust-reaktionäre Klasseninhalt der imperialistischen Bourgeoisie entsteigt." (12)

Was aber sind Begabung, Hypersensibilität, Feingefühl? Begibt Lukács sich hier nicht selber auf den schwankenden Boden irrationaler psychologisierender Kategorien, die keineswegs ausreichen, um eine geistesgeschichtliche Wirkung soziologisch zu begründen? Vernachlässigt er nicht die – in der Konsequenz allerdings immer extrem reaktionär ausschlagende – Ambivalenz Nietzsches, die Indiz für einen Widerspruch in der historischen Situation selbst ist? Weil er einen solchen Widerspruch in ganz extremer Weise als Erlebnis spiegelt, darum konnte er einer Generation, der dieser Widerspruch bewußt zu werden begann, gleichsam „aus der Seele sprechen". Lukács selbst hat diesen Aspekt bei Nietzsche früher noch stärker hervorgehoben:

„Zur Weltwirkung Nietzsches hat seine romantische Kritik der kapitalistischen Kultur entscheidend beigetragen. Verteidiger des kapitalistischen Systems, auch in seiner preußisch-antidemokratischen und militaristischen Form gab es jederzeit in Hülle und Fülle. Die Besonderheit Nietzsches bestand aber gerade in seiner Wirkung auf eine unzufriedene, gegen die Kulturlosigkeit der Zeit spontan und verworren rebellierende Intelligenz ... Denn es gibt bei Nietzsche eine breite, auf weite Strekken geistreiche und treffende Kulturkritik des kapitalistischen Zeitalters ... Diese Kulturkritik hat auf die Weltintelligenz der imperialistischen Periode eine ungeheuere Wirkung ausgeübt, und es gibt sehr viele Darstellungen der Lehre Nietzsches, die sich ausdrücklich auf sie beschränken." (13)

Dieser Zusammenhang muß beachtet werden. Nietzsche einseitig nur als Vorläufer des Faschismus zu interpretieren und diesen einen Wirkungsstrang aus seinem Werk herauszupräparieren, ist methodisch falsch; so wird der Blick auf die Gründe seiner breiten und tiefen Wirkung eher verstellt.

Ein Denker, der gewiß nicht des Faschismus verdächtigt werden kann, Albert Camus, hat Nietzsche gegen einen zu vordergründigen Mißbrauch seiner Ideen verteidigt. „Versichern wir zunächst", sagt er, „daß es uns immer unmöglich sein wird, Nietzsche mit Rosenberg zu verwechseln". (14) Allerdings macht Camus sich die Apologie auch nicht zu leicht. Es genügt nicht, auf die Widersprüche hinzuweisen, die zwischen Nietzsches aristokratischem Ideal des Übermenschen und der kleinbürgerlichen Realität des Faschismus bestehen, die, wie wir seit Hans G. Helms' Untersuchungen wissen (15), viel mehr mit Stirners „Einzigem" als mit Nietzsches „Einsamem" zu tun hat. Nicht der Mißbrauch ist bemerkenswert, sondern die Umstände, die ihn erlaubten und die auf Gründe zurückdeuten, welche im Mißbrauchten selbst liegen müssen.

„Gerade die Bewegung, die bei Nietzsche endet und ihn trägt, hat Gesetze und hat eine Logik, die vielleicht das blutige Gewand erklären, mit dem man seine Philosophie verkleidet hat."

Und kurz vorher heißt es:

„In der Geschichte der Intelligenz hat das Abenteuer Nietzsches nicht seinesgleichen, Marx ausgenommen; wir werden niemals damit fertig werden, die Ungerechtigkeit wieder gut zu machen, die ihm angetan wurde. Natürlich sind uns aus der Geschichte Philosophien bekannt, die entstellt und verraten wurden. Aber bis zu Nietzsche und dem Nationalsozialismus gibt es kein Beispiel dafür, daß eine ganze Gedankenwelt, die vom Adel und den reißenden Schmerzen einer außerordentlichen Seele ihr Licht erhielt, in den Augen der Welt durch eine Lügenparade und die schaurigen Haufen der Leichname von Konzentrationslagern illustriert wurde. Die Predigt vom Übermenschlichen, die ihre Erfüllung findet in der methodischen Herstellung von Untermenschen, ist eine Tatsache, auf die ohne Zweifel anklagend hingewiesen werden muß, die aber auch eine Deutung verlangt." (16)

Die einfache Zuordnung der Philosophie Nietzsches zur Praxis Hitlers, wie Sandvoss sie vorgenommen hat, oder auch nur die Denunziation Nietzsches als eines Vorläufers des Faschismus im Sinne von Lukács ist zu schnell vollzogen, als daß man darin nicht Reste von ungelöster Denksubstanz auffinden würde: was macht den Rang Nietzsches aus? Und wenn er, wie unbestreitbar, einen höheren denkerischen Rang als irgendein beliebiger faschistischer Ideologe hat – worin ist diese Qualität begründet und welchen Widerhalt hat sie an der Wirklichkeit? Denn das Niveau eines Denkers hängt doch wohl zusammen mit den Sachverhalten, die es auf die eine oder andere Weise zu ergreifen und widerzuspiegeln vermag. Es käme also darauf an, die historische Erfahrung bewußt zu machen, die sich im Werk Nietzsches, gerade auch in seinen Inkohärenzen und Inkonsequenzen, niedergeschlagen hat. Vielleicht ist es die geschichtliche Situation selbst, die jene Mehrdeutigkeit der Aussage hervorgebracht hat, welche es Mussolini und Hitler ermöglichte, sich auf Nietzsche zu berufen; eine Mehrdeutigkeit, von der Camus sagt:

„Konnte die Mörderbande, wenn sie nur den Geist zugunsten des Buchstaben verleugnete, und im Buchstaben alles, was an Geist in ihm ist, konnte sie dann nicht in Nietzsches Werk Vorwände finden für sich selber? Man muß mit ja antworten. Sobald man den methodischen Aspekt der Gedanken Nietzsches außer acht läßt (und es ist nicht sicher, ob er sich selbst immer daran gehalten hat), kennt seine revoltierende Logik keine Grenzen mehr." (17)

Hier fällt das Wort „Revolte". Camus handelt Nietzsche im Zusammenhang einer anthropologischen Studie ab, die die metaphysische Situation des neuzeitlichen Menschen als Negation beschreibt: „Was ist ein Mensch in der Revolte?" fragt er leitmotivisch am Anfang seines Buches. „Ein Mensch, der nein sagt." (18) Man könnte an Sartres Bewertung des cartesischen Zweifelsversuchs erinnern, dessen Funktion er darin sieht, durch Verneinung des scheinbar sicher Gegebenen den Menschen in Freiheit zu setzen:

„Da die Ordnung der Wahrheiten außer mir existiert, so ist das, was mich als autonom definiert, nicht die schöpferische Erfindung, sondern die Weigerung ... So wird der methodische Zweifel der Typ der freien Handlung selbst ... Man erkennt in dieser Fähigkeit, sich zu entziehen, sich zu lösen, zurückzuweichen, eine Vorwegnahme der Hegelschen Negativität." (19)

Mit Descartes lassen wir gemeinhin die neuzeitliche Philosophie beginnen. Daran ist, unbeschadet der Willkürlichkeit jedes von der Geschichtsschreibung vorgenommenen Epocheneinschnitts, insofern etwas Richtiges, als mit Descartes eine Einstellung zur Welt methodisch und thematisch leitend wird, die nicht mehr von der Gesetztheit, sondern von der Entgegensetzung ausgeht. Gewöhnlich wird dieser Vorgang der Umkehrung als die Wende zum modernen Subjektivismus bezeichnet und damit allerdings schon in einer Terminologie beschrieben, die erst aus dieser Umkehrung entsprungen ist und mithin den ihr zugrunde liegenden Vorgang zwar ausdrückt, aber nicht sichtbar macht. In neuester Zeit ist zur Kennzeichnung des Geschichtsprozesses, der das geistige Geschehen der Neuzeit ausmacht, das Wort „Säkularisierung" in Gebrauch gekommen, das nun allerdings genau in den Zusammenhang des revoltierenden Bewußtseins hineinführt, insofern es den Aufstand gegen eine theonome Weltdeutung, die Ablösung eines theologisch oder irgendwie transzendent gegründeten

Weltbegriffs durch eine rein immanente Ontologie einschließt.

„Der ‚Ordnungsschwund' als Zweifel an einer auf den Menschen beziehbaren vorgegebenen Struktur der Wirklichkeit ist die Voraussetzung für eine generelle Konzeption des menschlichen Handelns, die in den Gegebenheiten nichts mehr von der Verbindlichkeit des antiken und mittelalterlichen Kosmos wahrnimmt und sie deshalb für prinzipiell verfügbar hält ... Dieser Wandel der Voraussetzungen rückt die Alternative der immanenten Selbstbehauptung der Vernunft durch Beherrschung und Veränderung der Wirklichkeit in den Horizont der möglichen Intentionen ... Mit der Verspätung, die der philosophischen Explikation geschichtlich wirksamer Bewußtseinsantriebe eigen ist, hat Nietzsche die Situation des im Ordnungsschwund von der natürlichen Vorsorge verlassenen und sich selbst überantworteten Menschen formuliert." (20)

Der historischen Erfahrung der Säkularisierung hat Nietzsche die radikale Fassung gegeben in seinem Satz „Gott ist tot". Der Aufstand der Neuzeit beginnt mit einem Vatermord, Königsmord, Gottesmord; aber er ist damit noch nicht vollendet. Denn das gesamte Wert- und Ordnungssystem, das auf dem Dasein Gottes beruhte, dauert noch fort und gibt jenem toten Gott einen Schein von Leben. Folglich muß die Revolte zu Ende geführt werden. Der freie Mensch, der von seinen trügerischen Denkgewohnheiten befreite Mensch muß bewußt an die Stelle Gottes treten. Will er in einer säkularisiertenWelt bestehen, so muß er sich die allmächtige Selbstherrlichkeit anmaßen, die er zuvor einem fremden Höheren zuschrieb, dann wird er der Übermensch sein, dann erst ist die Revolte an ihrem Ziel, wenn sie nicht nur Gott, sondern auch die auf ihn bezogene Wertordnung gestürzt hat.

„Sicherlich kreist die Philosophie Nietzsches um das Problem der Revolte. Ja sie fängt damit an, eine Revolte zu sein. Aber man spürt die von Nietzsche vollzogene Umordnung. Bei ihm geht die Revolte von der Voraussetzung aus ‚Gott ist tot', was sie für eine vollendete Tatsache hält; sie wendet sich dann gegen alles das, was darauf abzielt, die verschwundene Gottheit fälschlich zu ersetzen, und was eine Welt entehrt, die zwar richtungslos ist, aber doch die einzige Feuerprobe der Götter bleibt." (21)

Nietzsches Philosophie ist die Erfahrung des Gottestodes, das heißt die Erfahrung der Säkularisierung als eines gleichsam personalen Ereignisses. Man hat darum nicht zu Unrecht gesagt, Nietzsches Irreligiosität und Immoralismus seien einer tiefen Religiosität entsprungen, denn um den Tod Gottes erfahren zu können, muß man ja wohl erst seines Lebens gewiß gewesen sein. Die Erschütterung, die von Nietzsche ausging, hat ihren Grund darin, daß er den Menchen eine grausame Wahrheit entgegenschrie, vor der sie sich ins Zwielicht einer gewollten und gehegten Unsicherheit geflüchtet hatten: Wenn ihr so leben wollt, wie ihr lebt, und so denkt, wie ihr denkt, dann könnt ihr den Glauben eurer Väter nicht länger mehr als Ausschlupf und Arcanum behalten! Nietzsches „eingestandenes Ziel ist es, die Situation für den Menschen seiner Zeit unhaltbar zu machen". (22) Entschiedenheit und Strenge gehören zu Nietzsches intellektueller Redlichkeit. (23) Wenn Gott tot ist, muß auch die Hinterwelt als Schein entlarvt werden.

Die Wirkung, die von Nietzsches Philosophie ausgeht, ist eben die der Revolte. Hier wurde der Ausbruch aus der problemlosen Saturiertheit der Bürgerwelt vorexerziert – ein Ausbruch, der als individueller und geistiger durchaus keine Aktion erforderte. Nonkonformismus war hier als Haltung, nicht als Tat empfohlen; überlegt man einmal, welche Konsequenzen die Umwertung aller Werte dem Menschen auferlegt, so sind es nicht eigentlich Handlungen, sondern Unterlassungen, die den neuen Menschen kennzeichnen. Die Vorschriften der traditionellen Tugendlehre werden abgelehnt; da aber jede Moral die Bedingungen der Möglichkeit menschlichen Zusammenlebens herzustellen sich bemüht, mußte sich das Verwerfen alter mit der Aufstellung neuer positiver Moralgrundsätze – das heißt solcher, die eine bessere menschliche Gemeinschaft möglich machen würden – verbinden. Nietzsche zeigt, daß die gesellschaftlichen Normen repressiv sind und zur Verkümmerung des Menschen als eines Naturwesens führen. Hat nicht Freud wenig später mit anderen Methoden das gleiche gezeigt? Haben nicht Marx und Engels zuvor schon die Verkürzung des Menschen unter den Bedingungen der bisherigen Geschichte, nämlich einer Folge von Klassengesellschaften und Ausbeutungsinstitutionen, aufs härteste angeklagt? Marx, Nietzsche, Freud markieren drei Stationen, drei Positionen des Aufstands – nur Marx allerdings zugleich auch eine solche der geschichtsphilosophischen Neusetzung. Ein Unbehagen an der überkommenen Kultur, die sich als Herrschaftsinstrument und mithin als Mittel der Unfreiheit erwiesen hatte, ist die gemeinsame Ausgangslage, und Nietzsche ist unter den dreien der wortgewaltigste, wenn auch nicht der denkmächtigste Rebell. Immerhin Rebell durchaus; und ein Philosoph, der späterhin die Linie, die von Schopenhauer über Nietzsche, zu den epigonalen, dafür umso fürchterlicheren Irrationalisten führt, als die „Unheilslinie des 19. Jahrhunderts" (im Gegensatz zu der von Marx pointierten „Heilslinie") apostrophierte, schrieb 1913 von dem „Impuls Nietzsches":

> „Ein neuer Ton ging da endlich an. Er kam den Herren von heutzutage erst später zupass, und dem Plüsch zu seiner Zeit war er nicht lieb. Tönend schien ein neuer Tag geboren, überholte grell . . . Hier wird eine andere Selbständigkeit als die des lumen naturale verlangt, und die Welt hat in der zweiten, gefährlicheren Epoche der Neuzeit aufgehört, ein bloßes Rätselspiel für den wissenschaftlichen Intellekt zu sein. Es muß auf das leidenschaftlichste darauf gedrungen werden, daß das Erbteil der seelischen Müdigkeit und Gottferne, auch die Kraft der Sehnsucht, die alte Magie des Fürsprechens neu zum Begriff kommen." (24)

Das klingt allerdings selbst sehr irrational, subjektiv noch ohne zureichenden Grund im Objekt, dessen Entfremdung ebenso aufgehoben werden muß, wenn die des Menschen endlich aufgehoben werden soll. Nietzsche ist gewiß nicht der Weg dahin, aber in seinem Werk war ein Anstoß, der vor der Sektenbildung und abseits von ihr verspürt und aufgenommen wurde.

Dieser Impuls Nietzsches ging jedoch von einem einzelnen aus und richtete sich an einzelne. Nietzsche war kein Revolutionär, nur ein Rebell, hochmütig genug, auf Gefolgschaft und Nachfolge zu verzichten. So heißt es im Vorwort zur „Morgenröte“:

„In diesem Buch findet man einen ‚Unterirdischen‘ an der Arbeit, einen Bohrenden, Grabenden, Untergrabenden ... ich stieg in die Tiefe, ich bohrte in den Grund, ich begann ein altes Vertrauen zu untersuchen und anzugraben, auf dem wir Philosophen seit ein paar Jahrtausenden wie auf dem sichersten Grunde zu bauen pflegten, – immer wieder, obwohl jedes Gebäude bisher einstürzte: ich begann unser *Vertrauen zur Moral* zu untergraben ... Glaubt ja nicht, daß ich euch zu dem gleichen Wagnisse auffordern werde! Oder auch nur zur gleichen Einsamkeit!“ (25)

Wer die Moralprinzipien einer Gesellschaft zerstört, wer ihre Bodenlosigkeit entlarvt, ohne einen neuen Typus der Gemeinschaft als Alternative vorzustellen, wird notwendig einsam; denn er gibt Gemeinschaft überhaupt auf. „Die Revolte endet für Nietzsche in der Askese.“ (26) Der einsame Mensch jenseits von Gut und Böse wird zwar frei von allen selbst auferlegten Bindungen, die seine Natur unterdrücken, aber er findet keine Partnerschaft bei Menschen und muß sich darum eine wesentliche Dimension seiner Natur, alle mitmenschliche Gemeinschaft, versagen. Höchstens in ganz individueller Begegnung, in einsamer Freundschaft, im Lehrer-Schüler-Verhältnis, in hochfliegender, extravaganter Liebe würde diese Askese zu durchbrechen sein; von daher, als Ausbruch aus einer Askese, die im Widerspruch zum Ziel des freien, ungehemmten Menschen steht, gewinnt Nietzsches qualvolles, zum Scheitern veruteiltes Ringen um Freundschaft, Schülerschaft, Liebe mehr als nur privat-biographische Bedeutung: es wird Indiz für eine Kontradiktion, die seiner Lebensphilosophie innewohnt und zu deren Selbstaufhebung führt, weil sie den Übermenschen frustriert und in Raserei treibt, statt ihn ins freie Dasein, das ihm zugedacht ist, zu entlassen. Paul Rée, Peter Gast, Lou Andreas-Salomé – besonders diese – sind die Personifikationen dieses Dranges über sich selbst hinaus und seines Scheiterns. Freiheit, die aus nichts als der Negation erwächst, also die sogenannte Freiheit des Nihilisten, bedeutet totale Einsamkeit. Das besagt aber auch, daß dem Einsamen zwar keine Gebote mehr auferlegt sind, daß er aber auch keine Chance hat, die äußeren Umstände im Zusammenleben mit anderen zu ändern. Weiß Marx den Klassenkampf als den Ausweg aus der Unfreiheit des Menschen, die Veränderung der Verhältnisse als die Verwirklichung und das Ende der Philosophie – so kennt Nietzsche nur die Anerkennung der äußeren Notwendigkeit, den Fatalismus, der Freiheit und Notwendigkeit in eins fallen läßt, statt sie dialektisch zu vermitteln.

„Der freie Geist liebt, was notwendig ist. Der tiefste Gedanke Nietzsches ist, daß die Notwendigkeit der Erscheinungen, falls sie absolut und ohne Risse ist, keine Art von Zwang beinhaltet. Die totale Zustimmung zu einer totalen Notwendigkeit, das ist seine paradoxe Definition von Freiheit ... Die Freiheit fällt mit dem Heroismus zusammen. Sie ist die Askese des großen Menschen, ‚der Bogen mit der großen

Spannung' ... Die Askese Nietzsches, die von der Anerkennung des Schicksals ausging, endet bei der Vergöttlichung des Schicksals." (27)

Amor fati. Die Revolte läuft ins Nichts.

Der Widerspruch in Nietzsches Revolte ist es gewesen, der seine Philosophie gerade für die jungen, noch ziellos Revoltierenden der Zeit vor dem ersten Weltkrieg so anziehend gemacht hat. Sehen wir von der Jugendstil-Attitude des „Zarathustra" und der Gedichte ab, die ebenfalls in diese Zeit paßt (28), so ist es doch vor allem der Aufbruch der Expressionisten, also einer im wesentlichen progressiv-revolutionären Geistesbewegung, der von Nietzsches Pathos und der tragischen Gebärde der Einsamkeit inspiriert wurde. Und auf der minderen Ebene von allerlei ungestümer und sentimentaler Jugendbewegtheit – quer durch Konfessionen und soziale Herkunft – hat Nietzsche die Gemüter nachhaltig beeinflußt. Ein Brief des jungen Walter Benjamin an seine Freundin Carla Seligsohn, beide damals noch in der Gefolgschaft Gustav Wynekens, möge als Zeugnis dafür stehen; in ihm heißt es:

„Wird eine neue Jugendlichkeit, wie wir sie wollen, den Einzelnen weniger einsam machen? Ich sehe nicht, wie wir diese Frage, mit allem Ernst aufgefaßt, verneinen können. Ja, ich glaube, daß wir in dem, was wir erstreben, die Not der Einsamkeit (die gewiß wenn nicht eine Sonne, so ein geheimnisvoller Mond ist) nicht haben werden, wir wollen sie sogar vernichten, heben.

So können wir sagen – dennoch dürfen wir noch etwas ganz anderes, scheinbar das Gegenteil behaupten. Denn, sehen wir uns in der Gegenwart um. Nietzsche sagt einmal: ‚Meine Schriften sollen so schwer sein. Ich sollte meinen, daß alle mich verstehen, die in der Not sind. Aber wo sind die, die in der Not sind?' Ich glaube, wir dürfen fragen: wo sind die, die heute einsam sind? Und auch dazu, zur Einsamkeit, kann erst eine Idee und eine Gemeinschaft in der Idee sie führen. Ich glaube, daß nur in der Gemeinschaft, und zwar in der innigsten Gemeinschaft der Gläubigen ein Mensch wirklich einsam sein kann: in einer Einsamkeit, in der sein Ich gegen die Idee sich erhebt, um zu sich zu kommen. Kennen Sie Rilkes ‚Jeremia', dort ist es wundervoll gesagt. Ich möchte Einsamkeit nicht die Beziehung des idealen Menschen zu den Mitmenschen nennen. Obwohl gewiß auch dies eine Einsamkeit sein kann – (diese aber verlieren wir in der idealen Gemeinschaft). Sondern die tiefste Einsamkeit ist die des idealen Menschen in der Beziehung zur Idee, die sein Menschliches vernichtet. Und diese Einsamkeit, die tiefere, haben wir erst von einer vollkommenen Gemeinschaft zu erwarten.

Aber wie wir auch über die Einsamkeit denken mögen – heute gibt es weder die eine, noch die andere. Jene ‚andere' Einsamkeit, glaube ich, werden nur die Größten je völlig erreichen. Ja, wenn sie – wie die Mystiker – ganz eins mit dem Übersinnlichen wurden, dann haben sie sie schon verloren, zusammen mit dem Ich. Für die Einsamkeit unter Menschen, die heute nur so ganz wenige kennen, sind die Bedingungen zu schaffen. Diese Bedingungen sind ‚Empfindung der Idee' und ‚Empfindung des Ich', und die eine ist unserer Zeit so unbekannt wie die andere. Ich muß das von der Einsamkeit zusammenfassen: indem wir Einzelne uns von der Einsamkeit unter Menschen befreien wollen, vererben wir dieses unser Alleinsein den Vielen, die es noch nicht kannten. Und wir selbst lernen eine neue Einsamkeit: die der ganz kleinen Gemeinschaft vor ihrer Idee kennen." (29)

Die Beziehung auf Nietzsche ist ausdrücklich ausgesprochen. Was klingt nicht in diesen mystischen Zeilen eines Einundzwanzigjährigen alles an! Die Einsamkeit des Menschen, der in radikaler Konsequenz des Cartesianismus in seine Subjektivität verschlossen ist und doch zugleich, indem er die Idee vor sich hinstellt, wieder aus sich heraus in Beziehung zu einem Objektiven strebt; vergeblich allerdings, denn die Idee ist ja nur seine eigene, ein Sternbild, das er konstruiert und dessen Konstellation er entziffert. Die Gemeinschaft im Zeichen einer subjektiven Idee, also ein esoterischer Kreis, eine Sekte. Egozentrizität eines Glaubens, der nicht mehr aus der Gemeinschaft der Gläubigen vor Gott erwächst, sondern seinen Gegenstand aus dem einzelnen heraussetzt als Idee – eine vertrackte Art von ontologischem Gottesbeweis einschließend, insofern hier Gott säkularisiert wird zu dem, der im Subjekt wird. Wir erkennen den schmalen Grat, auf dem die des Abgrunds ihrer Zeit damals bewußten Menschen wandelten: Absturz in einen elitären, sendungsgläubigen Mythos, der Faschismus heißen konnte, und Aufstieg zu einem Plateau, wo Menschen in solidarischer Aktion zusammentreten, um erkennend eine neue Welt zu gestalten – das waren die beiden Möglichkeiten dieser Gratwanderung. Dieses Bild ist es auch, das Schlechta am Schluß des Nachworts zu seiner Nietzsche-Ausgabe evoziert:

„Daß ‚der Fall Nietzsche' ein exemplarischer Fall sei, habe ich schon gesagt; daß er mehr sein könnte, hat Elisabeth von Österreich – wenn ich mich einiger Wendungen zu Christomanos recht erinnere – treffend zum Ausdruck gebracht: Nietzsche hat sich als ein Opfer in den Abgrund der Zeit geworfen. Der Abgrund hat sich geschlossen; nunmehr können wir hinübergehen." (30)

Hinübergehen, ja; aber wohin? Das sagt uns das Opfer nicht, wir müssen das Ziel erkennen.

Aus diesen Bemerkungen mag ein Hinweis darauf zu entnehmen sein, wie Nietzsches Mißbrauch nicht allein aus der Stilisierung seines Denkens und Wollens durch die unsägliche Schwester und den Kreis ihrer Nachbeter entsprang, sondern doch auch bei ihm selbst ihren Ursprung hat. Natürlich trug die „Gemeinde" dann Wesentliches dazu bei. (31) Aber die Mehrdeutigkeiten, die Nietzsches Denken von Anfang an begleiteten, der Umschlag der Revolte gegen die Unwahrheit eines prätendierten humanistischen Wertsystems in eine Destruktion jeglicher Humanität überhaupt hat eben doch mitgewirkt, daß Nietzsche von den Protagonisten höchster Barbarei und Brutalität ausgeschlachtet werden konnte. Der metaphysische Rang seines Denkens, das die Säkularisierung bis zu ihrem letzten konsequenten, obschon nicht unausweichlichen Ende vorgetrieben hat, enthebt ihn nicht von der Mitverantwortlichkeit für das, was mit seinem Namen gedeckt werden konnte. Einem Dozenten, der sich dagegen verwahrte, den deutschen Geist mit der deutschen politischen Wirklichkeit zu belasten, schrieb Thomas Mann, der Nietzsche doch wahrlich achtungsvoll gegenüberstand:

„Ich begreife vollkommen, daß Sie als Lehrer einen scharfen Trennungsstrich ziehen zwischen den auf hoher Ebene vollzogenen Kundgebungen des deutschen Gedankens und jener Wirklichkeit, die heute die Welt in so tiefe Zweifel an der Gesundheit und Lebensgerechtheit des deutschen Gedankens überhaupt gestürzt hat. Als Lehrer, wie gesagt, haben Sie recht, zu erklären, daß ‚certainly no writer of the past bears the responsibility for the fact that the Junkers and industrialists put Hitler into power' und daß man nicht Hegel oder Nietzsche für moderne Demagogie verantwortlich machen kann. Dennoch habe ich ein zweifelndes Hm an den Rand geschrieben. Heißt es nicht, den Geist herabsetzen und verharmlosen, wenn man ihn von aller Verantwortung für seine Konsequenzen, seine Verwirklichungen freispricht? Daß Hegel, Schopenhauer, Nietzsche dazu beigetragen haben, den deutschen Geist und sein Verhältnis zum Leben und zur Welt zu formen, ist so unbestreitbar wie die Tatsache, daß Martin Luther etwas mit dem Dreißigjährigen Krieg zu tun hat, dessen Schrecken er im Voraus ausdrücklich ‚auf seinen Hals' nahm. Die Schuld des Geistes zu verneinen, scheint mir seine Verkleinerung zu bedeuten und wir Deutschen haben allen Grund, von der Problematik des deutschen Gedankens und des deutschen großen Mannes ergriffen zu sein und darüber zu grübeln." (32)

Schärfer noch und direkter sagt es Schlechta, der immerhin als Herausgeber und Forscher ein halbes Leben lang mit dem Werk Nietzsches bis in die letzten Feinheiten vertraut geworden ist:

„Produktiv wurde der Nihilismus bis jetzt nur gelegentlich der Erfindung und Herstellung von Konzentrationslagern und Vergasungskammern – der Mensch war bis jetzt immer nur das Opfer . . . Nietzsche steht dazu in einer unheimlichen Relation! Keine ‚blumige Bildersprache' und kein Sektierergeschrei vermag darüber hinwegzutäuschen. Es ist gewiß nicht der ganze Nietzsche; es ist *ein* Nietzsche – aber gewiß kein unwesentlicher." (33)

Das sind nicht böswillige und kurzschlüssige Urteile, sondern wohl durchdachte und sicher auch schwer errungene Einsichten. Thomas Mann bekannte immerhin noch 1937:

„*Nietzsche* selbst ist natürlich nicht zu vergessen. Das Erlebnis seiner Kulturkritik und seines stilistischen Künstlertums ist ersten Ranges in meinem Leben, ebenso wie das metaphysische Genie und das europäische Essayistentum *Schopenhauers*." (34)

Der Kritiker Nietzsche, der nicht an der Oberfläche des Unbehagens blieb, sondern den Voraussetzungen und Ursprünge der Unwahrheit nachfragte, die er in der Kultur seiner Zeit entdeckte – der *Kritiker*, sage ich, hat eine rebellische Jugend begeistert und angefeuert. Aber seine Kritik war destruktiv, sie traf nur das historische Erscheinungsbild einer säkularen Welt, die sich weiter nach den theonomen Normen des Mittelalters moralisch organisiert und mit ungeheurer Heuchelei die Differenz zwischen den tatsächlichen, aus den Produktionsverhältnissen erwachsenen Verhaltensweisen und ihrem moralischen Schein verdeckt. Nietzsche fragte nie nach den Gründen der Heuchelei – es sei denn, man nähme die Reduktion auf das Ressentiment oder den Machtwillen der Schwächeren als eine Kausalerklärung; zurückgeworfen auf die Subjektivität, die ja auch den Kern der neuzeitlichen Wissenschaftlichkeit ausmacht, kann Nietzsche keine andere als eine subjektive, das heißt psychologische, phänotypische Erklärung geschichtlicher Vorgänge liefern. Wie sehr er auch gegen die rationale Wissenschaft polemisiert, deren positivistische Form er durchaus zu Recht als Moment des „Ordnungsschwundes" empfindet (um noch einmal einen Ausdruck von Blumenberg aufzugreifen) – er bleibt doch im Bannkreis der metaphysischen Subjektivität befangen. Denn auch Mythen können nur mehr als eine subjektive Idee restituiert werden. Es gibt nach der Aufhebung der theonomen, mythischen Setzung, in der der Mensch seinen Platz einnahm und nicht selbst bestimmte, keinen unmittelbaren Zugang mehr zum Ganzen der Wirklichkeit. Es gibt nur noch eine dialektische Konstruktion der Welt, die ebenso die subjektive Hervorbringung einschließt, wie sie die objektive Totalität als gegeben voraussetzt. Eine solche Konstruktion des Geschichtsprozesses, die zugleich die von Nietzsche offen gelassene Frage nach den Bedingungen der Möglichkeit des ideologischen Scheins beantwortet, hat Karl Marx entworfen. Seine Philosophie ist in der Tat, anders als die Nietzsches, eine Lehre, die ihre Anwendung impliziert und die Methoden ihrer Anwendung wie das Ziel ihrer geforderten Aktion enthält. Sie zwingt den Menschen zur Entscheidung, denn sie postuliert die Veränderung der Verhältnisse.

Nicht zufällig wird hier an Marx erinnert. Seit Karl Löwiths Studie „Von Hegel zu Nietzsche", seit Franco Lombardis Untersuchungen über „Die Geburt der modernen Welt" (35) gehört die Konfrontation von Marx und Nietzsche zum Themenbestand der Philosphiegeschichtsschreibung des 19. Jahrhunderts. Spätestens seit den dreißiger Jahren gibt es eine Parallelität der Nietzsche- und der Marx-Rezeption, in der sich eine Auseinandersetzung des bürgerlichen Denkens mit dem Marxismus spiegelt. Vor allem in der postfaschistischen Ära wird Nietzsche ein weiteres Mal mißbraucht, um jetzt den Blick von der gesellschaftskritischen auf die metaphysische Fragestellung abzulenken. Zwar heißt es, in Nietzsche nachträglich mehr hineinsehen, als aus seinen Werken und den Indizien seines Briefwechsels zu entnehmen ist, wenn man, wie Thomas Mann in einem Briefe an Max Rychner, die Vermutung äußert:

> „Die Wendung vom ‚Sand der metaphysischen Dinge' und ‚der Erde einen Menschensinn geben' ist ja von Nietzsche und hat sozialistische Färbung so gewiß wie es eine falsch-idealistische Art gibt, vom ‚Materialismus' zu reden. Warum sollte seine Sensibilität nicht von den sozialistischen Tendenzen einer Zeit so gut berührt gewesen sein wie von der faschistischen, – besonders da die Grenze nicht scharf zu ziehen ist und bei Sorel noch ganz fließend war?" (36)

Sicher aber ist, daß man den Nietzsche, der als Diagnostiker eines Zustandes der bürgerlichen Welt auftrat, den er am Erscheinungsbild des ausgehenden 19. Jahrhunderts gewann, nicht gegen den Therapeuten Marx ausspielen kann, der in den Geschichtsprozeß positiv wendend eingriff und ein revolutionäres Ziel setzte, dessen Gültigkeit über die Gegenwart hinweg andauert: nämlich die Aufhebung der Ausbeutung des Menschen, die

Aufhebung des Verhältnisses von Herrschaft und Knechtschaft, die Herstellung jener dialektischen Vermittlung von Subjektivität und Objektivität, deren letztendliches Ergebnis die Humanisierung der Natur und die Naturalisierung des Menschen wäre. Marx hat, unter Aufnahme von Denkmethoden, die in der deutschen Philosophie bei Leibniz und Hegel systembestimmend zutage treten, eben jenen Prozeß der Säkularisierung, der Reduktion auf die nackte Subjektivität, der nach Descartes nicht mehr rückgängig zu machen war und der in der Konsequenz zu Nietzsches Nihilismus führen mußte, durch eine neue objektbezogene Ordnungsstiftung überwunden und damit Nietzsche schon vor dessen Auftreten überholt.

Das Gegenbild

Die Alternative Marx–Nietzsche ist mithin ungeschichtlich gedacht, und es ist kein Zufall, daß gerade Martin Heidegger und seine Schule den Metaphysiker Nietzsche gegen den Dialektiker Marx ausspielen. (36a) Beide stehen zwar in der gleichen geschichtlichen Situation, nämlich konfrontiert mit der totalen Entfremdung des Menschen unter den Bedingungen der kapitalistischen Produktionsweise. Während Marx jedoch aus der historisch-materialistischen Rekonstruktion des Geschichtsprozesses die geschichtsphilosophische Perspektive der revolutionären Ausgestaltung der Verhältnisse und der Errichtung der klassenlosen Gesellschaft gewinnt, bleibt Nietzsche auf der historisch früheren Stufe einer radikalen Destruktion der bürgerlichen Wertsysteme stehen. Er treibt unter den Bedingungen des fortgeschritteneren Entwicklungsstadiums des Kapitalismus die Kritik der Junghegelianer über sich selbst hinaus zu einem Nihilismus, dessen Ernst die private Selbstgefälligkeit eines Stirner weit hinter sich läßt, obschon er der Sache nach nur dessen Negation der Objektivität wieder aufnimmt. – Daß Nietzsche Stirners Werk gekannt hat, ist wahrscheinlich. (36b) Er wird es als eine Zuspitzung der linkshegelianischen Kritik verstanden haben, als ein Indiz für den Zerfall der Werte und Begriffe, die die Welteinstellung des abendländischen Menschen seit Sokrates geprägt hatten. Daß diese Kritik ihren Grund selber noch in der neuzeitlichen Subjektivität hat und der Anarchismus nicht die Zertrümmerung, sondern das Spiegelbild der bürgerlichen Gesellschaft ist, ist auch Nietzsche verborgen geblieben. Allerdings ahnt er wohl, daß der zu Ende geführte Nihilismus zugleich den Zusammenbruch der Gesellschaft bedeuten muß, die ihn als ihren adäquaten Ausdruck hervorgebracht hatte. Dies zu befördern, sah er als seine Aufgabe an, um den „Übermenschen" vorzubereiten, konnte jedoch mangels historischer Analyse nicht verhindern, daß gerade das Bild des Übermenschen zum faschistischen „Herrenmenschen" pervertiert wurde.

Wie Nietzsches Problem noch ganz aus der liberalen Kulturkritik herauswächst, läßt sich an der ersten der „Unzeitgemäßen Betrachtungen“ ablesen. Die Bedeutung des deutsch-französischen Krieges von 1870 für den Übergang von einer humanistischen und ästhetischen Bildungskonzeption, die noch im Programm der ästhetischen Erziehung des Menschengeschlechts fundiert war, zur Zerstörung der moralischen und metaphysischen Grundlagen des Selbstverständnisses menschlicher Gemeinschaft tritt hier deutlich zu Tage. Der Ton ist noch nicht so schrill wie später, aber die Polemik zielt doch auch schon auf den ideologischen Schein, den die bürgerliche „Kultur“ – das Philistertum – vor die eigentliche Wirklichkeit legt. Die Absicht ist, wie später, Entlarvung – aber auf eine Weise, die nicht prinzipiell den Dunst der Ideologie auflöst, sondern nur eine bestimmte zerfetzt. Nietzsche kommt im Verfahren nicht über den von Feuerbach erreichten Bewußtseinsstand hinaus – des alten Bruno Bauer Wertschätzung für Nietzsche (wie übrigens auch Nietzsches achtungsvolle Kenntnis seiner) verweisen auf den gleichen Zusammenhang.

Um diesen (vor-marxschen) bürgerlich-kritischen Nietzsche unter seinem Verkündungsgestus zu entdecken, ist es allerdings nötig, sich von dem Trugbild des Philosophen zu befreien, der neue Werttafeln setzt und begründet. Der Anspruch, den der „Wille zur Macht“ erhob, mußte zurückgewiesen sein. Dies geleistet zu haben, ist ein Verdienst Schlechtas, dessen Wichtigkeit man an der geifernden Reaktion der getroffenen Nietzsche-Propheten ablesen mag.

Indem Schlechta den Mythos des „Willen zur Macht“ destruierte, legte er den Weg frei, Nietzsche vorurteilslos zu lesen. Daß eine solche von Legenden befreite, vorurteilslose Beschäftigung mit Nietzsche nicht zu einer Apologie seines Denkens führen oder gar nur eine neue Form des Nietzsche-Kults vorbereiten soll, zeigte Schlechtas besonnen wertendes Nachwort zu seiner Werk-Ausgabe, ebenso wie seine zwei Jahre zuvor erschienene Abhandlung „Nietzsches großer Mittag“. (37) Man kann die persönliche Wucht von Nietzsches Denken wie seine symptomatische Bedeutung erkennen, ohne ihm zu verfallen. Wir haben schon angedeutet, daß der Sinn von Nietzsches Existenz für Nachfahren gerade darin liegt, durch die unerbittliche Folgerichtigkeit seiner Zeitkritik aufgerüttelt zu werden. Denn Nietzsches Philosophie drückt das erschütternde Erlebnis dessen aus, was er „Nihilismus“ nennt (38), daß nämlich die Welt (sowohl der Natur wie des Menschen) ohne Sinn sei, daß jeder Sinn eine subjektive Zutat des Denkens zu einer nackten, sinnfreien Wirklichkeit darstelle. Alle bisherige Religion und Philosophie wird als Ideologie entlarvt, die im Dienste irgendeines Interesses einen objektiven, das heißt transzendenten, idealen Sinn zu finden vorgab. Dieses doppelte Unternehmen, die Sinnlosigkeit des Seins aufzudecken und die bisherigen Denksysteme abzubauen (man sieht nun, warum Nietzsche Aphoristiker sein mußte!), ist das philosophische Problem das sich aus dem Zusammenbruch der geistigen Ordnung der sogenannten „abendländischen“ Welt ergibt. Insofern ist Nietzsche ein exemplarischer Fall, weil er es auf sich nimmt, die Konsequenzen dieses Zusammenbruchs zu Ende zu denken und den entfesselten Willen als einzige Instanz im Chaos bloßer Negativität aller Ordnung übrig zu lassen. Er ist zugleich ein singulärer Fall, einmal weil er den effektiven Zusammenbruch in den Jahrzehnten äußerster Sekurität um mehr als ein Menschenalter antizipierte; zum zweiten, weil die radikale Konsequenz Nietzsches zur Selbstaufhebung des Menschengeschlechts führen müßte und darum nie allgemein gezogen werden könnte. So ist Nietzsche, wie Schlechta ihn deutet, eine echte Wende in der Philosophie der Neuzeit. Er betritt nämlich und bezeichnet die äußerste Grenze, bis zu der hin das Denken der bürgerlichen Gesellschaft gehen und an der es in eine Zerstörung seiner selbst und der menschlichen Existenz überhaupt umschlagen muß. Nietzsche hat diesen Umschlag durchlebt und auf sich genommen, ohne einen Ausweg daraus zu sehen. Das ist auch nur konsequent, weil an der Stelle, die Nietzsche einnimmt, die Gefahr schon zu sehr Ereignis geworden ist, als daß auf diesem Boden noch „das Rettende wachsen“ könnte. So ist Nietzsches Zusammenbruch nicht nur ein medizinisches Phänomen, sondern ein aus der Intensität seines Denkens sich notwendig ergebendes Indiz für die allgemeine Situation, deren Repräsentant er ist. Nehmen wir dieses Inferno einer Seele (wie in Thomas Manns „Dr. Faustus“) als Notschrei und Warnung an, so mag uns daraus die Besinnung auf ein Neues, der Einsatz für eine andere, glücklichere Zukunft als die Zarathustras erwachsen.

Nietzsche ist dagegen gerade *nicht* der Prophet einer neuen Ordnung, die sich anstelle der zusammengebrochenen bilden muß; die Inhalte des formal-leeren Willens zur Macht, des Übermenschen, der Stunde der Entscheidung oder wie es bei ihm sonst heißen mag, sind rein negativ bestimmt (im Hinblick auf das, was nicht sein soll) und im Positiven höchst verschwommen und unklar. Indem nun die Epigonen die Diagnose zur gebotenen Norm, die Kritik am Vergangenen und Bestehenden zur Prognose des Künftigen machten, wurde Nietzsches Philosphie zur Vorbereitung äußerster Entmenschlichung. Der gequälte Aufschrei einer zerbrechenden Seele wurde nicht zum warnenden Sacrificium, sondern zum mitreißenden Appell. Daß Nietzsche selbst zu dieser Mißdeutung seiner Existenz Anlaß bot und das Material dazu lieferte, daß er sich oft wohl selbst auch zum Neuschöpfer, nicht nur zum Zerstörer berufen fühlte, obwohl er kein Ziel zu setzen wußte, liegt auf der Hand. Daß das Bewegende seiner Existenz aber gerade nicht in dieser Fixierung liegt, sondern in der erschütternden Bewußtheit des Untergangs, den Nietzsche (in maßloser Selbstüberschätzung) stellvertretend für die Menschheit erleiden wollte – wir erinnern an seine Einsfühlung mit Dionysos und Christus bei Ausbruch des Wahnsinns – das wurde in der unkritischen Zustimmung durch die Jünger und Ablehnung durch die Gegner nicht gesehen. Dieses Mißverständnis förderten aber die Legenden, deren Zerstörung die Schlechtasche Nietzsche-Ausgabe zuerst begann. Nietzsche selbst bekannte einmal: „Ich habe eine schreckliche Angst davor, daß man mich eines Tages *heilig* spricht.“ (39) Gerade das hat die Nietzsche-Gemeinde getan. Indem Schlechta die Grundlagen dieses Kultes erschütterte, nahm er Nietzsche die Gloriole und gab seinem Leben, das mit seinem Werk identisch ist, eine neue Bedeutung: Nietzsche tritt nun als ein Mensch vor uns, der in dem Abgrund zwischen zwei Weltaltern lebte und warnend von der Tiefe des Höllenspaltes berichtete, in den abzustürzen die Menschheit immer noch in Gefahr ist. Nietzsches Denken erfahren, heißt, die täuschenden und heuchlerischen Idealisierungen und Harmonisierungen aufheben, dank deren wir uns über das Böse in der Geschichte wegzulügen hoffen. Seinem zerstörerischen Wüten müssen wir uns aussetzen, wenn wir von ihm etwas lernen wollen.

„Was auch immer aufgenommen wird, es stirbt im Würgegriff dieser Hand; was auch immer dieser Mund spricht, verliert seinen natürlichen Sinn – auch das Natürliche, gerade das Natürliche! ... Bis jüngst war der echte Mittag ein verstohlenes Glück; unter Zarathustras Herrschaft wird daraus vielleicht ein mythologisches Falsifikat: falsch, wie alles in dieser Sphäre falsch sein muß. Wer *so* laut schreit, *hat* unrecht.“ (40)

Diese Worte, die den Abschluß einer Deutung der Lehre Nietzsches vom „großen Mittag“ bilden, markieren den Abstand, den der Interpret zum Werk halten muß: *philosophische* Aneignung Nietzsches schafft keine Proselyten. Gerade ein Leitbild wie das des „großen Mittag“, das der antikisierenden Sinn-Welt des jungen Nietzsche entstammt (wenn es auch erst später aufgenommen wird), schafft solche Distanz des Betrachters, des Lesers. Denn in einem wesentlichen Sinne erweist sich die Lehre vom „großen Mittag“ – Stunde des Gottestodes, der Erfüllung des Augenblicks und des Anbruchs von Zarathustras Reich – als zentral im Werk Nietzsches. Hier begegnet nämlich ein antikes Motiv dem jüdisch-christlichen Ton der Prophetie, zwei grundlegende Bereiche in Nietzsches Denken liegen in ihren Verhältnis, Unverhältnis, zueinander offen. Beide zeigen, in welchem Maße dieses Denken gestört war und, sich selbst überschlagend, zum Kollaps führen mußte.

Beide Welten, die antike und die jüdisch-christliche, schließen sich grundsätzlich aus. Indem Nietzsche sie zusammenzwingen will, versucht er das Unmögliche. Er endet in einer heillosen Pervertierung des Antiken, die Schlechta höchst eindrucksvoll dargestellt hat; er endet ebenso in einer Parodie des Christlichen, die sich selbst negiert – „die Entlehnung verbrennt in der von ihr entfachten Glut“ (41).

Was Nietzsche an die Stelle des von ihm entwerteten Vergangenen setzt, bleibt so ein aus Verfehlung und Verdrehung gewonnenes Surrogat. Die Umwertung, die aller überkommenen Substanz ein umkehrendes

Vorzeichen gibt, schafft nur Unrechtes. Das philosophische „Hinhorchen auf die Dinge“, von dem Heraklit spricht, wird zum vergewaltigenden Gerede, dem die sich ereignende Welt ausgeliefert ist. Dem Menschen wird die Welt zur nackten, kalten Leere; er bleibt sich selbst das einzige Objekt, das er immer wieder umkreist. Das Menschenbild der Existenzphilosophie in all seiner Armut ist hier vorbereitet. Der Mensch aber, der sich als Schöpfer der Welt versteht, steigert sich in die Bombastik einer Prophetie, die dem Philosophischen wesenhaft entgegengesetzt ist. Indem Nietzsche sich seinen Visionen hingibt, entgleitet ihm die Wirklichkeit. Die Worte tragen ihn davon, ihn, der „das Spiel der Bilder im Spiel der Worte überspielt und verliert“ (42). Mythos und Logos sind zweierlei. Dichtung und Philosophie verwirklichen andere Gestalten der Wahrheit. Ihre Vermischung erzeugt Unwahrheit. „Man sollte wohl einmal damit anfangen, gegen die Dichterphilosophen und die Philosophendichter etwas mißtrauisch zu werden.“ (43)

So zieht sich durch Nietzsches Philosophie ein Bruch. Man mag anmerken, daß dieser Bruch seine psychologischen, wenn man will psychiatrische nichts erklärt. Sein Verfehlen der Wirklichkeit, sein Absturz in den aber unausgeführt, weil es am geistesgeschichtlichen Phänomen Nietzsches nichts erklärt. Sein Verfehlen der Wirklichkeit, sein Absturz in den Nihilismus und sein verzweifeltes Sich-Klammern an selbstgeschaffene Surrogate sind mehr als ein privates Schicksal, in ihnen zeigt sich die Verfassung unserer Welt an. Das ist es, was Schlechta hervorhebt, wenn er sagt, Nietzsche vollbringe sein Werk wie ein ungeheueres, notwendiges Geschehen, das einen unerbittlichen Gang zum Abgrund nimmt.

Hier muß noch offen bleiben, wie weit eine Deutung Nietzsches aus dem Werk gerechtfertigt werden kann, die die Verzweiflung des Denkers nicht nur als eine persönlich-existentielle, sondern auch als eine philosophische Wahrheit begreift. Im geschichtlichen Zusammenhang muß diese Frage auf das Verhältnis Nietzsches zu Schopenhauer wie auch zu Jakob Burckhardt führen und in der Konfrontation mit beiden benachbarten Denkern die Radikalität Nietzsches verdeutlichen; metaphysisch ist mit ihr das Problem des Nihilismus impliziert. (44) Sie läßt sich selbstverständlich erst von der Analyse des Spätwerks her beantworten. Inwieweit dieses auch schon von den Frühschriften her anvisiert, also entgegen einer landläufigen Meinung bei steigender Radikalisierung doch eine Kontinuität in Nietzsches Denken von der „Geburt der Tragödie“ bis zum „Antichrist“ aufgezeigt werden kann, muß sich nun zunächst erweisen.

II Das dunkle Bild des Griechentums

Als *philosophischer* Autor tritt Nietzsche seinem Publikum zuerst in den „Unzeitgemäßen Betrachtungen" entgegen. Und Philosophie ist auch da nicht systematische Ontologie, Erkenntnistheorie, Metaphysik, sondern Zeitkritik in einer Weise, die sich durchaus an den Streitschriften der Aufklärung orientiert: bittere Polemik gegen den „Bildungsphilister" am Beispiel des David Friedrich Strauss, Bestimmung eines lebendigen Verständnisses des geschichtlichen Erbes in der Betrachtung „Vom Nutzen und Nachteil der Historie für das Leben", Maßstab und Exempel eines dem Zeitgeist entgegenlaufenden Selbstseins in „Schopenhauer als Erzieher", kulturpolitisches Programm in „Wagner in Bayreuth". Wogegen sich die Kritik richtet, ist am Anfang der dritten „Unzeitgemäßen" deutlich gesagt: gegen eine Gesellschaft, die den Menschen zur „Fabrikware" macht. (45) Die antikapitalistische Tendenz ist hier noch ebenso deutlich wie der Rückgriff auf die frühbürgerliche Vorstellung von der Individualität (aus der dann später die Verherrlichung des Renaissance-Menschen als großes Raubtier stilisiert wird).

Griechentum – metaphysisches und kulturpolitisches Ideal

Diese antikapitalistische Frontstellung konnte an klassische Traditionen des deutschen Bürgertums anknüpfen, in denen sich die Persönlichkeitsidee noch mit den Gehalten des aufsteigenden Kapitalismus verband. Goethe ist das Paradigma, auf das Nietzsche sich bis in die Spätschriften berufen wird. Der Humanismus der deutschen Klassik aber orientiert sein Menschenbild an der Kalokagathia der griechischen Klassik, genauer am Ideal des athenischen Polisbürgers der perikleischen Zeit. (45a) Nietzsche, in dieser neuhumanistischen Tradition erzogen, knüpft aus eigener Bildungserfahrung auch unter Bedingungen der Vorherrschaft des deutschen Schul-Klassizismus, des vom humanistischen Gymnasium vertretenen Bildungsbegriffs an den Philhellenismus seiner Zeit an.

Es ist also gewiß kein Zufall, und auch nichts Ungewöhnliches darin, daß Nietzsche das Bild, unter dem er die Stunde seiner eigenen Vollendung anzeigt – nämlich das mythologische Bild vom „großen Mittag" – dem humanistischen Bildungsschatz entnimmt. Sein eigener Lebensweg von Schulpforta über das Studium der klassischen Philologie bei Ritschl bis zur Basler Professur für griechische Sprache und Literatur gab ihm solche Anknüpfungen des Eigenen an Überliefertes gleichsam selbstverständlich ein. Eher ist schon verwunderlich, daß sich das Eigene in späteren Jahren so weit von den humanistischen Anfängen entfernte; daß die mythische Gestalt, mit der Nietzsche sich identifizierte, nicht Dionysos oder Orpheus hieß, sondern Zarathustra; daß er nicht die Sprache Platons, sondern die der Bibel imitierte. Denn die Umwertung aller Werte, als deren Prophet Zarathustra auftritt, begann doch im Zeichen und unter dem Namen des Dionysos.

In einem Entwurf zum Lebenslauf anläßlich seiner Berufung nach Basel schreibt Nietzsche:

„Ich sehe ab von den Naturen, die ein gewöhnliches Brotinteresse auf diese Bahn wirft; und auch jene anderen haben wenig Anziehendes an sich, die an der Hand philologischer Erzieher zu demselben Berufe widerstandslos abgerichtet werden. Viele treibt ein eingeborenes Lehrtalent: aber auch für diese ist die Wissenschaft nur ein wirksames Werkzeug, nicht das ernste und mit sehnsüchtigen Augen angeschaute Ziel ihrer Lebenswanderung. Eine kleine Gemeinde lebte, die mit künstlerischem Behagen an der griechischen Formenwelt sich ergötzt, eine noch kleinere, für die die Denker des Altertums noch nicht zu Ende gedacht sind und gedacht haben. Ich habe kein Recht, mich zu einer dieser Klassen ausschließlich rechnen zu dürfen: denn der Weg, auf dem ich zur Philologie gekommen bin, liegt gleich weit ab von dem der praktischen Klugheit und des niedrigen Egoismus als von dem, auf welchem die begeisterte Liebe zum Altertum die Fackel voranträgt. Dies letzte auszusprechen ist nicht leicht, aber es ist ehrlich.“ (45b)

Diese Selbstcharakteristik Nietzsches, in der die Stellung zu seinem Fach unverschleiert beschrieben ist, gibt uns einen wesentlichen Hinweis. Wenn Nietzsche trotz seiner Absage an den Schulhumanismus und an eine klassizistische Griechenbegeisterung der Philologie als Fach treu bleibt (46), so doch vor allem deshalb, weil sich ihm in der Begegnung mit den griechischen Quellen ein aktuelles Lebensproblem präzisieren ließ. Deutlich ist dieses Ziel, durch die Altertumswissenschaft auf die Gegenwart einzuwirken, in einem Brief an Carl von Gersdorff vom 12. Dezember 1870 ausgesprochen:

„Laß nun mir noch ein paar Jahre Zeit, dann sollst Du auch eine neue Einwirkung auf die Altertumskunde spüren und damit hoffentlich verbunden auch einen neuen Geist in der wissenschaftlichen und ethischen *Erziehung* unserer Nation.“ (47)

Wenn hier von „ethischer Erziehung“ die Rede ist, die Intention sich also auf den ganzen gegenwärtigen Menschen und nicht nur auf seine schöngeistige Bildung richtet, so scheint Nietzsche damit noch durchaus in der Tradition des Humanismus zu stehen, der das deutsche Bürgertum seit Winckelmanns Zeiten prägte. Denn das pädagogische Ideal der deutschen Klassik war ja gerade die Durchbildung des ganzen Menschen, die in sich abgeschlossene, equilibrierte Totalität der Persönlichkeit. Darauf ließe sich fast noch jene Stelle in einem Briefe an Erwin Rohde vom Januar/Februar 1870 beziehen, wo es heißt:

„Ich gewinne immer mehr Liebe für das Hellenentum: man hat kein besseres Mittel, sich ihm zu nähern als durch unermüdliche Fortbildung seines eigenen Persönchens.“ (48)

Doch muß uns der spöttische Gebrauch des Diminuitivs stutzig machen, dem im Munde Nietzsches nichts mehr von jener versöhnlichen Zärtlichkeit anhaftet, mit der Goethe diese Form verwandte. Die allseits gerundete, in Form und Maß wohlgegründete Individualität ist es keineswegs, die Nietzsche hier meint. Mit edler Einfalt und stiller Größe hat die Fortbildung des eigenen Persönchens nichts zu tun. Der Zusammenhang, in dem Nietzsche seine Liebe zum Hellenentum bekennt, weist in andere Richtung; er berichtet nämlich zuvor dem Freunde von seinen Vorträgen über das „antike Musikdrama" sowie über „Sokrates und die Tragödie", also über Vorstadien der „Geburt der Tragödie aus dem Geiste der Musik". Was Nietzsche mithin am Griechentum neu entzückt und ihm im gleichen Jahre den ethisch-pädagogischen Impuls gibt, von dem er zu Gersdorff schreibt, ist jene dunklere Seite, die der deutschen Klassik verborgen geblieben war. Die Erziehung der Nation, die ihm vorschwebt, sollte also gerade eine gegen die klassisch-humanistische Tradition sein.

Nietzsches aktuell-philosophische Beschäftigung mit dem Griechentum erwächst aus einer konkreten kulturpolitischen Frontstellung. Die erlebte Wirklichkeit entsprach nicht mehr dem harmonisierenden Menschenbild, das seit der Goethezeit das Selbstverständnis des deutschen Bürgertums bestimmte. Die Vorstellung, daß man durch verinnerlichte Bildung zu menschlicher Vollkommenheit gelangen könne, war durch die Erscheinungsformen der Industrialisierung und durch die Auswirkungen der brutalen Großmachtpolitik Preußens widerlegt worden. Die Erfahrungen des Krieges von 1870, an dem Nietzsche in den ersten Monaten (bis zu einer Typhusinfektion) als Sanitäter teilnahm, widersprachen dem Humanitätsethos des Bildungsbürgers zu offenkundig, als daß ein zeit- und problembewußtes Denken daran hätte vorübergehen können. Am 7. November 1870 heißt es in einem Briefe an Carl von Gersdorff:

> „Im Vertrauen: ich halte das jetzige Preußen für eine der Kultur höchst gefährliche Macht." (49)

Und analog am 23. November 1870 an Erwin Rohde:

> „Sieh doch zu, daß Du aus dem fatalen kulturwidrigen Preußen herauskommst: wo die Knechte und die Pfaffen wie Pilze hervorschießen und bald mit ihrem Dunst uns ganz Deutschland verfinstern werden." (50)

Mit den Sonntagsreden vom Wahren, Schönen, Guten war nun also wirklich kein Staat mehr zu machen. Das klassizistische Griechenland enthüllte sich in einer Periode kapitalistischen Gründerrausches und kriegerischer Expansion als bloße Verbrämung, die humanistische Bildung als eine Schatztruhe mit doppeltem Boden. Nietzsche hat die Heuchelei der herrschenden Wertphilosophie mit Widerwillen durchschaut und später haßerfüllt ausgesprochen. Praktisch wird er dem Problem zunächst in seinem eigenen Fach, in der Altertumswissenschaft konfrontiert. Dort, auf einem

Boden, der ihm durch seinen Ausbildungsgang vertraut ist, führt er den ersten Angriff.

Wer zweifeln möchte, daß die frühen Werke aus der Zeit des Basler Lehramtes ihrem Wesen nach kulturpolitische Streitschriften sind, muß nur ihre gemeinsame Mitte aufsuchen. Die Tendenz der ,,Unzeitgemäßen Betrachtungen" liegt klar am Tage. Ihr erstes Stück, über David Friedrich Strauss, sagt eingangs deutlich genug, daß es darum gehe ,,von den schlimmen und gefährlichen Folgen des Krieges" zu reden.

,,Von allen schlimmen Folgen aber, die der letzte mit Frankreich geführte Krieg hinter sich dreinzieht, ist vielleicht die schlimmste ein weitverbreiteter, ja allgemeiner Irrtum: der Irrtum der öffentlichen Meinung und aller öffentlich Meinenden, daß auch die deutsche Kultur in jenem Kampfe gesiegt habe und deshalb jetzt mit Kränzen geschmückt werden müsse, die so außerordentlichen Begebnissen und Erfolgen gemäß seien."

Und weiter warnt Nietzsche, der militärische Sieg könne sich ,,in die Niederlage, ja Exstirpation des deutschen Geistes zugunsten des ,deutschen Reiches' " verwandeln. (51) Der kulturpolitische Zweck seiner Auseinandersetzung mit Strauß ist hier genau angegeben. Bei den übrigen ,,Unzeitgemäßen Betrachtungen" ist schon der Titel Hinweis genug: ,,Vom Nutzen und Nachteil der Historie für das Leben", ,,Schopenhauer als Erzieher", ,,Richard Wagner in Bayreuth". Vorausgegangen waren die Vorträge über die ,,Zukunft unserer Bildungsanstalten" und eine kleine für Cosima Wagner geschriebene Arbeit über ,,Das Verhältnis der Schopenhauerschen Philosophie zu einer deutschen Kultur".

Wie aber steht es mit jenen Schriften, die der griechischen Kultur gewidmet sind: ,,Homer und die klassische Philologie", und ,,Die Geburt der Tragödie aus dem Geist der Musik", ,,Der griechische Staat" und die ,,Philosophie im tragischen Zeitalter der Griechen"? Sind es nicht Fragen der Metaphysik und Ästhetik, die hier im Mittelpunkt stehen? Darf man sagen, daß dies das erste Feld war, auf dem Nietzsche Methode und Aspekte seiner Kulturkritik gewann und erprobte?

Mir scheint, die Antwort ergibt sich, wenn man aus jenen ,,Fünf Vorreden zu fünf ungeschriebenen Büchern", die Nietzsche in den Weihnachtstagen 1872 für Cosima Wagner verfaßte, den Essay über den griechischen Staat herausgreift, der den Schlüssel enthält, uns den Zugang zu Nietzsches antihumanistischer Position zu öffnen. Antihumanistisch, sage ich, denn hier zertrümmert er in der Tat nicht nur hergebrachte Maßstäbe, sondern vielleicht schon das Bild vom gesitteten Menschen überhaupt.

Der Aufsatz beginnt mit einer bitteren Satire auf die ,,Würde der Arbeit", die nur insofern schopenhauerisch klingt, als Nietzsche hier von dem ,,vom ,Willen' verführten Intellekt" spricht, jedoch zuvor realistischer die ,,furchtbare Not" als die Ursache nennt, die den Menschen ,,zu verzehrender Arbeit zwingt". Man sollte sich nicht versagen, einige nationalökonomische Daten in Parallele zu setzen: bezeichnet man die Arbeitsleistung je Bergarbeiter im Ruhrgebiet für das Jahr 1850 mit der Indexzahl 100, so blieb sie mit geringen Schwankungen zwischen 88 und 104 für die Jahre 1787 bis 1859 konstant. In den Jahren 1860 bis 1867 stieg sie auf 141, also um fast 50 %.

„Die jährliche Roheisenproduktion je Arbeiter betrug in Zollzentnern in den drei Wirtschaftszyklen von 1837 bis 1859: 538–467–648, wahrhaft kein Bild großen Fortschritts. Doch wenn wir dann in die sechziger Jahre kommen, steigt die Zahl um mehr als 50 % auf 1 107 Zollzentner." (52)

Vor diesem Hintergrund einer Intensivierung der individuellen Arbeitsleistung, einer erhöhten Ausbeutung der Arbeitskraft lesen sich die bösen Sätze Nietzsches über eine Ideologie, die dem Menschen die „Würde der Arbeit" vorgaukeln will, in einem verständlichen Zusammenhang. Immerhin ist dies die gleiche Zeit, in der Karl Marx schreibt:

„Das Reich der Freiheit beginnt in der Tat erst da, wo das Arbeiten, das durch Not und äußere Zweckmäßigkeit bestimmt ist, aufhört; es liegt also der Natur der Sache nach jenseits der Sphäre der eigentlichen materiellen Produktion." Diese Sphäre bleibt „immer ein Reich der Notwendigkeit. Jenseits desselben beginnt die menschliche Kraftentwicklung, die sich als Selbstzweck gilt, das wahre Reich der Freiheit, das aber nur auf jenem Reich der Notwendigkeit als seiner Basis aufblühen kann. Die Verkürzung des Arbeitstags ist die Grundbedingung." (53)

So weit voneinander entfernt sind die Diagnosen Nietzsches und Marx' nicht. Wenn Nietzsche schreibt:

„Solche Phantome, wie die Würde des Menschen, die Würde der Arbeit, sind die dürftigen Erzeugnisse des sich vor sich selbst versteckenden Sklaventums"

– so könnte Marx dieser ideologiekritischen Bemerkung durchaus zugestimmt haben. Allerdings hat er, im Gegensatz zu Nietzsche, eine Alternative:

„Wie der Wilde mit der Natur ringen muß, um seine Bedürfnisse zu befriedigen, um sein Leben zu erhalten und zu reproduzieren, so muß es der Zivilisierte, und er muß es in allen Gesellschaftsformen und unter allen möglichen Produktionsweisen ... Die Freiheit in diesem Gebiet kann nur darin bestehen, daß der vergesellschaftete Mensch, die assoziierten Produzenten, diesen ihren Stoffwechsel mit der Natur rationell regeln, unter ihre gemeinschaftliche Kontrolle bringen, statt von ihm als von einer blinden Macht beherrscht zu werden; ihn mit dem geringsten Kraftaufwand und unter den, ihrer menschlichen Natur würdigsten und adäquatesten Bedingungen vollziehn." (54)

Nietzsche hingegen sieht eine solche Perspektive nicht. Er bleibt befangen im rückwärts gewendeten Blick auf den griechischen Staat, in dem die Sklaverei der vielen die Bedingung der Möglichkeit für die Freiheit einiger darstellte. Weil die Freiheit vom Zwang zur Arbeit die Voraussetzung für die Entfaltung wirklicher Kultur ist und Nietzsche die realen Chancen einer Freiheit für alle nicht imaginieren kann – darum stellt er es als Wahrheit hin, „daß zum Wesen einer Kultur das Sklaventum gehöre", und fügt hinzu: „eine Wahrheit freilich, die über den absoluten Wert des Daseins keinen Zweifel übrig läßt".

Nun ist es allerdings keineswegs so, daß Nietzsche sich apologetisch für die moderne Form der Sklaverei, die Ausbeutung des Lohnarbeiters, einsetzen würde. (55) Im Gegenteil. Der Egoismus des liberalen Bourgeois, der im Staate und mit seiner Hilfe nur seine privaten Interessen verfolgt, ist ihm von Grund auf verhaßt, so daß er sogar den Krieg als Hilfsmittel in Rechnung stellt, um sich von solcher Mißgestalt der Gesellschaft zu befreien.

„Wenn ich also als gefährliches Charakteristikum der politischen Gegenwart die Verwendung der Revolutionsgedanken im Dienste einer eigensüchtigen staatlosen Geldaristokratie bezeichne, wenn ich die ungeheure Verbreitung des liberalen Optimismus zuleich als Resultat der in sonderbare Hände geratenen modernen Geldwirtschaft begreife und alle Übel der sozialen Zustände, samt dem notwendigen Verfall der Künste, entweder als jener Wurzel entkeimt oder mit ihr verwachsen sehe: so wird man mir einen gelegentlich anzustimmenden Päan auf den Krieg zugute halten müssen." (56)

Es steht außer Frage, daß Nietzsche den Mechanismus der modernen Gesellschaft nicht begreift. Wohl aber erkennt er die Lügenhaftigkeit der Selbstinterpretation, zu der eben ein harmonisierender, die Raubtierhaftigkeit des geldhungrigen Menschen verschleiernder Klassizismus gehört. Die Deformation des Menschen wird notiert:

„In der neueren Welt, die, zusammengehalten mit der griechischen, zumeist nur Abnormitäten und Zentauren schafft, in der der einzelne Mensch, gleich jenem fabelhaften Wesen im Eingang der horazischen Poetik, aus Stücken bunt zusammengesetzt ist, zeigt sich oft an demselben Menschen zugleich die Gier des Existenz-Kampfes und des Kunstbedürfnisses: aus welcher unnatürlichen Verschmelzung die Not entstanden ist, jene erstere Gier vor dem Kunstbedürfnisse zu entschuldigen und zu weihen." (57)

Kunst steht für den freien, zu sich selbst gekommenen Menschen, der der Not des Existenzkampfes entlastet ist.

Genau hier, also beim jungen Nietzsche, vollzieht sich indessen schon der Umschlag aus einer Protesthaltung gegen die unwürdigen Verhältnisse, unter denen der Mensch zu leben gezwungen ist, in den anarchischen Ausweg einer rücksichtslosen Herrenmoral. Gesteht er, offenkundig unter dem Einfluß Jakob Burckhardts, ohne Umschweife zu, daß die Macht immer böse ist, schildert er auch den Staat als ein menschenfressendes Ungeheuer, so entscheidet er sich doch dafür, daß die wenigen, die unter den Bedingungen allgemeinen Existenzkampfes dafür freigestellt werden können, Kulturwerte zu schaffen, auch die Macht okkupieren und den Staat beherrschen sollen. Das Modell der platonischen „Politeia" soll ganz in den Dienst einer Klasse der spielerisch Schaffenden gestellt werden. (58) In einer Einseitigkeit, die mit den historischen Tatsachen nichts mehr zu tun hat, deutet Nietzsche den griechischen Staat als die Organisationsform der freien Entfaltung des Kunstbedürfnisses weniger Herren. Aufrichtig genug, die Unmenschlichkeit eines solchen Ideals einzusehen, das die Mehrzahl aller Menschen zur Sklaverei verdammt, stellt er fest:

„Die Bildung, die vornehmlich wahres Kunstbedürfnis ist, ruht auf einem erschrecklichen Grunde: dieser aber gibt sich in der dämmernden Empfindung der Scham zu erkennen.“ (59)

In einer Gesellschaft aber, die sich aus Herrenrecht und nach willkürlicher Satzung als Unterdrückungsordnung formiert, kann die lichte Humanität apollinischen Menschentums nicht die einzige, ja nicht einmal die begründende Macht sein. Ihre Rationalität, deren Konsequenz (sokratisch) zur Auflösung ihrer eigenen Existenzbedingung, der Sklaverei, führen müßte, konnte nur Bestand haben und sich zur höchsten Freiheit der Kunst und des Spiels entfalten, wenn sie durch einen mythischen Akt der Unterwerfung ihre Rechtfertigung erkaufte.

„Derselbe Trieb, der die Kunst ins Leben ruft, als die zum Weiterleben verführende Ergänzung und Vollendung des Daseins, ließ auch die olympische Welt entstehen, in der sich der hellenische ‚Wille‘ einen verklärenden Spiegel vorhielt. So rechtfertigen die Götter das Menschenleben, indem sie es selbst leben – die allein genügende Theodizee.“ (60)

Indem die Götter ihr Leben als ein nie endendes Spiel leben – Unsterblichkeit ist die irrevozible Verbannung des Ernstes der Todesfurcht aus dem Dasein – sind sie vollkommenes Vorbild des unvollkommenen, nämlich sterblichen Menschentums, das allein in der Kunst zu überdauern hoffen kann. Der Mensch aber, der als Künstler auf seine Weise ein vergängliches Abbild jener göttlichen Freiheit schafft, ist selbst ein Spielzeug der Götter, wehrlos dem Schicksal ausgeliefert, ein Sklave vor jenen und Bedingung ihres Daseins, so wie der irdische Sklave Bedingung der irdischen Herren ist. Die Tragödie, diese Darstellung der Unterwerfung des Menschen unter das Spiel der Götter, ist die Rechtfertigung der Herren, die das Leben als ästhetische Gestalt ritualisieren können, angesichts ihrer Scham vor den Sklaven, die ihnen zu diesem Zwecke zu dienen haben.

Ganz so unrecht hat Nietzsche nicht, wenn er in einem späteren „Versuch einer Selbstkritik“ die schopenhauerschen und wagnerschen Einkleidungen seines Grundmotivs beiseite schiebt und als den Sinn der „Geburt der Tragödie aus dem Geiste der Musik“ herausstellt, „daß nur als ästhetisches Phänomen das Dasein der Welt *gerechtfertigt* ist“. Und weiter:

„Die Welt, in jedem Augenblick die *erreichte* Erlösung Gottes, als die ewig wechselnde, ewig neue Vision des Leidendsten, Gegensätzlichsten, Widerspruchreichsten, der nur im *Scheine* sich zu erlösen weiß: diese ganze Artisten-Metaphysik mag man willkürlich, müßig, phantastisch nennen –, das Wesentliche daran ist, daß sie bereits einen Geist verrät, der sich einmal auf jede Gefahr hin gegen die *moralische* Ausdeutung und Bedeutsamkeit des Daseins zur Wehre setzen wird.“ (61)

Diese eigenartige Säkularisierung der Theodizee zu einer aus dem Geiste romantischer Kunstmetapyhsik erwachsenen Kosmodizee enthält im Keime schon die Gedanken des späteren Nietzsche: sie enthält den Umsturz der Werte und fordert den Übermenschen, der in der Lage ist, die Welt als Kunstwerk – und sei es als Tragödie – zu gestalten. Die Konzeption der „Politeia" als „Geheimlehre vom Zusammenhang zwischen Staat und Genius" (62) enthebt den Menschen, will sagen: den Herrn, den Übermenschen, der Rücksicht auf Normen und Folgen seines Tuns, wenn dieses nur ästhetisch vollkommen ist. Der „Einzige" Stirners erscheint zum Künstler gesteigert und so der bourgeoisen Sphäre seines Geburtshauses entzogen, ohne daß er darum das Stigma bürgerlicher Flucht aus der Verantwortung für den Mitmenschen durch die Stilisierung seiner privaten Existenz auslöschen könnte. (63) Nietzsches Geniekult ist nur ein Ersatz für eine verlorene Gesinnung und Gesittung der bürgerlichen Aufklärung, die allein das Zusammenleben der Menschen möglich macht. Der Geniebegriff des jungen Nietzsche, der schon den Immoralismus des späteren einschließt, ist eine Absage an die aufklärerischen, humanistischen, demokratischen Ideale.

Worauf es mit der – nun wirklich nicht mehr philologischen – Hervorhebung der dunklen Seite des Griechentums hinaus sollte, hatte der innere Übergang von der anthropologischen und historischen Genesis einer poetischen Gattung zur ästhetischen Rechtfertigungstheorie des Wagnerschen Musikdramas in der „Geburt der Tragödie" gezeigt. Die ästhetische Theorie wollte nun aber ganz und gar keine kunstimmanente sein. Wagners ästhetisches Programm gilt Nietzsche als ein nationales – im doppelten Sinne einer künstlerisch-mythischen Repräsentation des politischen Selbstbewußtseins der Nation und eines Entwurfs der Inhalte einer Volkserziehung der Zukunft. Will man dies nicht aus der „Geburt der Tragödie" selber ableiten, so spricht die Widmung der „Fünf Vorreden zu fünf ungeschriebenen Büchern" an Cosima Wagner zu Weihnachten 1872 für sich. Da findet sich die wichtige Skizze über den griechischen Staat, die programmatisch die moderne, bürgerlich-kapitalistische Welt als solche der „Abnormitäten und Interessen" gegen das Ideal menschlicher Wesensentfaltung in der griechischen Polis darstellt. Diese Skizze ist sozusagen ein hermeneutischer Schlüssel zur „Geburt" wie auch zur „Philosophie im tragischen Zeitalter". Hier zeigt sich – im Bekenntnis zu Sklaverei und Krieg – auch die Wurzel der inneren Abkehr Nietzsches von den demokratisch-kulturpolitischen Idealen, die seine Frühschriften noch durchziehen. Die Zukunft der Bildungsanstalten und Schopenhauer – ein heroisch verstandener – als Philosoph der Nationalkultur sind andere Themen. Der Zusammenhang ist klar. Dem Humanisten Nietzsche stellt sich der Protest gegen die Ideologie der preußisch-deutschen Reichsgründung in der Aktivierung einer Paideia dar, deren ästhetische Gegenstände ihren politischen Sinn offenbaren. Nicht ohne innere

Widersprüche, denn zwar schreibt er 1870 an Gersdorff, er halte das jetzige Preußen für eine der Kultur höchst gefährliche Macht (63a), doch preist er ein halbes Jahr später die „deutsche Tapferkeit", spricht von einer deutschen Mission" und bekundet sein Erschrecken vor dem „internationalen Hydrakopf" der Pariser Kommune. (63b) Alle Elemente, die Nietzsches spätere Wirkung ausmachen, sind hier schon beisammen: radikale antikapitalistische Kulturkritik, missionarischer Eifer und verlegenes Ausweichen vor dem proletarischen Klassenkampf in einen klassenneutralen Kulturpessimismus. So heißt es denn über die Pariser Kommunarden:

„Wenn wir uns einmal persönlich aussprechen könnten, so würden wir übereinkommen, wie gerade in jener Erscheinung unser modernes Leben, ja eigentlich das ganze alte christliche Europa und sein Staat, vor allem aber die jetzt überall herrschende romanische ‚Zivilisation' den ungeheuren Schaden verrät, der unserer Welt anhaftet: wie wir alle, mit aller unserer Vergangenheit, *schuld sind* an solchen zutage tretenden Schrecken: so daß wir ferne davon sein müssen, mit hohem Selbstgefühl das Verbrechen eines Kampfes gegen die Kultur nur jenen Unglücklichen zu imputieren. Ich weiß, was es sagen will: der Kampf gegen die Kultur . . . Aber auch bei meinem höchsten Schmerz war ich nicht imstande, einen Stein auf jene Frevler zu werfen, die mir nur Träger einer allgemeinen Schuld waren, über die viel zu denken ist!" (63c)

An die Stelle des politischen Kampfes tritt die geistige und moralische Erneuerung, eine Antizipation der „Umwertung aller Werte".

III. Indizien des Übergangs

In die Jahre 1875–79 gehören an publizierten Schriften Nietzsches die vierte Unzeitgemäße Betrachtung „Richard Wagner in Bayreuth" (1876) und die beiden Bände von „Menschliches, Allzumenschliches" (1878, 1879, 1880). Es ist die Zeit, in der Nietzsche sich, nach seinem Lobgesang auf den Bayreuther Meister (der schon genug unterschwellige Disharmonien enthält), von Wagner verhement löst. So ist es verständlich, daß sich ein erheblicher Teil der Nachlaß-Notizen jener Jahre noch mit Wagner und den Problemen einer Kunstmetaphysik beschäftigt, die für Nietzsche ja immer im Zentrum seines Denkens stand; noch 1886 spricht er, rückblickend auf die „Geburt der Tragödie aus dem Geiste der Musik", davon, „die Wissenschaft unter der Optik des Künstlers zu sehen, die Kunst aber unter der des Lebens . . ." (64) Von Wagner empfing Nietzsche die Anregung zu einer Konzeption, die den freien Menschen als den spielenden, die Befreiung des Menschen als eine vom Zwang der Arbeit, als eine zur Lust der Kunst auffaßt. Er notiert auf einem Blatt jenes Faszikels, das Vorstudien zu „Richard Wagner in Bayreuth" enthält, die nicht in die fertige Abhandlung aufgenommen wurden:

„Daß die Kunst nicht die Frucht des Luxus von Klassen oder Einzelnen ist, sondern gerade einer vom Luxus befreiten Gesellschaft zugehört und ihre Entstehung zu verdanken hat, ist der neue Gedanke. Wie eine solche Gesellschaft beschaffen sein müsse, zeigt im mythischen Bilde Wagner in den Nibelungen: wo die Götter vernichtet, die Macht und das Geld seine fluchbeladene Bahn zu Ende gelaufen ist, wo der Geist der Treue, Liebe unter den Menschen herrscht. Die bisherige Kunst ist die Frucht des Luxus (doch nicht die kirchliche); auch die Musik hat einen Anteil daran gehabt und einen spielerischen Charakter erhalten, bis sie durch Beethoven zur Besinnung kam und von Wagner gereinigt wurde. Denn er ist der kathartische Mensch für die Kunst. Es sind wirklich die Armen und Schlechtbegüterten, auch die Wenig-Unterrichteten, an denen Wagners Kunst ihren festen Schutz hat. – Wagner hat ganz recht: wo die Politiker und die Weisen aufhören, da fängt der Künstler an, als Seher und Ahner der neuen Gedanken. Die nächste ungeheure Sphäre, die zu erobern ist, ist die Erziehung: und erst, wenn eine genügende Masse Menschen so im Widerspruch zu allen bestehenden Mächten sich fühlen, werden sie auch die Schultern gegen das Gebälk stemmen. Es ist eine sektiererische Kunst und wird eine sektiererische Erziehung sein: aber mit dem höchsten Streben, über die Sekte hinauszukommen. Es liegt in ihrem Wesen, nicht eine Grenze, eine Klasse abzusondern, nur durch äußere Gewalt kann sie eine Zeit Sekte sein. Solange es noch Menchen gibt, die nicht neu erzogen sind, haben die Neu-Erzogenen zu leiden. ‚Wir sollen alle Genies sein' Wagner". (65)

Der zugleich gesellschaftskritische und utopische Ton dieser Zeilen ist unüberhörbar. Die Kritik am Verfall der Kultur im bürgerlichen Zeitalter gehört zu den Leitmotiven im Denken Nietzsches und hat schon die Perspektive bestimmt, unter der er sich dem klassischen Altertum zuwandte; im Zusammenhang der Analyse der griechischen Philosophie findet sich die scharfe Verurteilung der antihumanen Effekte der modernen Geldwirtschaft. Nietzsche imaginiert eine menschliche Gesellschaft, in der der Mensch von dem Zwang der Arbeit zur Befriedigung seiner elementaren Lebensbedürfnisse befreit ist und im ernsten Spiel, im spielerischen Ernst der Kunst sich selbst entfaltet und steigert. In diesen Gedankenkreis gehört auch eine Stichwortgruppe, die als vorausblickende Kritik an einer hypertrophierten, den Menschen denaturierenden Konsumgesellschaft betrachtet werden kann:

„*Luxus* – Kunst. Verwendung der Mittel zu unwahren Bedürfnissen. Abschwächung der wahren Bedürfnisse. Trennung der Menschen voneinander. Überarbeitung vieler Menschen, um den Scheinbedürfnissen zu genügen, während die wahren Bedürfnisse nicht befriedigt werden. Die soziale Frage ist die *Fortexistenz* des *Luxus*, d. h. des Unnötigen und Überflüssigen und Unbefriedigenden im Verhältnis der Arbeit zur Kunst. Das praktische Gegenmittel ist der Zynismus der Schlichtheit auf der einen Seite negativ: zum Beweise, daß man nicht jene Scheinbefriedigung nötig hat; 2. positiv: das *Drama*." (66)

„Die Maschine kontrolliert furchtbar, daß alles zur rechten Zeit und recht geschieht. Der Arbeiter gehorcht dem blinden Despoten, er ist mehr als sein Sklave. Die Maschine erzieht nicht den Willen zur Selbstbeherrschung. Sie weckt Reaktionsgelüste gegen den Despotismus – die Ausschweifung, den Unsinn, den Rausch. Die Maschine ruft Saturnalien hervor." (67)

Daß es nicht damit getan ist, auch die „Schlechtbegüterten" am allgemeinen Luxus teilnehmen zu lassen, daß dann nur eine Herrschaft der Produktionsmittel über den Menschen und dessen Ausweichen in die Ausschweifung folgen würde, hat Nietzsche ganz richtig gesehen. Die Vermehrung des allgemeinen Wohlstands unter den Bedingungen eines künstlich gesteigerten Konsums führt nicht zur Befreiung des Menschen. Hier gerät Nietzsche ganz in die Nähe seines Zeitgenossen Marx, ohne zu dessen Konsequenz, daß nur eine Veränderung der Produktionsverhältnisse die Befreiung des Menschen aus der Despotie des Kapitals – nicht des einzelnen Kapitalisten – bewirken kann, weiterzuschreiten. Nietzsche bleibt ein Erbe des deutschen Idealismus, der auf dem Wege der „ästhetischen Erziehung des Menschen" (Schiller) eine Verwirklichung des Humangehalts der Geschichte erhofft.

Um diesen Blick auf eine glücklichere Menschheit zu tun, bedarf es allerdings einer Wendung des Geistes: nicht aufs Vergangene sei er gerichtet, verliebt in die unabänderliche Geschichte, nicht auf die Unterwerfung unter das Bestehende, tröstend statt anfeuernd, sondern auf die „Verbesserung der als veränderlich erkannten Seite der Welt". Das klingt nach Prinzip Hoffnung, nach Antizipation einer neuen Welt. Ernst Bloch hat das gesehen, unter der Oberfläche von Übermenschentum und Aristokratenmoral:

„Auf die richtige Seite kommt daher nicht Dionysos als bloße frühere Bewußtseinsstufe, blutbesudelt, kreißende Ananke und Mordnatur, Höhlengegensatz zum Licht. Sondern gerade ein Dionysos als Zeichen des Ungekommenen, Ungewordenen im

Menschen, als Gott der Gärung, aber der weinsuchenden, lichtrufenden. Auch dieser Gott wird bei Nietzsche laut, zuerst wieder nach langem Schweigen; bei einem anderen Nietzsche freilich als dem der Masken, Bestialismen und Mythologie, bei jenem Teleologen, der seinen Posten vergebens in der Brücke zur Zukunft bezogen hat, dessen Gesichte mit wilder Blendung von einer Welt beschienen sind, die noch nicht da ist . . . Dann leuchtet die Musik eines noch nicht gelebten Lebens auf, macht sich das Nicht-Entsagenkönnen, die Unersättlichkeit der Hoffnung schöpferisch, um ihre tausend Flaschen und Essenzen ins Werk zu gießen; dann zieht ein umwendendes Wollen, ein motorisches Denken des Neuen herauf, das der Welt ein Ziel setzt." (68)

Solchem Blick auf Untergründe Nietzsches korrespondiert jene auf Wagner bezogene Stelle in der einmal rein und nicht durch Haß auf Zeitverhältnisse und Zeitgenossen verzerrt das Fernziel Nietzsches aufscheint:

„Muße und Arbeit bei Wagner: es gibt für große Kulturbewegungen immer Raststätten und Ruhepausen, und denen entsprechen auch wohl einzelne Begabungen ganz: so ist innerhalb der weihevollen und keuchenden Reformationsbewegung Montaigne ein solches In-sich-zur-Ruhe-kommen, ein friedliches Dasitzen und Ausatmen; so las ihn gewiß Shakespeare. Ich empfinde mitunter diese Wohltat bei Horaz, und es gibt Stimmungen, in denen solche Sätze eine zauberhafte Sänftigung in sich tragen. So weilt Wagner in der Historie; und es ist kein Zweifel, daß ihr heute diese Mission zufällt, im ungeheueren Ringen nach neuen Zielen einmal aufatmen zu können und sich gleichsam abgeschieden zu fühlen. Wenn die Deutschen seit einem Jahrhundert besonders den historischen Studien obgelegen haben, so zeigt dies, daß sie in der Bewegung der modernen Zeit die aufhaltende, hemmende, verzögernde und beruhigende Macht sind: was vielleicht einige zu ihrem Lobe wenden dürften. Im ganzen ist es ein höchst gefährliches Anzeichen, wenn das geistige Ringen eines Volkes vornehmlich der Historie zugewandt ist, ein Merkmal von Erschlaffung, von Rück- und Hinfälligkeit, von Müdegewordensein; dies stellen unsere Gelehrten in der Geschichte des modernen Geistes dar im Gegensatz zu allen Reformations- und Revolutionsbewegungen, sie haben sich nicht die stolzeste Aufgabe zugestellt, aber eine eigene Art friedfertigen Glücks sich gesichert. Jeder freiere männliche Schritt führt freilich an ihnen vorüber, ein schaffender Mensch kann sich bei ihnen nur, wenn er einmal müde ist, aufhalten. So verhält sich Wagner zur Historie und Philologie; sie ist ihm ein Labsal auf der ungestümen Reise. Vielleicht wird die Historie dies nicht einmal sein können, wenn sie, wie es einst geschehen muß, in einem strengeren und tieferen Sinne und aus einer mächtigeren Seele heraus geschrieben wird, als die deutschen Gelehrten bis jetzt getan haben: es liegt etwas Beschönigendes, Unterwürfiges und Zufriedengestelltes auf allen ihren Arbeiten, und der Gang der Dinge ist ihnen recht. Es ist schon viel, wenn einer merken läßt, daß er gerade noch zufrieden sei, weil es noch schlimmer hätte kommen können, die meisten glauben unwillkürlich, daß alles sehr gut sei, so wie es nun einmal gekommen ist. Wäre die Historie nicht immer noch eine verkappte christliche Theodizee, wäre sie mit mehr Gerechtigkeit und inbrünstigem Mitgefühl geschrieben, so würde sie zu einem furchtbaren Werkzeug der Revolution: während sie jetzt als Opiat gegen alles Umwälzende gedient hat. Ähnlich steht es mit der Philosophie; aus welcher ja die meisten nichts anderes lernen wollen als die Dinge ungefähr zu verstehen, um sich dann in sie zu schicken: und selbst in ihren edelsten Gestaltungen wird ihre stille und tröstende Macht so stark hervorgehoben, daß die Ruhesüchtigen und Trägen meinen müssen, sie suchten dasselbe, was die Philosophie suchte. Mir scheint dagegen die wichtigste Frage aller Philosophen zu sein, wie weit die Dinge einen unabänderlichen Charakter haben: um dann, wenn diese Frage beantwortet ist, mit der rücksichtslosesten Tapferkeit auf *die Verbesserung* der *als veränderlich erkannten Seite* der Welt loszugehen. Das lehren sie auch selber durch die Tat, dadurch, daß sie an der Verbesserung der sehr veränderlichen Einsicht der Menschen arbeiteten und ihre Weisheit nicht für sich behielten; das lernen auch die wahren Jünger wahrer Philosophien: welche, wie Wagner, aus ihnen nur gesteigerte Tapferkeit und Entschiedenheit für ihren Gang, aber keine Einschläferungssäfte zu saugen verstehen. Wagner ist dort am meisten Philosoph, wo er am tatkräftigsten und heldenhaftesten ist; und vielleicht gibt es keine kühnere Symbolik für das heldenhafte und philosophische Verhalten zur Welt als das Wort Siegfrieds zu den Rheintöchtern, als er die Erdscholle über sein Haupt wirft ‚so werf ich es weit von mir'. Es ist die Philosophie, welche die Götter vernichtet, an der Wotans Speer zerschellt." (69)

Im Horizont dieser Betrachtung Nietzsches steht eine Freiheit des Menschen, die keineswegs die barbarischer Horden, bestialischer Möchte-gern-Übermenschen, kleinbürgerlicher Cäsaren ist. Vielmehr ist es die Freiheit des Menschen zu sich selbst, in einem produktiven Verhältnis zur Geschichte, als Schöpfertum und Weltverbesserung. Jene Freiheit aber sieht Nietzsche gefährdet durch den Drang nach Besitz, durch jenes hemmungslose Waren-Denken, dessen Zeuge er in den Jahren der Reichsgründung wurde. Darum weist er immer wieder auf die schlimmen Folgen des deutschen Sieges von 1870 hin, darum sieht er in allen modernen Bewegungen nur den Kulturverfall; sie schreiten auf der abschüssigen Bahn der bloßen materiellen Bedürfnissteigerung fort, während Nietzsche eine neue Geisteshaltung anstrebt. (70)

Allerdings ist auch in den ausgehenden siebziger Jahren Nietzsches Vorstellung von einer besseren Welt keineswegs klar bestimmt. Der Gedanke, daß alle Kultur durch Sklaverei gebunden sei, tritt jetzt zwar zurück, er wird später wieder aufgenommen; aber die Idee einer allseitigen Ausweitung des Menschen zu einem Kulturwesen, die im Zusammenhang mit Wagner auftaucht, bleibt vage. Über den Sozialismus, der doch eine Alternative zur kapitalistischen Degeneration anbietet, gibt es ablehnende Urteile wie jenes:

„Ich sah den Sinn für sozialistische Gedankenkreise in den höheren Ständen sich verbreiten: und ich mußte sagen, mit Goethe, ‚man schien nicht zu fühlen, was aller erst zu verlieren sei, um zu irgendeiner Art zweideutigen Gewinns zu gelangen'." (71)

Allerdings ist das Motiv dieser Ablehnung doch wohl eher darin zu suchen, daß Nietzsche den Sozialismus als einen Teil der kapitalistischen Welt auffaßt, wie es aus dem Satz hervorgeht:

„Man klagt, daß sozialistische Arbeiter denselben besitzsüchtigen bürgerlichen Sinn haben, sobald sie das Ziel erreichen." (72)

Immerhin findet sich in dieser Epoche oszillierender Meinungsbildung auch eine so positiv klingende Beurteilung wie die folgende:

„Man wirft dem Sozialismus vor, daß er die tatsächliche Ungleichheit der Menschen übersehe; aber das ist kein Vorwurf, sondern eine Charakteristik, denn der Sozialismus *entschließt* sich, jene Ungleichheit zu übersehen und die Menschen als gleich zu behandeln, d. h. zwischen allen das Verhältnis der Gerechtigkeit eintreten zu lassen, welches auf der Annahme beruht, daß alle gleich mächtig, gleich wertvoll seien; ähnlich wie das Christentum in Hinsicht auf sündhafte Verdorbenheit und Erlösungsbedürftigkeit die Menschen als gleich nahm. Die tatsächlichen Differenzen (zwischen gutem und schlechtem Lebenswandel) erscheinen jenem gering, so daß man sie bei der Gesamtrechnung nicht in Anschlag bringt; so nimmt auch der Sozialismus den Menschen als vorwiegend gleich, den Unterschied von gut und böse, intelligent und dumm als geringfügig oder als wandelbar: worin er übrigens in Hinsicht auf das Bild des Menschen, welches ferne Pfahlbauten-Zeiten gewähren, jedenfalls Recht hat: wir Menschen dieser Zeit *sind* im Wesentlichen gleich. In jenem *Entschluß*, über die Differenzen hinweg zu sehen, liegt seine begeisternde Kraft." (73)

Vom theoretischen Sozialismus scheint Nietzsche nicht viel gewußt zu haben. Er ist ihm offenbar nur durch Eugen Dühring begegnet, den schon der junge Nietzsche brieflich erwähnt und dessen Buch „Der Wert des Lebens", erschienen bereits 1865, er im Sommer 1875 auf etwa fünfzig Druckseiten exzerpierte und zusammenfaßte. Allerdings lesen wir da nichts von sozialistischen Theorien, noch ist Schopenhauer der Leitfaden, der durch die Philosophie anderer führt. Im Jahre zuvor hatte Bebel sich im „Volksstaat" für Dühring eingesetzt, ab 1876 erscheint Friedrich Engels' „Anti-Dühring". Darauf finden wir bei Nietzsche keinen Hinweis, er wird die in der sozialistischen Parteipresse geführte Kontroverse nicht wahrgenommen haben. Wie wenig präzis Nietzsches weltanschauliche Vorstellungen damals noch waren, zeigt die ausführliche Nachbemerkung zu Dührings Werk. (74) Der Glaube an den Wert des Lebens wird da als „unreines Denken" bezeichnet, die Orientierung an den „seltensten Menschen", an den „hohen Begabungen" wird als Kriterium für den Wert des Lebens abgelehnt (im Gegensatz zu Nietzsches späteren Auffassungen).

„Vermöchte jemand gar ein Gesamtbewußtsein der Menschheit in sich zu fassen, er bräche unter einem Fluche gegen das Dasein zusammen."

Gleichsam durch einen geistreichen Trick zieht der Mensch dann aus dem Leid noch einen Rest von Glück – sei es das Glück der Erkenntnis oder das Glück des Sich-Bescheidens und Resignierens, das Glück der Ruhe oder das Glück im Ankämpfen gegen ein leidvolles Schicksal. Das ist aber nur eine Art Selbstbetrug.

„Man kann das Leiden nicht ungeschehen machen, dadurch daß später ein Glück folgt. Lust und Unlust können sich gar nicht aufheben." (75)

Wie sehr hier Dühring durch die Brille Schopenhauers gesehen wird, wie lange überhaupt Schopenhauers Einfluß bei Nietzsche nachwirkt, auch als er schon über den bürgerlichen Pessimisten hinausgegangen ist, erhellt aus einer parallel klingenden, allerdings erst anderhalb Jahre später, Anfang 1877, zu datierenden Niederschrift:

„Es war ein sehr glücklicher Fund Schopenhauers, als er vom ‚Willen zum Leben' sprach: wir wollen diesen Ausdruck uns nicht wieder nehmen lassen und seinem Urheber dafür im Namen der deutschen Sprache dankbar sein. Aber das soll uns nicht hindern einzusehen, daß der Begriff Wille zum Leben vor der Wissenschaft sich noch nicht das Bürgerrecht erobert hat, ebenso wenig als die Begriffe ‚Seele', ‚Gott', ‚Lebenskraft' usw. Auch Mainländers Reduktion dieses Begriffs auf viele individuelle ‚Willen zum Leben' bringt uns nicht weiter, – man erhält dadurch statt einer universalen Lebenskraft (welche zugleich als außer, über und in den Dingen gedacht werden soll!) individuale Lebenskräfte, gegen welche dasselbe einzuwenden ist wie gegen jene universale. Denn bevor der Mensch ist, ist auch sein Individualwille noch nicht: oder was sollte dieser sein? Im Leben selber aber sich äußernd – ja ist denn das Wille zum Leben? Doch mindestens Wille, im Leben zu bleiben, also, um den bekannteren Ausdruck zu wählen, Erhaltungstrieb. Ist es wahr, daß, wenn der Mensch in sein Inneres blickt, er sich als Erhaltungstrieb wahrnimmt? Vielmehr nimmt er nur wahr, daß er immer fühlt, genauer daß er irgend an welchem Organe irgendwelche, gewöhnlich ganz unbedeutende Lust – oder Unlustempfindung hat: die Bewegung des Blutes, des Magens, der Gedärme drückt irgendwie auf die Nerven, er ist immer fühlend und immer wechselt dies Gefühl. Der Traum verrät diese innere fortwährende Wandlung des Gefühls und deutet sie phantastisch aus. Die Stellungen, die die Glieder im Schlafe einnehmen, machen eine Umstellung der Muskeln nötig und beeinflussen die Nerven und diese wieder das Gehirn. Unser Sehnerv, unser Ohr, unser Getast ist immer irgendwie erregt. Aber mit dem Erhaltungstrieb hat diese Tatsache einer fortwährenden Erregtheit und Bemerkbarkeit des Gefühls nichts gemein. Der Erhaltungstrieb oder die Liebe zum Leben ist entweder etwas ganz Bewußtes oder nur ein unklares irreführendes Wort für etwas anderes: daß wir der Unlust entgehen wollen, auf alle Weise, und dagegen nach Lust streben. Diese universale Tatsache alles Beseelten ist aber jedenfalls keine erste ursprüngliche Tatsache, wie es Schopenhauer vom Willen zum Leben annimmt: – Unlust fliehen, Lust suchen setzt die Existenz der Erfahrung und diese wieder den Intellekt voraus. – Die Stärke der Wollust beweist nicht den Willen zum Leben, sondern den Willen zur Lust. Die große Angst vor dem Tode, mit der Schopenhauer ebenfalls zugunsten seiner Annahme vom Willen argumentiert, ist in langem Zeitraum großgezüchtet durch einzelne Religionen, welche den Tod als entscheidende Stunde ansehen; sie ist hier und da so groß geworden. Falls sie aber unabhängig davon beobachtet wird, so ist sie nicht mehr als Angst vor dem Sterben, d. h. dem ungeprobten und vielleicht zu groß vorgestellten Schmerz dabei, dann vor den Verlusten, welche durch das Sterben eintreten. Es ist nicht wahr, daß man das Dasein um jeden Preis will, z. B. nicht als Tiere, auf welche Schopenhauer so gern hinweist, um die ungeheure Macht des allgemeinen Willens zum Leben festzustellen." (76)

Damals war Nietzsche noch keineswegs jener Künder einer Elite, der es nur um die Vervollkommnung der Wenigen geht und die die Vielen in den Schmutz stößt. Es geht ihm noch um die Menschheit überhaupt, die sich über den Tierstand erheben soll:

„Charakter der neuen Kultur: das Wissen ihr Fundament, der Nutzen ihre Seele. Woher nimmt man nun die Hoffnung einer edleren Menschheit? Woher soll die Menschenliebe kommen? Der Veredlung des einzelnen kann die Religion jetzt nicht mehr nützen, sein Wahrheitssinn empört sich. Die ‚Liebe zu Gott' ist eine Phrase. Da wäre es denn vorbei mit der Kultur? Der Nutzen bestialisiert und das Wissen mumisiert. Und die Rachegelüste der bisher unterdrückten Menschheit! Was bindet zusammen? Wo ist das Gemeinsame? Ist nicht alles Mittel zur Unterdrückung gewesen, die Kunst voran? Es ist der Haß und die Lust zu vernichten nur zu begreiflich. – Hier ist nun der Künstler Wagner ein Symptom des Entgegengesetzten. Es spricht der Geist der Verneinung des Bisherigen aus ihm; ebenfalls aber das Gefühl des tiefsten Mitleidens, des Hülfreichen, das den Kampf mit der Notwendigkeit aufnimmt: das Prometheische des Künstlers. Fast hätte er bei diesem Kampf seine Kunst verloren: der Ekel war zu groß. ‚Ihr heroisch Weisen, gebt euer Herzblut drum‘. Das Mitleiden, das zu Mittat drängt!“ (77)

Hier also ist noch die ganze Menschheit das Ziel, hier ist noch vom Mitleiden die Rede, das sich in Weltverbesserung umsetzt, wie wir es oben gehört haben. Im gleichen Manuskriptfaszikel findet sich allerdings auch schon der Hymnus auf die große Begabung, also jener Geniekult des einsamen Übermenschen, der die Gattung verwirft, um die wenigen hervorragenden Exemplare zu steigern. Und dieser Geniekult knüpft sich an eine Vorstellung von Auslese und Züchtung, die vom Darwinismus angeregt ist, diesen jedoch um den Gesichtspunkt der Dekadenz ergänzt. Schopenhauers Begriff des ‚Willen zum Leben‘ wird überlagert durch ein biologisches Selektionsprinzip, aus dem dann das Recht des Stärkeren gegenüber den Schwächeren, sozusagen als „Naturrecht“, abgeleitet werden kann. In jenen Jahren steht Nietzsche an einem Scheideweg. Die Ambivalenz der Perspektiven deutet die Möglichkeit an, wie er sich hätte entwickeln können.

Gegen Darwin kündigt sich hier schon das Dekadenz-Problem an:

„*Kritik der Entwicklung.* Falsche Annahme einer *naturgemäßen* Entwicklung. Die *Entartung* ist hinter jeder großen Erscheinung her; in jedem Augenblick ist der Ansatz zum Ende da. Die Entartung liegt in dem leichten Nachmachen und Äußerlich-Verstehen der großen Vorbilder: d. h. das Vorbild reizt die eitleren Naturen zum Nachmachen und Gleichmachen oder Überbieten. Die Kette von einem Genius zum andern ist selten eine gerade Linie: so zwischen Äschylus und Sophokles keineswegs. Es lagen eine Masse Entwicklungswege nach Äschylus noch offen; Sophokles schlug einen von ihnen ein.

Das Verhängnisvolle aller großen Begabungen: sie reißen mit sich fort und veröden um sich, wie Rom in einer Einöde liegt. Viele Kräfte, embryonisch noch, werden so erdrückt.

Zu zeigen, wie *überwiegend* auch in Hellas die Entartung ist, wie selten und kurz das Große, wie mangelhaft (von der falschen Seite) geschätzt.

Wie steif müssen die Anfänge der Tragödie bei Thespis gewesen sein, d. h. die kunstmäßigen Nachformungen der urwüchsigen Orgien. So war die Prosa erst sehr steif im Verhältnis zur wirklichen Rede.

Die Gefahren sind: man hat die Lust am Inhalte oder man ist gleichgültig gegen den Inhalt und erstrebt Sinnesreize des Klanges usw. Das Agonale ist auch die Gefahr bei aller Entwicklung; es überreizt den Trieb zum Schaffen. – Der glücklichste Fall in der Entwicklung, wenn sich mehrere Genies gleichzeitig in Schranken halten.

Ob nicht sehr viele herrliche Möglichkeiten im Keime erstickt sind? Wer würde z. B. Theokrit noch zu seiner Zeit für möglich halten, wenn er nicht da wäre?

Die größte Tatsache bleibt immer der frühzeitig panhellenische Homer. Alles Gute stammt doch von ihm her: aber zugleich ist er die gewaltigste Schranke geblieben, die es gab. Er verflachte, und deshalb kämpften die Ernsteren so gegen ihn, umsonst. Homer siegte immer.

Das Unterdrückende der großen geistigen Mächte ist auch hier sichtbar, aber welcher Unterschied! Homer oder eine Bibel als solche Macht!

Die Lust am Rausche, die Lust am Listigen, an der Rache, am Neide, an der Schmähung, an der Unzüchtigkeit – alles das wurde von den Griechen anerkannt, als menschlich, und daraufhin eingeordnet in das Gebäude der Gesellschaft und Sitte. Die Weisheit ihrer Institutionen liegt in dem Mangel einer Scheidung zwischen gut und böse, schwarz und weiß. Die Natur, wie sie sich zeigt, wird nicht weggeleugnet, sondern nur eingeordnet, auf bestimmte Kulte und Tage beschränkt. Dies ist die Wurzel aller Freisinnigkeit des Altertums; man suchte für die Naturkräfte eine mäßige Entladung, nicht eine Vernichtung und Verneinung. – Das ganze System von neuer Ordnung ist dann der Staat. Er war nicht auf bestimmte Individuen, sondern auf die menschlichen Eigenschaften hin konstruiert: es zeigt sich in seiner Gründung die Schärfe der Beobachtung und der Sinn für das Tatsächliche, besonders für das Typisch-Tatsächliche, was die Griechen zur Wissenschaft, Historie, Geographie usw. befähigte. Es war nicht ein beschränktes priesterliches Sittengesetz, welches bei der Gründung des Staates befahl. Woher haben die Griechen diese Freiheit? Wohl schon von Homer; aber woher hat er's? – Die Dichter sind nicht die weisesten und logisch gebildetsten Wesen; aber sie haben die Lust am einzelnen Wirklichen jeder Art und wollen es nicht verneinen, aber doch so mäßigen, daß es nicht alles tot macht.“ (78)

Nietzsches Ideal des Menschentums erweist sich nicht weniger an der griechischen Vorbildhaftigkeit orientiert als das des deutschen Klassizismus; nur daß Nietzsche eben jene Ganzheit nicht nur des Wahren, Schönen, Guten, sondern auch aller elementar naturhaften und orgiastischen Seiten des Menschlichen im Wesen der griechischen Kultur umfaßt sieht. Gerade von daher kommt ihm jedoch auch die Dekadenz, der Verfall großer Kulturen als unausweichlich vor, weil sie die Widersprüche, die in ihnen liegen, auf die Dauer nicht aushalten können. Will der Mensch sich gegen dieses geschichtsphilosophische Gesetz des Verfalls und Untergangs stemmen, so muß er die großen Neuschöpfer, die Genies planmäßig hervorzubringen und zu fördern suchen; das ist Nietzsches spätere Konzeption. Im Hymnus auf den großen Menschen deutet sich diese Lösung schon jetzt an:

„Die große Begabung ist das herrlichste Schauspiel von der Welt; wo sie erscheint, wird die Erde zu einem sommerlichen Garten und die Rosensträuche wollen gar nicht zu blühen aufhören. Alles muß ihr zum Heile werden, so schwere Schulen sie auch durchgeführt wird. Sie nährt sich von Gift und wird gesund und stark dabei, wenn ein Andres daran auch verderben sollte. Jede Gefährlichkeit macht sie beherzter, jeder Sieg sie besonnener. Das Gespött der umgebenden Welt ist ihr Reiz und Stachel, sie genießt es wie Lob und Balsam: schläft sie, so ‚schläft sie nur neue Kraft sich an‘: verirrt sie sich, so kommt sie mit der wundersamsten Beute aus Irrnis und Verlorenheit wieder heim. Sie macht den Leib immer gesunder und zehrt nicht am Leben, je mehr sie lebt; sie waltet über dem Menschen wie eine beschwingte Leidenschaft und läßt ihn gerade dann fliegen, wenn der Fuß im Sande ermüdet oder am Gestein wund worden ist. Sie kann nicht anders als mitteilen, und jeder darf an ihrem Dufte teilhaben; mildtätig und barmherzig ist sie ohne alles Nachdenken, sie sieht die Person nicht an und geizt nicht mit ihren Gaben. Zurückgewiesen, schenkt sie reichlicher, gemißbraucht von dem Beschenkten, gibt sie auch das kostbare Kleinod, das sie hat, noch hinzu; und noch niemals waren die Beschenkten der Gabe ganz würdig: so lautet die älteste und die jüngste Erfahrung. Dadurch ist die große Begabung das rätselvollste Ding, ein Abgrund, in dem Kraft und Güte gepaart ruhen, eine Brücke zwischen Selbst und Nichtselbst: wer möchte den Zweck nennen, wozu sie überhaupt ist? Sollte wirklich das Größere des Geringeren wegen vorhanden sein, die größte Begabung um der kleinsten willen, die große Tugend und Heiligkeit um der Gebrechlichen willen? Wäre dies der Fall – nur einen

Augenblick gönne man uns so eine überschwängliche Möglichkeit: so würde dies wie ein sonniger Strahl von Liebe sein, in dem das ganze Erdenleben vergoldet glänzte." (79)

Ungewohnt klingen so zarte Töne im Werke Nietzsches, ein so lyrischer Gesang auf die große Begabung, dem romantischen Genie-Kult näher stehend als der grellen Verkündigung des mitleidlosen Übermenschen.

Erst allmählich bildet sich jener Nietzsche heraus, den wir aus den Schriften der achtziger Jahre kennen. In seinen Basler Abhandlungen zur griechischen Kultur sieht er den Zusammenbruch all dessen, worauf die zeitgenössische Welt gebaut war; darauf weist er jetzt zurück: das Griechentum ist unwiederbringlich vergangen, mit ihm ist auch das Christentum seiner Grundlage beraubt. Schon kündet sich der verzweifelte Ausweg des Übermenschen an. Noch aber ist Nietzsche in jenen Jahren des Übergangs besonnen genug, nicht das Bild einer Zukunft entwerfen zu wollen, die er nicht imaginieren kann; sondern bloß einzureißen, was baufällig ist. Im Frühsommer 1875 bescheidet er sich noch beim näheren Ziel: der Kritik.

„Auf immer trennt uns von der alten Kultur, daß ihre Grundlage durch und durch für uns hinfällig geworden ist. Eine Kritik der Griechen ist insofern zugleich eine Kritik des Christentums, denn die Grundlage im Geisterglauben, im religiösen Kultus, in der Naturverzauberung ist dieselbe. – Es gibt jetzt noch zahlreiche rückständige Stufen; aber sie sind schon im Begriff zu verfallen.

Dies wäre eine Aufgabe, das Griechentum als unwiederbringlich zu kennzeichnen und damit auch das Christentum und die bisherigen Fundamente unserer Sozietät und Politik." (80)

„Ich träume eine Genossenschaft von Menschen, welche unbedingt sind, keine Schonung kennen und ‚Vernichter' heißen wollen: sie halten an alles den Maßstab ihrer Kritik und opfern sich der Wahrheit. Das Schlimme und Falsche soll ans Licht! Wir wollen nicht vorzeitig bauen, wir wissen nicht, ob wir je bauen können und ob es nicht das beste ist, nicht zu bauen. Es gibt faule Pessimisten, Resignisten – zu denen wollen wir nicht gehören." (81)

Und wie ein Nachhall klingt es noch im Juli 1879:

„Schluß: Werden wir, was wir noch nicht sind: gute Nachbarn der nächsten Dinge." (82)

IV. Zur Psychologie des gesellschaftlichen Verhaltens

1876 erscheint die vierte und letzte der „Unzeitgemäßen Betrachtungen" – „Richard Wagner in Bayreuth". Im gleichen Jahre wird Nietzsche wegen der Verschlechterung seines Gesundheitszustandes von allen Vorlesungspflichten an der Universität Basel auf die Dauer eines Jahres entbunden; 1879 erfolgt dann, nach nur zehnjähriger Lehrtätigkeit, die Entlassung aus Kantonsdiensten unter Bewilligung eines außerordentlichen Ruhegehalts. In diesen Jahren sich verschlimmernden Krankheitsdrucks und innerer Lösung von der Universität (und damit auch von der Altertumswissenschaft einerseits, von der aktuellen Bildungsproblematik andererseits) vollzieht sich ein grundlegender Wandel in der Welteinstellung Nietzsches: aus dem Bildungspolitiker, der Kulturkritik als Mittel der Verwirklichung eines Bildungsideals betreibt, wird der wütende Kritiker, der die Moral seiner Zeit, das gesellschaftliche Verhalten der Menschen, ihre Welt- und Selbsteinschätzung einem vernichtenden Verdikt unterwirft. Wenn man vermuten darf, daß Nietzsches Vorstellung von der Ausbildung einer neuen, am tragischen Heroismus der Griechen orientierten Nationalkultur mit den Impulsen der deutschen Einigungsbewegung und der Reichsgründung 1871 zusammenhing, so ist der Umschlag zu einer skeptischen Einstellung, der Übergang zur Kritik die Folge einer Desillusionierung: daß aus dem Mythos der Deutschen nichts anderes als die erbärmliche Geschäftstüchtigkeit der Kriegsgewinnler und der Spekulantensinn der Gründerjahre hervorging, mußte einer heroischen Interpretation des bürgerlichen Zeitalters den Boden entziehen.

Aphorismus und Aperçu

Mit dem Wandel der schriftstellerischen Intention und Stoßrichtung ergab sich auch ein Stilwandel in Nietzsches Schreibweise. Die Publikationen von der „Geburt der Tragödie" bis zur letzten „Unzeitgemäßen Betrachtung" waren noch in der Weise einer systematischen Entwicklung eines Gedankens aufgebaut, wenn auch diese Komposition sich als die Abfolge höchst komprimierter Einfälle darstellte. In gewisser Weise könnte man diese ersten Schriften als „essayistisch" bezeichnen. Das wird nun anders. Nach dem Einschnitt, der zwischen der letzten „Unzeitgemäßen Betrachtung" und der Veröffentlichung des ersten Bandes von „Menschliches, Allzumenschliches" 1878 liegt, hat Nietzsche diese gebundene Form der Darstellung aufgegeben. Er pointiert nun einzelne Aspekte und reiht diese knapp formulierten, schlaglichtartigen Stücke mehr oder weniger willkürlich aneinander. Seine Gedanken sind wie ein ungeheurer Wirbel, der um einen unausgesprochenen Mittelpunkt kreist: alle auf dieses Zentrum bezogen, alle davon entfernt. An welcher Stelle des Wirbels ein Gedanke nun gerade steht, hängt von dem Augenblick ab, an dem die Bewegung gestoppt wird und zum Werk gerinnt. Die kristallinisch ausgefällten Bruchstücke hat man darum als „Aphorismen" gekennzeichnet, Nietzsche selbst hat das Wort für sein Werk gebraucht. Die Charakterisierung Nietzsches als „Aphoristiker" ist jedoch mißverständlich. Meint man damit, daß Nietzsches Denken weder der Systematik des Lehrbuchs (wie Wolffs „Ontologie" oder Hegels „Rechtsphilosophie") noch der deduktiven Strenge der Abhandlung (wie Descartes „Discours de la méthode" oder Fichtes „Wissenschaftlehre") folgt, so ist diese Aussage in ihrer allgemeinen Entgegensetzung berechtigt: Nietzsche ist jedenfalls kein Systematiker, dessen Denkschritte einer lückenlosen Darstellung zugänglich wären. Schulgerechte Bearbeitung seiner Philosophie, die auf eine Wiedergabe ihres Sinns hinausliefe, ist darum auch kaum möglich; und wer bestimmte Lehrmeinungen Nietzsches herauspräparieren will, wird sich rasch durch allzuviele Abweichungen desavouiert sehen.

Nimmt man es jedoch mit einer Gattungstheorie der philosophischen Darstellungsweise genauer, so wird die Bezeichnung „Aphorismus" für die formalen Einheiten in Nietzsches Werken (die durch fortlaufende Numerierung ausgewiesen sind) fragwürdig. Was ein Aphorismus sei, verdeutlichen wir uns an bestimmten Idealtypen, Larochefoucauld zum Beispiel, oder Lichtenberg. Sie lassen uns die Kriterien aphoristischer Formulierung erkennen.

Von einem der luzidesten Aphoristiker europäischer Literatur, Baltasar Gracian, bemerkt Werner Krauss:

„Die Maxime, als eine subjektive Form der Wahrheit, behauptet sich erst in einem ausgebreiteten Feld von Erfahrung ... Die Maximen erhalten etwas Hintergründiges daher, daß sie einem bestimmten Kreis mit einem bestimmten Niveau von Lebenserfahrung zugesprochen werden und von diesem die Autorität ihrer Formulierung und den Anspruch einer allgemeinen Verbindlichkeit erhalten. Sie akkreditieren ihren subjektiven Gehalt durch die unberührbare Objektivität ihrer Form. Das Ausschnitthafte von Welterfahrung, das in ihnen zur Sprache kommt, bezeichnet ihre letzte Orientierung am Leben, das immer nur von einem Standort her beleuchtet werden kann. Sie widerstreben, mehr thematisierend und verdichtend als erklärend und entwickelnd, einer Entäußerung in einem abgerundeten System." (83)

Dieser Hinweis ist wichtig. Der Aphorismus bezieht seine Legitimation aus dem Einverständnis, das der Subjektivität innerhalb eines gemeinsamen Erfahrungshorizonts gezollt wird. Er kann zwar eine landläufige Meinung in Zweifel ziehen, ironisieren, auf den Kopf stellen; er kann deren Selbsttäuschung oder Heuchelei entlarven – immer aber nur auf dem Boden eines Konsenses, der mit Augenzwinkern noch die Demaskierung hinnehmen mag. Wo der Aphoristiker sich außerhalb des Konsenses stellt, gerät er in Widerspruch zu sich selbst, denn nun muß er überzeugen. Er verdeutlicht dann nicht durch geschliffene Formulierung etwas, das auch zuvor schon, wenngleich vielleicht unklar und verworren gewußt war; sondern er will ein Ungewußtes einsehbar machen.

Dazu taugt der Aphorismus jedoch nicht; denn seine Evidenz beruht darauf, daß er Bekanntes zusammenfaßt, durchsichtig macht, auf eine Formel bringt. Das Unerhörte verschließt sich der sententiösen Raffung; ebenso das Egozentrische, Individualistische: es wird unwahr, wenn es beansprucht, allgemein zu sein – und dieser Anspruch liegt in der Form des Aphorismus (der seinen Ursprung in den Apophthegmensammlungen der Antike hat).

„Was wir für eine Tugend halten, ist oft nur ein Gewebe verschiedener Handlungen und Interessen, die der Zufall oder unsere Geschäftigkeit aneinanderzureihen weiß, und nicht immer sind es Mut und Keuschheit, die die Männer mutig machen und die Weiber keusch." (84)

Die Struktur des Aphorismus wird an diesem Beispiel deutlich. Der Hauptsatz entlarvt einen Wertbegriff, ja den zentralen Wertbegriff des christlichen Selbstverständnisses als relativ auf Handlungen ganz anderer Motivation: die Prätention der Tugendhaftigkeit wird fragwürdig gemacht. Der Wert selbst wird dadurch allerdings um so eher befestigt, als seine falschen Erscheinungsformen, die ihn bloßstellen, zurückgewiesen werden: wahre Tugend strahlt nun reiner, nicht etwa wird Tugend überhaupt entwertet; nur zwischen Sein und Schein, zwischen Wahrheit und Meinung ist ein scharfer Trennungsstrich gezogen. Daß es um diese Unterscheidung geht, macht der Nachsatz klar: der Zweifel gilt nicht dem Sinn von Mut und Keuschheit, sondern der Gesinnung, der sie entspringen. Dieser Schluß bringt keine Erweiterung des Vorangegangenen, sondern ein Paradigma: sinnfällig wird nur, was die Allgemeinaussage konstatierte; jeder mag einen Fall von unechtem Mut oder von falscher Keuschheit kennen. Das Beispiel erhöht die Evidenz, doch hängt diese nicht davon ab wie von einem Beweisgrund.

In diesem Sinne ist Nietzsche *durchaus kein* Aphoristiker. Seine Gedankenstücke sind zwar oft auf eine Pointe zugespitzt, keineswegs aber so, daß diese Pointierung ihre Struktur ausmachen würde. Häufig genug wird vielmehr der Witz erklärt und damit zerstört, der Gedanke aber dadurch weitergetrieben. Auch stehen die Stücke eines Werks von Nietzsche nicht wie echte Aphorismen für sich, sondern fügen sich in einen – wenn auch intermittierenden – Ablauf, stützen sich gegenseitig und werden durch ihren Stellenwert gehalten; sie sind nicht Solitäre, sondern Brilliantsplitter in einem Collier. Ihnen eignet zwar der Radikalismus der Einseitigkeit, ohne daß dieser jedoch durch die Knappheit des Ausdrucks gerechtfertigt würde; Nietzsche ist ja beileibe nicht lakonisch, vielmehr wortreich: er gestikuliert mit der Sprache. Dem Aphorismus ist auch das Pathetische und Exklamatorische fremd (85), das für Nietzsche konstitutiv ist; der Aphorismus untertreibt eher, als daß er überhöht. Je schärfer der Schliff seiner Waffe, desto leichter kann der Schlag geführt werden.

Für Nietzsche ist der Gedanke ein Kristallisationskern, an den sich weitere Facetten anlagern.

„*Versöhnung!* – Sollte es denn die Aufgabe der Philosophie sein, zwischen dem, was das *Kind* gelernt und der *Mann* erkannt hat, zu *versöhnen*? Sollte der Philosoph gerade die Aufgabe der Jünglinge sein, weil diese in der Mitte zwischen Kind und Mann stehen und das mittlere Bedürfnis haben? Fast will es so scheinen, wenn man erwägt, in welchen Lebensaltern die Philosophen jetzt ihre Konzeption zu machen pflegen: wenn es zum Glauben zu spät und zum Wissen noch zu früh ist." (86)

Die erste Frage enthält alles, was zum Aphorismus genügt: der Widerspruch zwischen Erlerntem und Erfahrenem, zwischen Vorgegebenem und Eigenem, zwischen Tradition und Neuschöpfung. Damit verbindet Nietzsche das Gleichnis von den Lebensaltern der Philosophie, dann noch die Parallele von Glauben und Wissen: zu viel für eine Pointe, zu wenig für ein Thema. Ein Einfall, über den man nur deshalb mehr als einen Augenblick nachdenkt, weil er als Frage gestellt ist; in der Form der bloßen Aussage gingen wir schnell darüber hinweg.

Das Beispiel ist extrem gewählt, um auf ein Moment von Scharlatanerie aufmerksam zu machen, das in Nietzsches Stil vorkommt: die Umformung banaler Aussagen in gestelzte Emphase oder rhetorischen Zweifel verleiht einem Einfall ein scheinbar größeres Gewicht, als ihm von seiner Sache her zukommt. Nur der „Einfall" läßt einen solchen Taschenspielertrick zu. Der echte Aphorismus erlaubt in äußerster Verknappung keine Aufplusterung des Gedankens; und jede Form entwickelnder Beweisführung würde das Kunststück sofort entlarven. (87)

Auch der Aphorismus wird aus einem Einfall geboren; aber er verdichtet und verkürzt ihn, bis er „schlagend" ist. Nietzsche dagegen führt ihn aus, erschöpft ihn. Seine Methode ist nicht, kleine Brennspiegel zu entwerfen, in denen die Lichtstrahlen des Gegenstandes gesammelt werden, um die Idee zu entzünden. Er konstruiert vielmehr ein Spiegelkabinett, von dessen Wänden die Wirklichkeit (und ihr gespiegeltes Abbild) in immer neuen Perspektiven (und Verzerrungen) reflektiert wird.

Fragen wir uns also, wie Nietzsches Werkform zu charakterisieren sei, so bietet sich, trotz seines Selbstzeugnisses, weniger die bestimmte Gestalt des Aphorismus als die unbestimmte des Aperçu zur näheren Kennzeichnung an. Ein Einfall, gegründet auf einen Wahrnehmungseindruck, eine Kombination, eine Intuition, kann für sich stehen, erweitert und fortgeführt und mit anderen Einfällen verbunden werden und seine Kraft sowohl aus der verblüffenden „Erfindung" (wie es im manieristischen Sprachgebrauch heißen würde) als auch aus einer provokativen Formulierung und bestenfalls aus einer einleuchtenden Beobachtung ziehen. Er mag treffend oder abwegig, nüchtern oder skurril sein – das Zeichen der Subjektivität haftet ihm unverlierbar an. Das Aperçu ruft nach Ausgestaltung, um sich allgemein verbindlich zu machen, und doch scheitert es häufig an dieser ihm innewohnenden Tendenz, dann nämlich, wenn die in ihm verarbeitete Erfahrungssubstanz zu dünn, zu willkürlich ausgewählt, zu sehr von unreflektierten Vorurteilen durchsetzt ist. Die Zufälligkeit des Aperçu macht seinen Reiz und seine Schwäche aus: wir sind ganz auf die geniale Treffsicherheit des Autors, auch auf sein Glück angewiesen. Goethe, der ja selbst das Aperçu als eine legitime Erkenntnisquelle betrachtete, forderte allerdings dessen methodische Ausarbeitung:

„Ein entschiedenes Aperçu ist wie eine inokulierte Krankheit anzusehen: man wird sie nicht los, bis sie durchgekämpft ist." (88)

In solcher Weise möchte man sich die „Geburt der Tragödie" entstanden denken, die den Einfall mit dem Reichtum der Kenntnisse verbindet. Indessen hat Goethe auch vor dem hemmungslosen Gebrauch des Aperçus, vor einer insistenten Rechthaberei gewarnt:

„Und bemerken wir nicht im Leben, in manchen anderen Fällen: wenn wir ein falsches Aperçu, ein eigenes oder fremdes, mit Lebhaftigkeit ergreifen, so kann es nach und nach zur fixen Idee werden, und zuletzt in einen völligen partiellen Wahnsinn ausarten, der sich hauptsächlich dadurch manifestiert, daß man nicht allein alles einer solchen Vorstellungsart Günstige mit Leidenschaft festhält, alles zart Widersprechende ohne weiteres beseitigt, sondern auch das auffallend Entgegengesetzte zu seinen Gunsten auslegt." (89)

Die Entartung des Aperçus wird man immer häufiger beim Nietzsche der letzten Schaffensjahre antreffen – und wohl nicht aus Gründen, die mit seiner Krankheit zusammenhängen; sondern weil die Zerfällung der Wirklichkeit sich seinem Bewußtsein immer beängstigender aufdrängt. „In Aphorismenbüchern gleich den meinigen stehen lauter verbotene Gedankenketten", heißt es dann – und verboten sind sie, weil sie den trügerischen Schein von der Echtheit, Kohärenz und Stabilität der Welt zerreißen. Krisenbewußtsein manifestiert sich auch in der Krise des Stils: das Aperçu überschlägt sich.

Die Wirklichkeit, wie Nietzsche sie erlebt, ist in der Tat diskontinuierlich; und seine Weise, sie in Gedanken zu fassen, folgt diesem Erlebnis der Diskontinuität, allerdings so, daß die Elemente, wenn auch als gegeneinander abgesetzte, doch aufeinander Bezug nehmen. Diese Beziehung herzustellen, ist die Verfertigung des Werks – und es geht dabei manchmal ebenso willkürlich und gewalttätig zu wie bei der Abfassung der einzelnen Niederschrift. Diese ist das Primäre, das Aperçu; der Werkzusammenhang selbst das Sekundäre und seinerseits wieder von Aperçus bestimmt. Der Zustand von Nietzsches Notizheften zeigt das deutlich. (90) Die Einheit von Nietzsches Schriften liegt letztlich nicht in dem Zusammenhang der Gedanken, sondern in der Person des Autors. Dieser ist es, der die erlebten Widersprüche und Widersinnigkeiten seiner Welt in sich sammelt und austrägt und sie gleichberechtigt nebeneinander stehen läßt. Der Verzicht auf das System macht das Schillernde an Nietzsche aus, zugleich aber auch seinen Realitätsgehalt. Sein Bewußtseinszustand entspricht der Disparatheit der Phänomene in einer sich zersetzenden Gesellschaft. Gerade dieser Empirismus jedoch, der in realistischer Einschätzung des Zerfallszustandes der Gesellschaft antisystematisch bleibt, schlägt in äußersten Subjektivismus um. Denn wie mannigfaltig und widersprüchlich nun auch die Welt erfahren werden mag – sie erscheint nur noch im Blickwinkel des Subjekts, für das es kein Koordinatennetz einer objektiven Ordnung mehr gibt. Möge eine solche Ordnung auch noch so sehr aus dem Subjekt herausgesetzt sein, sie verselbständigt sich ihm gegenüber und instituiert ein Bezugssystem, auf das sich das Subjekt, sich selbst objektivierend, rückbezieht; das ist der Vorgang der philosophischen Reflexion. Nietzsches Methode verwirft eine solche Objektivation im Namen der Wirklichkeit und gibt damit zugleich diese selbst preis; der Rest ist eine Fülle von Impressionen, die Verabsolutierung subjektiver Einstellungen, die Begründung der Philosophie in der Person des Philosophen, die Auslieferung des Denkens an die Überzeugungskraft der Rhetorik statt an die Schlüssigkeit des zwingenden Arguments. Was als höchste Treue der Wirklichkeit gegenüber gemeint war, schlägt in die absolute Egozentrizität um.

Die Psychologie der Moralisten als Vorbild

Je mehr Nietzsche den philologisch-historisch vorbereiteten Boden verläßt, auf dem er zu einer philosophischen Ausarbeitung eines neuen ästhetischen Humanismus weiterschreiten will, um so deutlicher tritt der Mangel zutage, der im Subjektivismus des Aperçus liegt. In den der Antike zugewandten Schriften ging es um eine Neuordnung und Neuinterpretation des Materials, dergestalt daß eine kulturphilosophische und anthropologische Bedeutung aus jetztzeitlicher Sicht entfaltet werden sollte: Bildung also nicht als Wissensgehalt, sondern als Lebenswert. Je mehr dieser kulturkritische und weltanschauungsphilosophische Aspekt in die Mitte von Nietzsches Bemühungen trat, um so weiter mußte er sich von dem historisch-philologischen Ausgangspunkt entfernen. Die „Unzeitgemäßen Betrachtungen" bezeichnen diesen Weg; von ihnen steht einzig noch die zweite – „Vom Nutzen und Nachteil der Historie für das Leben" – in unmittelbarem Zusammenhang mit dem ursprünglichen Ansatz, von einer Deutung des Griechentums aus zu einem Selbstverständnis des Menschen zu gelangen: sie ist methodische Reflexion auf das Verhältnis von geschichtlichem Wissen und Lebenswert, und es bezeichnet den philosophischen Rang Nietzsches, daß er methodologische Grundlagen nicht nur formal, sondern in höchstem Maße inhaltsgesättigt behandelt.

Nietzsches Idee des Griechentums wurde als Gegenbild zu seiner Zeit konzipiert. Je mehr sich ihm der Widerspruch zur Gegenwart, das Leiden an der Gegenwart verschärfte, desto radikaler konzentrierte er sich auf die Kritik an den aktuellen Bewußtseinszuständen. Die erste und dritte „Unzeitgemäße Betrachtung" – „David Friedrich Strauss, der Bekenner und der Schriftsteller" und „Schopenhauer als Erzieher" – bezeichnen diesen Übergang. Sowohl die dritte als auch die vierte „Unzeitgemäße Betrachtung" – „Richard Wagner in Bayreuth" – lassen den Schluß zu, daß Nietzsche damals noch die Möglichkeit zu sehen glaubte, dem bürgerlichen Verfall eine positive Gestalt der Kultur entgegensetzen zu können. Zwei Passagen aus der vierten „Unzeitgemäßen Betrachtung" mögen das illustrieren; die kritische:

„Die Lehre vom Staat, vom Volke, von der Wirtschaft, dem Handel, dem Rechte – alles hat jetzt einen *vorbereitend apologetischen* Charakter; ja es scheint, was von Geist noch tätig ist, ohne bei dem Getriebe des großen Erwerbs- und Machtmechanismus selbst verbraucht zu werden, hat seine einzige Aufgabe im Verteidigen und Entschuldigen der Gegenwart. Vor welchem Kläger? Das fragt man sich da mit Befremden. Vor dem eigenen schlechten Gewissen" –

die positive:

„Wagner wird zum *Revolutionär der Gesellschaft*, Wagner erkennt den einzigen bisherigen Künstler, *das dichtende Volk* . . . er war aus Mitleid mit dem Volke zum Revolutionär geworden." (91)

Und im Nachlaß finden sich ganz unzweideutige Hinweise auf einen solchen Optimismus:

„*Die Unvernunft in den menschlichen Dingen* ans Licht zu bringen, ohne jede *Verschämtheit* – das ist das Ziel *unserer Brüder und Genossen*. Dann wird man zu unterscheiden haben, was davon fundamental und unverbesserlich ist, was noch verbessert werden kann. Aber jede ‚Vorsehung' ist fernzuhalten: denn das ist ein Begriff, wodurch man es sich zu leicht macht. Den Atem *dieser* Absicht wünsche ich den Wissenschaften einzuflößen. Die *Kenntnis des Menschen* vorwärtszubringen! Das Gute und Vernünftige im Menschen ist zufällig oder scheinbar oder die Gegenseite von etwas sehr Unvernünftigem. Es wird irgendwann einmal gar keinen Gedanken geben als *Erziehung*." (92)

Wagner sollte das Paradigma einer positiven Gegenkultur wider den bürgerlichen Niedergang abgeben. Aber noch während Nietzsche seine Huldigung an Wagner niederschrieb, mehrten sich in ihm die Zweifel, bis er sich schließlich in vollständiger Enttäuschung abwandte. Die Hoffnung auf eine kulturpolitische Alternative, auf eine pädagogische Wirkung in der eigenen Gegenwart schwand, die Kluft zwischen Gegenwartskritik und Ausblick in eine ganz und gar ungewisse, konkret nicht zu beschreibende Zukunft riß auf. Den Zeitgenossen einen Spiegel vorzuhalten, der sie entlarven würde, schien nun die vordringlichste propädeutische Aufgabe.

Der Stilwandel, der die Periode von „Menschliches, Allzumenschliches" bezeichnet, gibt einen Hinweis auf die veränderte Intention. Nietzsche strebt nun wirklich danach, Aphorismen zu formulieren (wenngleich ihm das nur teilweise gelingt, nirgends sonst jedoch überhaupt so, wie in den Werken dieses Zeitabschnitts). Beim Erscheinen des ersten Bandes von „Menschliches, Allzumenschliches,' wird dieser „dem Andenken Voltaires geweiht zur Gedächtnisfeier seines Todestages am 30. Mai 1878". Die Namen der französichen Moralisten tauchen jetzt erstmals auf, mit hohem Lobe werden vor allem Chamfort und Larochefoucauld genannt. In welcher Absicht dies geschieht, geht aus der Bemerkung hervor:

„Larochefoucauld und jene anderen französischen Meister der Seelenprüfung gleichen scharf zielenden Schützen, welche immer und immer wieder ins Schwarze treffen, – aber ins Schwarze menschlicher Natur." (93)

Der ideologische Apparat von apologetischen Meinungen und Vorurteilen soll durchschaut und abgebaut werden, an die Stelle der moralischen Heuchelei soll eine Tabula rasa treten, in die keine überlieferten Normen mehr eingraviert sind. Kulturkritik als Verhaltenskritik führt zu einer Revision der Ethik. Doch da für eine solche Revision Nietzsche die soziologische Methode nicht zu Gebote steht, beschränkt sie sich auf die Psychologie, ohne doch schon die Mittel der Tiefenpsychologie zu besitzen. Die Schwäche von „Menschliches, Allzumenschliches" wird daraus verständlich: zum wirklichen Moralisten fehlt Nietzsche das geheime Einverständnis mit der Gesellschaft, zum wirklichen Ideologiekritiker die historisch-soziologische Methode. Die Moralkritik, die er später dann als Immoralismus definiert, bleibt also punktuell (gemäß dem Verfahren der aphoristischen französischen Moralisten), aber mit der Absicht eines grundsätzlichen Umsturzes der Ethik (der nur systematisch-deduktiv zu vollbringen wäre). So entsteht eine flimmernde, glitzernde Oberflächenbetrachtung (94), der die philosophische Schlüssigkeit fehlt, ohne daß sie die weltanschauliche Einstimmigkeit der Moralisten der Aufklärung dafür gewonnen hätte.

Das Vorbild der französischen Moralisten hat Nietzsche so zweifellos verfehlt; denn deren Aphoristik hat gewiß nichts mit dem Impressionismus zu tun, sicher sehr viel aber mit einer Art Mikroskopie: sie legt scharfe Schnitte durch lebendiges Gewebe und betrachtet ein Segment in starker Vergrößerung – mit dem Wissen darum, in welchen Zusammenhang das herauspräparierte Objekt gehört. Dieser Zusammenhang besteht für Nietzsche nicht mehr; die Gesellschaft, deren Moralkodex er auseinandernimmt, befindet sich bereits im Zustand der Zersetzung und in Widerspruch mit sich selbst, jedes Phänomen kann darum so oder auch anders gesehen und gedeutet werden. Die Psychologie gesellschaftlicher Normen und Verhaltensweisen ist nicht mehr von ihrem Erscheinungsbild her zu schreiben; es bedürfte zu ihrer Dechiffrierung eines Schlüssels, der nicht einfach mehr in der Denunziation der Verlogenheit und Unaufrichtigkeit gefunden werden kann. Die Entlarvung der Unaufrichtigkeit setzt die Anerkennung der von ihr pervertierten Werte voraus; darin mißversteht Nietzsche „seinen" Larochefoucauld – und dieses Mißverstehen ist charakteristisch:

„Das Christentum sagt ‚es gibt keine Tugenden, sondern Sünden'. Damit wird alles menschliche Handeln verleumdet und vergiftet, auch das Zutrauen auf Menschen erschüttert. Nun sekundiert ihm noch die Philosophie in der Weise Larochefoucaulds, sie führt die gerühmten menschlichen Tugenden auf geringe und unedle Beweggründe zurück." (95)

Larochefoucauld will indessen nicht die Tugend, sondern die Prätention der Tugend dem Gespött preisgeben; aber er hat eine sehr genaue Vorstellung vom „honnête homme" und von dem Ehrenkodex, nach dem er den Menschen mißt. Fragte man jedoch Nietzsche daraufhin ab, welches das Bezugssystem sei, innerhalb dessen die überlieferten und widerspruchsvoll gewordenen Werte ersetzt oder umgewertet werden, so ergäbe sich ein verworrenes Bild. War in der „Geburt der Tragödie" eine aristokratische und tragische Kultur in großen Umrissen gezeichnet, so zeigt gerade die Zuwendung zum Detail, die für „Menschliches, Allzumenschliches" charakteristisch ist, die inneren Unstimmigkeiten einer solchen Konzeption. Biologisierende Betrachtungsweise überlagert nun die ästhetisierende, und beide sind, teils mühsam, teils scharfsinnig, in einer intuitiven Psychologie verknüpft.

Der Übergang zur Destruktion

„Lesern meiner früheren Schriften will ich ausdrücklich erklären, daß ich die metaphysisch-künstlerischen Ansichten, welche jene im Wesentlichen beherrschen, aufgegeben habe: sie sind angenehm, aber unhaltbar. Wer sich frühzeitig erlaubt, öffentlich zu sprechen, ist gewöhnlich gezwungen, sich bald darauf öffentlich zu widersprechen." (96)

Dieser Satz aus einem Notizheft, das in der Zeit von Ende 1876 bis Sommer 1877 vollgeschrieben wurde, richtet sich ebensosehr gegen „Wagner in Bayreuth" wie gegen die „Geburt der Tragödie". Nichts anderes ist darin ausgesagt als eben der Verzicht auf den Entwurf einer kulturpolitischen Konzeption. Für Nietzsche gibt es nun keine Erneuerung aus dem Geiste der Antike mehr, sondern nur noch die Zerstörung der Unwahrheit des Bestehenden – möge es christlich, liberal oder sozialistisch sein. Die Werke der achtziger Jahre werden dann im Zeichen der „Heraufkunft des Nihilismus" stehen. Darauf ist im Zusammenhang mit den Spätschriften einzugehen.

Wir sagten, daß schon im Zusammenhang mit der vierten „Unzeitgemäßen Betrachtung" Nietzsches Enttäuschung über das Scheitern einer positiven Konzeption zukünftiger Kultur spürbar geworden sei. Resignierend (aber noch keineswegs nihilistisch) klingt die Frage am Schluß:

„Wo sind unter euch die Menschen, welche das göttliche Bild Wotans sich nach ihrem Leben zu deuten vermögen und welche selber immer größer werden, je mehr sie, wie er, zurücktreten? Wer von euch will auf Macht verzichten, wissend und erfahrend, daß die Macht böse ist? Wo sind die, welche wie Brünhilde aus Liebe ihr Wissen dahingeben und zuletzt doch ihrem Leben das allerhöchste Wissen entnehmen: ‚trauernder Liebe tiefstes Leid schloß die Augen mir auf'. Und die Freien,

Furchtlosen, in unschuldiger Selbstigkeit aus sich Wachsenden und Blühenden, die Siegfriede unter euch?“ (97)

Insofern stellt die Psychologie von „Menschliches, Allzumenschliches“ eine Rückzugslinie dar. Die immer größer werdende Distanz zur Umwelt suchte zunächst Ausdruck in einer Demaskierung der Menschen. Der Anbruch des Industriezeitalters und der Massengesellschaft machte eine wirklich humanistische und demokratische Lösung des Problems von Kultur, Staat und Gesellschaft unmöglich; ja, sie verstellte sogar den Blick darauf, den frühbürgerliche Epochen – in Klassik und Frühromantik – noch haben konnten. Nietzsches nachgelassenes Diktum über den Zweck des Staates ist aus dem Geiste Wilhelm von Humboldts gesprochen: „Der Zweck des Staates soll nie der Staat, sondern immer der Einzelne sein.“ (98) Auch Marx hätte diesem Trivialsatz kaum widersprochen. Was aber zu Humboldts Zeit noch denkbar war, das unentfremdete, in einem universalen Bildungsprozeß zu sich selbst gekommene und zu ethisch-ästhetischer Vollkommenheit sich entwickelnde Individuum, das zu denken, erlauben die Erscheinungen der beginnenden Massengesellschaft nicht mehr: wie der Einzelne zugleich als Einzelner und als gesellschaftliches Wesen, eins im anderen, sich verwirklichen könnte, war aus den Erfahrungen der Gründerjahre nicht abzulesen. Das klassisch-humanistische Ideal mußte darum umschlagen in einen Kult des großen Einzelnen, der sich über die Masse zu erheben, sich gegen sie zu erhalten wähnte; der Zweck des Staates durfte dann nicht mehr *jeder einzelne,* sondern nur noch der Schöpfer, der Verächter der Masse, der Aristokrat, das Genie sein – wobei es dann in der Auswirkung dieser Gedanken (nicht in ihrer Konzeption bei Nietzsche) jedem einzelnen unbenommen bleibt, gerade sich selbst für eben diese Ausnahme zu halten. Nietzsche kommt, malgre lui, auf die Banalität des entfesselten Kleinbürgers, auf Stirners „Einzigen“, zurück.

Keineswegs ist dieser anarchische Individualismus bei Nietzsche von Hause aus unzweideutig angelegt. In den Notizen vom Sommer 1876 heißt es noch anders:

„Demokratische aufrichtige Staaten haben die *höchste* Erziehung um jeden Preis *allein* zu gewähren.“ (99)

In diesen Jahren, bis hinein in den zweiten Band von „Menschliches, Allzumenschliches“ findet man noch den Nachhall eines von Anfang an zwar zwiespältigen, aber doch von demokratischen Tendenzen durchwirkten Impulses zu einer „Erziehung des Menschengeschlechts“. Erst das deutliche Hervortreten der kapitalistischen, also kulturfeindlichen Züge der modernen Gesellschaft bringt Nietzsches Abwendung von einer demokratischen Idee der Volksbildung; er wird zunehmend volksfeindlicher, aristokratischer. Welche Beweggründe Nietzsche dabei bestimmen, mag man aus einem hochdialektischen, bemerkenswerten Satz entnehmen:

„Wir leben in einer Kultur, welche an den Mitteln der Kultur zugrunde geht." (100)

Der Prozeß der Selbstzerstörung der Kultur ist nicht aufzuhalten, denn es ist nicht zu verhindern, daß sie eben jene Mittel hervorbringt, an denen sie zugrundegeht: nämlich die Technik, die Formen der Vergesellschaftung erzwingt, in denen Kultur als Menschenbildung notwendig aufhören und zum Instrument der Menschenmanipulation werden muß. Eine solche Kultur, samt ihrem System von Werten und Idealen, muß den Todesstoß erhalten, ehe sie sich als Unkultur instituieren und perpetuieren kann. Im Zusammenhang mit seiner Desillusionierung über Wagner und mit seiner Abkehr von dem Bayreuther Kult der ästhetischen Weihe dämmerte es Nietzsche, daß nur ein radikaler Umsturz die Voraussetzung für eine neue Kultur würde schaffen können. Es gehört zur geistesgeschichtlichen Lage des 19. Jahrhunderts, daß als zentrales ideologisches Thema dieses Umsturzes die Aufhebung der christlichen Ordnung in den Vordergrund rückte. (101) Der Unglaube ist Voraussetzung des Aufstandes gegen überlieferte Ordnungsprinzipien.

„Das Aufhören dieses Glaubens entfesselt *Kraft*, bis jetzt durch metaphysische Tröstung zurückgehalten. Deshalb nicht zu unterschätzen. Diese Kräfte sind den bestehenden Ordnungen feindlich. Ist Revolution notwendig? – Zunächst ist ein kleiner Bruchteil der europäischen Menschheit in Betracht. Den Regierungen *freieste* Behandlung anzuraten, nichts zu unterdrücken, vielmehr sich *voran*zustellen in der *geistigen* Befreiung: je geistiger man die Masse macht, um so geordnetere Wege sucht sie." (102)

Wie langsam sich der Radikalismus Nietzsches ausbildet, zeigt eine solche Niederschrift, die nun zwar schon mit einer Revolution gegen die bestehenden Ordnungen rechnet und sie natürlich für richtig hält, aber doch einen sozusagen „friedlichen" Weg sucht, den die Liberalisierung der Obrigkeit ermöglichen soll. Später hat Nietzsche dann nicht mehr an eine *Umwandlung* der Ordnung geglaubt und sich auch kaum mehr um die politischen Implikationen seiner immer gewalttätiger formulierten geistigen Destruktion gekümmert. Daß es ihm allerdings immer auch (oft unterschwellig) um politisch-gesellschaftliche Entscheidungen ging, zeigen jedoch die Wahnsinnsausbrüche der Jahreswende 1888/89. (103) Die Umwertung aller Werte dachte Nietzsche sich eben doch auch als eine Umformung der Gesellschaft – obschon er weder in der einen wie in der andern Hinsicht positive Vorstellungen von einer neuen Ordnung hatte.

In der Zeit der Entstehung von „Menschliches, Allzumenschliches" ist all dies erst keimhaft spürbar. Zunächst zeichnet sich der Umschlag zu einer Konzentration auf die Kritik, auf die Destruktion des Bestehenden noch vergleichsweise harmlos ab: als eine skeptische Betrachtung menschlicher Schwächen. Die Philosophie folgt nun einem eigenen Gesetz des Durchschauens von Meinungen, des Entlarvens von Hintergründen, des Bloßlegens von Urteilsmechanismen, die jedes Urteil in Wirklichkeit als Vorurteil konstituieren. (104) Auch hier steht Nietzsche im Zusammenhang einer Bewegung, die das 19. Jahrhundert hervorgebracht hat. War bis dahin die philosophische Kritik (von wenigen Ausnahmen abgesehen) immer eine solche an der Schlüssigkeit eines Systems, an der Beweiskraft von Argumenten – also Sachkritik, so wurde sie nun zum Zweifel an der Identität des Gesagten und seiner wahren Bedeutung, an der Glaubwürdigkeit des Anspruchs – also Ideologiekritik. In großem, durchaus noch vom Geiste spekulativer Philosophie getragenem Stile setzt diese Wende von der Sach- zur Ideologiekritik ein mit Ludwig Feuerbachs Schrift „Das Wesen des Christentums". Feuerbach praktiziert die Aufhebung eines Systems – sei es des Hegelschen, sei es der christlichen Theologie – nicht durch Widerlegung, sondern durch Uminterpretation; er wendet das klassische Verfahren einer hermeneutischen Aneignung der Überlieferung mit negativem Vorzeichen an: er gibt dem Überlieferten einen Sinn, der den bisherigen nicht bewahrt, sondern aufhebt. Die Marxsche Formel, „Hegel vom Kopf auf die Füße zu stellen", hat da ihren Ursprung.

„Religion ist nach Feuerbach das Gefühlsverhältnis, das Herzensverhältnis zwischen Mensch und Mensch, das bisher in einem phantastischen Spiegelbild der Wirklichkeit – in der Vermittlung durch einen oder viele Götter, phantastische Spiegelbilder menschlicher Eigenschaften – seine Wahrheit suchte, jetzt aber in der Liebe zwischen Ich und Du sie direkt und ohne Vermittlung findet. Und so wird bei Feuerbach schließlich die Geschlechtsliebe eine der höchsten, wenn nicht die höchste Form der Ausübung seiner neuen Religion", schreibt Friedrich Engels; und weiter: „Wenn es also darauf ankommt, die treibenden Mächte zu erforschen, die – bewußt oder unbewußt, und zwar sehr häufig unbewußt – hinter den Beweggründen der geschichtlich handelnden Menschen stehn und die eigentlichen letzten Triebkräfte der Geschichte ausmachen, so kann es sich nicht so sehr um die Beweggründe bei einzelnen, wenn auch noch so hervorragenden Menschen handeln, als um diejenigen, welche große Massen, ganze Völker und in jedem Volk wieder ganze Volksklassen in Bewegung setzen; und auch dies nicht momentan zu einem vorübergehenden Aufschnellen und rasch verlodernden Strohfeuer, sondern zu dauernder, in einer großen geschichtlichen Veränderung auslaufenden Aktion. Die treibenden Ursachen zu ergründen, die sich hier in den Köpfen der handelnden Massen und ihrer Führer – der sogenannten großen Männer – als bewußte Beweggründe klar oder unklar, unmittelbar oder in ideologischer, selbst in verhimmelter Form widerspiegeln – das ist der einzige Weg, der uns auf die Spur der die Geschichte im ganzen und großen wie in den einzelnen Perioden und Ländern beherrschenden Gesetze führen kann. Alles, was die Menschen in Bewegung setzt, muß durch ihren Kopf hindurch; aber welche Gestalt es in diesem Kopf annimmt, hängt sehr von den Umständen ab." (105)

Das ist das Programm der Ideologiekritik: Ideen wie ein Palimpsest zu lesen. Daher erklärt sich die ungeheuere Wirkung Feuerbachs auf seine Zeitgenossen: sein Verfahren ist verblüffend zugleich und befreiend. Es erlaubt, die riesige Last an geschichtlicher Wahrheit, die der Historizismus dem Denken aufgebürdet hatte, als er, Hegels „Phänomenologie des Geistes" verwerfend, statuierte, jede Epoche sei gleich unmittelbar zu Gott, ohne Zögern aufzunehmen und doch leicht zu tragen. Denn diese Summe von Wahrheiten ist ja nun nicht mehr von gewichtiger Verbindlichkeit, sondern durchschaubar als die Mimikry des Zeitalters.

Der Abgrund des Relativismus, der sich hier öffnet, ist bei einer Ideologiekritik, die sich noch auf die Voraussetzungen spekulativer Metaphysik – nämlich auf das Axiom „Das Wahre ist das Ganze" – rückbezogen wußte, durch die Vermittlung des Besonderen zur Totalität überbrückt. Weder Feuerbach noch Marx und Engels verfallen einer Negation von Wahrheit überhaupt. Sobald jedoch die Konzeption der Totalität aufgegeben wurde, mußte die ideologiekritische Methode zur Pragmatisierung des Wahrheitsbegriffs und damit zu einem grundsätzlichen Relativismus führen, der ebenso die Ethik wie die Erkenntnistheorie erfaßt. Nietzsche ist wiederum derjenige, der diese Konsequenz am radikalsten gezogen hat. (106)

Dieser Umbruch in der Philosophie Nietzsches von einer Neuakzentuierung zu einer Destruktion der Werte und Wahrheiten vollzieht sich in der Periode von „Menschliches, Allzumenschliches". Eine Welt, die erfahren wird als in disparate Elemente zerfallen, gab keine Basis mehr ab für eine Integration der relativierten Wahrheiten. Diese konnten nur noch als Täuschungen, nicht aber mehr als Momente eines geschichtlichen Ganzen begriffen werden. Wo Marx, an Hegel festhaltend, den Weltgeist als das Schicksal der menschlichen Gesellschaft dechiffrierte, blieb Nietzsche nichts anderes als der Rückgang auf das noch in seinen Partikeln absolut zu erfassende *Leben*. Die Verabsolutierung des Lebens ist die metaphysische Rechtfertigung des Relativismus und der Diskontinuität im Weltbild; denn *„das Leben"* ist nur in der Idee ein Ganzes und eine Einheit, in der Wirklichkeit aber nur der biologische Nenner einer Mannigfaltigkeit von lebendigen Individuen. Im Namen des „Lebens" konnten beliebige Widersprüche unvermittelt nebeneinander stehen bleiben.

Noch einmal wird deutlich, wie Nietzsches Streben zum Aphorismus, wie seine Methode des Aperçus mit dem geistesgeschichtlichen und gesellschaftlichen Standort zusammenhängt, den er einnimmt. Diese Identität Nietzsches mit seiner Epoche macht seine Bedeutung aus. Sie ist auch der Grund dafür, warum Nietzsche als Schriftsteller – bei allen Mängeln seiner Darstellungsform – einen weit über seinem gedanklichen und stilistischen Niveau liegenden Rang besitzt: er gibt dem Ende des 19. Jahrhunderts die adäquate Ausdrucksgestalt. Er vollendet den Zersetzungsprozeß einer Philosophie, deren lebendiger Strom von Marx schon in neue Bahnen gelenkt worden war.

V. Von der Anthropologie zur „Umwertung aller Werte“

Nietzsches Anfänge, seine gegenwartskritische Kulturphilosophie und sein Entwurf eines neuen Griechenbildes, stehen sicher eher im Zusammenhang einer ästhetisierenden Metaphysik (oder, wenn man will, eines metaphysischen Ästhetizismus) als einer auszuarbeitenden Moralphilosophie. Es ging ihm nicht so sehr um Kritik und Entwurf von *Verhaltens*normen als vielmehr um eine Lebens*haltung*, um eine lebensphilosophische *Einstellung*, also um philosophische Anthropologie und Psychologie. Seine Vorliebe für die französischen Moralisten in der Zeit von „Menschliches, Allzumenschliches“ zeigt, daß bis in die ausgehenden siebziger Jahre hinein sein Moralbegriff anthropologisch orientiert war. Und sofern man die merkwürdige mythologisierende metaphysische Dichtung des „Zarathustra“ überhaupt in eine Betrachtung der *Philosophie* Nietzsches einbeziehen will, gilt dieser Vorrang des anthropologischen vor dem ethischen Aspekt seiner Wertphilosophie auch insbesondere noch für dieses Werk. „Die fröhliche Wissenschaft“, 1882 erschienen und so etwas wie ein beschwingteres, rationaleres Prooemium zum symbolistisch schwer befrachteten „Zarathustra“, war noch ganz aus dem Geiste einer Psychologie geschrieben, die eine Welt- und Wissenschaftshaltung aus den biologischen und gesellschaftlichen Voraussetzungen des Gattungswesens des Menschen herleiten will. Schon der Anfang des ersten Buchs intoniert deutlich dieses Leitmotiv:

> „Ich mag nun mit gutem oder bösem Blick auf die Menschen sehen, ich finde sie immer bei *einer* Aufgabe, alle und jeden einzelnen insonderheit: das zu tun, was der Erhaltung der menschlichen Gattung frommt. Und zwar wahrlich nicht aus einem Gefühl der Liebe für diese Gattung, sondern einfach weil nichts in ihnen älter, stärker, unerbittlicher, unüberwindlicher ist als jener Instinkt – weil dieser Instinkt eben *das Wesen* unserer Art und Herde ist.“ (107)

Ja, wenn Nietzsche dann im zweiten Aphorismus das „intellektuale Gewissen“ (gegenüber dem moralischen) herausstellt, so ist die Absicht klar: seine Lehre hat mit einer Moralphilosophie nichts zu tun; sie ist metaphysische Anthropologie – eine, wie man einwenden mag, simplifizierend biologistische, aber gerade darum von jeder wertphilosophischen Setzung weit entfernt. Der Appell an die Biologie ist immerhin als ein Gegenzug gegen die deformierende, den Menschen reduzierende Wirkung einer „repressiven Kultur“ (wie man heute sagen würde) gedacht und zielt auf eine Restitution der vollen „Triebstruktur“ des Menschen (Nietzsche sagt noch altmodisch: der Leidenschaften), deren zerstörerische Komponente er erkennt und bejaht – woraus eine anarchistische Rebellion gegen alle als repressiv empfundene Ordnung entspringt: „Alle geordnete Gesellschaft schläfert die Leidenschaften ein!“ (108) Rebellion gegen Traditionalismus und Konservativismus geschieht hier von einer Position aus, die die überkommenen Restriktionen des Menschseins verwirft und zu einem biologisch aufgeputzten metaphysischen Lebens- und Gattungsbegriff Zuflucht nimmt, um sich gegen die Ansprüche der herrschenden Gesellschaftsordnung behaupten zu können. Die Konzeption der „Fröhlichen Wissenschaft" stellt also nur eine radikalisierte, allerdings auch enthumanisierte Form des früheren kulturkritischen, an einem neuen Bild der Antike sich orientierenden Ansatzes dar. Die Lösung vom Griechentum und die Verarbeitung des Darwinismus wirken sich nun jedoch enthemmend aus: die Maßstäbe des Menschlichen geraten schlechthin ins Wanken.

Da Nietzsche eines geschichtsphilosphischen Modells ermangelt, das ihn die Negation der von ihm abgelehnten Herrschaftsordnung (gleich Normenordnung eines Pflichtensystems) als Moment im Prozeß der Entwicklung des Menschengeschlechts ergreifen lassen könnte, bedarf er einer übergeordneten Instanz, von der her die bestehenden Geltungen aus den Angeln gehoben werden können. Nun ist im Aufbau der realen Welt der biologische Bereich dem gesellschaftlichen genetisch vorgeordnet. Wo immer die gesellschaftlichen Regeln zu einer Schwächung der biologischen Lebenskraft führen müßten, also der Erhaltung der Gattung entgegenwirken, sind sie von der Sache her gleichsam kontraindiziert. Dieses Phänomen stellt sich als das der Dekadenz dar. Nach der Logik der ontischen Fundierungsverhältnisse behält das biologische Argument gegen dekadente Verhaltensnormen immer recht. Undialektisch und unhistorisch verwendet, schlägt es indessen gegen sich selbst aus: es führt den Menschen zum homo homini lupus zurück. Dieser Ambivalenz ist Nietzsche zum Opfer gefallen. Sie führt ihn zu jenen Zuspitzungen, die ihn für den Faschismus zitierfähig machten. Aus dem Kritiker bürgerlicher Entfremdung wird der Vorbereiter und antizipierende Apologet einer antihumanen Herrenideologie.

Insofern sich das Bild des Menschen immer auch an den Werten orientiert, nach denen er sein Welt- und Selbstverständnis gliedert und sein Verhalten einrichtet, ist jede philosophische Anthropologie eng verknüpft mit Ethik. Zu den elementaren Gegenständen einer Psychologie der Welteinstellungen gehören die Kriterien von Gut und Böse. So mußte Nietzsche aus dem Zwang der Sache zur Moralphilosophie weitergetrieben werden: dies um so mehr, als sein – wie er meinte – „moralistisches" Bemühen, einen unmittelbaren Einfluß auf die Änderung der Welthaltung der Menschen zu gewinnen, an der unerschütterten Standfestigkeit der überlieferten moralischen Prinzipien scheiterte. Nietzsches Spätphilosophie ist subjektiv der Ausdruck einer ungeheueren Enttäuschung, objektiv die Konsequenz des Scheiterns seiner Anfänge an den ihnen innewohnenden Widersprüchen. Der Enttäuschung hat er selbst im Hinblick auf Wagner Worte gegeben:

„Man erinnert sich vielleicht, zum mindesten unter meinen Freunden, daß ich anfangs mit einigen Irrtümern und Überschätzungen und jedenfalls als *Hoffender* auf diese moderne Welt losgegangen bin. Ich verstand – wer weiß, auf welche persönlichen Erfahrungen hin? den philosophischen Pessimismus des neunzehnten Jahrhunderts als Symptom einer höheren Kraft des Gedankens, einer siegreicheren Fülle des Lebens, als diese in der Philosophie Humes, Kants und Hegels zum Ausdruck gekommen war – ich nahm die *tragische* Erkenntnis als den schönsten Luxus unserer Kultur, als deren kostbarste, vornehmste, gefährlichste Verschwendung, aber immerhin, auf Grund ihres Überreichtums, als ihren *erlaubten* Luxus. Desgleichen deutete ich mir die Musik Wagners zurecht zum Ausdruck einer dionysischen Mächtigkeit der Seele, in ihr glaubte ich das Erdbeben zu hören, mit dem eine von alters her aufgestaute Urkraft von Leben sich endlich Luft macht, gleichgültig dagegen, ob alles, was sich heute Kultur nennt, damit ins Wackeln gerät. Man sieht, was ich verkannte, man sieht insgleichen, womit ich Wagner und Schopenhauer *beschenkte* – mit mir . . .“ (109)

Sehen wir ab davon, daß Nietzsche hier die geistigen Affiliationen seiner früheren Jahre uminterpetiert. Wichtig ist vielmehr, daß Nietzsche aus dem Pessimismus als der Negation der bürgerlichen Welt die Kraft zu ihrer Überwindung ziehen wollte, während die Schopenhauerianer in der Unterwerfung endeten. (110) Die Unterwerfung wurde aber besiegelt durch die Übernahme geltender Moralprinzipien, die den Menschen anpassen und ducken, statt ihn zu befreien. (111) Wagners Weg ist der von der Rebellion zur Affirmation, von „Siegfried“ zu „Parsifal“. Wie ausgesprochen „soziologisch“ Nietzsche hier Wagner versteht, muß man sich klar machen, um seine eigenen Motive zu durchschauen.

„Wagner hat, sein halbes Leben lang, an die *Revolution* geglaubt, wie nur irgendein Franzose an sie geglaubt hat. Er suchte nach ihr in der Runenschrift des Mythus, er glaubte in *Siegfried* den typischen Revolutionär zu finden. – ‚Woher stammt alles Unheil in der Welt?‘ fragte sich Wagner. Von ‚alten Verträgen‘: antwortete er, gleich allen Revolutions-Ideologen. Auf deutsch: von Sitten, Gesetzen, Moralen, Institutionen, von all dem, worauf die alte Welt, die alte Gesellschaft ruht. ‚Wie schafft man das Unheil aus der Welt? Wie schafft man die alte Gesellschaft ab?‘ Nur dadurch, daß man den ‚Verträgen‘ (dem Herkommen, der Moral) den Krieg erklärt. *Das tut Siegfried.* Er beginnt früh damit, sehr früh: seine Entstehung ist bereits eine Kriegserklärung an die Moral – er kommt aus Ehebruch, aus Blutschande zur Welt . . . *Nicht* die Sage, sondern Wagner ist der Erfinder dieses radikalen Zugs; an diesem Punkte hat er die Sage *korrigiert* . . . Siegfried fährt fort, wie er begonnen hat: er folgt nur dem ersten Impulse, er wirft alles Überlieferte, alle Ehrfurcht, alle *Furcht* über den Haufen. Was ihm mißfällt, sticht er nieder. Er rennt alten Gottheiten unehrerbietig wider den Leib. Seine Hauptunternehmung aber geht dahin, *das Weib zu emanzipieren.* – ‚Brünhilde zu erlösen‘ . . . Siegfried *und* Brünhilde; das Sakrament der freien Liebe; der Aufgang des goldenen Zeitalters; die Götterdämmerung der alten Moral – *das Übel ist abgeschafft* . . . Wagners Schiff lief lange lustig auf *dieser* Bahn.“ (112)

Eine Mischung von emanzipatorischem und anarchischem Pathos schlägt hier durch, dieser rebellische Wagner hat Nietzsches Zustimmung, sogar die „sozialistische Utopie“, „mit der alles gut wird“, bekommt einen positiven Klang. (113) Noch der späte Nietzsche läßt an dieser Stelle ein Glanzlicht auf die Horizonte seiner Jugendrevolte fallen.

Aber Wagner paßt sich an. Aus Revolution wird Erlösung, aus Immoralismus Rückkehr zur Religion. Nietzsche notiert sehr treffend die Rolle der Schopenhauerschen Philosophie bei diesem Prozeß der Selbstaufgabe. (114) Die Subordinationsmoral wird im „Parsifal" restituiert.

Die neue Stoßrichtung: Moralkritik

So wird deutlich, warum Nietzsche, von seiner eigentlichen Absicht weg, zur Moralkritik geführt wird, der dann, mit immer schrilleren Tönen, das Spätwerk der Jahre 1885–88 ganz ausschließlich gewidmet ist. Wie immer man den Programmtitel einer „Umwertung aller Werte" (der allerdings durch den „Ecce homo" legitimiert ist) im Zusammenhang der sich in rascher Folge ablösenden Entwürfe und Varianten relativieren mag – er trifft eine innere Notwendigkeit der Sache: das neue Menschenbild, der „freie Geist", kann nur zur Wirkung gebracht werden, wenn die ihm entgegenstehenden institutionalisierten Wertmaßstäbe abgebaut werden. Darauf bezieht sich der anmaßende Anfang des „Ecce homo",

> „daß ich über kurzem mit der schwersten Forderung an die Menschheit herantreten muß, die je an sie gestellt wurde" (115),

und verliert in solcher Sicht etwas von dem überheblichen Klang, der solchen Deklarationen anhaften muß. Jetzt also rückt das Moralproblem ins Zentrum, allerdings in bewußt propädeutischer Funktion, wie die Bezeichnung von „Jenseits von Gut und Böse" als „Vorspiel einer Philosophie der Zukunft" zeigt. (116)

Wie das Moralproblem aus dem anthropologischen entspringt, wird schon einige Jahre zuvor erkennbar. Da erscheint 1881, unmittelbar nach dem zweiten Teil von „Menschliches, Allzumenschliches" und aus der Arbeit an diesem psychologischen Werk hervorgegangen, die Schrift „Morgenröte", die den Untertitel trägt: „Gedanken über die moralischen Vorurteile". „Mit diesem Buche beginnt mein Feldzug gegen die Moral" (117), schreibt Nietzsche dann später im „Ecce homo". Er notiert damit selbst den Umschlag von einer psychologisch-anthropologischen in eine moralkritische Perspektive; und rückblickend bestimmt Nietzsche genau den Angelpunkt, an dem diese Wendung erfolgt: das Dekadenzphänomen, auf das sich der kulturkritische Ansatz zugespitzt hatte, manifestiert sich zentral in dem moralischen Wertsystem:

> „diese Aufgabe folgt mit Notwendigkeit aus der Einsicht, daß die Menschheit *nicht* von selber auf dem rechten Weg ist, daß sie durchaus *nicht göttlich* regiert wird, daß vielmehr gerade unter ihren heiligsten Wertbegriffen der Instinkt der Verneinung, der Verderbnis, der *décadence*-Instinkt verführerisch gewaltet hat. Die Frage nach der Herkunft der moralischen Werte ist darum für mich eine Frage *ersten Ranges*, weil sie die Zukunft der Menschheit bedingt." (118)

Von der Psychologie her, wie sie in „Menschliches, Allzumenschliches" praktiziert wurde, war Nietzsche der Entlarvungsgestus zur Erkenntnishaltung geworden (vorbereitet natürlich schon im früheren Werk, am deutlichsten in der ersten Unzeitgemäßen Betrachtung, „David Strauss, der Bekenner und der Schriftsteller"). Eine Schrift, die sich Gedanken über moralische Vorurteile macht, erhebt von vornherein nicht den Anspruch, historisch oder systematisch zu verfahren. Sie will destruktiv sein:

„In diesem Buche findet man einen ‚Unterirdischen' an der Arbeit, einen Bohrenden, Grabenden, Untergrabenden." (119)

Und als die „moralischen Vorurteile" erweisen sich nicht einige Vorurteile, die sich innerhalb der Moralen gebildet und gehalten haben, sondern die Moral schlechthin, als Ganzes und als Verhaltensmodell für den Menschen in seiner Welt.

„Ich bohrte in den Grund, ich begann ein altes *Vertrauen* zu untersuchen und anzugraben, auf dem wir Philosophen seit ein paar Jahrtausenden wie auf dem sichersten Grunde zu bauen pflegten, – immer wieder, obwohl jedes Gebäude bisher einstürzte: ich begann unser *Vertrauen zur Moral* zu untergraben. Aber ihr versteht mich nicht ... In uns vollzieht sich, gesetzt daß ihr eine Formel wollt, – die *Selbstaufhebung der Moral.*" (120)

Selbstaufhebung besagt mehr als Aufhebung – und wenn Nietzsche sein Programm so formuliert, dann hat das seinen guten Sinn. Die Moral bleibt solange unantastbar, als sie bloß von außen angegriffen wird. Alle Historisierung und damit Relativierung von Normen, alle Einsichten in Kausalitäten, die nicht zu moralischen Geboten, sondern gleichsam physischen Notwendigkeiten führen, alle Rebellion gegen die Widernatur von Moralvorschriften und jeder Beweis ihrer Unsinnigkeit reichen nicht aus, um das autonome Reich der Zwecke, die intelligible Welt der Imperative zu zerschlagen. Erst wenn das System der Moral seine Negation aus sich selbst hervorbringt, wird die Moral an sich selbst zugrundegehen, wird sie, indem sie ihre Idee verwirklicht, zugleich all ihre Erscheinungen aufheben. Gesetzt, es sei die Moral die Summe der Verhaltensregeln, die dem Menschengeschlecht in widriger Umwelt Überleben und Weiterentwicklung verbürgen sollen: dann werden alle moralischen Repressionen, die als solche die Dekadenz und also die Verkümmerung und Schwächung des Menschengeschlechts fördern, sich im Effekt als unmoralisch und mithin vom Zweck der Moral als aufhebenswürdig herausstellen. Die Moral selbst fordert dann die Aufhebung der Moral. (121)

Daß und wie Moral als Vorurteil gedacht und aufgehoben werden könne, läßt sich aus drei Aperçus rekonstruieren, die sich im ersten Buch der „Morgenröte" finden:

„Die Sitte repräsentiert die Erfahrung früherer Menschen über das vermeintlich Nützliche und Schädliche – aber das *Gefühl für die Sitte* (Sittlichkeit) bezieht sich nicht auf jene Erfahrungen als solche, sondern auf das Alter, die Heiligkeit, die Indiskutabilität der Sitte. Und damit wirkt dies Gefühl dem entgegen, daß man neue Erfahrungen macht und die Sitten korrigiert: das heißt, die Sittlichkeit wirkt der Entstehung neuer und besserer Sitten entgegen: sie verdummt."

„Ersichtlich werden moralische Gefühle so übertragen, daß die Kinder bei den Erwachsenen starke Neigungen und Abneigungen gegen bestimmte Handlungen wahrnehmen und daß sie als geborene Affen diese Neigungen und Abneigungen *nachmachen*; im späteren Leben, wo sie sich voll von diesen angelernten und wohlgeübten Affekten finden, halten sie ein nachträgliches Warum, eine Art Begründung, daß jene Neigungen und Abneigungen berechtigt sind, für eine Sache des Anstandes. Diese ‚Begründungen' aber haben weder mit der Herkunft, noch mit dem Grade des Gefühls bei ihnen etwas zu tun: man findet sich eben nur mit der Regel ab, daß man als vernünftiges Wesen Gründe für sein Für und Wider haben müsse, und zwar angebbare und annehmbare Gründe. Insofern ist die Geschichte der moralischen Gefühle eine ganz andere als die Geschichte der moralischen Begriffe. Erstere sind mächtig *vor* der Handlung, letztere namentlich *nach* der Handlung, angesichts der Nötigung, sich über sie auszusprechen."

„In dem Maße, in welchem der Sinn der Kausalität zunimmt, nimmt der Umfang des Reiches der Sittlichkeit ab: denn (. . .) jedesmal ist ein Stück Ängstlichkeit und Zwang aus der Welt verschwunden, jedesmal auch ein Stück Achtung vor der Autorität der Sitte." (122)

Hier ist der Mechanismus der Vorurteilsbildung ausgesprochen, zugleich sichtbar gemacht, warum der konservative Charakter der Sitte notwendig lebensfeindlich, nämlich lernfeindlich, anpassungsfeindlich gegenüber neuen Umständen wird, und wissenschaftliches Denken (Frage nach Kausalitäten) ist als Antithese dazu eingeführt. Die Rückführung der Sittlichkeit auf normativ verallgemeinerte Erfahrungen zeigt außerdem, inwiefern Moral von ihrem Wesen her eine Tendenz zur Selbstaufhebung hat – zunächst als Negation einer bestimmten, durch Erfahrung überholten Moral, dann schließlich als Negation jeder Moral (gleich Repression) überhaupt. (123) Negation jeder Moral überhaupt verifiziert sich empirisch in der Widerlegung geltender Moralnormen. Nietzsches Moralkritik steigt phänomenologisch von einer Kasuistik der Wertvorurteile zur Entlarvung der Moral selbst als eines Systems der Widernatur (der décadence) auf.

Beispiel Wagner und Beispiel Nietzsche

Der Übergang von der Kulturkritik zur Moralkritik wird paradigmatisch faßbar an Nietzsches Verhältnis zu Wagner. Wagner war wohl so etwas wie eine Schlüsselfigur in dem geistesgeschichtlichen Umbruch, der sich in der bürgerlichen Welt im Zusammenhang mit den Ereignissen der Revolution von 1848 und den Folgen ihres Scheiterns vollzog; so konnte er, weit über seinem künstlerischen Rang, als sichtbares Indiz für die geistige Verfassung der Zeit eine entscheidende Bedeutung erlangen – ein Schicksal wie es ähnlich dann auch Nietzsche zuteil wurde, der nicht so sehr durch die geringere Überzeugungskraft seiner Denkleistung als durch die ungeheuere Vehemenz seiner Zeugenschaft bewußtseinsbildend wurde.

(124) Er selbst hat diesen Aspekt sehr stark empfunden und wohl auch klar erkannt. Denn er spricht nicht nur immer wieder von sich, sondern schreibt dann, sozusagen auf dem Höhepunkt seiner Entwicklung, die Selbstcharakteristik (nicht etwa eine Autobiographie, sondern eine Artikulierung seines als repräsentativ für die Wirklichkeit erlebten Denker-Daseins), deren provokanter Titel „Ecce homo" den Anspruch auf Verkündigungswert anmeldet. Nur wer die radikale Subjektivität der Wahrheit angesichts eines weltlos gewordenen Denkens erfahren hat, kann schamlos von sich sagen:

„Es scheint mir unerläßlich, zu sagen, wer ich bin. Im Grunde dürfte man's wissen: denn ich habe mich nicht ‚unbezeugt gelassen'." (125)

Weil aber Zeugenschaft sich nur bewährt, wenn sie angenommen wird, folgt der verzweifelte Schrei nach Resonanz, der den Stolz (und die Lebensgrundlage) eines Denkers ebenso tödlich verwunden muß wie die Isolation, in der er sich befindet.

„Das Mißverhältnis zwischen der Größe meiner Aufgabe und der *Kleinheit* meiner Zeitgenossen ist darin zum Ausdruck gekommen, daß man mich weder gehört, noch auch nur gesehen hat. Ich lebe auf meinen eigenen Kredit hin, es ist vielleicht bloß ein Vorurteil, daß ich lebe? . . . Ich brauche nur irgendeinen ‚Gebildeten' zu sprechen, der im Sommer ins Ober-Engadin kommt, um mich zu überzeugen, daß ich *nicht* lebe . . . Unter diesen Umständen ist es eine Pflicht, gegen die im Grunde meine Gewohnheit, noch mehr den Stolz meiner Instinkte revoltiert, nämlich zu sagen: *Hört mich! denn ich bin der und der. Verwechselt mich vor allem nicht!*" (126)

Der Ruf ist nur zur Hälfte angekommen: gehört wurde Nietzsche zwar, kaum daß er verstummt war; verwechselt aber wird er bis heute noch.

Es ist seltsam, wie sich ein antikischer Materialismus durch den „Ecce homo" zieht. Geist wird auf Physiologie zurückgebracht: Körperbefinden, Ernährung, Klima, Erholung – wer diese „ganze Kasuistik der Selbstsucht" wichtiger nimmt als „alles, was man bisher wichtig nahm", denkt sicher epikurisch. Ihm ist an sich selbst etwas aufgegangen, was seither Medizin und Psychologie mit ihren wissenschaftlichen Methoden mühsam zutage gefördert haben: etwas allerdings auch, das in einer arbeitsteiligen, hoch organisierten Produktionsgesellschaft dem Individuum nie gewährt werden kann: die Freiheit zu den optimalen Bedingungen seines körperlichen Wohls, mithin die Freiheit zu sich selbst als biologischem Wesen. Man soll Nietzsche nicht zu gering schätzen: hier erzählt er von einer Utopie des leiblichen Glücks, deren Erfüllung erst ein Menschengeschlecht von höchster Sensibilität erleben könnte, von einer Einheit von Ethik und Ästhetik, die die Kalokagathia, also das Humanum ermöglichen würde. Nietzsche, dessen gequälter und geschwächter Körper, dessen gesteigerte Sinnesreizbarkeit des physiologischen Optimum unabdingbar bedurfte, konnte ermessen, welcher Reichtum daraus entspringen müßte, wenn Menschen zu ihrem somatischen Selbst freigesetzt würden. In einer Gesellschaft, die für solche Freiheit keine Voraussetzungen mitbrachte, wurde er aus Sensibilität zum Aristokraten: wenigstens einigen, den Schöpferischen, sollte dieses Glück garantiert werden, wenn auch dann auf Kosten der Masse. Unter veränderten technischen und gesellschaftlichen Bedingungen brauchte diese Konsequenz nicht mehr zu sein – aber Nietzsches Plädoyer für das Wohlleben bliebe gültig; wie auch jenes andere Wort, das ihn ebenso als antizipierend ausweist:

„Ich kenne keine andere Art, mit großen Aufgaben zu verkehren, als das *Spiel.*" (127)

1888, in der Zeit des aufblühenden Kapitalismus, mußte dieses Wort als eine Provokation gegen die herrschende Leistungs- und Arbeitsideologie wirken. Die Figur des Tänzers – archetypisches Symbol für ein ungezwungenes, heiteres, gelöstes Weltverhalten – mußte als das Bild eines aristokratischen Ästhetizismus erscheinen, der den Triumph des Ausbeuters über die Mühseligen und Beladenen auch noch als Inbegriff höheren Menschseins feierte. Noch einmal kommt Nietzsche die mangelnde ökonomische wie technologische Konkretion seines Zukunftsblicks in die Quere und verstellt ihm die Perspektive. Denn worauf er zielt, ist die Abschaffung beider Seiten des benediktinischen Imperativs: Gebet wie Arbeit sollen aufgehoben werden. Und Nietzsche sieht durchaus den Zusammenhang: ist unser Tun erst ein Spiel, die Welt ein Tummelplatz unserer Lust geworden, so daß wir unseren Unterhalt als Unterhaltung verdienen, dann bedarf es auch nicht mehr des Gebets, dann wird auch die Seele frei vom Zwang der Unterwerfung, der Anerkennung übermächtiger Fremdgewalten; dann erst ist der Mensch ganz bei sich selbst. Nietzsches Kampf gegen das Christentum, gegen die Religion überhaupt, ist unlösbar verbunden mit seiner Utopie einer in Leichtigkeit und Spiel und Genuß verwandelten Welt. Einer Welt allerdings, die Nietzsche sich – befangen in der Vorstellung der Produktionsweise als Herrschaftsverhältnis – nur als Reich einer auserlesenen Elite dachte. Sein utopischer Schwung reichte nicht aus, sich eine schon so nahe Zukunft auszumalen, in der die Lebensnotdurft durch technische Mittel statt durch Sklaverei würde befriedigt werden können.

So schrill der „Ecce homo" zuweilen, ja meistens klingt, mit unerträglichen Übersteigerungen: wir sollten die feineren Töne darin nicht überhören, die Geste der Notwehr nicht mißverstehen. Vom Mißbrauch seiner Sätze – eben jenem Mißbrauch, der dann von der Legende der Schwester bis zur Ideologie der Mussolini und Hitler sich fortsetzte – wird da schon Treffendes gesagt. Wieviel Spott hat Nietzsche für jene übrig, die aus seinem Denken „die echte rechte Junkersphilosophie" machten, „zu der es der Kreuzzeitung nur an Mut gebrach". Etwas beklommen klingt der Hohn schon, als ahnte Nietzsche, in welche Gesellschaft er noch würde geraten können. Ad usum delphini ist gleich eine Warnung von der gefälligen Auslegung des Übermenschen beigegeben:

„Das Wort ‚*Übermensch*' zur Bezeichnung eines Typus höchster Wohlgeratenheit, im Gegensatz zu ‚modernen' Menschen, zu ‚guten' Menschen, zu Christen und anderen Nihilisten – ein Wort, das im Munde eines Zarathustra, des *Vernichters* der Moral, ein sehr nachdenkliches Wort wird – ist fast überall mit voller Unschuld im Sinne derjenigen Werte verstanden worden, deren Gegensatz in der Figur Zarathustras zur Erscheinung gebracht worden ist: will sagen als ‚idealistischer' Typus einer höheren Art Mensch, halb ‚Heiliger', halb ‚Genie' ". (128)

Das ist sozusagen eine Selbstinterpretation letzter Hand und desavouiert alle, die sich aus dem Übermenschen eine Sklavenhalterideologie zurechtschneidern wollten. Allerdings kann Nietzsche durch solche Abwehr von Mißverständnissen nicht die Widersprüche beseitigen, die er zuvor selbst angelegt hat. Der wohlgeratene Mensch ist in der Klassengesellschaft nicht zu verwirklichen. Wer diesen Sachverhalt nicht anerkennt und folglich nicht auf die Abschaffung der Klassengesellschaft, sondern auf die Herstellung wohlgeratener Menschen ausgeht, wird notwendig eine antihumane Ideologie der Herrschaft ersinnen müssen, um das utopische Ziel mit der schlechten Wirklichkeit zu versöhnen. Der medizinische Materialismus schlägt dann auf soziologischer Ebene wieder in eine repressive Theorie um; der Dialektik von Herrschaft und Knechtschaft könnte auch der Übermensch nicht entgehen. Nietzsches Philosophie, ohne methodischen und systematischen Ansatz sozusagen dilettantisch entstanden, nahm sich die Kritik der Kultur und der Gesellschaft vor, ohne das gesellschaftstheoretische Rüstzeug zu besitzen: die Nationalökonomie, der schon der junge Hegel so eingehende Studien gewidmet hatte (129) und die von Marx für das Verständnis historischer Situationen als unerläßlich erkannt wurde (was die Überlegenheit marxistischer Geschichtsphilosophie ausmacht), hat Nietzsche nie studiert. Bei aller Hellsichtigkeit, bei allem Gespür für Symptome und Zusammenhänge mußten darum seine kulturkritischen Ideen impressionistisch bleiben und in ihrer Verknüpfung und Interpretation ideologischen Deformationen unterliegen.

Diese Ambivalenz im Denken Nietzsches manifestiert sich paradigmatisch in seinem Verhältnis zu Wagner. Wir sahen, daß er Wagners frühe Entwicklungsphase als einen Aufbruch in der Emanzipationsbewegung des Menschen, als eine Kampfansage an repressive Moralen betrachtete und begrüßte; daß er den Bruch in Wagners Werk im „Ring des Nibelungen" dingfest machte, als ausgelöst durch den Einfluß der Schopenhauerschen Philosophie. Diese Stelle – ein Stück scharfsinniger Ideologiekritik – ist bedenkenswert:

„Das Schiff fuhr auf ein Riff; Wagner saß fest. Das Riff war die Schopenhauersche Philosophie; Wagner saß auf einer konträren Weltansicht fest. Was hatte er in Musik gesetzt? Den Optimismus. Wagner schämt sich. Noch dazu einen Optimismus, für den Schopenhauer ein böses Beiwort geschaffen hatte – den *ruchlosen* Optimismus. Er schämt sich noch einmal. Er besann sich lange, seine Lage schien verzweifelt . . . Endlich dämmerte ihm ein Ausweg: das Riff, an dem er scheiterte, wie? wenn er es als *Ziel*, als Hinterabsicht, als eigentlichen Sinn seiner Reise interpretierte? *Hier* zu scheitern – das war auch ein Ziel. *Bene navigavi, cum naufragium feci* ... Und er übersetzte den ‚Ring' ins Schopenhauersche. Alles läuft schief, alles geht zugrunde, die neue Welt ist so schlimm wie die alte – das *Nichts*, die indische Circe, winkt ... Brünnhilde, die nach der älteren Absicht sich mit einem Liede zu Ehren der freien Liebe zu verabschieden hatte, die Welt auf eine sozialistische Utopie vertröstend, mit der ‚alles gut wird', bekommt jetzt etwas anderes zu tun. Sie muß erst Schopenhauer studieren; sie muß das vierte Buch der ‚Welt als Wille und Vorstellung' in Verse bringen. *Wagner war* erlöst." (130)

Bezogen auf die Resignation des Revolutionärs Wagner wird hier die ganze deutsche Misere an einem Künstlerschicksal faßbar. Nietzsche hat Wagner, wie kaustisch er ihn auch verspottet, durchaus ernst genommen. Er war ihm das Muster des gebrochenen, des angepaßten, des seiner kritischen Funktion beraubten Ideologen. Der Verlust der progressiven Kraft des Bürgertums nach 1848 machte Wagner groß:

„Wie verwandt muß Wagner der gesamten europäischen *décadence* sein, daß er von ihr nicht als *décadent* empfunden wird! Er gehört zu ihr: er ist ihr Protagonist, ihr größter Name ... Man ehrt sich, wenn man ihn in die Wolken hebt. – Denn daß man nicht gegen ihn sich wehrt, ist selbst schon ein Zeichen von *décadence*." (131)

Nietzsche versteht sich als Wagners Gegenpol. Er will die kritische Funktion des Intellekts erneuern, will sich gegen die Unterwerfung erheben. Nietzsches Polemik gegen Wagner ist von einer aufklärerischen, antiirrationalistischen Tendenz durchzogen; auch das muß man sehen, wenn man verstehen will, warum er auf die jungen Rebellen des ersten Jahrhundertviertels eine so begeisternde, anfeuernde Wirkung ausgeübt hat. Nietzsche ist für sie der Denker, der den Verlockungen des Grals widersteht. Wird Bayreuth der Tempel einer spätbürgerlichen Gesellschaft, der Tempel des wilhelminischen Deutschland zumal, dann gibt Nietzsche, der Einsame von Sils-Maria, das Gegenbild ab: er ist dann – in die Sprache heutiger Rebellen übersetzt – der Nicht-Integrierte, der sich allen bestehenden Ordnungen verweigert, der die Perversion des Menschen nicht mitmacht, nicht einmal ertragen kann. In dieser Sicht wird sein Zusammenbruch, sein Wahnsinn zu einem metaphysischen Geschick stilisiert, zum Symbol des absoluten Nein.

Das Dilemma der Zeugenschaft

Der Ideologiegehalt solcher Stilisierungen ist heute ohne weiteres durchschaubar. Immerhin hat der Untergang Nietzsches mythologisches Format – ein rasender Aias, der in Rinderherden einfällt; und ein Leidender, der seine letzten Briefe als „der Gekreuzigte" unterzeichnet; dessen Wahnsinn aber auch von einer so tieftraurigen Heiterkeit durchzittert ist, wie jenes allerletzte Schreiben an Jacob Burckhardt unter dem Datum vom 6. Januar 1889, das den Stil und Tonfall Shakespearescher Narrenreden hat. Für eine vom Symbolismus berührte Generation mochte solcher Zusammenbruch schon Zeichencharakter tragen.

Daß Nietzsche nicht einfach starb, sondern in Wahnsinn verging – in jenem von alters für heilig-dämonisch gehaltenen Zustand, dem durch das Schicksal Hölderlins und Lenaus die romantische Weihe der Genialität verliehen wurde: das hat sicher zu der Bedeutungsaura beigetragen, die sich alsbald um Nietzsches Werk legte. Sein Autor hatte die Welt verlassen und sich nach innen gekehrt, Nietzsches letzte Werke aber waren Aufschrei der Verzweiflung und der Not gewesen. Dies alles und dazu seine eigene Prophetenattitude mußte Nietzsche den Nimbus des Fremdlings und Vorläufers und Künders geben. Was er abgelehnt und erbittert bekämpft hatte, wurde zum mindesten im Detail deutlich. Es traf genau jene Erscheinungen einer vertrockneten, zerfallenden Welt, gegen die eine stürmische Jugend aufbegehrte. Die Pointillierung des Bildes – ein flimmerndes Ganzes aus hingetupften Einzelaussagen – brachte die Konturen ins Schwanken und verpflichtete nicht zur Trennschärfe des Sehens noch zur Strenge des Gedankens. Eine Beschreibung, die ihre Inhalte von den Oberflächenphänomenen abnimmt, muß vor allem treffend sein; das heißt, sie muß den Leser so treffen, daß er betroffen ist, mithin emotional angerührt. Nietzsches Methode des Aperçus führt notwendigerweise zu irrationalen Rezeptionsweisen und zu irrationalen Umsetzungen im Verhalten. Sie macht auch die Aussage prinzipiell unüberprüfbar im Zusammenhang eines Systems (das es nicht gibt); folglich erlaubt sie punktuelle Zustimmung unter Vernachlässigung oder Ignorierung anderer Partien des Werks und begünstigt so im Denken die Auflösung eines kohärenten Weltverständnisses zugunsten unzusammenhängender und widerspruchsvoller Einzelaspekte. Was Nietzsche als qualvollen Antrieb seiner Kritik erlebte – die Unstimmigkeit der Erscheinungen in der Welt, die Unaufrichtigkeit von Scheinharmonien, von Klitterungen – das wurde für seine Leser eine Verführung, sich mit diesen Unstimmigkeiten abzufinden, sich in ihnen einzurichten, sich zwischen ihnen treiben zu lassen. Nietzsches Kritik, weil unzureichend begründet, darum selbst widerspruchsvoll und irrational vorgetragen, schlug in eine Rechtfertigung irrationaler Verhältnisse selbst um. Eine Philosophie, die den Wahrheitsbegriff so weiter erschüttert, daß sie selbst keinen Wahrheitsanspruch mehr erheben kann und darf, muß sich beliebige Auslegung gefallen lassen. Sie gerät in das Dilemma, eigentlich unmitteilbar zu sein, weil sie als einzigen Integrationsfaktor ihrer Aussagenmannigfaltigkeit die Subjektivität des Autors hat. Sokrates verzichtete darauf zu schreiben. Die zum Werk geronnene Subjektivität ist jedoch desorientierend, sie lenkt den Blick von der Erfahrung einer Zeugenschaft auf die Beweiskraft einer Ausage. Illegitimerweise bekommt der Ausruf die Funktion einer Proposition. Da dieser aber keine deduktive Kraft mitgegeben ist, muß sie sich durch Anruf der Zeugenschaft verifizieren. So bekommt das Werk einen hybriden Charakter; es wird auf verschiedene Weise lesbar. Es bekundet seinen Autor in der Art eines Kunstwerkes, aber es wendet sich an den Leser in der

Art einer wissenschaftlichen Abhandlung. Der Beweiswert wissenschaftlich gemeinter Aussagen liegt hier in der Bekundung.

Zeugnisse, wie sie die Confessiones des Augustinus, die Pensées des Pascal und alle Werke Kierkegaards sind, richten an den Leser einen Appell. Sie verlangen Identifizierung des Lesers mit dem Autor. Sofern solche Zeugnisse das Aussagemittel für religiöse Gehalte sind, ist dieser appellative Charakter durch die Natur des Gegenstandes gerechtfertigt. Über Religiöses läßt sich nur in Form von Bekenntnissen sprechen – jede Übersetzung in eine wissenschaftliche Sprache führt zu Pseudologien, eine Aporie, die das Wesen aller Theologie ausmacht. In eben diese Aporie ist auch Nietzsche (im Gegensatz zu jenen anderen, religiösen Bekenntnisdenkern) geraten. Er will den Beweis führen, daß das Normen- und Institutionensystem der menschlichen Gesellschaft fehlerhaft, pervertiert und verderblich ist. Sein Gegenstand sind also innerweltliche, empirisch darstellbare und systematisierbare Sachverhalte. Über sie in der Weise der Zeugenschaft zu sprechen, bedeutet ihre Rückführung in eine irrationale, das heißt nicht konstruierbare Fremdwirklichkeit. Die positiven Momente der großen Systemphilosophien von Descartes bis Hegel werden durch die subjektive Radikalität der Kritik an ihren ideologisch charakterisierbaren Mängeln wieder aufgehoben. Betroffen von der Unwahrheit aller vergangenen Philosopheme, macht Nietzsche tabula rasa. Ahistorisch und destruktiv wird die Geschichte der Philosophie durchgestrichen. Die Trümmer der zerschmetterten Systeme werden zu beliebiger Ausbeutung überliefert.

So gerät Nietzsche in ein merkwürdiges Zwielicht. Er wirkt auf uns kraft der ungeheuren, sich ins Maßlose steigernden Intensität des Engagements, kraft einer Betroffenheit, die sich in höchster Subjektivität des Ausdrucks, in einer dichterischen Behandlung der Sprache darstellt. Wir erfahren an ihm, wie ein Mensch von der Mißgestalt seiner Umwelt in Raserei versetzt werden kann. Das erschüttert uns und gibt Nietzsches Worten Authentizität, das heißt Glaubwürdigkeit. (132) Nietzsche trifft den Nerv unseres „Unbehagens an der Kultur". Nimmt man indessen diese oder jene oder die meisten seiner Gedanken wörtlich – wie sie es *als Gedanken* verlangen dürfen –, dann stürzen wir in einen Abgrund von Widersprüchen, Widersinnigkeiten, Unmenschlichkeiten. *Einen Sinn gewinnt Nietzsche erst dann, wenn wir ihn nicht wörtlich nehmen, sondern ihn selbst, sein Denker-Sein, als Metapher für den Zustand unserer Welt.* Diese Spannung aber zwischen der Bedeutung des Worts und der Bedeutung des Denk-Erlebens, aus dem das Wort entspringt, macht die Irrationalität Nietzsches aus. Sie ist nicht einfach die Weise der Widervernunft, sondern die Weise einer „verrückten" Vernunft, einer solchen nämlich, die aus dem Koordinatensystem herausgerückt ist, innerhalb dessen sich ihre Vernünftigkeit erst konstituiert. Dieser Zustand, der Nietzsche nicht nur als Symptom, sondern geradezu als Phänotyp eines Krankheitsbildes der

Zeit erscheinen läßt, tritt deutlich zutage erst im Spätwerk. Von „Menschliches, Allzumenschliches" bis „Der Antichrist" steigt das Fieber, das Nietzsche ergriffen hat und dem er Ausdruck gibt. In seiner Person konzentriert sich das pathologische Befinden der Gesellschaft, und er wird zu dessen Selbstbespiegelung. Er wird, sage ich, und nicht: er stellt dar; darin liegt die Besonderheit seiner Existenz, darin liegt auch der Grund der Mißverständnisse, denen er ausgesetzt war und ist. Nur wenn wir uns dies klar machen, wird ein unverzerrter Blick auf das Spätwerk möglich. Um das zu verstehen, hätte man den „Ecce homo" ernst nehmen sollen, in dem Nietzsche sich selbst zerreißt:

„Ich kenne mein Los. Es wird sich einmal an meinen Namen die Erinnerung an etwas Ungeheures anknüpfen – an eine Krisis, wie es keine auf Erden gab, an die tiefste Gewissenskollision, an eine Entscheidung heraufbeschworen *gegen* alles, was bis dahin geglaubt, gefordert, geheiligt worden war. Ich bin kein Mensch, ich bin Dynamit. – Und mit alledem ist nichts in mir von einem Religionsstifter – Religionen sind Pöbel-Affären, ich habe nötig, mir die Hände nach der Berührung mit religiösen Menschen zu waschen . . . Ich *will* keine ‚Gläubigen', ich denke, ich bin zu boshaft dazu, um an mich selbst zu glauben, ich rede niemals zu Massen . . . Ich habe eine erschreckliche Angst davor, daß man mich eines Tages *heilig* spricht: man wird erraten, weshalb ich dieses Buch *vorher* herausgebe, es soll verhüten, daß man Unfug mit mir treibt . . . Ich will kein Heiliger sein, lieber noch ein Hanswurst . . .". (133)

Das war in den Wind gesprochen; zu Massenpropaganda hat man seine Notschreie genutzt, einen Täufer-Johannes haben die Ideologen der Unmenschlichkeit aus ihm gemacht, „Gläubige" hat er gefunden, die wieder darauf aus waren, Proselyten zu machen. Das entfesselte Kleinbürgertum hat sich seiner bemächtigt, und man kann nicht einmal sagen, daß er unschuldig daran war.

Nietzsche ist strenger, unerbittlicher als andere, wenn er die Säkularisierung bis zu ihrem eigenen Ende, bis zu dem des Menschen vortreibt. Er verkündet den Tod Gottes, denn Gott war die Instanz, von der aus der Weltlauf wie von außen, objektiviert als ein Ganzes mit Anfang (Schöpfung) und Ende (Jüngster Tag) betrachtet werden konnte. Auch Descartes brauchte ja Gott, um nicht in den Abgrund der Subjektivität zu stürzen: er konstruierte ihn aus dem Subjekt als Rettungsboje für dieses, in einem keineswegs schlüssigen, aber in seinem Bemühen symptomatischen ontologischen Gottesbeweis. So hat Geschichte, die als Folge sich entwickelnder Weltzustände entlang dem einsinnig gerichteten Zeitstrang begriffen wird, stets einen theologischen Horizont: wie sehr man das Prinzip ihrer Einheit auch in die Welt hereinholen mag, es läßt sich nicht, wie die Erkenntnis der Natur, ins reine Subjekt verlegen, ohne daß Geschichte selbst samt allen ihren Inhalten virtuell würde. Tut man es, so wird aus der Substanz der Geschichte (welche laut Hegel als Subjekt zu begreifen sei) das Nichts, aus ihrem Prozeß (der von Hegel so beschriebenen Selbstentfaltung des Absoluten) die ewige Wiederkehr des Gleichen.

Selbst Hegel, der Dialektiker des Werdens, kam schließlich schamhaft zu einem Bild der Geschichte, das sie als Kreis aus Kreisen vorstellte, den Fortschritt so wieder in einen Zyklus zurückbindend. Immerhin hat bei ihm die Bewegung noch den Sinn, daß der Geist, der zu sich zurückkehrt, reicher wird; welche Teleologie allerdings auch nicht ohne eine Quasi-Theologie – nach dem Modell: die Welt ist Monologos, Selbstgespräch Gottes – zu begründen war. Nietzsches Radikalismus eliminiert alle diese Voraussetzungen: Gott ist tot, und also gibt es auch keine Geschichte. Der geschichtslose Mensch ist der Nihilist, id est: der Übermensch:

„Da Gott für ihn tot ist, kann es für ihn auch kein dauerndes geistiges Heil in der reinen Kontemplation einer Schöpfung geben, die von ihrem Schöpfer verlassen wurde. Wenn die Geschichte, das Wirkungsfeld der Sünde und des Bösen, also ihren Sinn verloren hat, muß sie abgeschafft werden; wenn es keine Erlösung mehr für die gefallene Kreatur gibt, muß der Übermensch Gut und Böse überwinden; und das Grauen der ewigen Wiederkunft einer sinnlosen Welt in sinnloser Bewegung, und nicht die heitere Kontemplation eines geschichtlichen *continuum*, war für ihn die Alternative zur Wiederkehr Gottes.“ (134)

VI. Nihilismus und „Wille zur Macht"

Das Spätwerk Nietzsches ist die emphatische Auseinandersetzung mit dem, was er *Nihilismus* nennt. Die Ambiguität seiner Äußerungen hat dazu beigetragen, Nietzsches Denken nicht als eine Philosophie *über* den Nihilismus, sondern als Philosophie *des* Nihilismus mißzuverstehen. In der Tat ist Nietzsches Stellung in sich zweideutig: er versteht den Nihilismus als Endprodukt und Paroxysmus des abendländischen, durch das Christentum fort und fort getriebenen Kulturverfalls – und zugleich in diesem Verfall als Abbau der geltenden Wertordnungen und somit als Voraussetzung einer Neuschöpfung von Kultur und Wertungen; in diesem zweiten Sinne erscheint der Nihilismus als ein durchaus begrüßenswertes und fördernswertes Stadium der Geistesgeschichte, dessen äußerste Konsequenz zu dem erwarteten Umbruch führen müßte. Diese positive Perspektive auf einen künftigen Wiederbeginn schöpferischer Kultur schließt jedoch nicht aus, daß das Durchleben des Nihilismus auch die schlimmsten Erfahrungen und einen furchtbaren Niedergang mit sich bringt. Die geschichtsphilosophische Konzeption, die den Untergang der bürgerlichen Welt als unausweichlich begreift, wird in diesen Notizen deutlich:

„Was ich erzähle, ist die Geschichte der nächsten zwei Jahrhunderte. Ich beschreibe, was kommt, was nicht mehr anders kommen kann: *die Heraufkunft des Nihilismus*. Die Geschichte kann jetzt schon erzählt werden: denn die Notwendigkeit selbst ist hier am Werke. Diese Zukunft redet schon in hundert Zeichen, dieses Schicksal kündigt überall sich an; für diese Musik der Zukunft sind alle Ohren bereits gespitzt. Unsre ganze europäische Kultur bewegt sich seit langem schon mit einer Tortur der Spannung, die von Jahrzehnt zu Jahrzehnt wächst, wie auf eine Katastrophe los: unruhig, gewaltsam, überstürzt: einem Strom ähnlich, der ans *Ende* will, der sich nicht mehr besinnt, der Furcht davor hat, sich zu besinnen." (135)

„Denn man vergreife sich nicht über den Sinn des Titels, mit dem das Zukunfts-Evangelium benannt sein will. ‚*Der Wille zur Macht*. Versuch einer Umwertung aller Werte' – mit dieser Formel ist eine *Gegenbewegung* zum Ausdruck gebracht, in Absicht auf Prinzip und Aufgabe; eine Bewegung, welche in irgendeiner Zukunft jenen vollkommenen Nihilismus ablösen wird; welche ihn aber *voraussetzt*, logisch und psychologisch; welche schlechterdings nur *auf ihn und aus ihm* kommen kann. Denn warum ist die Heraufkunft des Nihilismus nunmehr *notwendig*? Weil unsre bisherigen Werte selbst es sind, die in ihm ihre letzte Folgerung ziehn; weil der Nihilismus die zu Ende gedachte Logik unsrer großen Werte und Ideale ist, – weil wir den Nihilismus erst erleben müssen, um dahinter zu kommen, was eigentlich der Wert dieser ‚Werte' war . . . Wir haben, irgendwann, *neue* Werte nötig . . .". (136)

Nihilismus – Verhängnis und Chance

Wieder einmal spüren wir bei Nietzsche den Maulwurf der Dialektik: eine bis zur letzten Antwort auf die in ihr angelegten Fragen sich durchhaltende und zuspitzende Denkeinstellung hebt sich selbst auf. Die teleologische Struktur jeder Geschichtsphilosophie, die ihrem Wesen nach sich am Wohin und Wozu des Weltlaufs orientiert, bringt den stets weiterbohrenden Erkenntnisprogreß aus sich hervor; über das ungewisse Ziel soll durch Feststellung der Kausalitäten und der in ihnen ablesbaren Richtung der Entwicklung etwas ausgemacht werden. In diesem Wissens- und Wissenschaftsideal liegen einige ontologische Voraussetzungen unausgesprochen eingeschlossen: daß es überhaupt lineare Entwicklung gibt, daß in der Welt Neues entstehen kann, daß die Zahl der unausgeschöpften Möglichkeiten sehr groß, prinzipiell unendlich und also unausschöpfbar ist. Dieses Weltverständnis ist – für die europäische Kultur – durch das Christentum oder vielmehr durch die spätantike, als säkulare Bewegung auch im Christentum unterirdisch weiterwirkende Gnosis thematisiert worden. Die Wissenschaft, auf die dieses Welt- und Zeitverständnis hinführt, muß indessen Schritt für Schritt die Heils- und Zielgewißheit der Metaphysik erschüttern und mit der Ausarbeitung der Autonomie des Menschen zugleich ihr eigenes traditionelles Bezugssystem untergraben. Die Idee der Zukunft als des Horizonts der Ankunft irgendwo und bei irgendetwas wurde zerstört. Damit mußte das Normengerüst aus den Fugen geraten, das das menschliche Wollen, wie degeneriert es auch sein mochte, vor völliger Haltlosigkeit bewahrte. Ein Jahrhundert, in dem die wissenschaftliche Erkenntnis und das politische Tun ein kalkuliertes Risiko der Selbstvernichtung des Menschengeschlechts durch nukleare, chemische oder bakteriologische Kampfmittel, ja bereits durch die zu deren Herstellung notwendigen Versuche, in Kauf nehmen, hat die schlimmsten Vorstellungen vom Zeitalter des europäischen Nihilismus übertroffen; zumal die herrschenden Ethiken nicht das mindeste Instrumentarium an die Hand geben, um einer solchen nicht nur inhumanen, sondern schlechthin lebensfeindlichen Einstellung zu begegnen. Eine Umwertung (zu der nun Nietzsche allerdings auch keine positiven Ansätze bietet) wäre in der Tat eine simple Forderung des Überlebenswillens. Nietzsche hat nur die Negation der überlieferten Werte dagegenzustellen, die zugleich furchtbare und befreiende Erkenntnis von einer zwei Jahrtausende dauernden Fehlentwicklung; der „Geschichte der modernen Verdüsterung", zu „der philosophische Nihilismus" (137) gehört, die „Zeit des großen Mittags, der furchtbarsten Aufhellung: meine Art von Pessimismus" (138). Nietzsche notiert in diesem Zusammenhang den „Grundwiderspruch in der Zivilisation" als Ausgangspunkt für die „Erhöhung des Menschen". Denn wie der Fortschritt der Zivilisation einerseits zum Abgrund der Selbstvernichtung des Menschengeschlechts in Nietzsches Worten: zur vollkommenen Schwächung des Lebenswillens führt, so bringt er andererseits die Mittel hervor, mit denen der Mensch die Naturwelt auf bisher unvorstellbare Weise beherrschen und gestalten und sich selbst in Freiheit von der Naturnotwendigkeit setzen kann. In diesem Grundwiderspruch liegt zugleich tödliche Gefahr und wunderbare Hoffnung. Allerdings bleibt Nietzsche, dessen Medusenblick zwar die Gegenwart versteinert, aber die Zukunft nicht aufschließt, auf die Vorstellung von einer Kultur fixiert, die durch die Größe der Wenigen auf Kosten der Massen erreicht wird; er kommt über das Leitbild der antiken Sklavenhaltergesellschaft nicht hinaus, seine Konzeption ist romantisch einer Vergangenheit verpflichtet, statt deren Werte als Auftrag für eine allgemeine Menschlichkeit der Zukunft zu übernehmen; obschon gelegentlich eine Idee von der zu sich selbst freigesetzten Menschheit aufblitzt, wie etwa in jener Nachlaßnotiz:

„Kein Verhältnis zwischen Abzahlung und *Leistung*! Sondern das Individuum, *je nach seiner Art*, so stellen, daß es das *Höchste leisten* kann, was in seinem Bereich liegt." (139)

Hier scheint das kommunistische Postulat „Jedem nach seinen Bedürfnissen, jeder nach seinen Fähigkeiten" anzuklingen.

Zu dieser Erfüllung eines freien Menschseins gehört die Aufhebung der Unterdrückung. Primär würde das bedeuten, daß das Verhältnis von Herrschaft und Knechtschaft annulliert wird; Nietzsche, sozialpsychologisch und nicht soziologisch interessiert, also idealistisch Bewußtseinsformen den Seinsformen vorordnend, wendet seine Aufmerksamkeit den Mechanismen der Selbstunterdrückung, also der „interiorisierten" Herrschaftsgewalt zu. Diese interne Repression ist institutionalisiert in der geltenden Moral, auf deren Abbau es Nietzsche ausschließlich ankommt, als ob damit schon die Unterdrückung annulliert und nicht jede Moral bloß die Ideologie zuvor schon bestehender Herrschaft wäre.

„Wer darüber nachdenkt, auf welche Weise der Typus Mensch zu seiner größten Pracht und Mächtigkeit gesteigert werden kann, der wird zu allererst begreifen, daß er sich außerhalb der Moral stellen muß: denn die Moral war im wesentlichen auf das Entgegengesetze aus, jene prachtvolle Entwicklung, wo sie im Zuge war, zu hemmen oder zu vernichten." (140)

Diese Stelle zeigt zugleich, wie der Aufstand gegen die repressive Moral, mangels soziologischer Konkretisierung, sofort in eine Herrenideologie umschlägt. Die Notiz fährt fort:

„Denn in der Tat konsumiert eine derartige Entwicklung eine solche ungeheure Quantität von Menschen in ihrem Dienst, daß eine *umgekehrte* Bewegung nur zu natürlich ist: die schwächeren, zarteren, mittleren Existenzen haben nötig, Partei zu machen *gegen* jene Glorie von Leben und Kraft, und dazu müssen sie von sich eine neue Schätzung bekommen, vermöge deren sie das Leben in dieser höchsten Fülle verurteilen und womöglich zerstören. Eine lebensfeindliche Wendung ist daher der Moral zu eigen, insofern sie die Typen des Lebens überwältigen will." (141)

Aufhebung der Moral ohne Aufhebung der sie begründenden ökonomisch-soziologischen Verhältnisse kann nur zur Selbstüberhebung einer sich auserwählt dünkenden Minderheit führen. So wird die Ausdehnung der Emanzipationsbewegung auf die Masse (wo ein solcher Gesichtspunkt sich schwach meldet) sofort vom Elitarismus durchkreuzt:

„Zeitweiliges Überwiegen der sozialen Wertgefühle begreiflich und nützlich: es handelt sich um die Herstellung eines *Unterbaus*, auf dem endlich eine *stärkere* Gattung möglich wird. – Maßstab der Stärke: unter den *umgekehrten* Wertschätzungen leben können und sie ewig wieder wollen. Staat und Gesellschaft als Unterbau: weltwirtschaftlicher Gesichtspunkt, Erziehung als *Züchtung*." (142)

Jede idealistische, das heißt vorrangig von den Gestaltungen oder Inhalten des Bewußtseins ausgehende, nicht auf deren gesellschaftliche Basis rekurrierende Kritik, muß sich notwendigerweise auf dem Boden der bestehenden Herrschaftsverhältnisse, also im Rahmen der gegebenen Klassensituation halten. In der spätbürgerlichen Phase bedeutet diese, daß die radikale Ablehnung der bürgerlichen Kultur unter Beibehaltung der sie fundierenden Klassenlage, weil ohne Reflexion auf die ökonomische Basis, eine Negation aller demokratischen Traditionen einschließt, bei denen der historische Fortschritt über die bürgerliche Gesellschaft hinaus einsetzen muß. Aus dieser Negation entspringt dann der gesteigerte Geltungsanspruch einer Minderheit, die für sich Herrenrechte gegen die Menge der „Sklavenseelen" anmeldet.

Für die Ausbildung und Anwendung echter aristokratischer Ideale und Verhaltensnormen fehlen indessen in der modernen Massengesellschaft alle Voraussetzungen. Ihre Restitution – wie ernst Nietzsche sie auch gemeint haben mag – kann nur einen Pseudoaristokratismus hervorbringen, in dessen Namen sich der seiner Klassenbasis und seiner eigenständigen Ideologie beraubte Kleinbürger aus eigener Machtvollkommenheit nobilitiert: ein Don Quijote, der sich selbst vom Hidalgo zum Ritter de la Mancha erhebt. Wenn Nietzsche die herkömmliche *Wert*ordnung durch eine *Rang*ordnung ersetzen will, so ist diese semantische Verschiebung aufschlußreich. In einer durchrationalisierten Massenorganisation wird jedem ein Platz zugewiesen, auf dem er zugleich Befehlsgewalt gegen andere ausübt und Gehorsamspflicht gegen Vorgesetzte zu tragen hat, im Namen eines Gehorsams gegen die „Idee", gegen die „Sache" und wie es heißen mag, um tatsächliche Abhängigkeiten zu verschleiern. Die unbestimmte Allgemeinheit, in der Nietzsche die Normen einer adligen Haltung läßt, ist trefflich auf einen solchen Schematismus aufzupfropfen. So konnte sich dann jeder HJ- und SA-Führer, jeder Parteiblockwart als Inkarnation des Herrenmenschen, als ein werdender „Übermensch" mit dem Marschallstab im Tornister verstehen und großzügig die Gebote der Humanität als für sich selbst außer Kraft gesetzt betrachten. Wo Nietzsche die schlimmste Verdüsterung gesehen hätte wie seine Ausfälle gegen den Imperialismus des Deutschen Reiches zeigen, konnten jene sich in der Helle des Großen Mittags wähnen; gegen seine Intention, doch gewiß nicht ohne sein (unwillentliches) Zutun.

Was Nietzsche als „Heraufkunft des Nihilismus" beschreibt, schließt diese Pervertierung des Nein-Sagens ein. Er hat dies einmal als den „unvollständigen Nihilismus" (143) bezeichnet; die Wertordnung wird nicht umgestürzt, aber einige heben sich aus ihr heraus unter der Voraussetzung, daß für das alltägliche Leben alles so weitergilt wie bisher, daß sie selbst die Wenigen, die Ausnahmen seien. Tatsächlich wird damit der Verfall verschlimmert, er wird bösartig.

Nihilismus dieser Art, der überkommene Wertmaßstäbe ohne Verpflichtung sich selbst gegenüber verwirft, ist Heuchelei. Aber auch der konsequente Nihilismus, der in der Negation jeglichen Sinns und jeglicher Werte gipfelt, ist nicht als Alternative, sondern nur als katastrophales Interregnum vor der Umwertung aller Werte anzusehen.

„Der Nihilismus stellt einen pathologischen *Zwischenzustand* dar (– pathologisch ist die ungeheure Verallgemeinerung, der Schluß auf *gar keinen Sinn* –): sei es, daß die produktiven Kräfte noch nicht stark genug sind, – sei es, daß die *décadence* noch zögert und ihre Hilfsmittel noch nicht erfunden hat." (144)

Unsere Zeit wird erfahren als das Ende eines Saekulums. Sie entgeht nicht der Zerstörung, ja sie bedarf ihrer. Der Nihilismus – unausweichlich als letztes Stadium einer aus der Zeitlichkeit denkenden Weltdeutung, unentbehrlich auch als Voraussetzung einer neuen Weltdeutung aus der ewigen Dauer des Selbstseins heraus – ist darum so notwendig doppeldeutig: er umfaßt Verhängnis und Chance.

„Nihilismus. Er ist *zweideutig.*
A. Nihilismus als Zeichen der *gesteigerten Macht des Geistes:* der *aktive* Nihilismus.
B. Nihilismus als *Niedergang* und *Rückgang der Macht des Geistes:* der *passive* Nihilismus." (145)

Doch eine Chance ist der Nihilismus nur dann, wenn er als vorläufig betrachtet wird; er ist eine Art Purifikation, ein Fegfeuer nach zwei Jahrtausenden Unredlichkeit, die sich den Ideologiecharakter der Erkenntnis verbarg und relative Wahrheiten als absolute ausgab. Insofern ist der Nihilismus eine Befreiung – allerdings nur dann, wenn er mit der Bereitschaft zu neuen, sich selbst nur als relativ verstehenden Zielsetzungen verbunden ist.

„Die extremste Form des Nihilismus wäre die Einsicht: daß *jeder* Glaube, jedes Für-wahr-halten notwendig falsch ist: weil es eine *wahre* Welt gar nicht gibt. Also: ein *perspektivischer Schein,* dessen Herkunft in uns liegt (insofern wir eine engere, verkürzte, vereinfachte Welt fortwährend *nötig* haben).

– Daß es das *Maß der Kraft* ist, wie sehr wir uns die *Scheinbarkeit*, die Notwendigkeit der Lüge eingestehen können, ohne zugrunde zu gehn. Insofern könnte Nihilismus als Leugnung einer wahrhaften Welt, eines Seins, *eine göttliche Denkweise sein.*" (146)

Kennzeichen unserer Zeit ist die Ambivalenz des Nihilismus, der als Erscheinung der Resignation und damit der Unterwerfung unter jegliche repressive Ordnung (als Äquivalenz der Negation jedes Wahrheitsgehalts irgendeiner Ordnung) die Erniedrigung der Menschen bewirkt – und der als Erscheinung des Aufbegehrens einen erhöhten, autonomen Menschen, frei von jeder Autorität und Unterdrückung möglich machen soll. Diese Ambivalenz ist jedoch nicht eine solche des Entweder-Oder. In einem längeren Kontext hat Nietzsche einmal ausgesprochen,daß beide Aspekte des Nihilismus als ein „Teils-Teils“ (147) zusammenhängen. In der Tat schlägt ein bloß anarchisches Revoltieren, das das Individuum freisetzen will, ohne die gesellschaftlichen Bedingungen der Möglichkeit individueller Freiheit zu bedenken und zu berücksichtigen, sofort in jene Gleichgültigkeit und dann Resignation gegenüber bestehender Ordnung um, die die beste Garantie für deren Fortdauer ist; der Nihilismus wird dann einerseits zur Bohème-Philosophie, andererseits zum zynischen Sich-Arrangieren innerhalb herrschender Unterdrückung.

Die Auflösung der Wahrheit und der Wille zur Macht

Der Nihilismus Nietzsches gipfelt in der Entlarvung des Ideologiecharakters aller Wahrheiten. Aussagen über die Welt erweisen sich als diktiert von Interesse, als Machinationen eines Sich-Einrichtens zwischen und mit den Daten, die unsere Sinne uns geben, letzten Endes also als ein Mittel zur Konstituierung unseres Selbst. Dieses Selbst aber kann – wenn sich jede identische Wahrheit als Schein herausstellt – nicht als ein Wesen, als ein An-sich-seiendes gedacht werden; vielmehr ist es in jedem Augenblick sich selbst gleich und zugleich allen anderen Augenblicken seiner selbst ungleich, es ist es selbst und nicht es selbst, in einem ständigen heraklitischen Werden, immer unmittelbar, nie „vemittelt“. Ist die Hegelsche Dialektik eine Philosphie des Werdens, in der das An-und-für-sich-sein als Inhalt eines Prozesses und als eine Funktion der Zeit entsteht und in der sich alles Sein dergestalt als zeitlich und mithin als vermittelt durch alle Phasen und Stationen seines Geschehens etweist, so führt Nietzsche die Dialektik wieder auf die Unmittelbarkeit des Jetzt zurück und hebt ihre Historizität zugunsten einer naturhaften Zeitlosigkeit auf, die im menschlichen Dasein nur als mystisches „Nu“ ausgesagt werden kann: er entwirft die Idee eines Werdens außerhalb der Zeit.

„Das Werden muß gerechtfertigt erscheinen in jedem Augenblick (oder *unabwertbar*: was auf eines hinausläuft); es darf absolut nichts Gegenwärtiges um eines Zukünftigen wegen oder das Vergangene um des Gegenwärtigen willen gerechtfertigt werden... Strenger: *man darf nichts Seiendes überhaupt zulassen* – weil dann das Werden seinen Wert verliert und geradezu als sinnlos und überflüssig erscheint.“ (148)

Die Blüte ist im Sein der Pflanze nicht „wahrer“ als die Frucht, das Lebensgeschehen ist keine lineare Bewegung, sondern ein unablässiger Kreislauf. Die Kategorie des Zwecks wird als ein großer Irrtum aus dem Denken der Menschen verbannt; zugleich damit aber auch die Idee eines Seins als des Bleibenden, auf das alles Vergängliche, alles Werdende als Ziel oder Grund hingeordnet wäre.

„1. Das Werden hat *keinen Zielzustand*, mündet nicht in ein Sein. 2. Das Werden ist *kein Scheinzustand*; vielleicht ist die *seiende* Welt ein Schein. 3. Das Werden ist wertgleich in jedem Augenblick: die Summe seines Wertes bleibt sich gleich; *anders ausgedrückt: es hat gar keinen Wert*, denn es fehlt etwas, woran es zu messen wäre und in bezug worauf das Wort ‚Wert' Sinn hätte. *Der Gesamtwert der Welt ist unabwertbar*, folglich gehört der philosophische Pessimismus unter die komischen Dinge." (149)

Es zeigt sich, daß eine Umwertung aller Werte der Aspekt ist, den eine Ontologie des Nihilismus im Rahmen einer „praktischen Philosophie" gewinnt; im Rahmen einer Philosophie also, die nicht mehr die Suche nach Wahrheit, sondern die Ausarbeitung einer Lebenskunst ist.

Wird Wahrheit zu einer Illusion entwertet und die Identität des Seins aufgehoben, dann kann auch als Inhalt und „Wert" des Lebens nur ein absolutes, auf keinen Zweck außer ihm selbst bezogenes Prinzip übrigbleiben. Der radikale, bis zum letzten gehende Abbau heteronomer Setzungen muß auch noch die Autonomie des Menschen im Sinne einer ganz diesseitigen, rationalistischen Aufklärungsphilosophie für transzendent halten, weil hier zum mindesten die Gattung, oder doch das Individuum in seiner Totalität, als den Augenblick überschreitender Zweck gesetzt ist. Ja, nicht einmal das Leben selbst, insofern es Dauer involviert, gibt innerhalb eines punktuellen Weltverständnisses, das nihilistisch jede „Welt" auflöst, eine „letzte Größe" ab. Vielmehr muß im Herzen des Lebens ein Agens entdeckt werden, das immer sich selbst gleich, in jedem Augenblick ein anderes ist; das in immer neuen Gestalten auftritt, ein Proteus; nichts als das, was es gerade ist, und eben darin erfüllt und sich selbst erfüllend; dergestalt autonom, daß es durch nichts anderes in seinem Sosein bedingt wird als durch sich selbst. Ein solches Agens muß in sich selbst gegründet sein: das ist der Wille, der von nichts abhängig ist, insofern Wollen als Wollen immer bei sich selbst bleiben und doch auf ein Außen gerichtet sein kann. Insofern der Wille intentional, also auf ein Ziel gerichtet ist, entsteht zwischen der Autonomie seines Selbstseins und dem Außer-ihm-sein seiner Erfüllung eine Spannung, ein Widerspruch. Das reine Tun, das für eine nihilistische Ontologie als einziges Prinzip zugelassen ist, muß diesen Widerspruch noch eliminieren, das heißt, die Intentionalität des Willens muß noch aufgehoben, bzw. in ihn selbst zurückverlegt werden. Der reine Wille, der auf nichts als seine eigene Entfaltung, auf seine Selbstbestätigung und Selbstbetätigung angelegt ist, ist der Wille zur Macht.

Exakt sollte nicht einmal vom Willen – weder von einem starken noch von einem schwachen – gesprochen werden dürfen.

„*Schwäche des Willens:* das ist ein Gleichnis, das irreführen kann. Denn es gibt keinen Willen, und folglich weder einen starken noch schwachen Willen. Die Vielheit und Disintegration der Antriebe, der Mangel an System unter ihnen resultiert als ‚schwacher Wille'; die Koordination derselben unter der Vorherrschaft eines einzelnen resultiert als ‚starker Wille' – im erstern Falle ist es das Oszillieren und der Mangel an Schwergewicht; im letztern die Präzision und Klarheit der Richtung." (150)

Ursprünglich ist nur ein Antriebspluralismus, der in der Natur des Lebens verwurzelt ist. (Diesem Antriebspluralismus ein identisches Agens zu unterstellen, den Willen in der Art Schopenhauers als eine metaphysische Entität zu behandeln, ist also selbst schon wieder nur ein heuristisches Verfahren.) Wenn vom Willen zur Macht die Rede ist, dann unter der Voraussetzung, daß der Begriff Wille nicht ontologisch hypostasiert, sondern tatsächlich als ein Fließendes, in jedem Moment seiner Manifestation Einmaliges verstanden wird. Darum kann dem Willen in diesem Sinne kein begrifflich fixierter, also „substantialisierter", dauernder „Gegenstand" gegeben sein, sondern nur die Erfüllung des Augenblicks, die Steigerung des Daseins zum Inhalt werden. Der Genitivus obiectivus, durch den sich der Wille als ein konkreter, gegenständlicher bestimmt, muß in ihn selbst hineingenommen werden: dieser Wille ist Wille zu sich selbst als Wollen, zur höchsten und vollkommensten Weise des Wollens, das heißt zur Macht. (151) Gott ist tot, aber der Mensch wird Gott, dessen Merkmal es war, daß sein Wollen zugleich die Verwirklichung des Gewollten, die Verwirklichung seiner selbst (denn Gott kann sich immer nur selbst wollen) einschloß. Erst sekundär bedeutet der Wille zur Macht auch Herrschaft, Machtausübung *gegen* etwas, *gegen* jemanden.

„Es gehört zum Begriff des Lebendigen, daß es wachsen muß – daß es seine Macht erweitern und folglich fremde Kräfte in sich hineinnehmen muß." (152)

Primär ist Macht die Aktualisierung der in einem Lebendigen liegenden Vermögen, der Übergang der gesamten *energeia* in *erga*:

„*Entwicklung der Menschheit.*
A. Macht über die Natur zu gewinnen und *dazu* eine gewisse Macht über sich. (Die Moral war nötig, *um* den Menschen durchzusetzen im Kampf mit Natur und ‚wildem Tier').
B. *Ist* die Macht über die Natur errungen, so kann man diese Macht benutzen, um *sich selbst* frei weiterzubilden: Wille zur Macht als Selbsterhöhung und Selbstverstärkung." (153)

Den Ausgangspunkt der Vorstellung vom Willen zur Macht als metaphysischem Prinzip alles Lebendigen (und übertragen alles Seienden) bildet also eine biologisierte, lebensphilosophisch gewendete Fassung des uridealistischen Gedankens von der Selbstsetzung des Ich durch die reine Tathandlung. Erst in der Konsequenz dieses Ansatzes, der die Selbstentfaltung des Menschen nur als Ausgreifen auf die Umwelt und also auch als Errichtung von Herrschaft über andere Menschen verstehen kann, wird der Wille zur Macht zum gesellschaftspolitischen Prinzip. Die Herstellung von Herrschaft liegt durchaus nicht primär in der Idee der Selbstverwirklichung, die – wie wir gesehen haben – zunächst auf die Natur bezogen ist. Die Umwertung der Werte wird in diesem Zusammenhang klar als Abbau historisch notwendiger repressiver Moralen gekennzeichnet; prinzipiell könnte der Fortschritt der Wissenschaft die *ganze* Menschheit zur

Aristokratie machen (oder, richtiger gesagt, die Klassenunterschiede aufheben):

„*Die zwei Wege.* – Es kommt ein Zeitpunkt, wo der Mensch *Kraft* im Überfluß zu Diensten hat: die Wissenschaft ist darauf aus, diese *Sklaverei der Natur* herbeizuführen.

Dann bekommt der Mensch *Muße*: sich selbst *auszubilden*, zu etwas Neuem, Höherem. *Neue Aristokratie.* Dann werden eine Menge *Tugenden überlebt*, die jetzt *Existenzbedingungen* waren. – Eigenschaften nicht mehr nötig haben, *folglich* sie verlieren. Wir haben die *Tugenden* nicht mehr *nötig: folglich* verlieren wir sie (– sowohl die Moral vom ‚Eins ist not', vom Heil der Seele, wie der Unsterblichkeit: sie waren Mittel, um dem Menschen eine ungeheure *Selbstbezwingung zu ermöglichen*, durch den Affekt einer ungeheuren *Furcht* . . .). Die verschiedenen Arten *Not*, durch deren Zucht der Mensch geformt ist: Not lehrt arbeiten, denken, sich zügeln." (154)

Auch hier erscheint die Umwertung wieder als eine Destruktion: das traditionelle System der Eigenschaften und Tugenden wird unter neuen Lebensbedingungen, die keiner Restriktionen unserer Kraft mehr bedürfen, aufgehoben. Nietzsche imaginiert die Herstellung von Verhältnissen, unter denen Kultur nicht mehr als unterdrückende dem Menschen auferlegt ist; indessen hat er weder die gesellschaftstheoretischen Einsichten von Marx noch die psychoanalytischen von Freud zur Verfügung, um diese Utopie mit konkreten und zeitgemäßen Inhalten auszustatten. So bleibt ihm nur der aus dem klassischen Griechentum entlehnte Gedanken, „die Kunst als die eigentliche Aufgabe des Lebens, die Kunst als dessen metaphysische Tätigkeit" (155) zu begreifen. Leben als schöpferische Hervorbringung, das Leben selbst als Kunstwerk, das heißt als gestalteter Ausdruck seiner selbst, mithin als Tanz, als Spiel – das ist der Sinn einer durch keine äußeren Nöte und Rücksichtnahmen mehr gehemmten Kraftentfaltung. Nietzsches Konzeption des im Willen zur Macht sich erfüllenden Daseins ist in einem universellen, absurd anmutenden Sinne tautologisch: das im Willen zur Macht ganz aufgehende Leben bleibt immer bei sich selbst; Erweiterung, Erhöhung heißen nur: ganz und gar sein, was man ist.

In diesem unlinearen Weltbild ist Selbstentfaltung auch nicht als Fortschritt zu betrachten. Sie ist immer wieder punktuell, sozusagen in diskontinuierlichen Quanten sich betätigendes Sein. Wieder also gelangen wir an eine Stelle, wo Fichtes reine Tathandlung, die noch vor der Spaltung in Subjekt und Vollzug des Tuns liegt, extrem weitergedacht wird.

„Meine Forderung ist, daß man den *Täter* wieder in das Tun hineinnimmt, nachdem man ihn begrifflich aus ihm herausgezogen und damit das Tun entleert hat; daß man das *Etwas*-Tun, das ‚Ziel', die ‚Absicht', daß man den ‚Zweck' wieder in das Tun zurücknimmt, nachdem man ihn künstlich aus ihm herausgezogen und damit das Tun entleert hat. Alle ‚Zwecke', ‚Ziele', ‚Sinne' sind nur Ausdrucksweisen und Metamorphosen des *einen* Willens, der allem Geschehen inhäriert: des Willens zur Macht. Zwecke-, Ziele-, Absichten-haben, *Wollen* überhaupt, ist so viel wie *Stärker*-werden-wollen, Wachsen-wollen – und *dazu* auch die *Mittel* wollen. Der allgemeinste und unterste Instinkt in allem Tun und Wollen ist eben deshalb der unerkannteste und verborgenste geblieben, weil in *praxi* wir immer wieder seinem Gebote folgen, weil wir dieses Gebot *sind* . . ." (156)

Indem wir das Gebot dieses Willens *sind*, und sonst nichts, da alles daraus abgeleitet ist, ist die Identität von Sein und Willen zur Macht gegeben; und es kann kein synthetisches Urteil geben, das das Sein über das hinaus, was es schon ist, erweitert; es bleibt immer nur reines Tun seiner selbst. In der gleichen Nachlaßnotiz fährt Nietzsche fort:

„*Das Sein selbst abschätzen!* Aber das Abschätzen selbst ist dieses Sein noch! – und indem wir nein sagen, tun wir immer noch, was wir *sind*. Man muß die *Absurdität* dieser daseinsrichtenden Gebärde einsehn; und sodann noch zu erraten suchen, *was* sich eigentlich damit begibt. Es ist symptomatisch." (157)

Dreigestuft entfaltet sich so die Philosophie des späten Nietzsche: der Nihilismus ist „die Entlarvung allen Welt-Sinns als Schein"; der Wille zur Macht ist das zweckfreie, ziellose, zeitlose Selbstsein, das übrig bleibt, wenn aller Sinn zunichte geworden ist; die Umwertung aller Werte ist die Aufhebung der Normen und Eigenschaften, die den Willen zur Macht hemmen und schwächen. Mit der Heraufkunft des Nihilismus hält Nietzsche die Zeit für reif, die Umwertung der Werte vorzunehmen und damit den Willen zur Macht freizusetzen. Wie der Nihilismus nur ein pathologischer Zwischenzustand genannt wurde, der sich im Pessimismus seiner selbst vergewissert, so auch die Umwertung: sie schafft die Voraussetzung für ein neues Glück des Schöpferisch-seins.

„Aus dem Druck der Fülle, aus der Spannung von Kräften, die beständig in uns wachsen und noch nicht sich zu entladen wissen, entsteht ein Zustand, wie er einem Gewitter vorhergeht: die Natur, die wir sind, *verdüstert* sich. Auch das ist ‚Pessimismus' . . . Eine Lehre, die einem solchen Zustand ein Ende macht, indem sie irgendetwas *befiehlt*: eine Umwertung der Werte, vermöge deren den aufgehäuften Kräften ein Weg, ein Wohin gezeigt wird, so daß sie in Blitzen und Taten explodieren – braucht durchaus keine Glückslehre zu sein: indem sie *Kraft auslöst*, die bis zur Qual zusammengedrängt und gestaut war, *bringt sie Glück*." (158)

Der gegenständlich nicht vermittelte, abstrakt-utopische Charakter von Nietzsches Zukunftsvision liegt auf der Hand. Die Kritik an der bürgerlichen Gesellschaft, die der junge Nietzsche am Leitbild einer neuen Idee vom Griechentum entwickelte, hat keine inhaltliche Erfüllung gefunden. Sie hat sich zu einem Paroxysmus des Nein-Sagens gesteigert, dem nur eine leere Vorstellung vom Anders-sein, von der positiven Alternative entspricht. Daß Nietzsche die von ihm prätendierten neuen Werte, die an die Stelle der entwerteten alten treten sollen, nicht entwickelte, daß seine Umwertung in der Negation verharrt, hat Schlechta nachdrücklich betont. Das Verharren im Negativen ist kein Zufall, auch nicht einfach ein Unvermögen. Vielmehr reicht der Nihilismus als die totale Entlarvung des Relativitätscharakters der bisher absolut geglaubten Wahrheiten nicht aus, um den Boden für einen konstruktiven Entwurf autonomen Menschseins abzugeben. Nietzsches Scheitern beim Setzen neuer Werttafeln ist exemplarisch. Werte entstehen nicht beliebig, nicht kraft des gebieterischen Wollens eines einzelnen. Sie sind die Indizien für den Stand der Vergesellschaftung des Menschen. Ohne auf die Bedingungen der Gesellschaft zu reflektieren, ohne eine historische Analyse der Antriebskräfte und Formen, die das Zusammenwirken der Menschen bestimmen, ist auch die Ablösung eines Normensystems durch ein anderes nicht zu konzipieren. Nietzsche wollte seiner Zeit vorausgreifen, ohne die wissenschaftlichen Mittel der Prognose zu besitzen. So wurde er immer wieder auf die bloße Verneinung zurückgeworfen, allenfalls auf die Unverbindlichkeit willkürlicher Gebote („irgendetwas" zu befehlen, heißt es); eine intuitive Moralphilosophie –also eine solche, die sich unsystematisch formulieren *läßt* – könnte nur in Übereinstimmung mit geltenden Werten entwickelt werden. Was für Nietzsche übrig bleibt, ist eine scharfsinnige Kritik, die selbst bodenlos ist, weil ihr die historische Begründung fehlt – daher die Erfahrung des Nihilismus – und die darum immer maßloser werden muß. Konkret gedachte Alternativen bleiben hingegen leicht durchschaubare Surrogate. Nietzsches Wille zur Macht ist nicht nur aus Gründen der ideologischen Position, sondern auch aus der immanenten Logik der Sache inhaltsleer; und die Sache selbst, die des extremen Subjektivismus, ist wiederum Korrelat der ideologischen Position. Nietzsche hat die Umwertung nicht vollzogen, wie sehr er sie auch als notwendig erkannte; er hat sie nicht vollzogen, weil eine solche Umwertung von der Basis aus, auf die er sich gestellt hatte, nicht vorzunehmen war: es fehlte ihm der archimedische Punkt, um die Welt aus den Angeln zu haben. Mit Bezug auf einen Vers Stefan Georges schreibt Schlechta,

„daß Nietzsche selbst bestimmt nicht jenseits der ‚Klüfte' und im anderen ‚Lager' war. Er ist nicht umgekehrt, war infolgedessen auch nicht drüben – er ist auf der Straße des Verhängnisses *weitergegangen*, weiter denn irgendjemand."

Und welches diese Straße war, ist an derselben Stelle vorher von Schlechta mit ebenso großer Prägnanz wie Betroffenheit gesagt:

„daß Nietzsche selbst bestimmt nicht jenseits der ‚Klüfte' und im anderen ‚Lager' Werke zu belegen – ist die Überzeugung, daß nichts fest sei, daß es keine ‚Realität' gebe. Real ist nur, was der Mensch aus der rücksichtslosen Einsicht in die komplette Irrealität jedes objektiven Sinnes und Wertes in absoluter Freiheit schafft und schaffen muß, weil er sonst nicht zu leben vermöchte. Nietzsche erweist dies mit Methoden, welche *unsere obligaten* Methoden des Weltverständnisses sind, nur daß wir weder Ehrlichkeit noch Konsequenz genug aufbringen, uns klar zu machen, daß es Methoden sind, die uns von jeder lebendigen, unberührten Wirklichkeit, Realität trennen. Dieses Trennende ist der Abgrund, den ich meine; es ist ein Abgrund, den *wir* aufgerissen haben und immer wieder aufreißen – welchen Akt als einen Wahnsinnsakt der spirituelle Radikalismus Nietzsches uns längst hätte deutlich machen müssen. Wenn wir endlich begreifen und lernen wollten, dann könnte uns seine denkerische Leistung zur Warnung und Rettung werden." (159)

Was Nietzsche von den Apologeten der bestehenden Verhältnisse unterscheidet und was – zum Teil wenigstens – seinen Erfolg, seine Wirkung auf eine vom Unbehagen an der Kultur ergriffenen Jugend ausmachte, ist die Radikalität seiner Kritik. Was ihn, malgré lui, zum Apostel der fürchterlichsten Unmenschlichkeit werden ließ, ist seine Überzeugung, daß die äußerste Konsequenz im Fortschreiten des eingeschlagenen Weges zur Selbstzerstörung der bestehenden und damit zur Errichtung einer neuen Ordnung führen müsse. Seine Diagnose ist fürchterlich: eine Menschheit, die sich mit Haut und Haaren der Linearität der Zeitlichkeit ausgeliefert hat und damit einen prinzipiell unerfüllbaren, weil sich immer wieder in die Ferne hinausschiebenden Sinnbezug stiftet, verliert die Beziehung zu der stets nur punktuell erfahrbaren Wirklichkeit des Seins; sie mediatisiert und entwertet damit alles, was ist – bis zur Aufhebung der Welt im Nichts. Transzendent gesetzte Werte werden aber in paradoxem Umschlag zur Heuchelei, zu „Schutzbehauptungen“ für handgreifliche, aber unreflektierte und mithin unbegriffene Interessen, Wahrheit wird zur Ideologie.

Die Ausgangslage ist für Nietzsche wie für Marx dieselbe: nämlich die Kritik an der Entfremdung des Menschen. Entfremdung heißt aber für Nietzsche: der Mensch ist seiner Identität mit der Natur beraubt, die Natürlichkeit seines Seins – das unveräußerliche biologische Fundament seines Lebens – ist in allen Erscheinungen seiner kulturellen Existenz hinfällig geworden; indem der Mensch sich zu einem „höheren Wesen“ entwickelte, verlor er zugleich sich selbst. Die Hegelsche Konzeption der Geschichtlichkeit des Lebens hatte die Entfremdung als notwendiges Schicksal des Menschengeschlechts auf seinem Wege zu sich selbst, zu einem verfeinerteren, differenzierteren, vollkommeneren Selbst, auf dem Wege zur Freiheit verstanden. Er hatte in der Ausarbeitung der Dialektik die spekulative Theorie geliefert, die diese Konzeption auf den Begriff bringen konnte – auf einen Begriff, der in seiner Identität die Widersprüchlichkeit des Lebens umfaßt und so die Möglichkeit gibt, die Identität des Identischen und Nicht-Identischen zu denken. Geschichte wurde so als Kontinuität erfahrbar, als *aurea catena* von Bedingungen und Wirkungen erkennbar. Vor dem spekulativen Blick mußte sie allerdings zum Bild ihrer selbst versteinern, welches Bild bei Hegel den Namen *Geist* bekommt. Die reine Theorie konnte aus Erfahrung und Erkenntnis keine lebendige Praxis mehr hervorgehen lassen. Im spekulativen System ist – wie Hegel in einem sehr tiefen Sinne verstand – die Philosophie zu ihrem Ende gekommen. In einem ebenso tiefen Sinne, den Hegel nicht mehr verstand und der von Marx ausgesprochen wurde, bedeutet dies, daß die Philosophie an jener Grenze angekommen ist, die *philosophierend zu überschreiten* zur Selbstaufhebung der Philosophie führt. Es kann hier nicht erörtert werden, inwiefern die Selbstaufhebung der Philosophie deren Restitution einschließt. Alle nachhegelsche Philosophie ist jedenfalls mit diesem Sachverhalt konfrontiert. Sie muß sich erhalten und bewähren in dem Erlebnis, daß die vollendete Spekulation an der Wirklichkeit scheitert, *indem* sie sie zu verstehen erlaubt. Der Realitäts-Sinn dieses paradoxen *„indem"* ist ihr Problem. Der Ausweg eines puren Empirismus ist ihr indessen als längst durchschaute, wenn auch von minderen Geistern immer wieder eingeschlagene Sackgasse verwehrt.

Marx hat von seiner Konzeption her, die Philosophie Hegels vom Kopf auf die Füße zu stellen, die Selbstaufhebung der Philosophie als Einheit von Theorie und Praxis vollzogen. Ohne die in den Frühschriften gegebenen Ansätze, das Verhältnis von Theorie und Praxis *philosophisch* zu bestimmen, im Detail weiterzuentwickeln, hat er in den späteren Werken diese Einheit *verwirklicht*. Unter den Bedingungen der nicht biologisch, sondern gesellschaftlich zu bestimmenden Entfremdung, das heißt der Klassengesellschaft, muß jede theoretische Deskription, die zum Verständnis der eigenen Lage führen soll, in eine Kritik der Verhältnisse auslaufen, die sich dann als realistisch, dem „Kriterium der Praxis" genügend erweist, wenn sie aus den Gründen, die die bestehenden Verhältnisse bestimmen, deduziert werden kann.

Marx hatte die weltgeschichtliche Position der bürgerlichen Gesellschaft bereits antizipierend überholt, ehe diese ihre Konsequenzen schon sichtbar hervorgebracht hatte. Nietzsche entwickelt kritisch diese Konsequenzen. Er führt sie zu jener letzten Kompromißlosigkeit, durch die sie sich als *annihilatio*, als Nichtung des Seins und als Selbstvernichtung des Menschen, erweisen. Die Erfahrung dieser äußersten Position, zu der sich die bürgerliche Gesellschaft zuspitzt, ist die des Nihilismus. Als kritische Erfahrung, deren Grundlagen uns die Frühschriften Nietzsches geben, gewinnt der Nihilismus den Doppelaspekt von Degeneration und Purgatorium. Eine Philosophie *über* den Nihilismus wird darum aus ihren eigenen Antrieben zu einer Philosophie *des* Nihilismus. Sie entspricht damit der Bewußtseinslage einer Gesellschaft, die sich zwar selbstkritisch verhält, aber die Selbstkritik als Mittel der Selbstbestätigung anwendet. Dieser Umschlag einer kritischen Ideologie in eine affirmative wird durch die Abwesenheit einer geschichtsphilosophisch fundierten Alternativkonzeption, durch den bloßen Voluntarismus der Negation bedingt und ist für jede bloß negativ verfahrende Kritik charakteristisch. So radikal, wie Nietzsche sie faßt, kann die Selbstkritik einer Gesellschaft erst werden, wenn ihre Widersprüche bereits voll herausgekommen sind, wenn der Prozeß ihrer Zersetzung bereits weit gediehen ist. Dann aber sind in dieser Zersetzung auch schon die Kräfte geboren, die die untergehende Ordnung überwinden und eine neue Ordnung heraufführen. In dieser geschichtlichen Lage verliert Selbstkritik – als bloßes Durchdenken der Folgen der eigenen Ordnung – ihre utopische und erneuernde Kraft und potenziert stattdessen alle Widersprüche, die sie spiegelnd in sich aufgenommen hat; als Theorie dieser Widersprüche wird sie wider Willen in ihrer Wirkung affirmativ und apologetisch. Die Wirkungsgeschichte Nietzsches – der zweite Akt im Drama seiner Philosophie beweist dies.

So ist Nietzsche in einer merkwürdigen Phasenverschiebung an einem historischen Ort beheimatet, der *vor* der positiven Wendung gelegen ist, die Marx dem Geschichtsprozeß gegeben hat; und den er doch erst auf einem Entwicklungsstand der bürgerlichen Gesellschaft einnehmen konnte, auf welchem die revolutionäre Arbeiterbewegung und die ihr entsprechende Theorie längst hervorgebracht waren. Nietzsche hat vier seiner frühen Abhandlungen als „Unzeitgemäße Betrachtungen" bezeichnet; in einem tieferen Sinne, als er es selbst ahnen oder gar überschauen konnte, war sein ganzes Werk „unzeitgemäß": es steht außerhalb einer sinnvollen historischen Lokalisierung, wegen eben jenes Widerspruchs zwischen einerseits seiner Rückständigkeit gegenüber dem schon weiter zur Aufhebung des Nihilismus fortgeschrittenen Marx (der eigentlich die Radikalität Nietzsches überflüssig macht) und andererseits seiner Aktualität, die sich darin bekundet, daß er die Krise der Säkularisierung an der Grenze zum absoluten Nihilismus ausdrückt. Diese Phasenverschiebung, die besagt, daß Nietzsche keiner Zeit gemäß und also prinzipiell unzeitgemäß ist, erzeugt einen unausweichlichen und auch in der dialektischen Reflexion nur durchschaubaren, aber nicht aufhebbaren ideologischen Schein; Nietzsches radikale Destruktion der gesellschaftlichen Normen mutet umwälzend an; und von ihm gehen tatsächlich Impulse der Revolte aus. Im Endeffekt führt diese Destruktion jedoch zur Freisetzung der Barbarei und hilft damit eine geistige Einstellung zu den im gesellschaftlichen Leben anwendbaren Machtmitteln erzeugen, aus der eine Perpetuierung der scheinbar destruierten und der Intention nach doch zu destruierenden Gesellschaft hervorgeht. Nietzsche wird also immer als Vorläufer in Anspruch genommen werden können: sei es, wenn auch in anarchischer Weise, prärevolutionär (wie vom jungen Bloch, wie noch von Camus), sei es, wenn auch in aristokratischer Weise, präfaschistisch. Er ist beides oder vielmehr keines von beidem, und in diesem Widerspruch ein durchaus exemplarischer Fall. Er ist jedoch kein Schulbeispiel, das einfach gelesen werden könnte, sondern öffnet sich in seiner Bedeutung, das Verhältnis von historischer Wahrheit und ideologischem Schein an sich selbst zu tragen und sichtbar zu machen, nur dem spekulativen Blick. Der indessen erkennt, daß hier in einer Umkehrung der spekulativen Einsicht, daß das Wahre übergreifendes Allgemeines, also Gattung seiner selbst und des Falschen ist (Spinoza: verum est index sui et falsi), der Schein die übergreifende Gattung der Wahrheit wird, welch letztere dann als Art des Scheins auch wieder nur Schein ist. Der Abgründigkeit dieses Blicks ins Bodenlose kommt eine ideologiekritische Methode mit bewährtem Schematismus nicht bei. Hier tritt eine metaphysische Perversion zutage, die wirklich eine äußerste Grenze historischer Erfahrung darstellt. Der sie, wie Nietzsche, an sich selbst erlebte, mußte daran zerbrechen; wer sie am Fall Nietzsches erlebt, sollte das Gruseln lernen.

Dritter Teil

Jean Paul Sartre – der Umschlag von Philosophie in Politik

I. Sartres Aktualität

Selten steht ein Philosoph so im Mittelpunkt aktuellster und breitester Diskussionen wie, zeit seines Lebens, *Jean Paul Sartre*. Sein Einfluß auf die bürgerliche Philosophie und Literatur in den vergangenen fünfundzwanzig Jahren, seine dominierende Rolle für die Ausbildung von Weltanschauung und Lebensauffassung im westlichen Nachkriegseuropa kann kaum überschätzt werden. Seine weit ausholenden, methodisch im Stile der Phänomenologie Husserls (und Schelers) sauber gearbeiteten, tief bohrenden philosophischen Abhandlungen, seine in blendendem Französisch geschriebenen, stilistisch ausgefeilten und geistsprühenden Essays, seine routiniert gearbeiteten, ungemein bühnenwirksamen Theaterstücke, nicht zuletzt seine betont die Öffentlichkeit ansprechende und ihren Beifall oder ihren Widerspruch herausfordernde Lebensführung machten ihn zu einem Wortführer des modernen Denkens weit über die Grenzen Frankreichs hinaus in ganz Westeuropa und Amerika. Er verstand es, Aktualität des Denkens mit philosophischer Tiefgründigkeit und „publicity" zu verbinden; und durch mannigfache Filter der öffentlichen Meinungsbildung, durch Feuilleton, Klubdiskussionen, Film und Theater sickerte Sartres Philosophie des Existentialismus, die zugleich eine Lebenshaltung repräsentierte, im ersten Nachkriegsjahrzehnt in das allgemeine Bewußtsein ein. Diese Wirkung war gleich stark, wenn sie Ablehnung hervorrief, wie wenn sie Zustimmung fand. Aliquid haeret: so war es auch hier; selbst die prononciertesten Gegner des Existentialismus Sartre'scher Prägung konnten sich ihm nicht ganz entziehen, er färbte in der einen oder anderen Weise auf sie ab.

Diese Öffentlichkeitswirkung Sartres ist ein Phänomen, das zu denken gibt. Seit den Tagen Kants und Fichtes spielte sich (mit wenigen Ausnahmen, die gerade nicht dem Anspruch strenger Philosophie genügten) (1) die Philosophie im engsten Kreise der Universitäten und der sogenannten „Bildungsbeflissenen" ab, ohne eine unmittelbare Breitenwirkung zu entfalten. (2) Nur in den großen Zeiten gesellschaftlichen Umbruchs, im Zeitalter des Humanismus, der die Reformation vorbereitete, in der aufwühlenden ideologischen Bewegung des Jahrhunderts vor der französischen Revolution (3), gingen Philosophie und allgemeine Bewußtseinsbildung Hand in Hand, und auf dem Boden der Philosophie wurden da die Kämpfe um gesellschaftliche Positionen vorweg ausgetragen, ehe sie in der politischen Aktion kulminierten. Das vorrevolutionäre Rußland zeigt in der Entwicklung von Herzen zu Lenin das gleiche Bild.

Das von Zeit zu Zeit an- und abschwellende Interesse für Sartre könnte als eine Modeerscheinung angesehen werden, wäre sein Denken nicht so symptomatisch für unsere Zeit. Mode-Ideen verfliegen schnell – der Existentialismus aber, mit oder ohne Nennung Sartres, ist zu einer Erlebnishaltung geworden, die auch nach Abklingen der Mode, in vielen Formen der ideologischen Produktion nachwirkt oder neu auflebt. Dabei ist Sartres philosophisches und literarisches Werk nicht nur der verborgene Quell oder das sozusagen idealtypische Paradigma der meisten „Existentialismen", sondern auch ihr gedanklich differenziertester Ausdruck. Sartre hat dem Existentialismus jenen öffentlich wirksamen weltanschaulichen Charakter gegeben, den dieser als eine Hauptrichtung der modernen bürgerlichen Philosophie weder in Heideggers früherer Existentialontologie noch in seiner späteren Seinsmystik noch gar in Jaspers' esoterisch-affektierter Attitude gewonnen hatte.

Was macht nun die Anziehungskraft Sartres, was macht die Beispielhaftigkeit seines Denkens aus? Er stellt, innerhalb der typischen Schranken bürgerlichen Bewußtseins, die bewegende Frage unserer Zeit: wie kann der einzelne, reale, konkrete Mensch in einer Welt bestehen, die ihm als dämonisierte ökonomische, politische, kulturelle und technische Organisation entgegentritt mit dem ständigen Anspruch auf Totalität, auf Entpersönlichung? Wie kann sich der Mensch behaupten, wenn er zur Ware herabgesetzt wird? In dieser Fragestellung erweist sich Sartres Philosophie als oppositionell und polemisch – in jenem Sinne, der die bürgerliche Opposition seit Nietzsche kennzeichnet: die Entmenschlichung unserer Zeit wird gesehen, gegen sie wird von der Basis des Individuums aus revoltiert, und schließlich flüchtet sich das Individuum in sich, in seine Innerlichkeit, um der Entmenschlichung zu entgehen. Die großen literarischen Werke der ausgehenden bürgerlichen Epoche sind durchweg Ausdruck dieser Oppositionsbewegung. Sartre faßte die vielfach artikulierten Probleme in einer Formel zusammen, die dem Philosophen so vielsagend bedeutungsvoll wie dem Laien einfach verständlich ist:

„Der Mensch ist frei, denn er ist das einzige Geschöpf dieser Welt, bei dem die Existenz dem Wesen vorhergeht."

Das heißt: der Mensch ist da, und erst indem er ist, macht er sich zu dem, was er ist. Das ist die Erneuerung der Philosophie Fichtes, der die Kantische Vernunftfreiheit auf die Spitze trieb in der Behauptung, es sei das Ich, welches das Nicht-Ich setze. Das ist die Wiederaufnahme jenes „Vorrangproblems der Existenz", das der späte Schelling erkannt und zum Thema seiner Philosophie gemacht hatte. Hierin steckt die Tradition der

Aufklärungsphilosophie, in der das aufsteigende, seiner selbst und seiner Expansivität bewußt werdende Bürgertum seine große geistige Leistung vollbracht hatte. In dem Schlagwort Sartres „Der Mensch schafft sich selbst" wird die cartesische Begründung der menschlichen Autonomie im „Ich denke, also bin ich" wieder aufgegriffen.

Geht man von dieser Grundthese Sartres aus, so könnte man meinen, das fortschrittsfreudige 18. Jahrhundert mit der Forderung nach Verwirklichung der Menschenrechte, mit dem „selfish system" der Aufklärungsethik, mit der Idee des „ewigen Friedens" und mit der Pflichtenlehre des kategorischen Imperativs (alles Motive, die bei Sartre wieder aufgenommen werden) habe eine Erneuerung gefunden. Eine bloße Reproduktion von Aufklärungsmotiven bliebe jedoch ein Anachronismus, der die Breitenwirkung des Existentialismus als Weltanschauung nicht begründen könnte. Vielmehr wird in der Wiederaufnahme frühbürgerlicher ideologischer Topoi die Lebenserfahrung der spätbürgerlichen Epoche verarbeitet. So bekommt der Existentialismus, wenn er die menschliche Wirklichkeit beschreibt, von der aufklärerischen Tradition wesentlich verschiedene Züge.

Wenn der Mensch, wie es der existentialistische Sartre will, sich selbst schafft, so muß er doch, indem er sich schafft, immer Verbindungen mit der Welt eingehen, in der er lebt. Da liegt die Ebene des Umschlags in der existentialistischen Weltauffassung. Die Verbindungen nämlich, die der Mensch eingeht, berauben ihn seiner Freiheit. Er *muß* sich entscheiden, er kann nicht entscheidungslos verharren; aber wie auch immer er sich entscheidet, verfällt er der Unfreiheit. Er wird wieder zum Ding, kaum daß er die Freiheit gewonnen hatte. Freiheit ist nicht im bloßen Selbstbewußtsein, im Bezug des Bewußtseins auf sich selbst, zu gewinnen; das Scheitern der Stirnerschen Phantasmagorie wird bei Sartre mitgedacht. Darum sind alle konkreten Formen der menschlichen Existenz, die er beschreibt, wiederum Zeugnisse der Verdinglichung. Die Opposition gegen die Welt der Unfreiheit bleibt vergeblich, sie endet im Umsonst (gratuité), in der Verzweiflung. Der Existentialismus, der als Humanismus beginnt, geht über in den Nihilismus als seine letzte Konsequenz. Wir leben in einer „geschlossenen Gesellschaft", aus der wir nicht entweichen können und deren Nachgeschmack der Ekel ist.

Sartre sichert seinen Ansatz phänomenologisch und transzendentalphilosophisch besser ab als Stirner. Er greift zurück auf die Philosophie Fichtes, in der die aufklärerische Lehre von der Autonomie des Menschen übersteigert wurde zu der These, daß das Ich die Welt aus sich heraussetze (produziere) und daß alle Welt (das Nicht-Ich) abhängig von diesem Subjekt „Ich" sei. Hier knüpft Sartre mit dem ersten Grundsatz des Existentialismus an: „Die Existenz geht der Essenz voran". Das besagt: zuerst *bin ich*, und alles andere wird erst von mir zu dem gemacht, was es ist; auch mein eigenes Wesen erzeuge ich selbst, nichts ist mir vorgegeben, als einzig die Tatsache, daß ich überhaupt da bin. Das ist der zweite Grundsatz des Existentialismus, der aus dem ersten folgt: „Der Mensch schafft sich selbst".

Sartre versteht also den Menschen als ein Wesen, das in ein Nichts hineingestellt ist, selbst ein Nichts ist und alles erst selbsttätig schaffen muß. Es ist einleuchtend, daß bei einer solchen Auffassung nirgendwo ein fester Bezugspunkt geschaffen werden kann, der dem Menschen einen Halt oder eine Orientierung zu geben vermöchte. Der philosophische Idealismus, der den Realitätsgrund ausschließlich in das Subjekt verlegt und den außermenschlichen Objekten (wie der Natur insgesamt) ihre Selbständigkeit, oft sogar ihre Wirklichkeit abspricht, endet notwendigermaßen in der Verneinung jeder objektiven Gesetzmäßigkeit, sei es der Natur- oder der Sittengesetze. Kants Ausweg des kategorischen Imperativs, den auch Sartre beschreitet, verläuft in einer Sackgasse; denn er bleibt formal und vermag keine inhaltliche Richtschnur für unser Tun abzugeben. So verschleiert diese Regel nur, daß ihr kein inhaltliches Wertbewußtsein zugrunde liegt, daß ihr die Kriterien einer „materialen Wertethik" fehlen. Immerhin zeigt dieser scheinbare Ausweg, zeigt diese Suche nach einer verbindlichen Verhaltensnorm, daß die Vernunft dem Nihilismus nicht in seine extremen Konsequenzen zu folgen vermag.

Wie könnte es jedoch anders sein, als daß der Humanismus in den Nihilismus umschlägt? Wie sehr Sartre sich auch auf Hegel beruft, seine Philosophie bleibt dem Hegelschen Willen, Vernunft und Wirklichkeit, Denken und Realität zur Deckung zu bringen, ganz und gar fern. Es erhält sich bei ihm die Kluft zwischen Vernunft und Wirklichkeit, die die nachhegelsche Philosophie aufgerissen hatte und die noch Adorno so nachdrücklich betont. Darum ist Sartre so symptomatisch für die spätbürgerliche Weltanschauung, darum war seine Wirkung so breit, ist sein Ansehen so groß. Daß er diese Kluft nicht apologetisch verdeckt, sondern sie in ihrer Schärfe und Bedrohlichkeit in seinem System stehen läßt, stärkte seinen Einfluß auf all jene, die die Widervernünftigkeit der Wirklichkeit unserer Zeit spontan fühlen. Besticht doch an ihm nicht nur seine philosophische Exaktheit, seine literarische Kunstfertigkeit, sein empirischer Reichtum an aufgewiesenen Lebenssituationen, sondern vor allem auch seine persönliche Aufrichtigkeit und Einsatzbereitschaft, die ihn zum Widerstandskämpfer gegen den Faschismus in den Jahren der deutschen Besetzung Frankreichs werden ließ. Diese Einheit von gedachtem, gestaltetem und gelebtem Dasein ist sehr selten.

Sartres Breitenwirkung ist also eine Indiz dafür, daß sein Denken sehr direkt in die entscheidenden gesellschaftlichen Umwälzungen unserer Epoche eingreift, es hält sich in nächster Nähe zu den politisch-gesellschaftlichen Erscheinungen und Kräften seiner Zeit, spiegelt sie und schmiegt sich ihnen an. Hier begegnet uns eine Philosophie, deren ideologischer Ort sich an ihren jeweiligen Entwicklungsstadien genau ablesen läßt.

Diese gleichsam barometrische Funktion Sartres weckt unser Interesse. Wir können an ihm den Vorgang ideologischer Verarbeitung politischer Realitäten transparent machen. Wir können hier die Chancen eines kritischen bürgerlichen Humanismus erkennen und erfahren zugleich seine Grenzen. Es gibt kaum einen zweiten Fall in unserem Jahrhundert, an dem die Prinzipien von Bündnissen im Klassenkampf so deutlich zutage treten würden: je nach der akuten politischen Situation, je nach dem politisch definierten Gegenstand bestimmt sich die Qualität des gemeinsamen Weges, bestimmt sich der Grad der ideologischen Kompatibilität; doch zu jedem Zeitpunkt und in jeder Bündnislage sind die kritische Auseinandersetzung und die theoretische Abgrenzung gegen bürgerliche Rebellionsbewegungen unerläßlich.

Damit kommen wir zum Thema: es soll gezeigt werden, wie die Entwicklungsstadien im Denken Sartres aufeinanderfolgen, wie seine Positionen im Klassenkampf sich verändern und denen der Kommunistischen Partei Frankreichs (als der führenden Organisation der Arbeiterklasse) bald näher, bald ferner stehen und wie seine Entscheidungen in bestimmten klassisch-humanistischen Voraussetzungen seiner Philosophie begründet sind und deren Selbstaufhebung im Spätkapitalismus reflektieren.

Ich unterscheide (bis zum gegenwärtigen Zeitpunkt) grob abgegrenzt fünf Hauptabschnitte in der Entwicklung Sartres, die jeweils durch charakteristische literarische und theoretische Versuche gekennzeichnet sind:

1. einen lebensphilosophisch und phänomenologisch orientierten Vorkriegsexistentialismus;
2. die Solidarisierung mit dem antifaschistischen Widerstandskampf während der Besetzung Frankreichs durch die Hitler-Wehrmacht;
3. einen gesellschaftskritisch geschärften, individualphilosophischen Nachkriegsexistentialismus;
4. das Eintreten für die Weltfriedensbewegung und die Freiheitskämpfe der unterdrückten Kolonialvölker, verbunden mit der Annäherung an die KPF;
5. ein erneutes Einschwenken auf die Positionen eines kleinbürgerlichen Anarchismus in der Folge des Mai 1968.

Zwischen diesen Perioden gibt es natürlich keine scharfen, sondern nur fließende Grenzen; Späteres ist im Früheren schon vorbereitet, Früheres wirkt im Späteren nach. Das Leben verläuft nicht schematisch, und jeder ordnenden Einteilung kommt nur ein Näherungswert zu. Eine solche Gliederung ist jedoch sinnvoll, weil sie die gesellschaftlichen Triebkräfte heraushebt und das Wesentliche einer bestimmten Entwicklungsstufe benennt.

Als die umfassende theoretische Formulierung der leitenden Prinzipien des Existentialismus der ersten drei Perioden muß nach wie vor Sartres erstes Hauptwerk, „Das Sein und das Nichts" (4), angesehen und demgemäß zur Grundlage unserer Untersuchungen gemacht werden. Das kann mit umso größerem Recht geschehen, als dieses Werk, in langjähriger Arbeit entstanden, sich in der Entstehungszeit über die beiden ersten Perioden in Sartres Lebensweg erstreckt und für die theoretische Grundlegung der dritten Periode (mit Arbeiten wie zum Beispiel „Materialismus und Revolution" und „Was ist Literatur?") noch maßgeblich ist. (5) Die Folgerungen aus einem Jahrzehnt gesellschaftspolitischen Engagements, das sich nicht nur in zahllosen kleinen Gelegenheitspublikationen niederschlug, sondern vor allem auch in der Tätigkeit als leitender Herausgeber der Zeitschrift „Les Temps modernes", zieht Sartres zweites Hauptwerk, „Kritik der dialektischen Vernunft", in dem eine Verschmelzung existentialistischer Anthropologie mit marxistischer Gesellschaftslehre versucht wird; diesem widersprüchlichen Versuch, der einerseits die Parteinahme Sartres für die kämpferische Arbeiterbewegung reflektiert, in dem andererseits sein Rückfall in kleinbürgerliche Verhaltensweisen und Positionen angelegt ist, wird die Grundlage für die Beurteilung der vierten und fünften Periode (in unserer Einteilung der Sartreschen Biographie) abgeben müssen. Daß Sartre an verschiedenen Stellen seines Oeuvre Rechenschaft über sich selbst und sein Selbstverständnis ablegt, kann uns einen Hinweis auf die enge Verbindung von philosophischer Reflexion und Erlebnis bei Sartre geben.

II. Philosophie als Erlebnis

Am Anfang der neuzeitlichen Philosophie steht ein persönliches Bekenntnisbuch: die „Abhandlung über die Methode" des Descartes. Da schildert der Philosoph in einer Art Autobiographie, wie er an den überlieferten wissenschaftlichen und philosophischen Lehren zu zweifeln beginnt, wie er unsicher wird an allem, was als sichere Wahrheit gilt, und wie er schließlich die Methode findet, die ihm die Erkenntnisgewißheit verbürgen soll. Seit Platons sokratischen Schriften ist nie mehr ein strenger Denkvorgang auf so persönliche Weise vorgetragen worden. Und ist es bei Platon der Eindruck von einem überragenden Menschen, dessen Reflex sich im „Phaidon" oder in der „Apologie" niederschlägt, so bei Descartes der Ausdruck des eigenen Ich. Seit dem „Discours" wird Philosophie darstellbar als das Erlebnis der eigenen Entwicklung.

Zwar gab es so etwas schon einmal am Anfang der mittelalterlichen Philosophie, als Augustinus seinen Weg zum Christentum in den „Bekenntnissen" schilderte – und mit einem gewissen Recht hat man darin das Vorbild aller existentiellen Philosophie gesehen, einer Philosophie also, für die theoretische Sätze und ethische Haltung im eigenen Erleben der Wirklichkeit, im Engagement des Denkers, in seiner Antwort auf die Situation, in die er gestellt (oder „geworfen") ist, begründet liegen. Autobiographie dient dann der Entwicklung einer philosophischen Einstellung als Niederschlag eines Erlebens, nicht als Ergebnis einer Reflexion. Am Ende einer solchen Entwicklung steht folglich ein weltanschaulicher Entscheid, nicht eine logische Schlußfolgerung. Die irrationale Sinngebung des Lebens bei Augustinus führt darum nicht in gleicher Weise zur Philosophie wie der rationale Prozeß von Überlegungen bei Descartes.

Wenn wir statt Augustinus einen neueren Denker „existentieller" Christlichkeit nehmen, nämlich Kierkegaard, oder seinen nicht-christlichen Antipoden Nietzsche, so haben wir eine Quelle, aus der Jean Paul Sartre geschöpft hat; so wie Descartes, in Frankreich unausweichlich, die andere Quelle ist. In einem seiner glanzvollsten Essays stellt Sartre an Descartes die Frage:

> „Es gibt nur eine Freiheit, aber je nach den Umständen offenbart sie sich auf verschiedene Weise. Man darf an alle Philosophen, die es unternommen haben, sie zu verteidigen, eine Vorfrage stellen: aus Anlaß welcher besonderen *Situation* habt Ihr die Erfahrung der Freiheit gemacht?" (6)

Auf diese Frage gibt Descartes eine andere Antwort als Kierkegaard oder Nietzsche. Bei jenem ist es der Zweifel, der aus Vernunftüberlegungen entspringt und ihn dazu nötigt, eine neue Methode der Konstruktion philosophischer Erkenntnis zu entwickeln; bei diesen sind es Erlebnisse der Angst und der Einsamkeit, ist es die Konfrontation mit der Zerrissenheit ihres Zeitalters, die sie zu einem neuen Entwurf philosophischer Sinngebung drängt. Sie alle aber sprechen von sich selbst, wenn sie philosophieren. Die Philosophie ist ein Teil ihrer Autobiographie, der wesentlichste Teil. Alles, was ihnen zustößt, verwandelt sich in Philosophie, das heißt in die Konstruktion eines Modells der Welt, sodaß es möglich ist, sich sinnvoll in ihr zu verhalten. (7)

Daß auch Sartre von sich selbst spricht, wenn er philosophiert, liegt auf der Hand. Schon die enge Verbindung seines Werks zur Literatur, zum Roman, zum Drama, in denen er immer wieder Situationen der Erfahrung der Freiheit gestaltet, läßt das Oszillieren zwischen persönlichem Erlebnis und wissenschaftlicher Verallgemeinerung erkennen. Seine Vorliebe für die Form des Essays, der zwischen der subjektiven Anschauung des Schriftstellers und der objektiven Sachlichkeit des Wissenschaftlers sich einen eigenen Darstellungsbereich der Reflexion ausgegrenzt hat, hängt mit diesem Bekenntnischarakter seines Denkens zusammen. Auch in den großen deduktiven Abhandlungen „Das Sein und das Nichts" und „Kritik der dialektischen Vernunft" finden sich immer wieder Partien, in denen die private Erfahrung, die am eigenen Leibe gefühlte Dichte und Undurchdringlichkeit des Daseins für den Leser spürbar wird.

So war es natürlich, daß Sartre einmal seine Autobiographie schreiben würde und daß diese Autobiographie eine philosophische sein müßte, wie intim sie auch immer sein mochte. Dennoch wurde er fast sechzig, bis er dieses unausgesprochene Versprechen einlöste, und man kann die Geschichte seiner Kindheit, die er nun erzählte, als den Versuch ansehen, an der Schwelle des Alters, die der Eintritt in das siebte Lebensjahrzehnt darstellt, sich Rechenschaft abzulegen über die Ursprünge seiner geistigen Existenz, die tiefer liegen als das Denken, in dem diese sich verwirklicht. (8) Der Rückgang zu den ersten Stadien der Bewußtseinsbildung, die sarkastische Beschreibung des familiären Milieus und des verwöhnten Hätscheldaseins, das der kleine Jean Paul führen durfte, sind nicht nur eine der klassischen Gesellschaftsschilderungen der Literatur, sondern werden durch die philosophische Theorie Sartres gefordert. Mit der Psychoanalyse teilt er die Auffassung, daß bestimmte Möglichkeiten unseres Selbst durch die Eindrücke unserer frühesten Jugend bedingt werden: für unser Verhalten in der Welt wird dann bereits ein bestimmtes Schema entworfen. Durchaus können wir uns später dieser Prägung wieder entziehen, doch ist die Richtung unserer Rebellion damit schon angelegt. Lernen ist dann jener Prozeß, der die vorgegebene Umwelt an der erfahrenen Wirklichkeit mißt und am Widerstand, den diese Wirklichkeit unserem Tun entgegensetzt, jene ursprünglichen Wahrheiten als trügerischen Schein zu verspüren bekommt.

Die Nähe zu Descartes wird sichtbar; auch dessen Zweifel erwuchs aus der Erfahrung, daß sich die Realität der überlieferten Erkenntnis gegenüber resistent verhielt. Ein neuer Weg zur Wahrheit mußte gesucht werden. Wahrheit aber ist die Weise, in der sich die Wirklichkeit in unserem Bewußtsein getreu abbildet. Darum gibt es nur perspektivische Wahrheiten, weil der Standort jedes Bewußtseins innerhalb der Gesamtwirklichkeit ein anderer ist. Unseren Standort aber können wir wechseln, sobald wird uns seiner Bedingtheit und seiner Veränderbarkeit bewußt werden. Mithin ist die Wahrheit ein Teil der Freiheit: wir ergreifen sie, indem wir unserer Freiheit innewerden. Wahrheit ist die Wirklichkeit, begriffen aus dem frei gewählten Standort des Menschen.

„Das Wahre ist eine Angelegenheit des Menschen, denn ich muß es ja bestätigen, damit es existiert . . . So ist also der Mensch das Wesen, durch welches die Wahrheit in der Welt erscheint. Seine Aufgabe besteht darin, sich ganz dafür einzusetzen, daß die natürliche Ordnung der Existenzen zu einer Ordnung der Wahrheiten werde. Er muß die Welt denken und dies Denken wollen und die Ordnung des Seins in ein System von Ideen verwandeln." (9)

So schreibt Sartre in dem Descartes-Essay. Die Verwandlung der Welt in die spekulative Idee ist der Inhalt der Philosophie – das ist Hegels Erbe. Ihre Undurchsichtigkeit, Zufälligkeit und Schicksalhaftigkeit hört damit auf, sie wird einsichtig und veränderbar – das ist der Auftrag, den Marx der Philosophie hinterlassen hat.

Um seinen Standort wählen und verändern zu können, muß man ihn zuvor kennen. So geht mit Sartres philosophischem Werk ununterbrochen einher der Versuch einer Ortsbestimmung seiner geistigen Existenz. Die politischen Aufsätze aus seiner Zeitschrift „Les Temps modernes" gehören ebenso dazu wie die ganz persönliche Polemik, die er 1952 mit dem einstigen Freunde Albert Camus führte. Der große Essay „Was ist Literatur" von 1947 ist ein Schritt in diesem Bemühen um die eigene Situierung, ein anderer ist der schmerzliche Nachruf auf den Freund Merleau-Ponty von 1963, der vielleicht mehr von dem empfindsamen Menschen Sartre offenbart, als alles andere, was er geschrieben hat. „Die Wörter", diese Autobiographie seiner ersten zehn Lebensjahre, ist der Versuch, die eigene Position ab ovo bloßzulegen. Philosophische Determination wird betrieben als Beschreibung einer Kindheit.

Im Nachwort zu seiner Übersetzung geht Hans Mayer auf die Wahl des Titels ein: „Les Mots" – war das zu übersetzen „Die Worte" oder „Die Wörter"?

„Sartre beschreibt, wie er auf dem Teppich liegt, vor sich einen Fontenelle oder Aristophanes oder Rabelais. Allein er liest gar nicht, was man so gemeinhin lesen nennt, denn er befindet sich auf einer Entdeckungsreise in der Nachfolge der Weltreisenden vom Schlage der bewunderten Magalhâes oder Vasca da Gama. Die Expedition des Kindes führt aber nicht in ferne Länder und zu fremden Menschen, sondern zur Begegnung mit seltsamen Wörtern: Heautontimoroumenos, Idiosynkrasie, Chiasma. Das eine Wortungeheuer war in einer Terenz-Übertragung aufgestöbert worden, ein anderes in einem Fachbuch für vergleichende Literaturgeschichte. Für den kleinen Poulou aber hatten die Wörter eine fremdartige Körperlichkeit angenommen. ,Undurchdringliche und abweisende Kaffern', so nennt Sartre sie im Rückblick. Sie waren verdinglicht und standen für die Welt. Mehr noch: sie bedeuteten dem lesenden Kind die Welt . . . Sein Weg führte von den Wörtern zu den Worten, dann von den Worten zu den Sachen . . . Im Deutschen hatte also der Titel zu lauten; ,Die Wörter'." (10)

Mayer macht aus dieser merkwürdigen Bildungsodyssee eines frühreifen Einzelkindes, das zwischen den Erwachsenen eines Philologenhaushaltes groß wird, einen metaphysischen Vorentscheid. Das Erlebnis der Wörter vor den Sachen sei die Geburt des Platonismus in der Seele des kleinen Jean Paul Sartre gewesen: hier habe sich der Vorrang der Ideen vor der Realität als eine frühe Kindheitserfahrung eingestellt. Nun ist mir allerdings sehr zweifelhaft, ob Sartre wirklich einem platonistischen Ideenrealismus huldigt, wie einige Kritiker ihm vorgeworfen haben. Die zentrale anthropologische Rolle, die bei ihm und Merleau-Ponty, das Phänomen der Körperlichkeit spielt, spricht dagegen; und auch das berühmte Sartresche Axiom des Existentialismus, daß der Mensch das Wesen sei, bei dem die Existenz der Essenz vorhergehe, läßt sich mit der platonischen Priorität präformierter Ideen nicht so leicht in Einklang bringen. Gewiß aber ist eines: daß der noch nicht zehnjährige Knabe die Wörter als eine eigene, vom Menschen unabhängige Realität erlebte, in die man ebenso eindringen kann wie in ein fremdes Land. Er erfuhr, ohne es zu wissen, die Sprache als eine Provinz im Reich des objektiven Geistes, und die unverstandenen Wörter lagen in ihr wie unbekannte Ortschaften in einer sonst halbwegs vertrauten Landschaft.

Fraglos, daß hier die Existenz des Schriftstellers in einer sehr zugespitzten Weise antizipiert wurde. Denn in aller Literatur geschieht immer wieder diese Entdeckung des Unbekannten im Reich der Sprache. Der zukünftige Philosoph aber, so scheint mir, erhielt hier ein unmittelbares Vorverständnis dessen, was in der Phänomenologie explizit zum Problem wurde: das Verhältnis der Bedeutungen zu den Sachen selbst. Viel später erst, als Student, wurde Sartre dann mit den Arbeiten Edmund Husserls bekannt. Es muß ihn aber aus dessen „Logischen Untersuchungen" ein vertrauter Ton angesprochen haben, als erinnere er sich dabei einer urvordenklichen Erfahrung. Wir wissen nicht, wie viel von Sartres Kindheitserlebnissen durch die Stilisierung einer späteren Selbstinterpretation im Gedächtnis verändert wurde. Sicher ist, daß die Befremdung durch unbekannte Vokabeln wohl jedem früh lesenden Kinde widerfährt und daß das Kind in der Überwindung dieser hartnäckigen Hindernisse zum erstenmal die geistige Freiheit erlebt; geistige Freiheit in einem doppelten Sinne: einmal nämlich als jenes „überfliegende Denken", von dem Merleau-Ponty stets so verächtlich sprach, das sich über Widerstände hinwegsetzt und in pauschalem Zugriff auch das Unverdauliche sich einverleibt; zum anderen aber auch jenes forschende Denken, das sich in die widerständige Substanz hineinfrißt und sie aufsprengt, bis sie endlich ihren Kern freigibt und sich erschließt.

In diesem Sinne ist alle Wahrheit Negation. Sie weigert sich, das Gegebene hinzunehmen, sich mit der Stummheit der Dinge abzufinden. Sie will die Wörter nicht als Hieroglyphen, als Sachen, sondern als Bedeutungen für Sachen. Die Wahrheit will das Ansichsein der Dinge aufheben, das jenseits unseres Verstehens ist, jene furchtbare Ferne und Fremdheit all dessen, was nicht unserem Bewußtsein anverwandelt ist. Sartre hat in seinem Roman „Der Ekel" dieses Anderssein der Dinge mit äußerster Sensibilität beschrieben. Roquentin, der Held des Romans, der wohl in vielem mit Sartre identisch ist, stößt da auf eine Wurzel.

„Diese Wurzel existierte in einem Ausmaße, das mein Begriffsvermögen überstieg. Knotig, träge, namenlos faszinierte sie mich, sprang mir in die Augen, brachte mich immer wieder auf ihre eigene Existenz zurück. Ich konnte mir gut und gern immer wieder sagen: ‚Das ist eine Wurzel' – es zog nicht mehr. Ich sah sehr wohl, daß man nicht von ihrer Funktion als Wurzel, als Saugarm *dazu* übergehen konnte: zu dieser harten, kompakten Seehundshaut, zu diesem öligen, schwieligen, eigensinnigen Aspekt. Die Funktion erklärte gar nichts: sie ließ einen im großen und ganzen verstehen, was eine Wurzel, nicht aber, was gerade *diese* Wurzel war. Diese Wurzel – in ihrer Farbe, ihrer Form, ihrer erstarrten Bewegung – überstieg jede Erklärung. Jede ihrer Eigenschaften entglitt ihr . . . Schwarz? Ich fühlte, wie das Wort mit einer ungeheuren Geschwindigkeit zusammenschrumpfte, seinen Sinn verlor. Schwarz? Die Wurzel *war nicht* schwarz, es war kein Schwarz auf diesem Stück Holz, es war – etwas anderes. Ich betrachtete die Wurzel – war sie mehr als schwarz oder ungefähr schwarz? Aber bald hörte ich auf, mir diese Fragen zu stellen, denn ich hatte den Eindruck, mich auf bekanntem Gelände zu befinden. Ja, ich hatte bereits mit der gleichen Beunruhigung namenlose Gegenstände betrachtet, ich hatte bereits vergebens versucht, etwas *über sie* zu denken: und ich hatte bereits gefühlt, wie ihre kalten trägen Eigenschaften mir entglitten, mir zwischen den Fingern zerrannen." (11)

Wer erkennt nicht die Beziehung dieses Erlebnisses auf die frühe Kindheitserfahrung, in der die Wörter als undurchsichtige Gebilde erschienen, die keine Eigenschaften zu tragen, keine Inhalte zu benennen vermochten? Wahrheit heißt, ein System von Ideen entwerfen, in dem jede einzelne durch alle anderen gedeutet, alles insgesamt durch jedes einzelne bestimmt wird. Die Rettung aus der Undurchdringlichkeit der Wahrnehmung und aus der Hoffnungslosigkeit des Nominalismus ist die Dialektik der Bedeutungen. Nur in ihr wird die dunkle Fülle der Dinge transparent, nur in der Sprache als dem Reich der Bedeutungen wird das fremde Anderssein, das uns abstößt, zu *unserer* Welt.

Wenn das Idealismus ist, dann ist es der unausweichliche Idealismus jeder Erkenntnis, der darin liegt, daß das Ansich der unbegriffenen Gegenstände in das Füruns der Begriffe überführt werden muß. Das ist die Dialektik des Bewußtseins – der Mensch allein ist nicht nur an sich, sondern auch für sich, er kann sich auf sich selbst rückbeziehen. Er ist reflexiv. Über dieser Struktur der Reflexion ist Sartres erstes Hauptwerk, „Das Sein und das Nichts" aufgebaut. Aber die subtilen Feinheiten der

Rückwendungen des Subjekts auf sich selbst, die er da herausarbeitet, sich mit dem, was es für eine bewunderungswürdige Leistung halten an das Erlebnis zugrunde, daß der Mensch nicht nur ist, wie er ist, sondern daß er sich geben kann, wie er scheinen will. Er kann eine Rolle spielen. Totus mundus agit histrionem, stand als Motto über dem Eingang des alten Globe-Theatres in London zur Zeit Shakespeares: jedermann handelt wie ein Schauspieler. Weil wir uns selbst betrachten können, vermögen wir zu schauspielern.

Wahrscheinlich werden spätere Generationen die Abschnitte zu den großen Stellen der Weltliteratur rechnen, in denen Sartre erzählt, wie die Affenliebe des Großvaters, in der die mediokre Existenz des Spießbürgers ihr eigenes Mittelmaß überhöhen wollte, ihn dazu brachte, täglich ein Schauspiel vorzuführen, sich in eine Rolle hineinzusteigern. Das Leben des Fünfjährigen wurde ein großes Spektakel – der Sechzigjährige entlarvt dann den trügerischen Schein und die Wesenlosigkeit, in die ein Mensch stürzt, dem einmal der Beifall für seine gewohnten, gefeierten Gaukeleien entzogen wird. Das sind die Augenblicke, in denen im „Herzen des Seins das Nichts" zutage tritt; die Grundproblematik des ersten philosophischen Hauptwerks kündigt sich hier bereits an. Und welches Kind hätte nicht solche vollständige Zernichtung einmal erlitten, wenn erwartetes Lob, vorweggenommener Erfolg ausblieben, wenn es sich mit dem, was es für eine bewunderungswürdige Leistung halten durfte, nur einer Blamage aussetzte? Welches Kind hätte da nicht die Grausamkeit und Ungerechtigkeit der Welt empfunden und ihr ewige Rache geschworen? Die Glorie eines Robin Hood, der Nimbus eines „Rächers der Enterbten" wurde in solchen Stunden geboren. Das Scheitern der kindlichen Unschuld, die von der Falschheit der Erwachsenen verdorben wird, die heuchlerisch das verdammen, was sie zuvor großgezogen haben, ist ein Indiz für die Verderbtheit der Gesellschaft, die den Menschen nicht ungebrochen läßt. Das Kind erfährt in verwundbarster Seele die Entfremdung.

Gäbe es diese Erfahrung der Entfremdung nicht, der Begriff selbst wäre gewiß kaum denkbar. Doch das Kind Sartre weiß bereits, was Entfremdung ist, ehe es auch nur die Namen von Hegel und Marx gehört hat. Wenn es sich nach erlittenen Demütigungen vor den Spiegel zurückzieht und sich selbst Grimassen schneidet, macht es sich auf einfache mimische Art deutlich, daß der Mensch mit sich selbst nicht identisch ist.

„Wenn ich heute an diese Grimassen zurückdenke, so verstehe ich, daß sie meinen Selbstschutz bedeuteten. Gegen die Blitzentladungen der Schmach verteidigte ich mich durch Muskelreflexe, und indem sie mein Unglück aufs äußerste steigerten, befreiten sie mich davon: ich stürzte mich in die Niedrigkeit, um der Erniedrigung zu entgehen. Ich versagte mir die Möglichkeiten, Wohlgefallen zu erregen, um zu vergessen, daß ich sie besessen und mißbraucht hatte; der Spiegel war mir eine große Hilfe: ich zwang ihn, mich zu lehren, daß ich ein Monstrum war." (12)

In der Entstellung, in der Verrenkung zur Häßlichkeit erobert das Kind die Wahrheit. Wer dieses Erlebnis nicht vergißt, wer es nicht verdrängt, um sich wieder den wohlgefälligen Lügen zu überlassen, wird zum Rebellen. Es gibt eine urtümliche und ganz und gar private Revolte, zu der jeder einzelne in seinem Lebenslauf gebracht wird. Hebt sich das Bewußtsein von dieser Revolte auf die Ebene der Einsicht in die gesellschaftlichen Zusammenhänge und des Willens, sie zu verändern, so wird aus dem Rebellen ein Revolutionär. Sartres Kindheitserinnerungen sind das Anfangskapital der Genesis eines empfindsamen Rebellen. Und vielleicht sind es die Empfindlichkeiten seiner Kindheit gewesen, die ihm trotz aller Strenge des Denkens bis ins Alter die Disziplin des Revolutionärs, der er gerne sein möchte, vereitelten.

Denn ein Revolutionär wurde Sartre nur in seinem Bewußtsein, wenn auch in verschiedenen Stufen, die den Stadien seiner Entwicklung und in exakter Parallele dem Lauf der Zeitgeschichte entsprechen. Aus der anarchischen Revolte gegen die bürgerliche Existenz, die ihren literarischen Ausdruck in dem Roman „Der Ekel“, ihre philosophische Formulierung im Existentialismus fand, führte ihn der Kampf gegen den Faschismus, der Widerstand gegen die deutschen Okkupanten an die Seite der Sozialisten und Kommunisten; so wurde aus dem Rebellen ein Mitstreiter im Klassenkampf, wurde aus dem Schüler Fichtes und Heideggers ein Adept von Hegel und Marx. Der Weg verlief nicht geradlinig, es gab zahlreiche Windungen auf dieser Straße, Umwege und Sackgassen. Sartre ist nie aus Angst vor dem Irrtum dem Engagement ausgewichen, hat sich auch nie gescheut, Fehler zu bekennen und zu korrigieren. Das macht sein Leben, macht sein Werk so verwirrend, gibt ihm aber auch den Charakter unbedingter Aufrichtigkeit. Er hat erkannt, daß auch der Irrtum im geschichtlichen Prozeß der Wahrheitsfindung eine vermittelnde Funktion hat und wichtiger, „positiver“ ist als die vornehme Zurückhaltung, die jede Stellungnahme im Fluß des Geschehens meidet, um nicht revozieren zu müssen, wenn die Ereignisse darüber hinweggehen. Sartre weiß, daß man Situationen nicht durch Abwarten löst, sondern sich hic et nunc entscheiden muß. Der Entscheid kann falsch sein, aber gerade indem er Widerspruch hervorruft, trägt er dazu bei, die Lage zu klären, die Bewegung in Gang zu halten. Sartres Lebensform, sein tägliches Verhalten sind geprägt von *er*lebter und *ge*lebter Dialektik, für die der Widerspruch das Wesen des Prozesses und das vermittelnde Moment der Wahrheit ist.

Das entscheidende Engagement Sartres hat ihn in manche Fehden geführt. Einige seiner besten Freundschaften sind darüber zerbrochen. Mit seinem Freund aus der Résistance, Albert Camus, ist er in bittere Feindschaft geraten; zwischen ihm und Merleau-Ponty gab es jahrelang eine tiefe Entfremdung. Wir wissen, wie sehr Sartre darunter gelitten hat, aber sein rebellisches Kämpfertum erlaubte kein Nachgeben: die Sache war wichtiger als die Person. Darum hat Sartre sich auch nie davon beirren lassen, wenn diejenigen, die er als seine Bundesgenossen betrachtete, ihn ablehnten und bekämpften. Stets setzte er sich für eine breite Front der progressiven Linken in Frankreich ein, die von der bürgerlichen Intelligenz bis zu den Kommunisten reichen sollte. Ohne die streng klassenkämpferische Position der Kommunistischen Partei sieht er keine politische Zukunft Frankreichs. Dennoch blieb sein Verhältnis zu den Kommunisten ein von beiden Seiten polemisches. Er ließ sich dadurch nicht anfechten, in den großen geschichtlichen Entscheidungen seinen Platz neben den unwilligen Kampfgefährten einzunehmen: im Widerstand gegen den Terrorkrieg in Indochina und in Algerien, im Einsatz für die Weltfriedensbewegung, im Kampf gegen den Gaullismus. Andererseits kannte er keine Rücksicht, wenn er Kritik für notwendig hielt: so zum Beispiel in seiner berühmt gewordenen, später von ihm korrigierten Erklärung gegen das Eingreifen der Sowjetarmee in Ungarn 1956.

Die unabhängigen linken Intellektuellen, so sieht Sartre es, sollen das moralische und politische Gewissen der Parteien sein, die in der Institutionalisierung des Apparats ihre Unabhängigkeit und Bewegungsfreiheit zu leicht einbüßen. Für Frankreich, für Sartre selbst, bedeutet das, neben der kommunistischen Partei stehend, ihr Impulse zu verleihen, ihr notfalls zu widersprechen, um einen inneren dialektischen Prozeß in ihr auszulösen und in Gang zu halten. In seinem Nachruf auf Merleau-Ponty hat Sartre diese undankbare Aufgabe beschrieben:

„Es galt, die marxistische Ideologie zu verteidigen, ohne unsere Vorbehalte und unser Zögern zu verbergen, gemeinsame Sache mit Burschen zu machen, die wir unserer Sympathie versicherten und die uns zum Dank als intellektuelle Polizisten behandelten, zu widersprechen, ohne zu beleidigen und ohne den Kontakt abzubrechen, es galt, diese Geschundenen, die keine Einschränkung duldeten, gemäßigt, aber freimütig zu kritisieren, trotz unseres Alleingangs zu behaupten, daß wir an ihrer Seite, an der Seite der Arbeiterklasse marschierten, ohne es uns zu versagen, der Kommunistischen Partei notfalls zuvorzukommen, wie wir es zu Beginn des Indochinakrieges taten.“ (13)

An dieser Position wird das Dilemma des progressiven bürgerlichen Intellektuellen deutlich. Er erkennt den verrotteten Zustand des kapitalistischen Systems, er anerkennt die Notwendigkeit revolutionärer Veränderungen, er akzeptiert die Arbeiterklasse als Träger dieser Veränderungen: so weit, so gut; aber er kann die führende Rolle der Partei als der Avantgarde der Arbeiterklasse nicht so einschätzen, daß er bereit wäre, seine individuelle „freie Entscheidung“ zugunsten einer Priorität der Organisationsdisziplin zurückzustellen. Daß die historische Wahrheit sich nur in der Organisation und durch die Organisation (14) herausbildet und verwirklicht – dieser Kernsatz der Leninschen Erkenntnistheorie ist für Sartre nicht nachvollziehbar; denn wenn die historische Faktizität aus dem freien Einsatz aller einzelnen entspringt, kann die Wahrheit nur als Relation zwischen eben diesem einzelnen Subjekt und der Gesamtheit seiner Objekte konstituiert werden. Weil Sartre auf dem Boden der klassischen Erkenntnistheorie bleibt – und sogar noch ihrer subjektiv-idealistischen Variante – muß ihm der erkenntnistheoretische Anspruch des Leninismus als Ideologie erscheinen. Das heißt: Sartre bringt die mögliche Wahrheit seiner theoretischen Einsichten nicht in den organisatorischen Vermittlungsprozeß ein, in dem sich diese Wahrheit erst erweisen könnte, sondern dekretiert sie von der Position des außenstehenden Beobachters aus: ein Verhalten, das von der Partei naturgemäß nur als individualistische Besserwisserei, als theoretische Anmaßung eingeschätzt werden kann; ein Verhalten auch, das von Fall zu Fall in sektiererische, spalterische und parteifeindliche Aktivitäten einmünden muß. Das wird am Lebenslauf Sartres zu zeigen sein.

III. Das einsame Ich und die Negation

Sartres literarische und philosophische Laufbahn begann vor dem zweiten Weltkrieg. 1905 in Paris geboren, Schüler der berühmten Ecole Normale Supérieure, Gymnasialprofessor für Philosophie, veröffentlichte er 1937 in den „Recherches Philosophiques“ sein erstes philosophisches Werk über die Einbildungskraft. Ein Jahr später, 1938, folgte der erste Roman, „Der Ekel“ (La nausée), kurz darauf der Novellenband „Die Mauer“ (le mur).

Der Einfluß von Heidegger und Jaspers, von Kierkegaard und Nietzsche ist spürbar; er bildet gleichsam den Nährboden, aus dem Sartre die ersten Antriebe seines eigenen Denkens empfing. Er faßt indessen ihr Problem, die individuelle Existenz des Menschen, radikaler als alle seine Vorgänger. Er reißt den Menschen aus allen seinen Beziehungen zur Umwelt heraus, läßt ihn nackt und bloß mit sich selbst allein sein, um dann die Umwelt umso befremdlicher wiederzufinden. „Dieser Kerl hat keine Bedeutung für die Gemeinschaft, er ist einfach ein Individuum“ – so hießt das Motto, das er dem Roman „Der Ekel“ voranstellt. Der Mensch wird von allem isoliert, was ihn umgibt; mehr noch: er wird sogar von sich selbst isoliert. Denn alles, was den einzelnen erfüllt und auszeichnet, was man gemeinhin sein Wesen nennt, muß von ihm abgezogen werden, wenn er nur das sein will, was er ist. Ich bin – das heißt nicht: ich bin so und so beschaffen; es heißt einfach: ich bin da. Alles, was mir an Wesenszügen zukommt, habe ich von außen empfangen; wenn ich auf mein reines eigenes Dasein zurückgehen will, muß ich davon absehen; mir selbst gehört nichts ursprünglich an außer dieser Existenz, die besagt, daß ich bin. Sogar mein Körper ist schon etwas Fremdes, denn er ist Stoff, den ich durch äußerlich Stoffliches nähre. Nur das Bewußtsein, daß ich bin, ist mein eigenes; und dieses Bewußtsein ist mein Sein, denn alles andere ist zwar auch Sein, aber nicht mehr das meine. Das Für-sich-sein (Pour-soi) ist die reine Verfangenheit des vereinzelten Bewußtseins in sich selbst, und es hat keinen anderen Inhalt als diesen Gedanken: ich bin.

Das ist reinster Bewußtseinsidealismus. Das cartesische „cogito“, Erbteil aller neueren idealistischen Philosophie, hat sich hier mit äußerster Radikalität auf sich selbst gestellt. Der Gedanke der Existenz und die Existenz des Gedankens sind letzten Endes dasselbe, und dies allein ist mir, unbefleckt von aller äußeren Determination, zugehörig. Unendlich fern schwebt dieses Bewußtsein über aller Wirklichkeit, die ihm nur als das Andere und Fremde entgegentritt. So fremd, wie diese reale Welt dem Bewußtsein geworden ist, so befremdlich empfindet es sie nun auch. Jeder simple Gegenstand kann nun plötzlich zum Anlaß werden, an dem das Gefühl des Ganz-Anders-Seins der Dinge sich auslöst und das Bewußtsein überwältigt. Und diese Dinge, die so anders sind als man selbst, erregen Ekel, Abscheu, Widerwillen. Ihre Fremdheit ist abstoßend. Darin gerade erfährt man aber die Art ihres Existierens. Sie sind nicht nur einfach da, sondern sie sind voll gegenständlichen Inhalts, der aber dem Bewußtsein verschlossen ist. Sie sind in sich, ganz außerhalb jedes anderen Seins. Während das Bewußtsein Für-sich-sein ist, kommt den Dingen In-sich-sein (en-soi) zu. Dieses In-sich-sein hat keine Bedeutung für uns, wir vermögen es nicht einmal zu begreifen; nur empfinden können wir es im Ekel, in der Angst. So steht das Ich ganz allein, vereinsamt, ohne Hilfe. Ihm entgegen steht alles Andere, die Welt, die Menschen in ihrer körperlichen Wirklichkeit – und dies alles ist befremdlich, unheimlich, ekelerregend.

Was mir so als Welt gegenübertritt, bleibt in sich verschlossen und unzugänglich. Es hat keinen Sinn. Das heißt, ich kann darin keinen Sinn an sich erkennen, einsam stehe ich in einer Welt, deren Geschehen ich zwar aufnehme, sogar wissenschaftlich unter Gesetze subsumiere, aber doch nicht verstehe, weil ich nicht weiß, was es damit für eine Bewandnis hat, worauf es hinaus will. Dieses nackte An-sich-sein, die Dinge wie sie sind, ohne daß ich sie auf mich beziehe, das ist die Fremdheit und Sinnlosigkeit, die der Existentialismus in der Welt konstatiert.

Das Sein ist sinnleer, der Sinn ist seinsfremd. (15) Die metaphysische, die erkenntnistheoretische Fragestellung führt Sartre in den Abgrund des absoluten Idealismus, vor dem nichts bestehen bleibt als das alleinige Subjekt des sum cogitans. Und in einer echt idealistischen Münchhauseniade zieht Sartre sich am eigenen Schopfe aus diesem Abgrund wieder hervor. Denn in der absolut sinnleeren, also auch unerkennbaren Welt des Seins findet er keinen festen Punkt, nicht den mindesten Ansatz, um den Menschen wieder in einen deutbaren, verläßlichen Raum von übersichtlichen Bedingungszusammenhängen zu stellen. Unsere gesamte Erkenntnis beruht ja auf der Feststellung von sinnvollen, erklärbaren Beziehungen zwischen den realen Gegenständen, die uns in der Welt vorkommen. Abhängigkeiten, wie die von Ursache und Wirkung (Kausalverhältnis), von Bedingung und Bedingtem (Konditionalverhältnis), Beziehungen wie die der Gleichheit (Identität) oder Ähnlichkeit (Analogie), Modalitäten wie Möglichkeit, Notwendigkeit, Zufälligkeit (Kontingenz) erschließen sich nur unserem Erkennen, wenn wir davon ausgehen, daß das Ganze der Welt einen in sich sinnvollen Konnex ausmacht. Sobald die Welt und ihre einzelnen Glieder ihres Sinns beraubt werden, bleibt dem Bewußtsein nichts mehr, worauf es sich beziehen könnte, es verfällt der Flut von Impressionen, denen es täglich, stündlich, minütlich ausgesetzt ist, ohne in ihnen einen übergreifenden Zusammenhang konstatieren zu dürfen. Die Flut schlägt über ihm zusammen.

Dieses Preisgegebensein an immer Neues, an einen unaufhörlichen

Wechsel, wie ihn Bergson in seiner impressionistischen Vision der Erlebniszeit – durée – konzipiert hatte (16), kann vom Subjekt nicht überwunden werden, es sei denn, man setze die sinnhafte Ganzheit der Welt als ein Erzeugnis eben dieses Subjekts, man stelle also das Bewußtsein über das Sein. Gerade diesen Weg geht Sartre, indem er die künstlich hergestellte Sinneinheit des literarischen Werkes an die Stelle der wirklichen Sinneinheit der Welt setzt.

Was bleibt, was Dauer hat, ist die Verfestigung des einmal Gedachten im Werk. Im Kunstwerk stellt sich ein Zusammenhang her, der das Ganze des Lebens umfaßt, aber eben nur das Ganze eines gedachten, künstlich komponierten Lebens. Das wirkliche, existentielle Dasein entzieht sich dieser Einordnung in einen Sinnzusammenhang. Nur das Kunstwerk stellt ein Ganzes her, dessen Sinn ich übersehen kann.

Das philosophische Problem der Existenz reduziert sich also auf ein ästhetisches. Die Sinneinheit der Welt herzustellen ist die Aufgabe der Kunst. Sie schafft die imaginativen Schemata, die verpflichtenden Bilder der Vorstellungskraft, die sich unserem Denken aufprägen und uns einen Verstehensrahmen für die Welt vorzeichnen.

Es ist unschwer zu erkennen, daß sich in dieser ersten Periode Sartre'schen Denkens eine frühere Stufe der bürgerlichen Philosophie reproduziert, nämlich der Bewußtseinsidealismus der Kant, Schiller und Fichte. Deren Thesen sind hier jedoch nicht transzendentalphilosophisch auf Erkenntnisbegründung beschränkt, sondern empirisch-psychologisch und anthropologisch zugespitzt. Kants unerkennbares „Ding an sich" wird nun zum „En-soi", das auch in seiner Erscheinung nur die Widrigkeit des anderen Körpers, der unser Eindringenwollen abstößt, zu Bewußtsein bringt. Vom sinnlosen Sein auf sich selbst zurückgeworfen, richtet der Mensch das ästhetische Bildungsreich heroischer Ideale auf; so ging Schiller den Weg vom kantischen Kritizismus zur Kunstmetaphysik des Klassizismus. Das sinnleere Sein und die schöpferische Rolle des Subjekts erlauben nur eine Bestimmung des menschlichen Daseins in ontologischer Hinsicht: der Mensch ist absolut frei, zu allem und zu nichts. Er setzt sich selbst und die Welt so, wie er es gerade in diesem Augenblick will, und nichts kann ihn daran hindern. Fichtes Hypostasierung des Ich findet sich in fast wörtlich übereinstimmenden Formulierungen wieder. (17)

Der viel berufene Sartre'sche Freiheitsbegriff, der für die Ausbildung des Existentialismus als systematischer philosophischer Richtung grundlegend geworden ist, hat so seine Wurzeln in dem nur ästhetisch auflösbaren und aufgelösten Dilemma von sinnlosem Sein und seinslosem Sinn. Wenn wir nämlich allen Sinn zu der Welt aus eigenem hinzutun und nichts auf Seiten der Objekte, des Seins, dieser unserer Sinngebung entspricht, so schafft der Mensch, d. h. das Bewußtsein des Menschen, sich ein eigenes Reich. Die Welt – wenn wir dieses Wort als Inbegriff eines sachlichen, logischen, verstehbaren Zusammenhangs der Einzeldinge nehmen (und das ist eben der „ontologische“ Gehalt dieses Terminus) – die Welt also ist dann so, wie ich sie mir vorstelle; sie ist das Werk meiner schöpferischen Einbildungskraft, die dem stummen, verschlossenen Insich-sein noch eine Sprache für uns verleiht. Im Grunde genommen ist so jeder Mensch ein Künstler, ein kleiner Gott, der das Kunstwerk seiner eigenen Welt hervorbringt. Diese so verstandene Welt aber ist meine individuelle Imagination. Mein Nachbar erlebt sie anders. Indem ich also die Welt verstehe, erschaffe ich sie als mein Phantasieprodukt, als meinen Bewußtseinsinhalt; mein Bewußtsein aber, das bin ich. So versteht sich die einfache Formel, auf die Sartre sein Problem gebracht hat: „L'homme se fait“ – „der Mensch schafft sich selbst“.

In dieser Selbsterzeugung des Wesens, des Inhalts, worauf menschliche Existenz bezogen ist, findet Sartre die Freiheit des Existentialismus. Freiheit solcherart hat allerdings zur Voraussetzung, daß es keinen Gegenstand gibt, der dem Willen sich mit einer eigenen Bedeutung widersetzt. Die Sinnlosigkeit des Seins ist (wie wir gesehen haben) die Voraussetzung einer absoluten Ungebundenheit des Bewußtseins. Darum mußte der Existentialismus dieser Stufe auch notwendig agnostizistisch sein. Denn die Erkenntnis eines Gesetzes, eines in sich begründeten, aus sich selbst erklärbaren Sachverhaltes, der unserer Deutung nicht bedarf, würde ja jene phantastische Freiheit der Weltschöpfung hinfällig machen, die Sartre seinem Menschen zuerkennt. Nur das Nichts ist der legitime Partner menschlicher Tätigkeit, weil allein das Nichts eine schrankenlose freie Tätigkeit zuläßt. Stirners maßlos-anmaßendes „Ich hab mein Sach' auf Nichts gestellt“ wiederholt sich hier. Man sieht, wie die Positionen des Hauptwerkes „L'Etre et le Néant“ schon in der ästhetizistischen Freiheitsidee vorgebildet sind. Und der Descartes-Essay später zeigt deutlich, daß die Freiheit des Menschen in seiner Fähigkeit gesehen wird „Nein“ zu sagen. Dies wiederum führt in die Nachbarschaft Adornos. Die Negation – d. h. das Nichts, insoweit als Bewußtseinstätigkeit – gilt als Grundlage aller menschlichen Existenz.

Dieser Freiheitsbegriff muß jede Bindung leugnen und die absolute Souveränität des schöpferischen Subjektes setzen. Was der Mensch tut, hängt von seinem Willen ab – so postuliert diese Philosophie der Freiheit. Keine Umwelt ist entscheidend, keine Vergangenheit bindend. Nicht einmal was ich selbst getan habe, verpflichtet mich. Sobald es getan ist, gehört es genau so zur sinnlosen Seinswelt wie alles andere; ich kann es negieren und als annulliert betrachten. Alles befindet sich ja im Wechsel und Wandel der Zeit. Jede Tat ist Aufhebung eines Vergangenen, eines Gewesenen. So ist die Zeit, ist die Geschichte nur ein Prozeß von Negationen. Sie enthält in sich keine Tendenz auf Zukünftiges, das in ihr vorgebildet läge: was in der Zukunft liegt, was noch nicht ist, wird vielmehr als Nichts pointiert. Das Sein des Menschen ist also das immerwährende Sich-hinein-werfen in das Nichts, in dem das arme, einsame, ganz auf sich gestellte Subjekt ohne Aussicht auf Rettung untergeht. Der Mensch ist „zur Freiheit verdammt".

In dieser Position verliert der Mensch den Menschen als Mithandelnden und Partner. Nichts verpflichtet ihn mehr gegenüber seinem Nächsten. Wenn der Sinn, den ich setze, für mich absolut ist, gibt es keine Norm mehr, die mich zur Rücksicht auf meine Umwelt anhält. Auch Mord, Diebstahl, Grausamkeit und Betrug können die Leitsterne dieses ganz auf sich allein gestellten Menschen werden. Sartre scheut sich nicht, diese Konsequenzen zu ziehen. Mathieu, der Hauptheld seines Romans „L'Age de Raison" (19), verläßt seine Geliebte, die ein Kind von ihm erwartet, um seine imaginäre Freiheit nicht zu verlieren. Dieser Mathieu trägt in vielem die Charakterzüge seines Verfassers, er ist eine schonungslose Selbstentlarvung Sartres, der nicht davon zurückschreckt, sich selbst und den Typus seines Lebensideals mit harter Ehrlichkeit zu zeichnen. Eine andere Hauptperson dieses Romans begeht einen Diebstahl, ja Mathieu selbst verwickelt sich in Betrug und Dieberei. Die demoralisierende Wirkung des nihilistischen Freiheitsbegriffs wird bis ins einzelne durchexerziert. Nur eine charakterlich und menschlich positive Gestalt hebt sich aus diesem Dickicht dekadenten Verfalls heraus – der kommunistische Funktionär Brunet, der mit Mathieu über die theoretischen Voraussetzungen seiner Lebensauffassung diskutiert, der ihn menschlich anspricht, um ihn aus dem Sumpf existentialistischer Bohème zu retten. Brunets Argumente sind besser, Brunets Haltung ist eindrucksvoll; aber er scheitert an dem Nein Mathieus, dem die Freiheit zum Untergang, zum Nichts, zur Immoralität wichtiger erscheint als die Bindung an die Gemeinschaft, die für die Freiheit gegen die Tyrannei kämpft (das Geschehen spielt sich vor dem Hintergrund des spanischen Bürgerkriegs ab, der den gesellschaftlichen Bezugspunkt dieses Romans bildet, so wie die Münchner Verhandlungen der politische Angelpunkt des zweiten Bandes „Le Sursis" sind).

Wir haben oben schon gesagt, daß der Mensch in dieser Philosophie die Fähigkeit verliert, zum Partner zu werden. Die Mitmenschen erscheinen ihm nur noch als Gegenstände, mit denen man schaltet wie mit Gebrauchsdingen. Sartres Analyse der Liebe in „L'Etre et le Néant" macht das deutlich. Der Liebende will wiedergeliebt werden. Das heißt: er will, daß der Andere sich ihm in Freiheit zuwendet. Diese Zuwendung ist aber gerade die Aufgabe der Freiheit, die Übernahme einer Bindung. Der Andere, der mich liebt, ist also nicht mehr frei. Aber auch ich selbst richte mich ja garnicht auf den Anderen in seiner Freiheit, sondern in seiner Körperlichkeit. Der Andere ist für mich kein Für-sich-sein, sondern ein Gegenstand. Damit beraube ich ihn seiner Freiheit, insoweit sie auf meiner Anerkennung beruht. Ich behandele ihn wie einen Besitz. (20)

Mit dieser philosophischen Position fügt Sartre sich in das allgemeine Bild der bürgerlichen Ideologie der präfaschistischen Epoche ein. Die Entwurzelung des Individuums, die Freisetzung seiner egoistischen Triebkräfte, die Immoralität und der Wertnihilismus, der ästhetische Snobismus sind Merkmale des spätbürgerlichen Denkens seit Nietzsches „Umwertung aller Werte". Die Zuspitzung des Konkurrenz- und Marktkampfes im täglichen Leben, der Abbau der allgemeinverbindlichen sittlichen Verhaltensnormen einer intakten Gesellschaft bedingte die zunehmende Rücksichtslosigkeit des Menschen gegenüber dem Mitmenschen, die Ausbildung einer scheinbar biologisch zu rechtfertigenden egoistischen Grundhaltung. Die Ideen der Solidarität und Gemeinschaft waren aufgehoben. In diesem Zustand des Kampfes aller gegen alle vereinsamte das Individuum immer mehr. Ohne einen Ausweg zu finden, zog es sich auf die reine Innerlichkeit zurück. Die Lebensproblematik, die hinter den Dichtungen Rainer Maria Rilkes steht, kennzeichnet diese Situation. So konnte Rilke auch zum poetischen Vorläufer und Verkünder existentieller Daseinsphilosophie werden. (21) Gefühle und Stimmungen werden nun leitend für das philosophische Denken: bei Heidegger die Angst, bei Sartre der Ekel. Langeweile, Scham, Ironie und viele andere Stimmungsmomente werden gegenüber den Funktionen des Denkens und Erkennens betont; sie sollen den eigentlichen Aufschluß über das Wesen des Seins geben. (22)

Diese erste Periode Sartres reiht ihn also den irrationalistischen Strömungen des 20. Jahrhunderts ein. (23) Diese haben ihre Wurzel in der Zerstörung der Grundlagen einer Gesellschaft, die im liberalen „laissez-aller" an die Selbstverwirklichung der besten Ordnung glaubte. Damit war es nach dem Erlebnis des ersten Weltkrieges vorbei. Auf die Erfahrungen der Schlachtfelder folgten die Inflation, die Wirtschaftskrisen, die Arbeitslosigkeit, der Faschismus. In einer solchen Deformation des Daseins mußte der vernünftige Sinn der Geschichte fragwürdig werden. Der Irrationalismus ist aber nicht nur der Versuch, das gesellschaftliche Chaos der Zeit zwischen den beiden Weltkriegen zum Prinzip zu erheben, sondern zugleich das Instrument, die letzten humanitären Traditionen aus der Epoche des aufsteigenden Bürgertums, der Aufklärung und der Revolution von 1789 und 1848 zugunsten einer allgemeinen Entmenschlichung abzubauen. An die Stelle der Philosophie des Seins ist unversehens eine Philosophie des Habens getreten, insofern das Sein nun auseinandergetreten ist in das allein auf sich gestellte, einsame, selbstgenügsame Ich das Für-sich-seins und das gegenständliche An-sich-sein, das zum Ich nur Beziehung hat, insofern es angeeignet wird; das Ich hat, es besitzt das Nicht-Ich (also auch den anderen Menschen, ebenso wie die Natur und die Dinge) in der Form einer ihm zu beliebiger Nutzung überlassenen Sache. Wieder wird die Stirnersche Dimension erkennbar: das Ich des Einzigen verfügt über alle anderen als sein „Eigentum". Die Dialektik des gesellschaftlich-geschichtlichen Prozesses, die aus der Mannigfaltigkeit der zwischenmenschlichen Beziehungen entspringt, wird damit zu einer abstrakt-idealistischen Dialektik von Ich und Nicht-Ich vereinfacht.

Hier wird deutlich, wie der Existentialismus sich gegen jede mögliche Verallgemeinerung des individuellen Verhaltens zu einem normativen Anspruch sperren muß. Wie kann es eine Moral geben, wenn jedes ethische System nur für den gelten kann, der es von sich aus und für sich entwirft? Der Existentialismus läßt – trotz seines Ursprungs aus der Phänomenologie – keine materielle Wertethik zu, wie etwa Max Scheler sie aus einer eidetischen Substantialisierung der Wertungen zu gewinnen versuchte. (24) Er fällt, wenn er nach einer möglichen Begründung von Verhaltensvorschriften sucht, auf einen dicht bei Kant stehenden Formalismus zurück, der auf eine merkwürdige Art mit Hegels Anthropologie verknüpft wird. Der kategorische Imperativ aus Kants „Grundlegung zur Metaphysik der Sitten" – „handle nur nach derjenigen Maxime, durch die du zugleich wollen kannst, daß sie ein allgemeines Gesetz werde" (25) – wird zur Kehrseite der Anerkennung, wie Hegel sie in der „Phänomenologie des Geistes" charakterisiert – „jedes ist dem anderen die Mitte, durch welche jedes sich mit sich selbst vermittelt und zusammenschließt. Sie anerkennen sich als gegenseitig sich anerkennend" (26). Bei Sartre geht es den Menschen (wenn sie anerkannt werden wollen) um die Rechtfertigung (justification), und in diesem Begriff liegt neben Kant und Hegel auch noch die Psychoanalyse. Simone de Beauvoir, in ihren philosophischen Arbeiten sicher eine Epigonin Sartres und eine authentische Interpretin seiner existentialistischen Lehre, hat das als „Moral der Doppelsinnigkeit" (ambiguité) herausgearbeitet, derzufolge in jedem Entwurf Gelingen und Scheitern, in jeder Stellungnahme mögliche Zustimmung und Ablehnung gleichermaßen angelegt sind. (27)

Wie weit hier der Moralbegriff gefaßt wird, wie sehr Moral sich als doppelsinnig erweist, zeigt Simone de Beauvoirs Essay über Sade. Die Paradoxien der existentialistischen Moral treten in der Analyse einer abseitigen Persönlichkeit am rigidesten zutage. Denn die Abnormalität erweist sich da gerade als paradigmatisch.

> „Sade hat das Moment des Egoismus, der Ungerechtigkeit und des Unglücks in seinem Leben mit letzter Konsequenz verwirklicht. Der eigentliche Wert seines Beispiels besteht darin, daß es uns beunruhigt. Er zwingt uns, erneut das wesentliche Problem infrage zu stellen, das in anderer Gestalt auch unsere Zeit bedrängt: die wahre Beziehung von Mensch zu Mensch." (28)

Dem literarischen Phänomen Sade, der sadistischen Imagination gegenüber läßt sich diese Frage abstrakt stellen; der *Schriftsteller* Sade kann als paradigmatische Herausforderung aufgefaßt werden. Wie aber steht es mit dem *Täter* Sade? Mit all den sadistischen Tätern, die uns nicht nur in der Geschichte als Gegenstände unserer Vorstellungskraft entgegentreten, sondern denen wir ausgeliefert sind, deren Taten in der Gegenwart in der fürchterlichen Wirklichkeit des Faschismus zum Bestandteil eines politischen Systems erhoben werden? Hier gerät die Hypertrophie des existentialistischen Individualismus mit seinem humanistischen Anspruch in Widerstreit.

Die äußerste Zuspitzung des ideologischen Gehaltes der bürgerlichen Philosophie trägt ihren eigenen Widerspruch schon in sich. Denn das „Nein", das der Mensch Sartre – Marcuses „Große Weigerung" vorwegnehmend – prinzipiell zu jeder in der Welt an ihn herantretenden Aufforderung sagen kann, ist wohl ein Protest, der angesichts der verrotteten Situation einer korrupten, im Warenfetischismus sich verlierenden Gesellschaft berechtigt und verständlich ist. Ein solcher Protest hat die durchaus positive Absicht, das Menschliche des Daseins gegen die Verdinglichung zu bewahren; und Sartres spätere Entwicklung zeigt, daß ihm dieser Sinn der Negation keineswegs fremd ist. Um aber den Protest aus einer hilflosen Geste zu einer wirklichen Tat werden zu lassen, in der sich die Freiheit des Menschen bewährt, indem sie sich bewahrt, bedarf es einer positiven Zielsetzung, einer allgemeinverbindlichen Ausrichtung auf einen Endzweck des Tuns, durch den die Dinglichkeit des Menschen schließlich aufgehoben würde. Von der rein negativen Position aus ist weder dem Denker noch dem Schriftsteller Sartre ein Durchbruch zu der geschichtlichen Wirklichkeit seiner Umwelt möglich gewesen. Die Gegenüberstellung von Mathieu und Brunet in „L'Age de Raison" deutet dieses Dilemma bereits an. Die Besetzung Frankreichs durch die faschistischen Armeen stellte dann bald darauf eine Situation her, in der ein individuelles „Nein" nicht mehr ausreichte. Im Augenblick dieser Bewährungsprobe sollte sich zeigen, daß Sartre seine irrationalistisch-ästhetizistische Pose aufgeben mußte, und daß er auch bereit war, die Voraussetzungen seines Denkens und Verhaltens dieser neuen Lage, dieser tiefgreifenden Erfahrung zu unterwerfen. Neue Momente treten im Verlauf dieser Entwicklung heraus, ältere Motive erfahren eine andere Akzentuierung.

IV. Die Résistance und das Problem der Verantwortung

Diese Bewährungsprobe kam mit der deutschen Invasion. Frankreich wurde von den Armeen Hitlers besetzt, von Opportunisten und Faschisten in den eigenen Reihen verraten. Die Barbarei des nazistischen Terrors wütete im Lande, nicht nur gegen die patriotischen Bürger, sondern ebensosehr auch gegen die kulturellen Traditionen, in denen Frankreich aufgewachsen war. Eine allgemeine Widerstandsbewegung entfaltete sich im Land, die einerseits militärische und politische Sabotage gegen die deutsche Besatzung trieb, andererseits mit geistigen Waffen die nationale Erhebung schüren, die Wiedergeburt Frankreichs zu fördern suchte. In diesem Widerstand fanden sich Bürgerliche und Kommunisten. Klerikale und Atheisten, Arbeiter, Bauern, Mittelstand und Intellektuelle zusammen. Die „Résistance" war ein wahrhaft nationales Ereignis, die gemeinsame Aktion eines geknebelten und in seiner historischen Existenz bedrohten Volkes. Das einigende Band des Widerstandskampfes schuf ein neues politisches Bewußtsein in allen Schichten des französischen Volkes.

In der gemeinsamen Front des Widerstandskampfes, der sich gegen den Landesfeind und gegen die faschistische Unmenschlichkeit und Barbarei richtete, stand Jean Paul Sartre an ausgezeichneter Stelle. Zum ersten Male in seiner Laufbahn wurde für ihn das tägliche Leben mit einem großen individuellen Ziel erfüllt, auf das hinzustreben nicht eine Entscheidung von willkürlicher Beliebigkeit war, sondern eine verbindliche Verpflichtung, die aus der Notwendigkeit der Sache selbst, des geschichtlichen Verlaufs erwuchs. In seinem Denken bahnte sich nun ein Umbruch an. Wo zuvor Möglichkeit und Zukunft nur das leere Nichts waren, wurden sie nun mit latent-positivem Inhalt erfüllt. Die Zeit war trächtig mit Neuem, die Lethargie des sich selbst zerfleischenden, den ehernen Gesetzen des Kapitals unterworfenen Bürgertums war abgeschüttelt, der revolutionäre Elan von 1789, die nationale Erhebung von 1792 gegen die ausländischen Interventionsarmeen lebte wieder auf. Es galt nun, die Zaudernden mizureißen, aus dem Widerstandskampf der Aktivisten eine Wiedergeburt des Landes zu machen. In diese Situation hinein schrieb Sartre sein erstes Drama, „Les Mouches" (Die Fliegen). Rückschauend fügt er später für den deutschen Leser ein Vorwort bei, in dem die Motive dieses Stückes ausgesprochen werden:

„Nach unserer Niederlage im Jahre 1940 verfielen zu viele Franzosen der Mutlosigkeit oder gaben in ihrem Inneren der Selbstverleugnung Raum. Ich aber schrieb ‚Die Fliegen' und versuchte zu zeigen, daß Selbstverleugnung nicht die Haltung war, die die Franzosen nach dem militärischen Zusammenbruch unseres Landes wählen durften. Unsere Vergangenheit existierte nicht mehr. Sie war uns in der Hand zerronnen, ohne daß wir Zeit hatten, sie festzuhalten, sie weiterhin zu beachten, um sie zu begreifen. Neu aber war – auch wenn ein feindliches Heer Frankreich besetzt hatte – die Zukunft! Wir hatten Gelegenheit, sie kritisch zu prüfen; es stand uns frei, daraus eine Zukunft der Besiegten zu machen oder – in umgekehrter Richtung – eine Zukunft der freien Menschen, die sich gegen die Behauptung wehren, daß eine Niederlage das Ende alles dessen bedeutet, was das menschliche Leben lebenswert macht." (29)

Wir müssen uns den Umbruch im Denken Sartres, der sich aus dem Erlebnis heraus vollzieht, ganz deutlich machen, um seine weitere Entwicklung zu verstehen. Denn in der Erfahrung des Kampfes gegen den deutschen Faschismus wurzelt sowohl die Stimmung des tiefsten Pessimismus am Ende des Krieges wie auch der spätere Entschluß, sich der Weltfriedensbewegung anzuschließen. Hier ist der Schlüssel zu Sartres politischer Entwicklung.

„Ich bin frei, jenseits der Angst und der Erinnerungen", sagt Orest in den „Fliegen", in jenem Drama, mit dem Sartre die Lethargie seiner Landsleute zu überwinden versuchte. Das ist eine negative Freiheit, die Freiheit von der Vergangenheit. Die Entscheidung des Augenblicks allein soll zählen, und diese Entscheidung soll zu einer Tat führen. Die existentialistische Negation der historischen Bedingungen gewinnt hier einen politisch positiven Sinn. Nicht die Erörterung des einmal Geschehenen darf den Menschen aufhalten; die Erfüllung seines Lebenssinnes findet er in dem Aufbau eines Neuen, einer Zukunft, die das Vergangene hinter sich läßt. Zugespitzt auf die Situation des Orest in den „Fliegen" heißt das: „Der feigste aller Mörder ist der, der bereut". Das klingt nihilistisch, immoralistisch – und zweifellos wirkt hier Nietzsches „Umwertung aller Werte" nach. Aber als Schlagwort, in eine konkrete Situation gesprochen, hat dieser Aphorismus seinen politisch aktivierenden Sinn. Nur ein metaphysisch verabsolutierter Existentialismus, wie er sich nach dem Kriege an Sartres Thesen anschloß, deutet diesen Freiheitsbegriff abstrakt als die Loslösung von aller Verpflichtung, als Freiheit des Nichts. Damit verfälscht er jedoch den aktuellen Sinn dieses Wortes.

Es bezeichnet die Vorurteilslosigkeit Sartres, daß er im deutschen Nachkriegsvorwort zu den „Fliegen" die gleiche Absage an die grauenvolle Vergangenheit, die Freisetzung für neue zukünftige Möglichkeiten auch dem ehemaligen deutschen Gegner empfiehlt:

„Heute haben die Deutschen das gleiche Problem vor sich. Auch für die Deutschen, glaube ich, ist Selbstverleugnung unfruchtbar. Ich will damit nicht sagen, daß die Erinnerung an die Fehler der Vergangenheit aus ihrem Gedächtnis verschwinden soll. Nein. Aber ich bin überzeugt, daß nicht eine willfährige Selbstverleugnung ihnen jenen Pardon verschafft, den die Welt ihnen gewähren kann. Dazu verhelfen ihnen nur: eine totale und aufrichtige Verpflichtung auf eine Zukunft in Freiheit und Arbeit, ein fester Wille, diese Zukunft aufzubauen und das Vorhandensein der größtmöglichen Zahl von Menschen guten Willens." (30)

Hier spricht kein chauvinistischer Haß, der allzu verständlich gewesen wäre, sondern die Bereitschaft zu Frieden und Verständigung mit dem Feinde von gestern.

Der Freiheitsbegriff der „Fliegen", die als literarisches Dokument der Résistance-Zeit Sartres zu gelten haben, ist nicht nur durch die Polemik gegen das lethargische Bedauern versäumter Möglichkeiten bestimmt; auch die aktive Beseitigung von Vorurteilen, die Befreiung von ideologischen Hemmungen, d. h. die Freiheit der Vernunft macht das dramatische Pathos dieses Stückes aus. Der Mensch soll zu sich selbst kommen und das selbstgesponnene Gewebe des ideologischen Scheins zerreißen. Das ist es, was Orest dem Repräsentanten dieses Scheins, dem Gotte Jupiter, zuruft: „Die Leute von Argos sind meine Leute. Ich muß ihnen die Augen öffnen". Die Aufgabe des Schriftstellers, das Falsche und das Übel zu entlarven, wird damit ausgesprochen. Und Jupiter gesteht: „Nun Orest, all dies war vorgesehen. Ein Mensch mußte kommen, meinen Untergang anzuzeigen. Das bist also DU?" Nun erst steht die wirkliche Aufgabe des Menschseins vor Augen: sein Dasein aus Freiheit, ungebunden durch die Fesseln einer ungerechten Gesellschaftsordnung und frei von den Vorurteilen des Glaubens an übermenschliche Mächte, selbst zu gestalten. Auf den Trümmern einer zusammengebrochenen Welt beginnt der Aufbau des Neuen. Angesichts des Zerstörten ist es eine Art verzweifelter Optimismus, den Sartre hier, im Kampfe gegen den Faschismus verkündet. Er sagt jedoch nicht, wie diese neue Welt aussehen soll. Er kann es nicht sagen, weil dem antifaschistischen Kampfe, zu dem sich bürgerliche Nationalisten, Klerikale und proletarische Sozialisten zusammengefunden hatten, die gemeinsame Idee einer neuen Ordnung fehlte, weil sie nur in der Verneinung des Faschismus geeint waren. Und Sartre, zwischen Bürgertum und Sozialismus stehend, konnte die positive Formel nicht finden, die seiner Idee der menschlichen Freiheit einen Inhalt gegeben hätte. Mathieu und Brunet in einer Brust – das ließ nur Raum für ein Paradox. (31)

Immerhin war der Ansatz gegeben, der eine Entwicklung zum positiven Freiheitsbegriff möglich gemacht hätte. Eine soziale Ordnung, in der der Mensch nicht dem Trugbild des ideologischen Scheins zum Opfer fällt, in der er nicht als Ausgebeuteter zur Sache erniedrigt wird, könnte die Antwort auf die offen gelassene Frage geben, die am Ende der „Fliegen" steht: die Frage nach dem Sinn und der Sinngebung des Daseins. Die Vorkriegssituation hatte die Antwort im Ästhetischen gesucht: nur im Bereiche des Kunstwerks schien sich ein durchgängiger Sinnzusammenhang zu erweisen. Die Erschütterungen des Krieges und der nationalsozialistischen Schreckensherrschaft hatten die Fragwürdigkeit dieser Lösung offenkundig gemacht.

„Ist Orest ein Held oder ein Verbrecher? Er ist ein Kreuzweg. Aber genügt das? Die Negerin singt für Antoine Roquentin. Aber gibt es nicht tiefere, reichere Sinngebungen des Sinnlosen als durch die Kunst? Sartre gab hier nicht die Antwort. Wird er sie im Erlebnis seines erwachenden Landes, dem er treu blieb, finden, können?" (32)

Hans Mayer hat in diesem Zweifel schon 1945 das Problem Sartres umrissen; sein Irrweg und Umweg deutet sich darin schon an.

Immerhin gibt das Ergebnis der Widerstandsbewegung dem Sartre'schen Denken einen entscheidenden Impuls: die Isolierung des Einzelmenschen wird überwunden, die artifizielle Existenz des ästhetischen Für-sich-seins wird aufgesprengt. Sartre sieht nun die Verantwortlichkeit des Menschen nicht nur für sich, sondern auch für seine Mitmenschen, für die Welt:

„Indem wir sagen, daß der Mensch sich wählt, verstehen wir darunter, daß jeder unter uns sich wählt; aber damit wollen wir ebenfalls sagen, daß, indem er sich wählt, er alle Menschen wählt. Tatsächlich gibt es nicht eine unserer Handlungen, die, indem sie den Menschen schafft, nicht zugleich ein Bild des Menschen schafft, der wir sein wollen, so wie wir meinen, daß er sein soll. Wählen, dies oder jenes zu sein, heißt gleichzeitig, den Wert dessen, was wir wählen, zu bejahen, denn wir können nie das Schlechte wählen. Was wir wählen, ist immer das Gute, und nichts kann für uns gut sein, was nicht für alle gut ist." (33)

Hier steht nun auf einmal die Allgemeinheit über dem individuellen Interesse. Das ist ein neuer Aspekt, den der Vorkriegs-Sartre noch nicht kannte. Der Kantische kategorische Imperativ ist in diese Formulierung aufgenommen. (34) Damit knüpft Sartre an eine – zwar formale, aber doch progressive – Grundthese des revolutionären bürgerlichen Denkens an, deren zutiefst antikapitalistischen Charakter Ernst Bloch treffen charakterisiert hat (35):

„Der kategorische Imperativ ist, verblüffender Weise, gerade in der Klassengesellschaft, mit Herr und Knecht, unbefolgbar . . . kann denn in einer Klassengesellschaft ein Mensch so handeln, ohne daß der entschiedenste Widerspruch herauskäme? . . . So ist der kategorische Imperativ in der Klassengesellschaft gerade moralisch unbefolgbar; wäre er befolgbar, so wären die Harmonisierer, mit dem Wohle aller, einschließlich der Kapitalistenklasse, die besten Moralisten. Aber nun – und hier zeigt sich das unentwickelte Licht: der kategorische Imperativ kann von der Kapitalistenklasse samt den Harmonisierern überhaupt nicht anders als zu ihrem Gericht angerufen werden. Denn keinerlei privater Vorteil auf Kosten der allgemeinen Gesellschaft hat in seiner Maxime und Gesetzgebung ein Recht. Vielmehr wirkt der kategorische Imperativ fast wie ein Optativ, ja wie eine Antizipationsformel hin zu nicht-antagonistischer Gesellschaft, das ist, zu einer klassenlosen, in der überhaupt erst wirkliche Allgemeinheit moralischer Gesetzgebung möglich ist."

Hier ist Sartre den fortschrittlichen Traditionen des bürgerlichen Denkens nahe. Aber der Kantische Optimismus, der an die Verwirklichung eines allgemeinen Sittengesetzes in der bestehenden – am Vorabend der französischen Revolution für ihn aufsteigenden – bürgerlichen Gesellschaft glaubt, ist für Sartre nicht mehr möglich. Die Wirklichkeit straft ihn Lügen. Er kann diesen Ansatz nicht durchhalten, ohne in Gegensatz zur bestehenden – nun spätbürgerlichen, niedergehenden – Gesellschaft zu geraten. Wieder kündet sich ein Dilemma an.

So bringt die allgemeine, das heißt politische und soziale Verantwortlichkeit, zu der Sartre sich bekennt, eine militant oppositionelle Note in sein Denken. Die ersten Veröffentlichungen, die er nach dem Kriege in seiner Zeitschrift „Les Temps Modernes" veröffentlicht, tragen alle diesen streitbaren Charakter. Da erscheint sein Aufsatz „Porträt eines Antisemiten", in dem er mit essayistischer Meisterschaft die Vorurteile des Antisemitismus geißelt und psychologisch und gesellschaftlich entlarvt. Da erscheint vor allem der programmatische Aufsatz „Der Schriftsteller und seine Zeit", in dem er die politische Verantwortung des geistig Schaffenden besonders stark herausstellt und scharfe Worte gegen die kapitalistische Gesellschaft findet.

„In meinen Augen sind die Brüder Goncourt und Flaubert verantwortlich für die Unterdrückung, die der Kommune folgte, weil sie nicht eine Zeile schrieben, um dieses Unglück zu verhüten." (36)

Das ist klar gesagt. Es gibt keine Neutralität, es gibt keine Teilnahmslosigkeit gegenüber dem öffentlichen Geschehen.

„Für uns ist der Schriftsteller in der Tat weder ein Hüter des heiligen Feuers noch Ariel; er steht mitten im Kampfe und ist verpflichtet, was immer er auch tun mag. Wenn er zu gewissen Zeiten seine Kunst dazu gebraucht, Schnurrpfeifereien von wohlklingender Leere und Nichtigkeit zu drechseln, so ist selbst das bezeichnend; es ist bedingt, sei es durch eine Literaturkrise und zweifellos durch eine Krise der Gesellschaft, sei es, daß die führende Gesellschaftsschicht den Schriftsteller, ohne daß er sich selbst Rechenschaft darüber ablegt, auf das Geleise einer Luxusbeschäftigung abgeschoben hat, aus Furcht, daß er die revolutionären Reihen verstärken könnte . . . Da der Schriftsteller keine Möglichkeit hat, sich außerhalb zu stellen, wollen wir, daß er sich seinem Zeitalter voll und ganz verschreibt." (37)

Das ist die Literatur des „engagement", daß heißt der politischen Entscheidung für den Fortschritt. Die deutschen Nachfolger und Interpreten Sartres haben den Versuch gemacht, gerade diesen Begriff dadurch zu verwässern, daß sie ihn jedes aktuellen politischen Gehalts beraubten. Bollnow übersetzt den Ausdruck durch „totalen Einsatz" und bringt ihn damit in nächste Nähe von Heideggers „Entschlossenheit". Dorthin gehört jedoch der Sartre'sche Begriff des Engagement sicher nicht. Wofür man sich in Heideggers „Entschlossenheit" und nach Bollnows Deutung (38) einsetzt, bleibt ganz gleichgültig, der Einsatz an sich ist schon wertvoll. So unverbindlich hat Sartre das nicht gemeint. Nur in einer zeitweiligen Zwischenphase seiner Entwicklung, auf die wir gleich zu sprechen kommen, hat sich auch bei ihm der Begriff des Engagements so entleert und formalisiert, daß jede Art Entscheidung, auch die für das Böse, darin als wertvoll enthalten war. Am literarischen Problem des Naturalismus zeigt Sartre, wie sich die rein beschreibende, nicht Stellung nehmende Literatur von der Wirklichkeit und ihrer eigenen Aufgabe entfernt.

„Die Wahrheit ist, daß er (nämlich der Schriftsteller), vollkommen im Unklaren über seine soziale Stellung, zu ängstlich, um sich gegen die bürgerliche Gesellschaft die ihn aushält, zu wenden, zu klarblickend, um sie ohne Vorbehalte anzuerkennen, sich entschieden hat, über sein Jahrhundert Gericht zu sitzen und sich einredet, daß er so außerhalb seiner Zeit bliebe, wie der Experimentierende außerhalb der Experimentiervorganges bleibt." (39)

Die Entlarvung des Tatsächlichen genügt also nicht, man muß dazu Stellung nehmen, und zwar von einer eigenen Wertvorstellung her. Was der Inhalt dieser Wertvorstellung sein muß, sagt der Sartre'sche kategorische Imperativ, der dem Kantischen nachgebildet ist. Einen „totalen Einsatz", der wertfrei wäre, der den Menschen nicht gut oder böse sein läßt, gibt es also nicht. Und er muß dafür einstehen.

„Heute sind die Dinge so weit gediehen, daß man erleben kann, wie Schriftsteller, die, getadelt oder bestraft, weil sie ihre Feder den Nazis zur Verfügung gestellt haben, plötzlich schmerzlich erstaunt sind. ‚Wieso!?' sagen sie, ‚verpflichtet denn das, was man schreibt'?" (40)

Sartre bezieht also einen durchaus eindeutigen politischen Standort, den einer humanen Verantwortlichkeit. Sein „engagement" ist ein gegenwärtig-gesellschaftliches, wenn er auch von der sozialen Struktur der Zukunft nur recht verworrene Vorstellungen hat.

Ohne Zweifel hat der Humanismus Sartres Quellen, die den weltanschaulichen Traditionen des französischen Bürgertums entspringen. Der politische Sieg der bürgerlichen Klasse in der französischen Revolution gab der ideologischen Selbstbestimmung in der vorangegangenen Aufklärungsphilosophie – von Descartes bis Rousseau – eine Festigkeit, die gewissen progressiven Weltanschauungsgehalten über die Periode des Aufstiegs der Bourgeoisie hinaus Geltungsdauer verlieh; so blieb ein gemeinsamer Bestand an politisch-moralischen Postulaten erhalten, der in die Bestimmungsmerkmale der bürgerlichen Philosophien mit eingeht. (41) Die Ausartungen eines, alle bürgerlich-humanistischen Postulate über Bord werfenden, Irrationalismus, wie wir ihn aus Deutschland kennen (42), haben die großen Vertreter der spätbürgerlichen Philosophie in Frankreich, auch wenn sie vom Irrationalismus der Epoche wesentlich beeinflußt waren (wie zum Beispiel Bergson), nicht in vergleichbarer Weise mitgemacht.

So bleibt bei Sartre, auch in seiner existentialistischen Frühphase, die „romantische" Komponente stets mit einem gehörigen Element aufklärerischer Rationalität versetzt. (43) Die bürgerlich-demokratischen Normen der Enzyklopädisten und Rousseaus verbinden sich mit den Elementen des Irrationalismus, die von Kierkegaard, Nietzsche und der nachfolgenden Lebensphilosophie in die Weltanschauung der spätbürgerlichen Epoche eingedrungen waren. Diesen letzten Komponenten entspringt der nihilistische Individualismus Sartres, dessen Verwurzelung in der Lebensatmosphäre des Kleinbürgertums die Autobiographie seiner Kindheit schildert. Widerspruchsvoll dazu steht jedoch die verpflichtende Bindung an humanistische Werte (44), die den asozialen Charakter des extremen Individualismus wieder einschränken und auf gesellschaftliche Bindungen verweisen. Ausdruck dieses Widerspruchs ist der Versuch einer Erneuerung des kantischen Formalismus in der Ethik.

V. Der Mode-Existentialismus nach 1945

Am Ende des zweiten Weltkriegs befand sich Sartre in einer zweideutigen Situation. Der gemeinsame Gegner, der deutsche Faschismus, war niedergeworfen. Die nationale Widerstandsbewegung hatte ihre Aufgabe erfüllt. Nach dem Willen ihrer Partisanen sollte nun mit dem Neuaufbau der Gesellschaft begonnen werden; es sollte eine Welt entstehen, in der die Schrecken des faschistischen Terrors und die Barbarei des Krieges sich nicht wiederholen konnten. Man strebte nach einer einigen, friedlichen Menschheit, deren nationale Differenzierungen nicht zu feindlichen Gegensätzen, sondern zum Reichtum kultureller Entfaltung und edlen Wettbewerbs führen sollte. Die Organisation der Vereinten Nationen wurde zum hoffnungsvoll ausgemalten Zukunftsbild, dem sich die Besten der Völker zuwandten. Man muß sich nur einmal die politische, soziologische und juristische Literatur der ersten Nachkriegszeit in Erinnerung rufen, um den ungeheueren optimistischen Impuls zu verstehen, der damals die Menschheit ergriffen hatte.

Es kam anders. Die ökonomischen Verhältnisse der westlichen Welt wurden auf der Vorkriegsbasis restauriert. Die alten Interessengegensätze zwischen den Besitzern der Produktionsstätten und den Lohnarbeitern tauchten mit unverminderter Schärfe wieder auf. Wie nach der Ära der Französischen Revolution von den zurückgekehrten Adligen gesagt wurde: „Sie haben nichts vergessen und nichts dazu gelernt", so galt dasselbe nun für die wieder in ihre ungeschmälerten Rechte eingetretene Kapitalistenklasse. Die in der Widerstandsbewegung bewährte Solidarität brach auseinander, jeder verfocht wieder sein privates Interesse, das sich mit dem Interesse der Klasse deckte, der einer zugehörte. Das Erlebnis der Résistance schien umsonst gewesen zu sein. Nicht die Verantwortlichkeit jedes für jeden, nicht der Einsatz für einen allgemeinen Zweck blieb bestehen, sondern nur noch der individuelle Egoismus, der am Egoismus des Nächsten scheiterte.

So ergriff die progressiven, aber politisch nicht organisierten und ungefestigten Teile der bürgerlichen Intelligenz, die an die neue Situation mit trügerischen Illusionen herangetreten waren, eine ungeheuere Enttäuschung. Alles schien vergeblich gewesen, das Dasein – das individuelle wie das geschichtliche – schien sinnlos zu sein. In dieser Lage, in der der politische Aufbruch nur zu nichts geführt zu haben schien, besann man sich auf die existentialistische Ausgangsposition. Die vor dem Kriege, in der widerspruchsvollen, krisenhaften Verfallszeit des kapitalistischen Systems ausgesprochene These von der absoluten Sinnlosigkeit der Existenz stieß nun auf eine allgemeine Bereitschaft, die durch die Enttäuschung erhöht worden war. Albert Camus hatte den Mythos von Sisyphos, dessen Arbeit nutzlos bleibt, weil sie immer vor dem Ziel scheitert, zum Sinnbild der menschlichen Existenz überhaupt erhoben. So vollzog sich in den ersten Nachkriegsjahren eine allgemeine Rückwendung zur Vorkriegsideologie. In diesem Zusammenhang muß Sartres Entwicklung zwischen 1945 und 1950 verstanden werden. Auch er war von der allgemeinen Resignation der fortschrittlichen bürgerlichen Elemente zutiefst erfaßt. Und wenn auch sein kritisches Bewußtsein nicht schwieg, wenn er auch noch gelegentlich die Schwächen und Punkte der kapitalistischen Gesellschaft bloßlegte, wie zum Beispiel in seinem Drama „Die ehrbare Dirne", so verfiel er doch immer mehr dem verbreiteten Irrationalismus mit nihilistischer Tendenz, für den das Dasein schlechthin und die politisch-geschichtliche Wirklichkeit im besonderen absurd sind und für den es aus dieser Absurdität keinen anderen Ausweg gibt als die Hemmungslosigkeit des privaten Individualismus. Der Einakter „Geschlossene Gesellschaft" demonstriert diesen „existentialistischen" Abgrund, in den jeder stürzt und haltlos immer weiter fällt. Die Situation wird – ähnlich wie in einem naturwissenschaftlichen Experiment – artifiziell unter die Ausgangsbedingung der Abgeschlossenheit von Außenwirkungen gestellt: drei Menschen sind nach ihrem Tode in einem Zimmer eingeschlossen, das die Hölle, oder besser: der Zustand der Hölle ist. Dort müssen sie nun für die Ewigkeit miteinander auskommen. Der Raum und die drei Personen stehen symbolisch für die Welt und die Menschen und die sinnlose Wiederkehr des Gleichen. In dieser „geschlossenen Gesellschaft" spielt sich das Zusammenleben der Akteure gleichsam im luftleeren Raum ab, in einer Atmosphäre, in der nur das individuelle Bewußtsein über die Wirklichkeit entscheidet und es keine Realität an sich gibt. Wohl aber treffen die Gedanken der Individuen (im Medium einer Sprache, die nicht verbindet, sondern trennt) aufeinander zu ewiger Qual und Zerstörung des anderen. Hier sind die Menschen radikal einsam, keiner kommt zum anderen, weil immer ein Drittes sich zwischen jene schiebt, die zu zweit sich finden wollen. Die drei quälen sich mit Worten, Fragen, Vertraulichkeiten, kurz: mit allen Mitteln, die sonst zwischen Menschen die Situation klären. Hier ist nichts zu klären. Sie sind verdammt, in dieser völlig absurden Lage für immer zu verbleiben. Und am Ende des Dialogs heißt es: „Also weitermachen!" – Das ist die Hölle, die absolute Trostlosigkeit, jenseits von Hoffnung und Angst. Und diese Hölle ist das Abbild unserer Existenz, so wie Sartre sie damals sah. Es ist – wie bei Camus der Mythos von Sisyphos – ein Bild völliger Sinnlosigkeit und Unmenschlichkeit. Dem Menschen kann nichts mehr zustoßen, was ihn läutert und weiterführt. Es gibt – weder im Leben noch in der Literatur – keine Katharsis mehr, keine Reinigung durch das Erleben und Erleiden, sondern nur noch das Aushalten in verzweifelter Lage. So demaskiert sich die kapitalistische Gesellschaft, die keine Zukunft mehr kennt.

In diese Periode der Enttäuschung und Selbstverlorenheit fällt die

Ausbildung des Existentialismus zur „Weltanschauung", zu einem Surrogat praktischer und theoretischer Welterkenntnis. Nicht eigentlich die Rückkehr Sartres zu seinem Vorkriegsstandpunkt ist für diese Entstehung des „Existentialismus" als Schulrichtung bezeichnend, sondern sein Verzicht auf eine weitere wissenschaftliche Entwicklung seiner Thesen, die in dem Hauptwerk „Das Sein und das Nichts" dargestellt waren. Dieses Werk ließ mannigfache Fragen offen, sowohl in seiner, an Hegel anknüpfenden Dialektik der menschlichen Verhaltensweisen wie auch in seinem Versuch, eine allgemeine ontologische Grundlegung dieser Anthropologie zu geben. Manches in diesem Werk schien einer positiven Fortbildung fähig und die kleine Programmschrift „Der Existentialismus ist ein Humanismus" hatte begonnen, die Weiterführung der philosophischen Daseinsanalyse einzuleiten. All diese Impulse brachen jetzt abrupt ab. Die Position von „Sein und Nichts" versteifte sich. Sartre selbst kehrte nicht mehr in seinen Lehrberuf zurück, sondern ließ sich als freier Literat nieder. Die ungebundene Existenz des Bohemien, die schon den Mathieu des Romans „Zeit der Reife" fasziniert hatte, war eine unwiderstehliche Verlockung für seinen aus allen sachlichen Bindungen herausgerissenen unruhigen Geist. Im „Café Flora" am Boulevard de St. Germain etablierte er sich; er machte es zum Mittelpunkt des immer quirlenden, immer brodelnden Literaten- und Studentenviertels, das Quartier Latin.

Der Existentialismus der ersten Nachkriegsjahre versandete im sektiererischen Weltanschauungsbetrieb, der für ein orientierungsloses Großstadt-Publikum zur Mode werden konnte. Darin lag nun aber auch die ideologische Gefahr, die diese Bewegung in den ersten Nachkriegsjahren darstellte. Sie lenkte von den wirklichen gesellschaftlichen Problemen ab, sie wurde zum Mittel einer restaurativen herrschenden Schicht, die jungbürgerliche Opposition aufzufangen und in sozial wirkungslose Bahnen zu lenken. Sartre selbst war sich dieser degradierenden Funktion wohl kaum bewußt, aber im Spiegel seines literarischen Werkes reflektiert sie sich deutlich. Das extremste Produkt jener Jahre, das Drama „Die schmutzigen Hände", wird in aller Welt als antisowjetisches, politisches Hetzstück verstanden. Die „reine Moralität" des Individualisten wird der „unsauberen Politik" des Funktionärs gegenübergestellt; das Prinzip der Identität konfrontiert mit den Opportunitäten der Taktik. Es gibt zahlreiche Stellen, aus denen lesbar ist, daß Sartre hier wohl nicht eigentlich antisowjetisch argumentieren wollte, als vielmehr die Ratlosigkeit des von einem abstrakten Richtigkeitspostulat ausgehenden engagierten Philosophen ausdrückte, den Zwiespalt, der für ihn zwischen der Einsicht in die Notwendigkeit und Zwänge des Klassenkampfes und dem individuellen Widerstand gegen den wechselvollen Prozeß der Ausbildung einer Parteilinie als Handlungsmaxime besteht. So gerieten ihm die Positionen zu Klischees der Ideologie des Antikommunismus. Sartre, der nach seiner Selbstbesinnung und Selbstkritik 1952 die weitere Aufführung untersagte, ist erst spät zu dieser Einsicht gekommen. Die Atmosphäre des Kaffeehaus- und Barbetriebs, in der sich seine Schriftstellerei entfaltete, hielt ihn lange gefangen.

Diese Atmosphäre wird treffend gekennzeichnet in einer Reportage, die die amerikanische Zeitung „Life“ über Sartre im Jahre 1947 brachte:

„. . . Sartre steht früh auf und trinkt gegen 9 Uhr seinen Morgenkaffee in der „Flora“ am Boulevard de St. Germain. Vor seiner Reise in die USA, wo er an der Yale-, Harvard- und Princeton-Universität Vorlesungen hielt, war das Café Flora sein Hauptquartier. Hier brachte er den ganzen Tag zu, schrieb er mit der Hand seine Werke, hielt Geschäftskonferenzen ab, empfing Besuche und Reporter und unterhielt sich mit seinen Freunden. Aber der Preis des Ruhmes ist teuer. Aus den entferntesten Gegenden Frankreichs sowie aus den aristokratischen Wohnvierteln von Paris strömten die Neugierigen in die „Flora“, um die Existentialisten bei der Arbeit zu sehen und auf Herrn Sartre zu starren, oder um mit den bleichen Intellektuellen Fühlung zu bekommen. Als Sartre hierher zurückkehrte, war das Café so von Schülern und Neugierigen umschwärmt, daß für den Meister kein Platz mehr war. Sartre verlegte sein Hauptquartier von der überlaufenden „Flora“ in das benachbarte Cafe „Pont-Royal“, eine Bar, in der es Plüsch und Holzvertäfelung gibt . . . Um halb sieben Uhr, der Stunde des Apéritifs, ist sein Arbeitstag beendet. Dann versammeln sich die Eingeweihten um ihn in der Bar des „Pont-Royal“, und man beginnt inmitten von Rauchschwaden zu trinken, zu schwatzen und lustig zu sein. Um acht Uhr übersiedelt die Gesellschaft in ein Restaurant des Schwarzen Marktes, wo die Existentialisten ihren Pessimismus bei einem üppigen Mahl, auserlesenen Weinen und alten Likören feiern. Eingehüllt in einen rosaroten Schleier wälzen sich die Existentialisten schließlich in ein billiges Nachtlokal, genannt „Le Bal Nègre“, wo das Propheten Sartre gallischer Humor sich voll ausleben kann, begleitet von einer Flut lärmender und gliederverrenkender Rumbas, Tangos und Javas . . .“

Wir müssen dieser philosophisch unproduktiven und literarisch zweifelhaften Periode Sartres deshalb so viel Aufmerksamkeit schenken, weil sie das Bild des Mannes und seiner Philosophie im öffentlichen Bewußtsein so entscheidend beeinflußt hat. Wer erkennt unter dieser Oberfläche noch den wagemutigen Widerstandskämpfer von gestern, wer vermutet darunter den politischen Streiter von morgen? Hier liegt ein Bruch in der geistigen und seelischen Entwicklung Sartres vor, über den wir uns Rechenschaft geben müssen. Dieser Bruch ist nicht allein mit psychologischen Deutungsversuchen zu erklären, so sehr Sartre selbst uns seine Widersprüche als Produkte seiner Herkunft plausibel zu machen sucht. Er muß verstanden werden als der Ausfluß einer bestimmten Zeitsituation, einer gesellschaftlich bedingten Unsicherheit in den Reihen der Intelligenz, die den sensiblen Schriftsteller und Philosophen aus der Bahn warf. Es ist eine Art Identitätsverlust, den Sartre hier erlitt. Er ist nicht mehr derselbe, der er war und der er auch wieder sein wird. Dieser Identitätsverlust spiegelt sich in der philosophischen Theorie: jedes einzelne Tun wird isoliert, hat weder mit dem vorhergehenden noch mit dem folgenden Handeln einen notwendigen Zusammenhang. In jedem Augenblick kann der Mensch seine ganze Vergangenheit annullieren. Diese extreme Konsequenz des existentiellen Freiheitsbegriffs ist es, die Sartre in eigener Person vorexerzierte. Wie er in den Untersuchungen von „Sein und Nichts" die aporetische Struktur der Aufrichtigkeit aufzeigte, derart, daß der Mensch nicht er selbst sein kann, ohne sich zu verdinglichen und sich damit seiner Freiheit zu berauben – so verliert Sartre jetzt selbst die Aufrichtigkeit, weil er die Bindung an das als richtig Erkannte nicht mehr gelten läßt. Es bleibt beliebig, wie ein Mensch sich in einer konkreten Situation entscheidet, denn die Entscheidung ist durch keine objektiven Voraussetzungen, Verbindlichkeiten oder Wertsetzungen beeinflußt. Diese radikal individualistische, subjektivistische ethische Theorie (die die Aufhebung der Ethik schlechthin bedeutet) fällt nun auf ihren Verfechter selbst zurück und rächt sich an ihm. Er verliert die Haltung, im menschlichen, politischen, künstlerischen Sinn.

Wir haben gesagt, daß dieses Dilemma sich schon Ende des zweiten Weltkrieges abzeichnete und daß Hans Mayer in seinem Sartre-Essay darauf hingewiesen hatte. Wenn er dort die Frage stellte, ob Sartre den Durchbruch zu einer positiven Wirklichkeitsauffassung im „Erlebnis seines erwachenden Landes" finden könnte, so lag in dieser Frage schon die weitere Entwicklung vorgezeichnet. Denn das Erwachen Frankreichs nach der Befreiung blieb kurz. Mit der Wiederherstellung der Vorkriegszustände und dem Verzicht auf eine soziale Neuordnung wurden auch die Ansätze zu einer geistigen Erneuerung aus dem offiziellen Leben Frankreichs verbannt. Die große Anstrengung, zu der sich die ganze Nation im Widerstand gegen die deutsch-faschistischen Eindringlinge aufgerafft hatte, schien vergebens. Übrig blieb eine klassengespaltene, in Ränken und Eifersüchteleien der verschiedenen Interessengruppen sich zersplitternde Gesellschaft, deren getreues Abbild die weithin funktionsuntüchtige Deputierten-Kammer war. Die Widerstandskämpfer sahen sich in ihren Hoffnungen betrogen und resignierten. Dafür ist Sartres Partisanen-Stück „Tote ohne Begräbnis" kennzeichnend. Hier wird die Sinnlosigkeit der politischen Entscheidung vorgeführt und rückwärts in die Résistance hineinprojiziert. Die meisten von Sartres Kampfgenossen, die aus dem sozialistischen und kommunistischen Lager kamen, rückten von diesem Stück und seinem Autor ab. Sie erkannten sich und ihre Ziele, ihren ungebrochenen Erneuerungswillen auch nach dem enttäuschenden Ergebnis ihrer Bewegung in diesem Stücke nicht, sie fühlten sich diffamiert. Sartre geriet immer mehr in die Isolation. Der aus der allgemeinen, ungeklärten Bewußtseinslage des intellektuellen Bürgertums erwachsene Pessimismus trennte ihn von den Freunden und Genossen der Illegalität. Und diese Trennung verstärkte wiederum die nihilistischen, extrem individualistischen Züge seines Denkens, ließ die positiven Ansätze aus der Kriegszeit verkümmern. Eine Wechselwirkung geistig-gesellschaftlicher Art, die ihren Niederschlag in dem sachlich unsauberen Drama „Die schmutzigen Hände" fand. Die Problemstellung ist hier verzerrt, die Fronten sind verkehrt, die eigene Verneinung jedes Wertmaßstabes ist der anderen Seite unterschoben. Sicher nicht mit böswilliger Absicht, wohl aber in Akkomodation an eine sich laut gebärdende Tendenz der bürgerlichen Ideologie war hier ein Stück entstanden, aus dem man antikommunistische und antisowjetische Gedanken nur zu leicht entnehmen konnte. (Sartre bestritt später bei der Abfassung des Dramas solchen propagandistischen Zweck im Sinne gehabt zu haben. Es mag dahingestellt bleiben, inwieweit er wirklich ein politisch „neutrales", gegen niemanden gerichtetes Problem aufnehmen wollte, um daran „nur" die Sinnlosigkeit jeder konkreten Entscheidung aufzuzeigen. Jedenfalls hat das Stück als ein Aufputschmittel im „Kalten Krieg" gewirkt.)

So war Sartre, gerade als er zum „Mode-Philosophen" wurde, einsamer denn je. Es ist bezeichnend, daß sein philosophisches Denken in jener Zeit schwieg. Er schrieb keine wissenschaftlichen Werke mehr, wohl deshalb, weil die widerspruchsvolle eigene Situation ein exaktes Durchdenken von Problemen nicht zuließ. Die Zeit von 1946 bis 1951 ist vielleicht die finsterste seines Lebens. Und mehr und mehr mußte er eine Kritik zu spüren bekommen, die die Grundlagen seiner Existenz selbst angriff.

Währenddessen grassierte, innerhalb und vor allem auch außerhalb Frankreichs, der Existentialismus als Mode-Seuche. Gerade weil der hegelianische und phänomenologische Boden, in dem Sartres große theoretische Schriften verankert sind, nicht mitrezipiert wurde, konnten die weltanschaulichen Extrempositionen, herausgelöst und simplifiziert, in törichter Weise aufgenommen werden: die Lehre von der absoluten Freiheit des Individuums, von der Absurdität der Existenz, von der Vergeblichkeit (gratuité) alles Tuns, von der Sinnlosigkeit der Geschichte. Diese Positionen, in zahlreichen Artikeln und Interviews (so einer terrible simplification Vorschub leistend) von Sartre selbst vertreten, verleugneten die Erfahrungen und Konsequenzen der Résistance und stellten einen Rückfall in die nun noch zugespitzten Vorkriegsauffassungen des Philosophen dar. Nicht aber konnte die Entwicklung des Zweiten Weltkrieges rückgängig gemacht werden, als deren Ergebnis der geschichtliche Prozeß nun in der Konfrontation und Auseinandersetzung der zwei kontradiktorischen Gesellschaftssysteme, des kapitalistischen und des sozialistischen, auch auf zwischenstaatlicher Ebene stattfand. Damit aber wurde dem politisch engagierten Denker ein neues politisches Engagement abgefordert.

VI. Sartre, Merleau-Ponty und die „Temps Modernes"

Der diese Forderung für Sartre verkörperte, war Maurice Merleau-Ponty (45), Philosoph aus phänomenologischer Schule wie Sartre selbst, wie er Absolvent der Ecole Normale Supérieure, Professor am Collège de France, Freund und Mitherausgeber der von Sartre begründeten und geleiteten Zeitschrift „Temps Modernes". Sartres zutiefst betroffener, ergriffener und ergreifender Nachruf auf den früh Verstorbenen (1961 mit 53 Jahren) berichtet von dieser Freundschaft, ihrer Zartheit und Verletzlichkeit, ihrer Krise unter dem Druck des Politischen. (46)

Man macht es sich indessen zu einfach, wenn man nur die private, die persönlich-menschliche Seite dieser Freundschaft sieht: ja, man macht es sich auch dann noch zu einfach, wenn man aus der anfänglichen Übereinstimmung philosophischer Positionen auf die Gleichartigkeit der beiden Denker schließt, die sich auf gemeinsamem Boden trafen. Sartre hat das Bekenntnis Merleau-Pontys zur politischen Linken aus psychischen Bedingungen hergeleitet, die seinem Engagement einen merkwürdigen Beigeschmack von Konservativismus gaben, der eine Identifikation von theoretischer Tendenz und gelebtem Dasein nicht erlaubte. Merleaus Idee von der Revolution wurde (nach Sartre) bestimmt durch eine romantische Suche nach dem verlorenen Paradies. Anders die Sartres. Er ist, wenn man den Bekundungen nachspürt, die seine Individualität im Werk fand, von Anfang an (das heißt seit seiner Kindheit) von einem tiefen Haß gegen die Erscheinungsformen der bourgeoisen Welt der Verdinglichungen, der Besitzvorstellungen, der Versteinerungen erfüllt gewesen – und seine Selbstdarstellung in „Les Mots" deckt sich mit diesem Eindruck, den seine Werke hinterlassen. Dieser Haß leitet ihn zur Kritik der bürgerlichen Gesellschaft, so wie Merleau die Enttäuschung über die Unvereinbarkeit von Humanität und bestehender Sozietät. Die Wurzeln des rebellierenden Bewußtseins sind bei beiden Denkern verschiedene. Und so mußte auch ihre Reaktion auf konkrete Probleme, die radikal genug waren, um diese Wurzeln zu betreffen, verschieden sein.

Wenn Sartre und Merleau sich überhaupt trafen – über die Begegnungen hinaus, denen Fachkollegen durch ihren Beruf ausgesetzt sind – so lag das an der geschichtlichen Situation, die sie vor die gleichen Fragen stellte. Das Medium ihrer Freundschaft war der objektive Geist, in dessen Formen sich die Geschichte realisiert. Und die kleine spezifische Einzelform, die diese Freundschaft Gestalt und Ereignis werden ließ, war die Zeitschrift, die beide zur hauptverantwortlichen Zusammenarbeit vereinigte.

An der Entwicklung der „Temps Modernes" also läßt sich das Wesen der Verbindung zwischen Sartre und Merleau-Ponty ablesen. Denn die

Zeitschrift war das sachliche Medium, das vermittelnd die singulären Existenzen sich aufeinander beziehen ließ. Und da vollzog sich nun ein bedenkenswerter Umschlag: die Verbindung der beiden Menschen wiederum wurde Ausdruck objektiver, überpersönlicher Kräfte der Zeit, weil diese Kräfte eben in dem sachlichen Medium mächtig waren, durch das sich diese Verbindung realisierte. Weil Sartre und Merleau-Ponty Freunde wurden aus geschichtlicher Erfahrung, war ihre Freundschaft mehr als ein privates Vorkommnis: sie ist ein Indiz der geschichtlichen Wirklichkeit selbst.

Aus der Widerstandsbewegung war die Solidarität der demokratischen und sozialistischen Kräfte erwachsen. Es gab zwischen dem antifaschistischen nationalen Bürgertum Frankreichs und den militanten Kommunisten keine unüberwindlichen Gegensätze. Es schien möglich, zum Vorkriegsprogramm der Volksfront zurückzukehren und eine Überleitung vom Kapitalismus zu sozialistischen Gesellschaftsformationen auf evolutionärem Wege zu vollziehen. Das war die Ausgangssituation von 1944/45. Doch die Restitution demokratischer Staatsformen brachte zugleich die Widersprüche zutage, die zwischen dem in seinen Rechten und seinem Besitzstand unangetasteten Bürgertum und der Arbeiterschaft bestanden und die eine allmähliche Entwicklung zum Sozialismus unmöglich machten. Die Kommunisten standen vor der Frage, ob sie in diesem Augenblick die Revolution wagen sollten, die innenpolitisch durchführbar und vielleicht erfolgversprechend gewesen wäre. Die weltpolitische Lage hätte jedoch nationalen Revolutionen innerhalb des Einflußbereichs der USA keine Chance gelassen; das Beispiel des griechischen Bürgerkrieges, wo die sozialistisch-kommunistische Befreiungsfront durch anglo-amerikanische Intervention niedergeworfen wurde, zeigt dies. Die Sowjetunion wäre, nach den unermeßlichen Anstrengungen und den ungeheuren Opfern des Großen Vaterländischen Krieges, zu einer Unterstützung nationaler Revolutionen in der westlichen Welt nicht in der Lage gewesen; sie mußte eine Politik der Konsolidierung ihrer eigenen Position verfolgen, wenn sie der bald nach dem 2. Weltkriege zum strategischen Programm der USA gewordenen roll-back-policy widerstehen wollte. Die günstige Stunde der Revolution in Westeuropa konnte unter diesen Bedingungen nicht genutzt werden; es gab nach dem 2. Weltkrieg keine isolierten nationalen Entwicklungen, die internationale Situation konnte nicht ignoriert werden.

Dies war für die radikalen linksbürgerlichen Theoretiker, zu denen Sartre und Merleau-Ponty zählten, eine tiefgreifende Erschütterung. Sie erwarteten, sie erhofften die Revolution. Sie sahen die Gründe ein, die ein revolutionäres Verhalten unmöglich machten; aber gerade weil sie die Gründe einsahen, begannen sie an der kommunistischen Theorie zu zweifeln. Wenn die Furcht vor Interventionen eines fremden Staates den Klassenkampf zügeln konnte, so schien ihnen der Klassenkampf nicht mehr der wahre Inhalt der kommunistischen Bewegung zu sein. Zu Bannerträgern des „echten" Marxismus wurden dann diejenigen, die sich der Parteidisziplin der Kommunisten nicht unterwarfen, sondern auf eigene Faust, wenn auch vergeblich und bloß mit den Waffen des Geistes, den Klassenkampf weiterführten. Das heißt nicht, daß Sartre und Merleau-Ponty sich von der Gemeinschaft mit den Kommunisten trennen wollten – sie nahmen sich vielmehr vor, deren Gewissen zu sein. Als Individuen erhoben sie sich zum Über-Ich der Partei, der Klasse, der Geschichte. Politische Aktion war in den Jahren des nationalen Widerstandskampfs gegen die Deutschen und ihre Kollaborateure zugleich die Erfahrung einer Volksfront gewesen, in der bürgerlich-demokratische Traditionen (einschließlich derer des Jakobinertums) mit sozialen Utopien und marxistischen, leninistischen Revolutionsstrategien amalgamiert werden konnten. Die spontane und emotionale Ablehnung des Kapitalismus, die durch das opportunistische Bündnis eines Teils des Besitzbürgertums mit den Nazis weitere Nahrung erhielt, führte die kleinbürgerlichen Rebellen in die Nähe der Arbeiterbewegung; die Notwendigkeiten des Widerstandskampfes weckten das Verständnis für organisatorische Disziplin. Doch die utopische Verachtung der Realität, das kurzschlüssige Programm des direkten Sprungs ins gedachte und erträumte Ziel, die „revolutionäre Ungeduld", die bloß Revolten hervorbringt, blieben unreflektiert und schlugen sich in einer Kritik von links an der Politik der KPF nieder. Diese Einstellung spiegelt sich in Sartres Selbstdarstellung wieder:

„1945 war es möglich, zwischen zwei Einstellungen zu wählen. Zwei, nicht mehr. Die erste und bessere war, sich den Marxisten – und ihnen allein – anzuschließen und den Zusammenbruch der Linken zu entlarven, nachdem die Revolution *in nuce* getötet worden, nachdem die Revolution ermordet worden war ... Indessen, die Revolution ist kein Zustand der Seele; sie ist eine tägliche Praxis, die durch eine Theorie erhellt wird. Und wenn es nicht genügt, Marx gelesen zu haben, um revolutionär zu sein, so schließt man sich ihm doch früher oder später an, wenn man für die Revolution kämpft. Das Ergebnis ist klar: nur Menschen, die durch diese Disziplin geformt sind, könnten die Linke wirksam kritisieren. Zu jener Zeit mußten sie zum näheren oder weiteren Umkreis der Trotzkisten gehören; im selben Augenblick aber wurden sie durch diese Zugehörigkeit disqualifiziert, ohne daß es ihre Schuld gewesen wäre: in der in die Irre geführten Linken, die von der Einheit träumte, spielten sie die Rolle von ‚Spaltern' ... Die Revolution schien damals nur der liebenswürdigste der Mythen zu sein, auf gewisse Weise eine kantische Idee. Ich wiederholte das Wort mit Respekt, aber ich verstand nichts von der Sache. Wir waren gemäßigte Intellektuelle, die Widerstandsbewegung hatte uns auf die Seite der Linken gezogen. Das war nicht genug, und außerdem war die Résistance tot. Befreit für uns selbst, waren wir nur Reformisten, und was hätten wir anderes sein können? Ausgehend von den Mittelklassen, versuchten wir ein Bindeglied zwischen dem intellektuellen Kleinbürgertum und den intellektuellen Kommunisten herzustellen. Dieses Bürgertum hatte uns erzeugt, wir hatten als Erbteil seine Kultur und seine Werte übernommen. Die Besetzungszeit und der Marxismus hatten uns aber gelehrt, daß weder diese Kultur noch jene Werte aus sich selbst stammen. Als Freunde der Kommunistischen Partei forderten wir von uns die Werkzeuge, die notwendig waren, um der Bourgeoisie den Humanismus zu entreißen." (47)

Der Humanismus, von dem Sartre hier spricht: das war das Menschenideal der klassischen bürgerlichen Philosophie, wie es die Aufklärung, von der französischen Enzyklopädie bis zu Pestalozzi, von Diderots „Neveu de Rameau" bis zu Schillers „Briefen über die ästhetische Erziehung des Menschen", ausgebildet hatte und wie es über Hegel noch in den Entfremdungsbegriff des jungen Marx eingegangen war. Solange der Mensch nicht in voller Übereinstimmung mit sich selbst lebt, solange es also noch keine Identität des Menschen mit dem Inbegriff seiner Möglichkeiten gibt, ist die Gesellschaft wesentlich inhuman. Diese Bestimmung trifft, so betont Sartre, auf alle bisherigen soziologischen Formationen zu, in schärfstem Maße aber auf die bürgerlich-kapitalistische, die nicht nur von der Ausbeutung des Menschen durch den Menschen lebt (wie alle Klassengesellschaften), sondern sämtliche menschlichen Beziehungen (sei es zum anderen Menschen, sie es zur Natur oder zu den Dingen) funktionalisiert und entmenschlicht. Noch nie war der Mensch sich selbst so entfremdet wie heute, und der höchste Grad dieser Entfremdung ist es eben, daß sogar noch das Bewußtsein der Nicht-Identität, die Erkenntnis der Entfremdung selbst depraviert wird. Die gesellschaftlichen Verhältnisse, die den Menschen von sich selbst entfernen, werden immer undurchsichtiger, sodaß die Entfremdung sich immer mehr kaschiert und dem unmittelbaren Blick verhüllt. Eine angemessene Beurteilung der anthropologischen Situation unter den historischen Bedingungen unserer Zeit ist darum nur noch einer komplexen philosophischen Theorie möglich.

Sartres Humanismus führte ihn zurück an die Seite der Kommunisten, weil im Sinne seiner Theorie ihre Gründe die tieferen, ihre Argumente, die stichhaltigeren sind. Gerade im Augenblick der weltpolitischen Krise, die mit dem Ausbruch des Koreakrieges offen zutage trat, erneuerte sich für Sartre die Aktionseinheit mit der KPF; nun konnte es nicht länger mehr um taktische Differenzen gehen, schon gar nicht mehr um eine intellektuelle Bevormundung der Partei; die Analogie zum Widerstandskampf – nun auf internationaler Ebene – drängte sich auf.

Dies wurde auch die Stunde der Entscheidung für die Redaktion der „Temps Modernes". Merleau-Pontys Humanismus war stärker erlebnismäßig bedingt als der Sartres. Die Erinnerung an die kindliche Harmonie von Mensch und Welt, der Traum von der Solidarität der Menschen untereinander, wie er sie in der Zeit der Widerstandsbewegung erlebt hatte, das Ideal der Güte, die sich nach der Aufhebung der Bedingungen der Ausbeutung gleichsam „von selbst" einstellen sollte, waren in höherem Maße utopisch, in geringerem Maße mit der Realität vermittelt als Sartres aktuelles Engagement. So war es für Merleau-Ponty charakteristisch, daß seine spontane Zustimmung jenen Gruppen galt, die sich für den Frieden einsetzten. Um nicht im Schlepptau der Kommunisten zu operieren, gründeten französische Linksintellektuelle eine eigene Friedensbewegung, die eng mit der internationalen Bewegung verbunden bleiben und zusammen mit ihr aktiv werden sollte, sich jedoch ihre organisatorische Selbständigkeit erhalten wollte. Dieser Versuch, eine „dritte Kraft" zu formieren, scheiterte an den inneren Widersprüchen, von denen eine solche Gruppe zwischen den Fronten erfüllt war. Die einen entschieden sich für die Zusammenarbeit mit den Amerikanern und bejahten die Atombombe, die anderen plädierten für die Zusammenarbeit mit den Kommunisten und verdammten die Atombombe. Das war im Sommer des Jahres 1949. Als die politische Gruppierung, zu deren Initiatoren Sartre und Merleau-Ponty gehörten, auseinanderfiel, reiste Sartre in die USA. Eine kurze, aber folgenschwere Unterbrechung in der Zusammenarbeit zwischen Sartre und Merleau-Ponty an der Redaktion der „Temps Modernes" ergab sich aus dieser Reise; folgenschwer, weil in dieser Zeit die ersten Enthüllungen über die Arbeitslager in der UdSSR der Stalin-Ära in die Öffentlichkeit drangen und jeder der beiden Denker, auf sich gestellt und ohne im Gedankenaustausch miteinander zu stehen, die Konsequenzen aus diesen Enthüllungen ziehen mußte. Sartre berichtet darüber:

„Im Herbst sah ich ihn (Merleau-Ponty) wieder. Ich sagte ihm, daß ich ihn verstanden hätte. Mehr aktive Politik: die Zeitschrift und nur die Zeitschrift. Ich unterbreitete ihm Vorschläge: warum nicht eine Nummer der Sowjetunion widmen? Unser Einvernehmen war vollständig: wir wurden gegeneinander austauschbar. Ich war umso erstaunter, daß meine Vorschläge so geringes Echo fanden. Wenn er mir wenigstens ihre Unsinnigkeit bewiesen hätte: aber nein. Er ließ sie unter den Tisch fallen, schweigsam und düster. Im Augenblick, in dem unser Einverständnis mir vollkommen schien, begann es zu zerbrechen. Man hatte etwas über die sowjetischen Lager gehört. Der Leitartikel Merleaus erschien in der Januarnummer 1950. Er legte die Tatsachen dar und schloß: ‚Wir haben die gleichen Werte wie ein Kommunist . . . Wir können denken, daß diese Werte kompromittiert werden, indem sie sich heute im Kommunismus verkörpern. Sie sind dennoch immer noch die unseren, und wir haben auf der anderen Seite mit der großen Zahl der Antikommunisten nichts gemein . . . Grob gesprochen, findet sich die Sowjetunion auf der Seite der Kräfte, die gegen die uns bekannten Formen der Ausbeutung kämpfen . . . Man darf keine Nachsicht gegen den Kommunismus zeigen, aber man kann in keinem Fall mit seinen Gegnern paktieren. Die einzige gesunde Kritik ist folglich diejenige, die sich gegen die Ausbeutung und Unterdrückung in der Sowjetunion ebenso wie außerhalb der Sowjetunion richtet'. Nichts ist klarer als dies; was auch ihre Verbrechen sein mochten, die Sowjetunion hatte gegenüber den bürgerlichen Demokratien den Vorzug des revolutionären Ziels. Es kann sein, daß der Marxismus entartet ist, daß die inneren Schwierigkeiten und der äußere Druck das Regime verfälscht, die Institutionen auf Abwege gebracht, den Sozialismus von seinem Lauf abgelenkt haben: Rußland bleibt trotzdem den anderen Staaten unvergleichbar; man darf nur darüber urteilen, wenn man sein Wagnis bejaht und in seinem Namen urteilt. – Kurz, fünf Jahre nach seinem ersten Artikel kehrte Merleau in einem Augenblick von äußerstem Schwergewicht zu den Prinzipien seiner Politik zurück: neben der Partei, ganz dicht neben ihr, aber niemals in ihren Reihen. Die Partei war unser einziger Pol, die Opposition von außen unsere einzige Haltung ihr gegenüber. Die Sowjetunion allein angreifen, hieß, dem Westen Absolution erteilen. Aber die Stimme Merleaus hatte sich verdüstert. Er sprach kalt, selbst sein Zorn war ohne Heftigkeit, fast ohne Leben, als ob er den ersten Anfall jener Nachlässigkeit der

Seele verspürt hätte, die unser aller Übel ist. Man nehme sich wieder die Texte des Jahres 1945 vor, man stelle einen Vergleich an, man messe den Grad seiner Enttäuschung, die Abnutzung der Hoffnungen. 1945: ‚Ohne Illusionen machen wir die Politik der Kommunistischen Partei'. In seinem Artikel 1950: ‚Wir haben die gleichen Werte wie ein Kommunist'. Und, um gleichsam die Schwäche dieses rein moralischen Bandes zu zeigen: ‚Man wird mir sagen, die Kommunisten besäßen keine Werte . . . Im Widerspruch zu sich selbst *haben* sie tatsächlich Werte'. Mit ihnen übereinzustimmen, das bedeutete, ihnen unsere Maximen zu unterstellen, wohl wissend, daß sie sie zurückwiesen. Was die politische Übereinstimmung angeht, so gab es darüber keine Frage mehr. 1945 verbot er sich jedes Denken, jede Handlung, die die Gefahr in sich trug, dem Wiedererstarken des Proletariats schaden zu können. 1950 lehnte er es einfach ab, die Unterdrückung bloß in der Sowjetunion anzugreifen: man mußte sie überall oder nirgends entlarven. Die Sowjetunion von 1945 schien ihm doppelgesichtig. Man fand dort ‚Zeichen des Fortschritts und Symptome des Rückschritts'. Dieses Volk hatte eine furchtbare Prüfung hinter sich, es war erlaubt zu hoffen. 1950, nach der Enthüllung des Systems der Konzentrationslager, schrieb er: ‚Man fragt sich, welches Recht wir noch haben, von Sozialismus zu sprechen'. Mit einem einzigen Zugeständnis: im großen und ganzen steht die Sowjetunion auf der guten Seite der Schranke, auf der Seite der Kräfte, die gegen die Ausbeutung kämpfen. Nichts mehr; das revolutionäre Ziel, ‚den integralen Menschen zu erzeugen', wurde im Zusammenhang des Jahres 1950 darauf beschränkt, nur eine Illusion der kommunistischen Parteien zu sein. Man könnte sagen, daß Merleau sich um diese Zeit an einem Kreuzweg befand, daß er sich noch weigerte, eine Wahl zu treffen: sollte er fortfahren, der Sowjetunion den Vorrang zu geben, um sich selbst und den benachteiligten Klassen treu zu bleiben? Sollte er sich an dieser Gesellschaft der Konzentrationslager desinteressiert zeigen? Wenn es sich zeigte, daß sie aus dem gleichen Stoff gemacht war, warum wollte man dann mehr von ihr fordern als von den Ausbeutermächten? Ein letzter Skrupel hielt ihn zurück: ‚Der Verfall des russischen Kommunismus hat nicht zur Folge, daß der Klassenkampf nur ein Mythos ist, noch besagt er im allgemeinen, daß die marxistische Kritik hinfällig wird'." (48)

Die Enttäuschung war groß, die Erschütterung unüberwindlich. Merleaus Humanismus war integral und absolut, er ließ keine historischen Relativierungen zu, innerhalb deren Inhumanitäten als Durchgangsstationen oder Irrwege auf dem ehernen Gang der Weltgeschichte zwar moralisch disqualifiziert werden können, ohne aber den historischen Sinn einer Entwicklung im ganzen in Frage zu stellen. Merleau mußte einem Ideal entsagen, weil er an die Wirklichkeit den Maßstab des Ideals gelegt hatte. Dennoch wurde er kein Eiferer. Er war nie Mitglied der Kommunistischen Partei gewesen; das ersparte ihm das Renegatenschicksal. Er konnte Kritik üben, ohne abschwören zu müssen, er konnte Wertakzente verändern, ohne eine grundsätzliche Wendung zu vollziehen. Er stand zum Marxismus, ja er gab sogar nach wie vor dem Kommunismus und der Sowjetunion den Vorrang, weil er dort die historisch richtige Idee, die menschlich richtige Zielsetzung erblickte. Merleau war Historiker und Politiker genug, um die objektiven Bedingungen zu erkennen, die zu der Antinomie von Humanismus und Terror geführt hatten. (49) Er konnte, geschichtsphilosophisch betrachtet, daraus keine moralische Frage machen. Wenn das Streben nach dem richtig erkannten Guten in seinem

Laufe derart durch unkontrollierbare Einflüsse abgelenkt werden kann, blieb für ihn nur ein pessimistischer Aspekt der Weltgeschichte übrig. Nicht gerade der Aspekt Schopenhauers oder Jacob Burckhardts; aber doch ein Pessimismus, der den historischen Tendenzen keine günstige Prognose gab.

Hier zeichnet sich deutlich der philosophische Idealismus Merleau-Pontys ab. Die Realität verdirbt das Ideal, die Welt ist das Reich des Zerfalls der reinen Werte. Und wenn er auch den Idealen und Werten kein absolutes Sein zuerkannte, wie Platon, so waren sie für ihn doch Bedeutungen an sich, die das alleinige Maß des Ereignisses abgeben, als welches wir existent sind.

So blieb Merleau hinter Sartre zurück, den er in die politische Theorie eingeführt hatte. Sartre konnte, als die große Auseinandersetzung der Kommunisten mit der Hinterlassenschaft Stalins begann, in seinem Essay „Das Gespenst Stalins" die unmißverständliche Haltung manifestieren: auch nach dem Irrweg der Stalin-Ära sei der Wert und das Ziel des Kommunismus das gleiche geblieben, die Rückkehr zum Programm sei eingeleitet, die moralische Überlegenheit der kommunistischen Welt über die westliche, dank ihres unvermindert erhaltenen humanen Endziels, nicht gebrochen.

Es war ein schlechtes Jahr für die „Temps Modernes", dieses Jahr 1950. Brachte die Jahreswende die Enthüllungen über die sowjetischen Lager, so brachte der weitere Jahreslauf den Koreakrieg. Darüber zerbrach für lange Jahre die Freundschaft Sartres mit Merleau-Ponty, die gemeinsame Leitung der „Temps Modernes" löste sich auf. Die undurchsichtige Situation zu Beginn des Koreakrieges wurde für den Friedenskämpfer Merleau-Ponty zum Prüfstein dessen, was er die „Verankerung" des Menschen nannte. Sartre fand seine Verankerung, indem er Kampfgefährte der Kommunisten wurde. Merleau indessen, der (wie Sartre schildert) immer nur im privaten Paradiese behüteter Kindheit zu Hause gewesen war und auf dem Umweg über die Gesellschaft dorthin zurückkehren wollte, verlor seine Verankerung in dem Augenblick, als die Gesellschaft ihm ihre Widersprüche enthüllte, von denen auch der Sozialismus nicht verschont bleibt. Die gleichen Prinzipien, von denen Sartre und Merleau ausgingen, führten unter anderen persönlichen Bedingungen zu verschiedenen Schlußfolgerungen.

„Wir waren beide bedingt, aber im umgekehrten Sinn. Langsam gewachsen, hatte unsere Abscheu uns in einem bestimmten Augenblick zu einer Entdeckung geführt: dem einen hatte er den Schrecken vor dem Stalinismus gezeigt, dem anderen den Schrecken vor der eigenen Klasse. Im Namen des Prinzips, das Merleau mir eingeimpft hatte, im Namen seines Humanismus und seiner ‚Menschlichkeit', im Namen der Freiheit, der Gleichheit, der Brüderlichkeit schwor ich der Bourgeoisie einen Haß, der nur mit meinem Leben enden wird." (50)

VII. Der Konflikt mit Albert Camus

Den Abscheu vor der eigenen Klasse hat Sartre später, in seiner Autobiographie, auf die Anfänge in der kindlichen Erlebnissphäre zurückgeführt. Der Zwiespalt zwischen dem Hochmut des Einsamen (der an Nietzsche orientiert ist) und der Sehnsucht nach Solidarität zieht sich durch Sartres Oeuvre in allen seinen Entwicklungsperioden: der Hochmut läßt ihn die Disziplin nicht ertragen, die ein Engagement in den Organisationen der Arbeiterbewegung fordern würde; der Wunsch nach Solidarität aber führt ihn immer wieder in sektiererische Zirkel und Bindungen.

Schon das erste Hauptwerk enthält Momente, die dahin tendieren, den individualistischen, existentialistischen Rahmen der Daseinsinterpretation zu sprengen. Da war das Problem des „Anderen", des Mitmenschen an zentraler Stelle thematisch geworden. Dieser Andere ist es, der mich als Gegenstand sieht, mich mit bestimmten, von ihm berechenbaren Eigenschaften ausstattet, in seinem Bewußtsein über mich verfügt. Alle zwischenmenschlichen Beziehungen – Liebe, Haß, Treue, jede gemeinsame Aktion – führen sich auf den ontologischen Grund zurück, daß mein Sein *für* den Anderen gegeben ist, daß der Andere mich „hat". Sartre beschreibt dieses Verhältnis des Menschen zum Mitmenschen exakt mit den ökonomischen und juristischen Termini eines Besitzverhältnisses. Gerade in diesem „Haben" offenbart sich aber, daß der Andere mich meiner individuellen Freiheit beraubt, daß ich für ihn zum Mittel und Gegenstand werde und nicht zu einem selbständigen Partner. Sartres Problem der menschlichen Gemeinschaft ist also letztlich das Problem von Herrschaft und Knechtschaft, wie es schon bei Leibniz und Hegel als die philosophisch-gesellschaftliche Zentralfrage einer konkreten humanistischen Daseinsdeutung aufgetaucht war. (51) In seiner Analyse spitzt sich dieses Verhältnis nun genau auf die Situation des Menschen in einer Ausbeutergesellschaft zu, in der eine radikale Selbstentfremdung des Menschen, eine letzte Entäußerung des menschlichen Wesens, eine Verdinglichung alles Humanen zur Ware eingetreten ist. (52) Hier stößt Sartre also auf eine Aufhebung aller echten *menschlichen* Bezüge, die im Anderen den gleichberechtigten, für-sich-seienden Partner finden; in der heutigen Gemeinschaft wird der einzelne, sobald er sich mit anderen Menschen einläßt, seiner Freiheit beraubt. Er wird zur Substanz, ohne Subjekt zu sein. Damit ist die Diagnose der Entmenschlichung der kapitalistischen Gesellschaft auf ihrem eigenen Boden gestellt.

Von hier aus wird auch die Überspitzung des Freiheitsbegriffs in Sartres Philosophie verständlich: dieser radikale Rückzug in die Einsamkeit des Individuums als der einzigen Form absoluter Freiheit ist nichts anderes als der ohnmächtige Protest gegen die Verdinglichung des

Menschlichen, ist also, recht verstanden, das Korrelat dieser Verdinglichung und kann sie nicht aufheben. Wohl aber wird dabei das Problem, die Aufhebung der Ausbeutung gestreift und kann bei einer konsequenten Weiterentwicklung des Gedankens auch konkret anvisiert werden. (In dieser Situation befand sich schon Fichte, mit dessen Philosophie diejenige Sartres in vielen Zügen eine verblüffende Verwandtschaft hat). Gesellschaft und Freiheit erweisen sich also im bürgerlichen Denken als ein unlösbares (aporetisches) Problem, insofern im Rahmen einer kapitalistischen Produktionsweise die gesellschaftliche Tätigkeit des Menschen ihn seiner Freiheit beraubt, die Sicherung seiner Freiheit ihn aber gesellschaftlich isoliert. Die Aporie hat Sartre gesehen. Darin ist einer der Antriebsmomente zu suchen, die ihn in der politischen Aktion über den existentialistischen Ansatz hinausführten und so auch eine Revision seiner Philosophie erforderten. Sartre ist diesen Schritt zur Revision des „existentialistischen Weltbildes“ zunächst literarisch gegangen. Das Filmdrehbuch „Das Spiel ist aus“ bezeichnet die erste Stufe des Übergangs, das Drama „Der Teufel und der liebe Gott“ die zweite.

Dieser Übergang beginnt mit der Einsicht, daß das Sein des Anderen, des Mitmenschen nicht eine individuelle Beziehung zwischen einzelnen impliziert, sondern eine allgemein-menschliche Verpflichtung im Sinne des kantischen kategorischen Imperativs enthält. Diesen Widerstreit zwischen individuellem Daseinsglück und kollektiver Verantwortung stellt Sartre in der Filmhandlung dar, deren Drehbuch zu seinen stärksten literarischen Aussagen gehört. Die Handlung ist konstruiert, um das Problem in künstlicher Reinheit – sozusagen experimentell – durchexerzieren zu können. Der Leiter einer Widerstandsbewegung in einer besetzten Stadt fällt einem Mordanschlag zum Opfer. Er trifft im Jenseits die Frau eines reichen Kollaborateurs, die von ihrem Manne vergiftet wurde, um ihm den Weg zu ihrer jüngeren Schwester freizugeben. Beide erhalten – weil sie füreinander bestimmt waren, sich aber im Leben nie trafen – die Erlaubnis, zurückzukehren, wenn sie sich vierundzwanzig Stunden in ihrer Liebe bewährten. Mannigfache Mißverständnisse legen sich ihnen in den Weg. Für Pierre gibt es schließlich nur einen Weg: die in Gefahr schwebenden Freunde preiszugeben, um sein eigenes Glück und Leben an der Seite Eves zu retten, oder den Tod auf sich zu nehmen, um seine Pflicht den Kameraden gegenüber zu erfüllen. Und Sartre entscheidet sich für die Pflicht, gegen das individuelle Daseinsglück. Es gibt keine echte Freiheit, wenn sie mit dem Verzicht auf die moralische Person erkauft wird. Das Ende bleibt pessimistisch, noch sieht Sartre keine Zukunft: „Wenn die Kugel einmal rollt, sehen Sie, kann man eben seinen Einsatz nicht mehr ändern“. Das aber ist nur eine letzte Konzession an die pessimistische Philosophie der Auswegslosigkeit. Starke positive Akzente geben dem Film eine neue, bei Sartre 1947 unerwartete Note. Hier öffnet sich eine Perspektive, die über den Abgrund der „Toten ohne Begräbnis“

hinausführte. Aus dem Erlebnis der Résistance, in der die menschliche Bindung und Verantwortlichkeit dem individuellen Tun Inhalt und Richtschnur gab, schlägt dieser Film eine Brücke zum Jahre 1952, zur Rede Sartres vor dem Weltfriedenskongreß in Wien.

Deutlicher tritt diese Tendenz in dem Drama „Der Teufel und der liebe Gott" (1951) hervor. Sartre selbst hat die Verbindung zu den Problemen der Widerstandszeit gesehen und in einem Rundfunkinterview hervorgehoben. Das Drama, um die Person des Götz von Berlichingen aufgebaut, stellt bewußt das Problem der menschlichen Gemeinschaft und die Frage nach dem Wesen des gesellschaftlich Richtigen, daß heißt des sittlich Guten. So sagt Sartre:

„Als die Fliegen aufgeführt wurden, hat man mir häufig vorgeworfen, ich habe Orest gewissermaßen in die Einsamkeit ziehen lassen. Insbesondere haben linksgerichtete Parteien und politische Persönlichkeiten hervorgehoben, daß ich ihn dadurch isoliert hätte. Die politischen Verhältnisse hatten mich veranlaßt, die Dinge so darzustellen: Orest verkörperte die verschiedenen Widerstandsbewegungen, die, ohne ein genaues Programm aufgestellt zu haben, sich zunächst bemühten, das französische Volk von der Unterdrückung zu befreien. Das Programm sollte erst nach der Befreiung aufgestellt werden. Wenn ich heute auf den Standpunkt des Orest in den Fliegen Bezug nehme, dann nur darum, weil ich ihn konsequent durchdenken und Orest einer Verantwortung auf positiver und konkreter Grundlage mitten unter seinesgleichen gegenüberstellen will. – Der Unterschied zwischen Götz, der im zweiten Teil das Gute tut, und Götz, der im dritten Teil am Bauernkrieg teilnimmt, besteht darin, daß Götz im zweiten Teil das Gute als ein Absolutum und unhistorisch auffaßt, schon deshalb, weil er eine gewisse Beziehung zu Gott aufrecht erhalten will. Ordnet er sich dann in die menschliche Gemeinschaft ein, so soll man darunter verstehen, daß er auf jegliche Unbedingtheit des ethischen Imperativs verzichtet, weil er bescheiden geworden ist und sich nicht mehr auf Gott bezieht, im Bösen als ein Ungeheuer, im Guten als ein Heiliger. Er beabsichtigt nur noch, seine Rechtfertigung von den Werturteilen abzuleiten, die seine Mitmenschen über ihn fällen werden. Er verzichtet auf jede Forderung nach dem Unbedingten, um sich mit einfacheren Dingen zu begnügen, in der Überzeugung, daß das Gute in einer auf Ungerechtigkeit gegründeten Gesellschaft unmöglich ist. Der Mensch existiert nur mit und für das ‚DU', wesentlich ist es aber darzulegen, inwiefern eine Beziehung zum ‚DU' in einer Gesellschaft möglich ist, deren wirtschaftliche und politische Struktur schon an sich diese Beziehung verhindert. Das Problem besteht heute wieder darin, daß der Mensch, wie Kant es schon verlangt, nicht als Mittel, sondern als *Zweck* betrachtet wird. Darin ist das Ideal der Beziehung zum ‚DU' zu erblicken. Wie man die Beziehung zum ‚DU' in einer Gesellschaft herstellen kann, die immer dazu neigt, diese Beziehung zu verhindern, das ist zugleich ein historisches und ein ethisches Problem." (53)

Die gesellschaftlichen Voraussetzungen der Entfremdungsproblematik hat Sartre hier deutlich gesehen und genannt. Von hier aus ist nun kein weiter Schritt mehr bis zur Anerkennung solidarischer Aktionen zum Schutze des Menschen. Angesichts der aktuellen Bedrohung des Weltfriedens in den Jahren seit 1948 ist Sartre zu seinem Programm des „engagement" zurückgekehrt: nämlich eines ethisch verpflichteten und verpflichtenden „engagement", das mit dem ziellosen „totalen Einsatz" der deutschen Existenzphilosophie nichts gemein hat als die mißbräuchliche Fehlübersetzung.

So vorbereitet, vollzieht sich dann im Frühjahr 1952 der endgültige Umschwung. Den äußeren Anlaß bildet ein Buch des existentialistischen Schriftstellers und damaligen Freundes von Sartre, Albert Camus, der eine politische Abstinenz des Intellektuellen gefordert hatte und die Zustimmung zur gegenwärtigen Lage der westlichen Gesellschaft, so schlecht diese auch sein mochte, als das „kleinere Übel" ansah.

Das Bekenntnis zum Engagement der Literatur verband den jungen Camus mit Sartre, dem acht Jahre älteren. Beide gingen über eine weite Strecke hinweg zusammen, in der Betonung der Absurdität des Daseins, der Erfahrungen von Angst und Ekel, von Tod und Vergeblichkeit. Sartres Roman „Der Ekel" und Camus' Erzählung „Der Fremde" entsprangen derselben geistigen Situation und antworteten auf sie mit den gleichen Empfindungen. Nicht anders als für die Moralisten seit Pascal war Moral für sie eine Frage der Metaphysik – und ihre Metaphysik war die des Nihilismus, mit Kierkegaard und Nietzsche im Hintergrund. Sartre hat diese Gemeinschaft in seiner Analyse des „Fremden" 1943 ausgesprochen und ihre Quellen namhaft gemacht:

> „Das Absurde ist gleichzeitig ein faktischer Zustand und das luzide Bewußtsein, das gewisse Personen von diesem Zustand erlangen ... Der Tod, der irreduzible Pluralismus der Wahrheiten und der Wesen, die Unerkennbarkeit des Wirklichen, der Zufall – das sind die Pole des Absurden. Ehrlich gesgat, das sind keine sehr neuen Themen, und Camus stellt sie auch nicht als solche. Seit dem 17. Jahrhundert wurden sie von einer gewissen Art trockener, knapper und kontemplativer Vernunft ausgearbeitet, die recht eigentlich französisch ist: sie bedienen sich der Topoi des klassischen Pessimismus." (54)

Es war der existentialistischen Literatur gemeinsam, die Irrationalität der individuellen Existenz zur Klarheit transparenter Formulierungen zu erheben – diese Spannung macht den Rang und Reiz der frühen Werke so verschiedenartiger Autoren wie Sartre, Malraux und Camus aus.

Für Sartre wie für Camus stellte der Widerstand gegen den faschistischen Terror während der deutschen Okkupation die Grundfrage des Übergangs vom Ethos der Individualität, die sich im „Umsonst" ihres Tuns, in der Sinnlosigkeit ihres Seins verstrickt, zur Moralität der Gemeinschaft, in der sich Freiheit als menschliche Solidarität verwirklicht. Camus' „Mythos des Sisyphos" (1942) und Sartres „Das Sein und das Nichts" (1944) erschienen, als die Verfasser in ihrer politischen Praxis die Positionen ihrer Werke bereits hinter sich gelassen hatten. Sie waren aktive Mitglieder der Résistance geworden, eine neue Lebenserfahrung hatte sich ihnen mitgeteilt. Für Sartre, den Philosophen, begann der lange und beschwerliche Weg der Zweifel, Irrungen und Klärungen, der ihn vom Existentialismus zur „Kritik der dialektischen Vernunft" führte; Camus hingegen gestaltete die neue Erfahrung zum Bild der pestverseuchten Stadt, deren Rechtfertigung und Zukunftsbestand in der hoffnungslosen und unermüdlichen Aufopferung des Arztes gründen, dem die Menschen mehr bedeuten als die Furcht des eigenen Todes. „Die Pest" ist ein Heldenepos, es entwirft ein illusionsloses Bild einer heroischen Epoche.

„Er wollte" — so heißt es von dem fiktiven Erzähler — „schlicht schildern, was man in den Heimsuchungen lernt, nämlich daß es an den Menschen mehr zu bewundern als zu verachten gibt."

Zehn Jahre später schließt Camus' letzter Roman, „Der Fall", mit bitterer Verzweiflung: „Jetzt ist es zu spät, es wird immer zu spät sein. Zum Glück!" Mit diesem Satz, der fast so etwas wie ein letztes Wort des Autors ist (obschon Camus noch drei Jahre länger lebte und schrieb) kehrte er zu seinen Anfängen zurück. „Der Fremde" schließt mit dem Satz:

„Damit sich alles erfüllt, damit ich mich weniger allein fühle, brauche ich nur noch eines zu wünschen: am Tag meiner Hinrichtung viele Zuschauer, die mich mit den Schreien des Hasses empfangen."

Die Zurücknahme des Engagement, der Pessimismus des Sisyphos-Mythos, die Haltung individualistischer Rebellion, die in einer Art „großer Weigerung" (avant la lettre) endet, sind die Konsequenzen, zu denen Camus auch theoretisch die Rechtfertigung zu liefern versuchte. An diesem Rechtfertigungsbuche, „Der Mensch in der Revolte" (55), entzündet sich nun Sartres Widerspruch. (56) Mit den Konsequenzen konfrontiert, zu denen der existentialistische Nihilismus führen mußte, erkennt Sartre die Notwendigkeit einer gedanklichen Umkehr. Er greift zur Feder und wendet sich gegen den Freund, der ihm literarisch am nächsten steht, gegen den Kampfgenossen aus der Zeit der Illegalität. Das mag ein schwerer Entschluß gewesen sein. Die Form dieser Wendung ist zugleich ein Zeichen dafür, wie elementar und lebensnotwendig Sartre die Abkehr von Bisherigem empfand. Mit einem Gewaltstreich mußte er sich losreißen, um all das abstreifen zu können, was ihn persönlich und sachlich an die Welt der Sinnlosigkeit band.

„Sartre wirft Camus vor, er lebe nur noch teilweise in unserer Welt. Er sei auf dem besten Wege uns ganz zu verlassen, sich in seine Einsamkeit zurückzuziehen und zu leben, ohne von unserer Gesellschaft Notiz zu nehmen. Sartre kritisiert Camus' Haltung der Geschichte gegenüber sehr heftig. Es ist ganz selbstverständlich, sagt Sartre, daß die Geschichte ein absurdes und schreckliches Gesicht haben muß für jene, die sie von der Hölle aus betrachten. Dies heißt ganz einfach, daß sie nichts mehr gemeinsam haben mit den Menschen, die die Geschichte machen."

So resümiert vortrefflich Werner Düggelin die Position Sartres in seinem ausführlichen Bericht in der Schweizer „Weltwoche". Fügen wir hinzu, daß Sartre sich gegen die Abstraktion der Revolte wendet, wie er sie bei Camus vorgenommen sieht; nicht das teilnahmslose Nein zu einem beliebigen Zustand der Gesellschaft ist der Aufstand, sondern der Plan und die Herstellung anderer, besserer Zustände.

„Denn eine Geschichte außerhalb des Menschen, der sie macht, ist nur ein abstrakter und bewegungsloser Begriff . . .“

Camus, der seine politische Verantwortungslosigkeit hinter der Fetischisierung einer sinnlosen Geschichte verbirgt, wird hier klarsichtig entlarvt. Zugleich traf Sartre damit aber auch seine eigene Position aus den Nachkriegsjahren. Indem er nun klar eine *politische* Entscheidung fällte, indem er sich unzweideutig gegen die kapitalistische Gesellschaft wandte, deren Brutalität und Bedenkenlosigkeit in der Vorbereitung eines neuen Weltkrieges er brandmarkte, gab er zugleich ein Zeichen für jene breite Schicht der „heimatlosen Linken“, die im französischen Bürgertum ihre Basis hat.

VIII. Sartre und die Weltfriedensbewegung

Ihre Formulierung hat diese neue Haltung Sartres in den Reden gefunden, die er auf den Tagungen des Weltfriedensrates in Wien, Berlin und Helsinki gehalten hat. Die Wiener Rede (Dezember 1952), die erste nach seiner Wandlung, gibt uns Aufschluß über die inneren Beweggründe seines Verhaltens. Sie zeigt, wie Sartre in seinem politischen Denken an die Erfahrungen der antifaschistischen Widerstandsbewegung anknüpft, und wie sich aus diesen Erlebnissen und den neuen Eindrücken auch sein philosophisches Menschenbild zu wandeln beginnt. In dieser Rede heißt es:

„Das Denken und die Politik von heute führen uns zur Schlachtbank, weil sie abstrakt sind. Man hat die Welt entzweigeschnitten, und jede Hälfte hat Angst vor der anderen. Nun handelt niemand, ohne die Absichten und die Entscheidungen eines Nachbarn zu kennen. Man gibt sich Vermutungen hin, man glaubt nicht an das, was gesagt wird, man richtet sein Verhalten nach dem ein, was man von seinem Gegner erwartet. Davon ausgehend ist nur eine einzige Stellungnahme möglich, die in einer jahrtausendealten Dummheit zusammengefaßt ist: Wenn du den Frieden willst, bereite den Krieg vor – Triumph der Abstraktion. Bei dieser Perspektive werden die Menschen selbst abstrakt. Jeder ist der *andere,* der mögliche Feind, man *mißtraut* ihm. In meinem Land, in Frankreich, begegnet man selten Menschen: man begegnet vor allem Etiketten und Namen . . . Im Kriege *schneiden* sich die Nationalitäten. Sie sind nichts anderes als die Erlaubnis, auf den Feind sofort zu schießen: ein Franzose, das ist eine Zielscheibe. Heute (auf dem Friedenskongreß) kommen sie zum erstenmale einander näher. Wir sind vereint, nicht – wie auf gewissen Wissenschaftlerkongressen – trotz unserer Herkunft, sondern weil Ihr Deutsche seid, Ihr vom Viet Minh, weil ich Franzose bin. Und so, wie die Abstraktion zum Konflikt führt, kann man sagen, daß das Konkrete eint: denn das Konkrete ist die *Summe der Bindungen,* die die Menschen miteinander eingehen. Und wenn wir einfach an die Summe der Bindungen denken, die uns vereinen, werden wir sehen, daß es völliger Blödsinn ist, gegeneinander Krieg zu führen . . ."

Hier stehen nun also wieder die Bindungen, die Verantwortlichkeiten, die menschliche Gemeinsamkeit und Gemeinschaft im Mittelpunkt. Das Individuum hat seine Vereinsamung überwunden, die existentialistische Theorie vom Menschen entlarvt sich hier selbst als eine Abstraktion, als eine gefährliche Abstraktion. Der *Andere* ist nicht der mögliche Feind, sondern – seinem Wesen als Mensch gemäß – der Freund und Helfer. Nur die kapitalistische, auf Konkurrenz und Widerspruch aufgebaute Gesellschaft verzerrt dieses ursprüngliche Wesen des Menschen, wie Sartre schon in seinem Interview mit Jean Guiton ausgesprochen hatte. Gerade aber in einer Welt, in der die kapitalistische Verzerrung der Wirklichkeit noch teilweise besteht, kann der Appell an Solidarität und Friedenswille auch wiederum nicht abstrakt bleiben. Sartre predigt darum keinen Pazifismus:

„Aber wir wissen, daß man weder den Krieg im allgemeinen verdammen, noch den Frieden im absoluten lobpreisen kann. Der Pazifist ist sehr schlecht gewappnet, um dem Krieger entgegenzutreten. Da er den Frieden um jeden Preis will, warum sollte er nicht den Frieden, den man ihm mit Waffengewalt aufzwingt, akzeptieren? Nein! Wir wollen den Frieden weder im Terror noch in der Demütigung oder in der Sklaverei. Keinen Frieden um jeden Preis. Unter uns gibt es sogar Vertreter von Völkern, die seit Jahren um ihre Befreiung kämpfen. Wir sagen nur, daß es heute, in dieser Stunde, in der historischen Situation, in der wir uns befinden, unter Berücksichtigung aller Umstände, eine Chance für den Frieden und eine Chance für den Krieg gibt. Wir sagen, daß wir uns für die Chance des Friedens entschieden haben und daß wir zeigen wollen, daß sie existiert, und daß wir suchen, was getan werden muß, um sie uns nicht entgehen zu lassen."

Also wieder: das Problem der Entscheidung; nun aber nicht mehr einer beliebigen, sondern einer sinnvollen Entscheidung, die den Einsatz lohnt und an deren Ende ein allgemeines Gut steht. Die universale Bedrohung nicht nur einzelner Menschen und Völker, sondern der ganzen Menschheit mußte zur Besinnung führen:

„Die Geschichte der Vergangenheit ist oft durch den Krieg bestimmt worden. Heute, da der Krieg das Ende der Welt bedeuten würde, kann die Geschichte nur noch in Frieden und durch den Frieden gestaltet werden."

Sartre hat aus dem inneren Widerspruch, den das existentialistische Menschenbild in sich birgt, zurückgefunden zu dem konkreten, humanitären Anliegen einer wirklichen Philosophie, die als „Liebe zur Weisheit" sich nur in der Aktion *für* den Menschen bewähren kann. Sartre hat die Thesen seines Existentialismus aus dem Formalismus ihrer Anwendung befreit und ihnen einen neuen, inhaltlich bestimmten Sinn gegeben: Entscheidung, Freiheit, Existenz werden nun mit positivem Gehalt erfüllt. Entscheidung auf Grund der Verantwortung für die Mitmenschen, Freiheit als die Freiheit vom Terror und von der Sklaverei, Existenz als Koexistenz, als Solidarität der Menschen in der Arbeit für die Verbesserung ihrer Lebensverhältnisse. Hier berührt sich die Theorie, die die besten Elemente französischen Aufklärungsdenkens wieder aufnimmt, mit dem Planen und Tun des Sozialismus. In der Erkenntnis dieser universalen Aufgabe bleibt kein Stachel des Widerstreits.

Sartre dokumentierte seine Wandlung durch eine Reise in die Sowjetunion (Sommer 1954). Nach seiner Rückkehr schildert er objektiv und mit ehrlicher Anerkennung die Leistungen dieses Landes, dessen Weltanschauung seinem individualistischen Denken so fremd ist. Er hat nun den Anschluß gefunden an den proletarischen Internationalismus, als ein Bundesgenosse, der sich als Genosse versteht, solidarisch, wenn auch durchaus kritisch im einzelnen. In dieser Nähe zur kommunistischen Weltbewegung hält er sich mehr als ein Jahrzehnt, nicht ohne Schwankungen. Im Herbst 1956, als während der Ungarnkrise die Rote Armee zum Eingreifen genötigt ist, gehörte er ungeachtet seiner Stellung an der Seite der KPF (im Kampf gegen den französischen Terror in Algerien, in der Verurteilung der Rolle Frankreichs beim Suez-Abenteuer) zu denen, die sich sofort klar und unmißverständlich gegen die Waffenanwendung in Ungarn aussprachen: „Ich verurteile den sowjetischen Überfall vollkommen und ohne jede Einschränkung." Harte Worte fand er für das Vorgehen der Sowjetunion, das er „verbrecherisch" nannte, weil „selbst im Irrtum das Volk ein Recht auf Freiheit und Respekt" habe.

Dennoch war Sartre schon in den ersten Tagen der Ungarnkrise, als die Zeitungen noch voller Falschmeldungen steckten und eine rechte Übersicht über die Vorgänge und ihre Hintergründe nicht zu gewinnen war, nicht so voreingenommen, daß er die Berechtigung des russischen Eingreifens und die objektive Widersprüchlichkeit der Lage nicht zugestanden hätte:

„Meine erste Reaktion war Angst. . . . Sie verließ mich nicht, als Kardinal Mindszenty aus dem Gefängnis entlassen wurde und plötzlich ins Hauptblickfeld rückte. Ich dachte: die Sowjetunion ist in einer Zwangslage. Man hat den Ungarn ihren Kardinal zurückgegeben. Wann folgen Horty und die Eingliederung in den Westblock? . . . Die Rückkehr zu den alten Parteien, die Jagd auf die Angehörigen der Geheimpolizei und zweifellos auch auf kommunistische Funktionäre, der Beschluß, den Namen der kommunistischen Partei abzuändern, die Rückkehr der Emigranten und das Auftauchen der inneren Emigration, die eventuelle Existenz einer reaktionären Verschwörung innerhalb der Armee, all dies deutete darauf hin, daß der ungarische Aufstand die völlige Liquidierung der sogenannten sozialistischen Grundlagen des Regimes anstrebte."

Sartre suchte Gründe für das widersprüchliche Geschehen. Er fand sie in der übereilten Sozialisierung des Landes nach russischem Vorbild, einer Sozialisierung, für die die Voraussetzungen noch nicht hinreichend gegeben waren:

„Ungarn wurde von der UdSSR halbwegs kolonisiert und die Überindustrialisierung führte zu einer aufs äußerste getriebenen Kollektivierung . . . Man mußte sich damit abfinden, unpopulär zu sein, wenn man etwas erreichen wollte und sogar ein gewisser Zwang war unvermeidlich." (57) Dieser Prozeß forderte Einschränkungen. Aber: „Von Menschen, die bereits davon überzeugt sind, daß der Sozialismus das Richtige für ihr Land ist, kann man Opfer verlangen. Aber von Menschen, die wie die meisten ungarischen Bauern, sowohl gegen die fremde Besetzung als auch gegen den Sozialismus sind, kann man nichts verlangen. Zuerst muß man sie gewinnen, überzeugen. Von ihnen dasselbe zu verlangen wie von denen, die bereits an den Sozialismus glauben, das bedeutet einen immer tieferen Schnitt durch die Massen zu tun, das Entstehen des Terrors zu begünstigen, heißt, selbst alle Vorbedingungen für eine Gegenrevolution zu schaffen."

Auch hat Sartre, trotz seines heftigen Protestes gegen die Vorgänge in Ungarn, nicht aufgehört, sich für das gemeinsame Handeln der gesamten Linken einzusetzen.

„Die Rechte hat nichts zu fordern. Leute, die weder gegen die Folterungen in Algerien noch gegen Suez protestiert haben, haben sich jedes Rechtes begeben, gegen die Ereignisse in Ungarn zu protestieren . . . Der Weg der Linken ist sehr schwer, vielleicht nahezu ungangbar, aber er bleibt die einzige Hoffnung."

Die Idee einer Einheit aller fortschrittlichen Kräfte, einer um des Friedens der Welt willen notwendigen Einheit, bleibt also auch in der Ungarnkrise Sartres politisches Leitbild. So steht er – subjektiv wie objektiv – weiter in einem unaufgelösten Dilemma: seine humanitäre Ethik scheitert an der Realität, weil sie auf der Basis des nur Individuellen verharrt und den „ehernen Gang der Weltgeschichte" (Hegel) verabscheut. Sartre will den Fortschritt ohne die Menschenopfer, die seine Verwirklichung fordert, weil Fortschritt sich nur im Kampfe vollzieht.

Der marxistische Kritiker Michael Verret hat in der Zeitschrift „La Nouvelle Critique" sich mit Sartre und seinen Gesinnungsfreunden auseinandergesetzt. Er anerkennt: „Ihre Redlichkeit steht im allgemeinen nicht in Frage, ihr Fortschrittswille auch nicht." Gerade diese einfache Anständigkeit ist es, die Sartre dazu verführt, auch in der Härte des politischen Tageskampfes „Engelsreinheit" zu verlangen: „Zwischen dem Angelismus und den schmutzigen Händen hat Sartre niemals seinen Weg gefunden." Diese abstrakt moralisch achtbare, aber historisch unrealistische (also falsche) Haltung resultiert aus Sartres philosophischem Idealismus, der den Vorrang des subjektiven Entscheids gegenüber den objektiven Fakten behauptet. Das heißt,

„daß Sartre die Freiheit ausschließlich als Gewissensbegriff definiert, wobei sich jedes subjektive Gewissen seine Freiheit aneignet, andererseits, daß Sartre sich weigert, das dialektische Band zwischen dem Subjektiven und dem Objektiven ins Auge zu fassen, den Ursprung des Subjektiven aus dem Objektiven, kurz gesagt, den Prozeß, durch den die Situation das Situationsgewissen bedingt bis hin zur Entscheidung (bewußt oder unbewußt, das spielt keine Rolle)." (58)

Diese Charakterisierung von Verret ist knapp und zutreffend. Sie erklärt, daß Sartre individuell richtig entscheidet, auch wo sein Einsatz ihn selbst persönlich in Gefahr bringt (Résistance gegen Faschismus, Kampf für den Frieden und gegen Atomrüstung, Protest gegen die Verbrechen Frankreichs in Algerien), daß er aber die Fronten im welthistorischen Prozeß nicht sieht und immer nur vom individuellen Unrecht ausgeht.

IX. Übergang zur „Kritik der dialektischen Vernunft“

Der Mensch, der seine Menschlichkeit verloren hat – das ist das Motiv, das von früh an die Philosophie Sartres bestimmte, das auch zum Inhalt seiner literarischen Werke geworden ist: der Mensch wird durch die Welt, in die er hineingeboren und verflochten ist, sich selbst entfremdet; er ist nicht mehr reines, unverfälschtes Ich, das sich in Übereinstimmung mit sich selbst einer Situation stellen und seine Wahl treffen kann. Er wird vielmehr zum Objekt verdinglicht, das in seinem Wesen durch die anderen und durch die Verhältnisse bestimmt ist. Im Roman „Der Ekel“ erlebt Antoine Roquentin diese Verdinglichung als Inhalt seines Abscheus, im Drama „Die Fliegen“ leidet eine ganze Stadt darunter, daß sie ein Schicksal annimmt, das ihr von außen aufgezwungen ist, und Orest, der sie befreit, lehnt sich gerade gegen die Institutionen auf, die dieses Schicksal verewigen. Aber selbst der Rebell wird, wie Mathieu in „Zeit der Reife“, noch determiniert durch die Ordnung, gegen die er revoltiert. Was in diesen Werken der Frühzeit dargestellt ist, wurde mit den Mitteln philosophischer Analytik im Hauptwerk des Existentialismus „Das Sein und das Nichts“ bis ins einzelne untersucht und belegt.

Sartre ging es darum, gegen die Institutionalisierung die Freiheit des Menschen wiederzugewinnen. Allerdings blieb der existentialistische Freiheitsbegriff formal. Wenn Sartre von der These ausging, daß der Mensch das einzige Wesen ist, bei dem die Existenz der Essenz vorhergeht und daß er darum sich selbst schafft, so blieb er damit noch in der Nähe des Kantschen und Fichteschen Idealismus, der das handelnde Ich, die moralische Person unabhängig von den objektiven Bedingungen sah. „Das Sein und das Nichts“, dieser große Entwurf zu einer Philosophie der Freiheit, entwickelt noch eine Anthropologie des „einsamen Menschen“, die Nähe zu Stirner ist deutlich.

Die Erfahrungen der Geschichte, insbesondere die politische Aktivität, die wir beleuchtet haben, und die Beschäftigung mit dem Marxismus führten Sartre über diese Position hinaus. So änderte sich auch die Freiheitskonzeption. In seiner existentialistischen Periode läßt Sartre die Freiheit ganz und gar in dem Entwurf des Menschen begründet sein; um aber in einer Situation einen neuen Inhalt entwerfen zu können, muß man bereit und in der Lage sein, alle vorgegebenen Inhalte abzulehnen. Freiheit beruht also wesentlich auf der Negativität, auf dem Nein-sagen-können zu einer bestehenden Wirklichkeit. Das ist die Situation Orests in den „Fliegen“, die Situation der Gefangenen in „Tote ohne Begräbnis“. In der „Kritik der dialektischen Vernunft“ (59) hat Sartre das Problem weitergeführt. Immer noch steht der Entwurf des Menschen als Skizze einer zukünftigen Ordnung im Mittelpunkt. Aber nun ist es nicht mehr bloß das Nein zur Realität, das diesen Entwurf auslöst; vielmehr wird jetzt vom kritischen Bewußtsein die kohärente gegenwärtige Welt in ihre Elemente zerschlagen, in ihre Kausalfaktoren aufgelöst, woraufhin eine neue Zusammensetzung der Bestandstücke nach einem mit den objektiven Verhältnissen rechnenden Plan erfolgen kann. Sartre nennt dies „Totalisation", und da wiederum jeder Mensch Teil der Totalität ist, die jeder andere für sich entwirft, entspringt der gesellschaftliche Zusammenhang aus dem Ineinandergreifen solcher Totalisierungsprozesse. Die geschichtliche Bewegung vollzieht sich im Hin und Her von Negation und ganzheitlichem Entwurf; und dieser ist nun nicht mehr losgelöst von den natürlichen und gesellschaftlichen Bedingungen, unter denen der Mensch lebt. Die existentialistischen Beschreibungen der negativen, im Nichts gegründeten Freiheit werden nun gleichsam als Vorübungen zur Beschreibung der positiven Freiheit der Totalisierung verstanden; Sartre will eine Anthropologie entwerfen, die die Individualmetaphysik und die Sozialtheorie, mit anderen Worten: Kierkegaard und Marx, versöhnt.

Sartre zeigt nun die Voraussetzungen auf, die in der Gesellschaft und im einzelnen objektive Widersprüche hervorrufen; und Freiheit im vollen Sinne des Wortes ist für ihn, solche Widersprüche durchzustehen, um sie in einem sie überholenden Entwurf dann überwinden zu können. Indem Sartre sich zu den Unvollkommenheiten der Individualität bekennt, strebt er zugleich über die Position des Individuums hinaus zu einer kollektiven Verbindlichkeit. Das macht die Authentizität seiner Position aus: daß er die müde Resignation in privater Existenz nicht teilt, sondern sich zu kämpferischer Bewährung stellt, in einem Engagement, das zum Schlüsselbegriff existentialistischer Ethik geworden ist. So hat ihn Witold Gombrowicz erlebt, konträr zum dekadenten Verfallszustand eines Paris, das für ihn mit dem Erbe Prousts identisch ist:

> „Sartre, nicht Proust! Die Kraftlosigkeit Prousts im Vergleich zu der schöpferischen Spannung Sartres! Was bei Proust, was in der ganzen französischen Literatur nur eine weitere Fortsetzung ist, aber schon nahe dem Ende, das nimmt bei Sartre den Charakter eines Anfangs an, ist ein Start. Und wenn bei Proust das Bewußtsein stets begierig ist, so gewinnt es bei Sartre den Stolz schaffender Kraft. Ich, ein Pole . . ., ich, ein Argentinier . . . Slawe und Südamerikaner . . . ein in Paris verlorener Literat, der nach einem Stachel lechzt, um sich bemerkbar zu machen . . . ich ein trübselig Liebender verloren gegangener Vergangenheit . . . suche ein Bündnis mit Sartre gegen Paris."

Die Grenze des Neuansatzes und seine (für Sartres weitere Entwicklung folgenreiche) Schwäche bleibt, daß die grundlegende Verschiebung der Gesichtspunkte unter Beibehaltung der gleichen begrifflichen Mittel, mit den Termini und Analysen einer existentialistisch gewendeten Hegelschen Philosophie vollzogen wird. Daß der hegelianisierende Zug in Sartres Existentialismus von Kojève beeinflußt ist, dessen „Phänomenologie"-Kommentar trefflich in die Stirnerschen Züge des Denkens von

Sartre hineinpaßte, kann hier nur angedeutet werden. Es drängen sich nun ein paar neue Ausdrücke vor, aber im großen und ganzen wird der Apparat des existentialistischen Denkens beibehalten. Allerdings bekommen die gleichen Begriffe nun einen veränderten Sinn, sie werden in verwirrender Weise zweideutig. Im Kontext weisen sie sich als zum Marxismus führend aus, bewahren jedoch zugleich den Gehalt des Existentialismus. Natürlich hat Sartre gegenüber der Periode von „Das Sein und das Nichts" neue Positionen bezogen. Indessen gelingt es ihm, durch die von ihm gewahrte terminologische Kontinuität seine bisherige Philosophie nicht verleugnen zu müssen. Er interpretiert sie einfach um, bleibt aber dadurch auch an sie gebunden.

Der Existentialismus wird in dieser neuen Selbstauslegung Sartres zu einer Hilfswissenschaft des Marxismus: solange es der Marxismus als Schulsystem versäumt, eine „historische und strukturelle Anthropologie" auszubilden, muß der Existentialismus diese Lücke ausfüllen. So bezeichnete Sartre auch die „Kritik der dialektischen Vernunft" als vorläufig. Er unterzieht dabei die marxistische Gesellschaftswissenschaft einer weitreichenden Kritik: sie habe sich darauf beschränkt, das geschichtliche Faktum auf allgemeine begriffliche Schemata abzuziehen, ohne es in seiner einmaligen Konkretion zu erfassen; sie sei derart einem platonisierenden Idealismus anheim gefallen. Die Vernachlässigung der besonderen Umstände des Einzelfalles, deren Berücksichtigung erst zeige, wie das allgemeine Gesetz der Bedingtheit der historischen Abläufe durch die Produktionsverhältnisse sich im Besonderen durchsetze, durch welche Vermittlungen es hindurchgehe, sei kennzeichnend für die gegenwärtige Situation der marxistischen Wissenschaft.

Was Sartre dem entgegensetzen will, ist eine differentielle Analyse der historischen Praxis des Menschen, eine Analyse, die zugleich die Kategorien der Dialektik anwendet und in der Anwendung erst entwirft. Das philosophische Niveau dieser Analyse ist beachtlich und übertrifft bei weitem dasjenige fast der gesamten bürgerlichen Gegenwartsphilosophie. Sartre philosophiert wirklich, wenn auch etwas wortreich. Es entspricht dem Rang seines Denkens, daß er die Widersprüche, auf die er stößt, nicht einfach verdeckt oder verschleiert, sondern sichtbar macht. Die entscheidendste dieser Antinomien, die durch die Dialektik aufgelöst werden soll, ist die Kluft zwischen einer auf Allgemeines (also auf mitteilbare, objektive Wahrheiten und Gesetze) ausgehenden Erkenntnis und der prinzipiellen Einmaligkeit des Individuellen. Der Schriftsteller Sartre ist vom Individuellen fasziniert und sieht in einer „existentiellen Psychoanalyse den Weg, dieses Individuelle einsehbar zu machen – wie in seinen Anfängen in dem großartigen Baudelaire-Buch, so im Alter in dem ausufernden vierbändigen Werk über Flaubert. Der Existentialismus ist der Versuch, dem Einmaligen und Einzelnen philosophische Würde und Reichweite zu verleihen. Dieser Versuch jedoch erwies sich als gescheitert. Die aus der politischen Faktizität gewonnene Einsicht in die Nichtigkeit des Einzelnen vor dem ehernen Gang der Geschichte zwang Sartre die neue theoretische Wendung der „Kritik der dialektischen Vernunft“ ab. Die Grundmaximen des Marxismus werden anerkannt: die Bedingtheit des Geschehens durch die Produktionsverhältnisse, die Abhängigkeit des Individuums von der gesellschaftlichen Situation. Der Philosoph Sartre sucht aber die Vermittlung, die den Schriftsteller Sartre rettet, die das Allgemeine in das Einmalige überführt. Die Grenzpositionen des Schriftstellers müssen nun noch abgesteckt werden.

X. Paradigmen auf dem Theater

Es gibt Grunderlebnisse einer Zeit, eines Menschenlebens, die sich im Werk eines Schriftstellers immer und immer wieder spiegeln. Schiller ging es in jedem seiner Dramen um die Freiheit, sei es als politisches, sei es als moralisches Phänomen. Sartre, in mancher Hinsicht dem Schillerschen Freiheitsidealismus nahestehend, versucht in jedem seiner Stücke aufs Neue, die mannigfachen Formen der Unfreiheit aufzudecken, denen der Mensch verfallen ist.

Der existentialistische Freiheitsbegriff ist *vor* der Erfahrung der politischen Unfreiheit unter dem deutschen Faschismus entstanden. Er hat ursprünglich einen nihilistischen Einschlag, insofern er Freiheit als Lösung aus jeglicher Bindung versteht. Sartres erster Roman, „Der Ekel", reflektiert die Idee der Freiheit als Negation – und theoretisch bleibt dieser Gedanke im Zusammenhang der existentialistischen Philosophie lange führend: noch in der Einleitung zu Descartes' Methodenabhandlung arbeitet Sartre den negativen Sinn der Freiheit scharf heraus.

Erst die Situation des spanischen Bürgerkrieges, die den Hintergrund zum ersten Band des Romanzyklus „Die Wege der Freiheit" bildet, zwingt Sartre zum Umdenken. (60) Die Bindungslosigkeit des freien Menschen wird als nichtig erkannt, das Engagement gefordert. Der Mensch soll seine Freiheit betätigen, indem er sich mit der Welt einläßt, nicht indem er sich von ihr abwendet. Aus dem Appell zum Engagement wächst die Idee einer moralischen Verpflichtung: schien es zunächst im Sinne des Existentialismus gleichgültig, *wie* man sich engagierte, wenn man nur überhaupt handelte, so zeigte das Erlebnis des französischen Widerstandskampfes gegen die deutsche Besetzung, an dem Sartre aktiv teilnahm, daß es sehr wohl richtige und falsche, gute und schlechte Entscheidungen gibt. Und Sartre spitzte in seiner ersten Nachkriegsschrift „Der Existentialismus ist ein Humanismus" diese Erkenntnis, in Anlehnung an den kategorischen Imperativ Kants, auf die Formel zu: indem der Mensch sich selbst schafft, entwirft er zugleich ein Bild des Menschen, wie er sein sollte. Mit seinen Taten übernimmt der einzelne die Verantwortung für die ganze Menschheit.

Nicht lange nach dem Kriege hieß es, daß Sartre an einer Ethik schreibe. Er hat diese Arbeit dann nicht weitergeführt, sie jedenfalls nicht vollendet. Denn zwischen dem Freiheitsbegriff des Existentialismus, der dem Menschen zu jedem Zeitpunkt einen Neuanfang, eine Wandlung, eine Abkehr vom Gewesenen offen ließ, und dem Begriff des verantwortlichen Engagements entstand ein schwer zu behebender Widerspruch. Wie sollte ein Engagement verpflichtend sein, wenn es in jedem Augenblick eingegangen und wieder gelöst werden konnte?

Die „Fliegen" suchten eine Antwort auf diese Frage. Der Atridenmythos gibt das Handlungsschema ab. Die Vorgeschichte – Agamemnons Ermordung bei seiner Heimkehr durch Klytaimnestra und ihren Geliebten Aegisth – ist bekannt. Die Handlung beginnt mit der Heimkehr des unerkannten Orest in die Vaterstadt, zu einem Volke, auf dem der Fluch der begangenen und geduldeten Untat lastet. (Daß es bei der actio dramatis um das Volk von Argos, bei den Protagonisten um die Herrschaft über das Volk oder um die Befreiung des Volkes geht, ist Sartres neue Version des Mythos – der politische Aspekt des Widerstandskämpfers). Die Argiver leben unter einem doppelten Zwang: dem inneren eines gezüchteten Schuld- und Angstkomplexes, dem äußeren einer mit den Mitteln der Ideologie herrschenden Tyrannei. Der Tyrann, Aegisth, ist müde geworden, aber er weiß sich zu behaupten, notfalls mit Theaterdonner.

Die „Fliegen" sind das Drama der Rebellion. (61) Der große Auftritt Elektras im zweiten Akt ist der Höhepunkt, auf den hin die Handlung zugespitzt ist. Euphorisch im Haß, jede Geste Auflehnung, jeder Ton Opposition – so steigt sie die Tempelstufen herab, bricht im Festgewand der Freude in den makabren Totendienst ein, steigert sich zum Wirbel der Lebensbejahung. Zündend sind ihre Worte, voll demagogischer Lust, den Wahn zu entlarven, durch den Aegisth seine Untertanen beherrscht. Und sie reißt die Menschen mit; ihre Rede öffnet die Herzen, weckt die Vernunft, setzt die Phantasie frei. Der Wunsch zum Besseren fällt wie ein Samenkorn in die Gemüter. Ihr Tanz ist ekstatisch, zugleich provokativ; er gleicht dem Tanz der Freien um den Maibaum, dem Tanz der Bürger beim Fest der Vernunft. Der Geist der französischen Revolution weht, Sturm auf die Bastille steht bevor.

Freiheit ist indessen nicht allein Widerstand gegen einen Zwang, sondern Autonomie der Vernunft. Descartes steht auf gegen die Mythologen. Elektras Aufstand reicht nicht aus, die Freiheit zu begründen, sie kann nur die Unfreiheit zu Fall bringen. Ihr fehlt das Selbstbewußtsein, die Selbstbestimmung ihres Daseins. In ihr wiederholt sich Klytämnestras Geschick. Sie stachelt Orest zur Tat, aber sie erträgt das Geschehene nicht. Sie verfällt der Reue, unterwirft sich der Tradition.

Orest aber, der durch die Schule der Skepsis gegangene, kann der Befreier sein. Geduckt und gebändigt ziehen die Erynnien hinter ihm her, dem Rattenfänger, der der Brut des Unheils mit der Unabhängigkeit der Vernunft entgegentritt und sie bannt.

Vergangene Schuld, die eine Gemeinschaft ewig zu binden schien, konnte durch eine befreiende Tat aufgehoben werden. Das Stück, im besetzten Frankreich geschrieben, war ein Appell an die Franzosen, den Ballast der Vergangenheit abzuwerfen, sich zu neuem Handeln aufzuraffen. Nach dem Kriege schrieb Sartre zur deutschen Ausgabe des Werkes ein Vorwort, in dem er den Sinn des Stückes auf die deutsche Situation bezog: durch einen befreienden Neuanfang das Gewesene auszulöschen.

Mutige und versöhnliche Worte, die der kollektiven Schuld die kollektive Erneuerung entgegensetzten. Die Erynnien können verscheucht werden, wenn der freie Mensch sich auf sich selbst besinnt.

Fünfzehn Jahre waren seit der Niederschrift der „Fliegen" vergangen, da kam Sartre noch einmal auf das Problem vergangener Schuld zurück – nun aber gleichsam berichtigend, als habe man die Lehre der „Fliegen" falsch verstanden. In den „Eingeschlossenen" geht es um schwere individuelle Schuld: die tödliche Mißhandlung gefangener Partisanen. Das Geschehen liegt *vor* dem Stück. Das Drama stellt die Frage, wie der Mensch mit seinem Tun fertig wird. Gibt es nach einer solchen Tat einen Neubeginn?

Das Wesen des Menschen ist erst im Augenblick seines Todes endgültig; solange er lebt, kann er sich ändern. Gilt diese Leitidee existentialistischer Anthropologie auch in einem solchen Falle? Eine Tat, die unwiderruflich und nicht wiedergutzumachen ist, legt den Täter fest, sie versperrt ihm den Spielraum der Freiheit. In einem tieferen Sinne stirbt er mit seinem Opfer, weil die Tat ihm ewig anhaftet und ihm die Möglichkeit raubt, *kein* Mörder, *kein* Menschenschinder gewesen zu sein. Nichts kann ihn vor dem retten, was er vollbrachte. Es gibt ein Maß der individuellen Schuld, vor dem die Freiheit versagt. Orests Entsühnung der büßenden Bürger von Mykene galt nicht für die Mörder, sondern nur für die Mitläufer. Die Ablehnung der Kollektivschuld bedeutete um so mehr die Anerkennung der individuellen Schuld und die Verdammung der Schuldigen. Eine calvinistische Strenge der Moral gibt der Reue keine Wirkung: nur im Akt der Selbstvernichtung kann der Schuldige seine Freiheit wiederherstellen. Indem er sich selbst den Tod gibt, wird er für diesen einen und letzten Augenblick noch einmal ein freier Mensch: er durchbricht die Unfreiheit seines zum Wesen gefrorenen Daseins, indem er ihm ein Ende setzt.

Hat Sartre die existentialistische Antithese von absoluter Freiheit und totaler Verantwortung aufheben können? Wenn die Freiheit angesichts der Verantwortung für unauslöschliche Schuld nur mehr eine Freiheit zum Tode bleibt, so ist das zwar ein Genzfall, jedoch ein bezeichnender. Denn er zeigt, daß der Mensch zwar *einmal* in absoluter Freiheit entscheiden kann, jenseits von Gut und Böse etwas zu tun, daß er dann aber durch diese Entscheidung an deren Konsequenzen gebunden ist:

„Du wirst unverwundbar sein, wenn du den Mut hast, offen zu bekennen: ich habe nur getan, was ich wollte, und ich will, was ich getan habe."

Das Verbrechen zu wollen, führt aber zum Wahnsinn – oder zum Selbstmord. Denn der Wille zum Verbrechen hebt sich selbst auf. Es gibt keine Freiheit zum Sinnlosen, Sinnwidrigen.

Hat der Existentialismus, indem er zu dieser Erkenntnis kommt, die Perspektive der Absurdität überwunden, unter der er die Welt sah? Für

Sartre scheint das zu gelten, er hat damit aber auch das existentialistische System gesprengt. Er strebt zurück aus dem im Ekel erfahrenen Abgrund der Sinnlosigkeit in eine Welt rationaler Werte. Doch die Voraussetzungen des subjektiven Idealismus, die Nachwirkungen Kants und Fichtes bei Sartre, die er nicht mit den nihilistischen Konsequenzen zugleich über Bord warf, lenken ihn dann wieder in einen dezisionistischen Aktionismus zurück, der Sartres politische Unstetigkeit bedingt.

Nicht alle Stücke Sartres sind in gleicher Weise durchtränkt vom Geiste der Philosophie. „Die ehrbare Dirne", „Die schmutzigen Hände" und „Nekrassow" haben mit der Theorie des Existentialismus, haben überhaupt mit Philosophie wenig zu tun. Anders ist es mit den „Fliegen", mit der „Geschlossenen Gesellschaft", mit „Der Teufel und der liebe Gott" und zuletzt mit den „Eingeschlossenen". Sie sind in gewissem Sinne Lehrstücke des Philosophen Sartre (und sie sind seine besten Bühnenwerke: als Schriftsteller ist Sartre nur dort wirklich bedeutend, wo er seine philosophischen Motive in Theaterhandlung umsetzen kann).

In diesen Dramen hat Sartre das durchexerziert, was er die „existentielle Psychoanalyse" nennt. Es ist nicht die unerbittliche Notwendigkeit, mit der in Freuds Theorie die Menschen von den ihnen verborgenen Instanzen des Unbewußten kontrolliert und getrieben werden, die Sartre an der Psychoanalyse gereizt hat. Der Typus der modernen Schicksalstragödie, wie ihn O'Neill geschaffen hat (62), widerspricht dem Existentialismus, der die menschliche Freiheit jedes, auch des psychischen Zwangs entbindet und sich so als eine radikale Form des subjektiven Idealismus erweist. Orest (in den „Fliegen") ist kein Gejagter, und er kann die Erynnien bannen, indem er sich verantwortungsbereit zu seiner Tat bekennt, „jenseits der Reue und der Verzweiflung". Schicksal geschieht hier nicht, sondern wird vom Menschen geschaffen – und das ist der oberste und unabdingbare Grundsatz der existentialistischen Philosophie. Diesen Grundsatz als Prinzip des Theaters zu etablieren, bemüht Sartre sich seit seinem ersten Bühnenwerk.

Von der Psychoanalyse übernimmt er also nicht das Bewußtsein von der Bedingtheit alles Handelns. Sie liefert ihm indessen das Reservoir menschlicher Konfliktstoffe: vor allem die sexuellen Motive, die infantilen Bindungen Orests und Elektras in den „Fliegen", die lesbische Triebhaftigkeit, die eine sadistische Zerstörungsfreude in sich birgt, in der „Geschlossenen Gesellschaft" (wie überhaupt der Sadismus ein Hauptproblem der existentialistischen Psychologie von Sartre bis Camus ist), der Inzest in den „Eingeschlossenen"; unaufgelöste Abhängigkeits- und Minderwertigkeitskomplexe, unauflösbare Schuldgefühle – in diesem Ensemble einer psychoanalytischen Lehre vom Zwangscharakter alles menschlichen Tuns findet Sartre die Elemente zu einer Anthropologie, die dann aber, durch den existentiellen Sprung in die Freiheit, nämlich durch die Fähigkeit, in jedem Augenblick zu sich und seiner Vergangenheit „Nein“ sagen zu können, keine unerbittliche Fatalität kennt. Existentielle Psychotherapie hilft dem Opfer seiner eigenen Vergangenheit, diese im Bewußtmachen der Freiheit zu einem neuen Anfang zu überwinden.

Die „Fliegen“ hatten diese These am deutlichsten gesetzt. Die „Eingeschlossenen“ sind gleichsam eine Antwort darauf, eine Antwort, die aus Sartres Lehre von der Verantwortlichkeit resultiert. Indem der Mensch sich schafft, so wie er ist, übernimmt er nicht nur die Verantwortung für sich als Individuum, sondern zugleich für die Menschheit, so wie sie sein sollte. Diese Verantwortlichkeit stellt den Philosophen vor ein Paradox: denn mit einer endgültigen und nicht mehr rückgängig zu machenden Tat verliert der Täter die Freiheit des Neubeginns; er wird „schuldig“ und muß für diese Schuld einstehen. Wenn in den „Fliegen“ die vergangene Schuld eines einzelnen die Freiheit aller zu neuem Dasein verhinderte und darum durch die befreiende Tat gelöst werden mußte, so besteht in den „Eingeschlossenen“ eine umgekehrte Situation: die freiwillige Unfreiheit des Schuldigen ist nichts als eine Flucht vor seinem Gewissen, als eine Flucht vor dem Bekenntnis der Schuld, als eine Flucht vor der einzigen Sühne, die nach einer nicht wiedergutzumachenden Untat bleibt und die allein die Freiheit des schuldig gewordenen Menschen wiederherstellen kann. Erst der Zusammenbruch der Scheinwelt, in die sich der Schuldige geflüchtet hat, konfrontiert ihn der Verantwortung: er wählt den Tod. In diesem Augenblick gewinnt er die sittliche Freiheit wieder, wenn auch nur für eine einzige, konsequente Entscheidung. Er wird wieder Mensch.

Die Schuld, um die es in den „Eingeschlossenen“ geht, ist die Teilnahme am Verbrechen. Franz, der als junger Mann einem flüchtigen polnischen Rabbiner Zuflucht vor der SS gewährte, wird durch das Eingreifen seines konformistischen Vaters unfreiwillig zum Mitschuldigen am Tode des Verfolgten. Der einflußreiche Reeder glaubt, durch einen Anruf bei Göring das Risiko einer Entdeckung vorwegnehmen zu müssen und persönliche unangenehme Folgen abwenden zu können. Während in der Tat sein Sohn Franz aus Rücksicht auf die politischen Bindungen des Vaters geschont wird, ermorden die SS-Leute den Rabbiner vor seinen Augen. Franz erlebt die Ohnmacht des guten Willens.

Er muß sich freiwillig zur Front melden und verfällt dort selbst dem Zwang der Macht: er läßt als Kompanieführer gefangene russische Partisanen foltern, um Geständnisse zu erpressen, und tötet sie dabei. Psychologisch ist diese Wandlung gut fundiert. Der Protest gegen das passive Mitläufertum des Vaters, der „seine Hände in Unschuld wäscht“, aber doch den Weg des geringsten Widerstandes an der Seite der Verbrecher geht, spricht mit. Die eigene Niederlage, ohnmächtig dem Verbrechen zuschauen zu müssen, setzt sich in den Willen zur Macht um. Nur dieses nie mehr erleben, lieber selbst aktiv am Verbrechen teilhaben.

Das ist die Vorgeschichte des Stückes, die sich in Gesprächen und Rückblenden enthüllt. Aus dem Kriege zurückgekommen, noch einmal in eine jähe Tat verwickelt, als er die Schwester gegen die Zudringlichkeiten eines Besatzungsoffiziers schützt und diesen erschlägt, schließt sich Franz, durch eine Fälschung für tot erklärt (um ihn der Strafverfolgung zu entziehen – der Arm des Vaters reicht weit), dreizehn Jahre lang in sein Zimmer ein. Er baut sich eine symbolische Wahnwelt des Untergangs auf, halluziniert den Untergang Deutschlands durch den Vernichtungswillen der Sieger, phantasiert vom schließlichen Untergang des Menschengeschlechts als Strafe für die begangenen Verbrechen. Die Schwester, die ihn versorgt, unterstützt ihn in diesen Wahnvorstellungen, teils aus inzestuösen Motiven, teils weil sie wohl richtig erkennt, daß die Scheinwirklichkeit nötig ist, um ihn vor der Verzweiflung über das eigene Verbrechen zu bewahren. In halbem Irrsinn spricht Franz mit den „Krabben“ (die hier als Symbolwesen an die Stelle der „Fliegen“ treten und Weltrichter in der Stunde der Apokalypse sein werden), die die Zimmerdecke „bewohnen“. Die geträumte Verelendung Deutschlands ist ihm Rechtfertigung der begangenen Kriegsverbrechen, die diesen Niedergang, den Hungertod der Menschen und den Verfall der Kultur, verhüten sollten; zugleich ist dieser Zusammenbruch aber auch die gerechte Strafe, weil eben diese Verbrechen begangen wurden. In dieser verqueren Wahnsinnswelt fühlt er sich als Täter von individueller Schuld entlastet, spielt sich als Zeuge, gar als Richter über die Zeit und die Zeitgenossen auf.

Erst das Dazwischentreten einer Außenstehenden, der Frau seines Bruders, zerstört dieses Fluchtreich. Sie will dem Vater den Wunsch erfüllen, ihm eine Unterredung mit dem eingeschlossenen Sohn zu verschaffen, der bisher jedes Zusammentreffen mit dem Vater abgelehnt hat. Das Motiv dieser Ablehnung ist berechtigt, denn der Vater war es, dessen bereitwilliges Mitläufertum in der unseligen Kette von Verstrickung und Schuld das erste Glied war. Der Vater respektierte dreizehn Jahre lang die abweisende Haltung seines Sohnes, wohl bewußt, daß er entscheidende Schuld auf sich geladen hatte, die er jedoch mit Leichtigkeit und Zynismus trägt. Doch nun ist er unheilbar (an Kehlkopfkrebs) erkrankt, sein Tod ist nahe, er möchte den Sohn, den er liebt und dem er sich verbunden fühlt, noch einmal sehen und sprechen. Die Schwiegertochter, beseelt von dem Wunsche, das Familiengefängnis aufzubrechen, um sich und ihrem Manne, Franzens Bruder, Ausweg und Freiheit zu verschaffen, erklärt sich bereit, die Verbindung zwischen Vater und Sohn herzustellen. Um die Vorbereitung dieser Begegnung dreht sich der Ablauf des Stückes.

So ist das Drama kaum auf Handlung, ganz auf Dialog gebaut, der in oberster Schicht kriminalistisch enthüllt, in tieferer Schicht psychoanalytisch freilegt, zutiefst aber den Menchen moralisch sich selbst konfrontiert. Die Innerlichkeit des Moralisierens hat jede mögliche Aktivität aufgesogen und am Ende steht der Freitod, den Vater und Sohn, einander gegenübergestellt, wählen.

Was allein entscheidet, ist nicht der gute Wille, wie Kant postulierte, sondern die böse Tat. Wer freiwillig die Verantwortung für das Verbrechen auf sich nahm, kann ihr nicht entrinnen. Sartre entscheidet sich für einen ethischen Rigorismus, der an Schiller orientiert ist, aber weit über diesen hinausgeht. Zerbricht Franz zuerst an dem Erlebnis, daß er zur Verteidigung des Rabbiners nichts oder nicht genug getan hat, so ist der reine amoralische Aktivismus des Soldaten, überhaupt etwas zu tun (und sei es das Böse), erst recht eine Schuld. Für sie gibt es keine Absolution. Die existentialistische Freiheit meint nicht die Amoralität des Starken (wenn es auch zunächst so scheinen mochte): Orests Freiheit in den „Fliegen" ist nicht die Nietzsches – das wird an diesem, fünfzehn Jahre später geschriebenen, Gegen-Stück deutlich.

1945, als Deutschland den scheinbar größten militärischen, wirtschaftlichen und geistigen Zusammenbruch seiner Geschichte erlebte, war es der französische Widerstandskämpfer Jean Paul Sartre, einer der intellektuellen Führer der Résistance, der dem niedergekämpften Gegner mit einer großzügigen Geste der Versöhnung die Hand reichte. Er stand nicht an, den in den Tagen der deutschen Besetzung geschriebenen Appell an seine Nation zur Erneuerung, das Drama „Die Fliegen", auf die deutsche Situation zu übertragen und, ebenso philosophisch konsequent wie menschlich honorig, die These von der Kollektivschuld des besiegten Unterdrückers abzulehnen. Wie die Bürger Mykenes, durch die Befreiungstat Orests von der Schuld Aegisths entlastet und der Macht der Erynnien entrissen, sich einem moralischen und politischen Neubeginn „jenseits der Reue und der Verzweiflung" zuwenden konnten, so sollten auch die Deutschen nach dem Untergang der nationalsozialistischen Führer ihr nationales Dasein erneuern können. So deutete Sartre selbst in einem Vorwort zur deutschen Übersetzung der „Fliegen" den aktualisierten Sinn seines Stückes.

Es ist, als ob Sartre von dem Komplex Deutschland nicht loskommen könne. Philosophisch in der Auseinandersetzung mit Hegel und Marx, mit Husserl und Heidegger, ideengeschichtlich in der Beschäftigung mit dem merkwürdigen, aus deutscher Geisteslage erwachsenen lutherischen Protestantismus (der schon in Goethes „Götz von Berlichingen" und Kleists „Michael Kohlhaas", bei Nietzsche und in Thomas Mann „Dr. Faustus" als unbewältigtes deutsches Problem stehen geblieben war und in Sartres „Der Teufel und der liebe Gott" im Mittelpunkt steht), politisch in dem Versuch, die Schatten der Vergangenheit zu beschwören. Die „Eingeschlossenen" sind beherrscht von diesen drei Motiven: Hegelsche Dialektik schlägt sich – allerdings verkürzt – nieder in dem Leitsatz „Wer verliert, gewinnt" (und umgekehrt) und kehrt wieder in der resignierten Feststellung: „So tut jeder das Gegenteil von dem, was er will".

Lutherischer Hochmut, der am Anfang jedes subjektiven Idealismus steht, äußert sich in der Überzeugung zweier Hauptpersonen des Stücks, Herrenrecht und Gnade aus dem Rang der Person, nicht aus der guten Tat erwirken zu können. Faschistische Untat ist der Hintergrund der Handlung, die das Drama ausmacht.

Die ,,Fliegen" waren ein mutiges Bekenntnis zum Optimismus. Angesichts der geöffneten Gefängnisse, Konzentrationslager und Gräber bekundete Sartre sein Vertrauen zur kollektiven Erneuerung: ein Volk braucht nicht an der Schuld noch so vieler einzelner zugrunde zu gehen. Fühlt Sartre sich fünfzehn Jahre danach desavouiert? Sieht es nicht so aus, als ob die Absage an die kollektive Schuld als Entlastung des individuellen Gewissens, als Generalabsolution für die einzelnen Schuldigen aufgefaßt worden sei? Angesichts der Oberländer und Globke in Bonn, angesichts des Freispruchs für den mordenden SS-General Tolsdorff und der hohen Pensionen für Hitlers Oberreichsanwalt Lautz (den Freisler-Gehilfen) und seinesgleichen, angesichts hakenkreuzbeschmierter Synagogen und dreist verlegter neonazistischer Hetzschriften im Deutschland von 1960 konnte Sartre nicht schweigen. Nicht mehr als Publizist, wie so oft in den vergangenen Jahren, als Dramatiker erhebt er jetzt die Stimme. Auf den ermunternden Zuspruch der ,,Fliegen" folgt die strenge Ermahnung der „Eingeschlossenen". Der Schriftsteller kann nicht einfach revozieren. Er muß das Problem, das er in allegorischem Spiel stellte, auch im sinnlich-sittlichen Anschauungsraum des Theaters als moralischer Anstalt wieder auflösen.

Nicht zufällig rufen wir mit diesen Worten die Erinnerung an Schiller wach. Sartres rationaler Moralismus, der den französischen Existentialismus von allen Versionen mystischer deutscher Existenzphilosophie im Gefolge Kierkegaards unterschied und ihn in die ideelle Nachfolge der Aufklärung stellte, tendiert im Laufe seiner Entwicklung immer mehr zum ethischen Idealismus, der Verantwortung und Schuld als die großen Probleme des tragischen Theaters begriff. Waren die ,,Fliegen" noch eher vom amoralischen Pathos Nietzsches beeinflußt, so setzte sich im Denken Sartres dann mehr und mehr eine kantische Metaphysik der Sitten durch, wie sie in der dritten Fassung des kategorischen Imperativs gipfelt:

„Handle so, daß du die Menschheit sowohl in deiner Person, als in der Person eines jeden anderen jederzeit zugleich als Zweck und niemals bloß als Mittel brauchst."

Dies – und die erste Fassung des kategorischen Imperativs:

„Handle nur nach derjenigen Maxime, durch die du zugleich wollen kannst, daß sie ein allgemeines Gesetz werde"

– sind Grundsätze, die sich von der absoluten Freiheit des ,,Übermenschen" himmelweit unterscheiden. Sartre hat, in der philosophischen Theorie und in der schriftstellerischen Praxis, die Konsequenzen des deutschen Idealismus, die subjektive Verantwortlichkeit des einzelnen für die Gattung, als deren Exemplar er handelt, übernommen. Kant und Schiller wurden für ihn verpflichtend.

Die „Eingeschlossenen" zeigen das deutlich. Nicht, daß Sartre die Position der „Fliegen" aufgegeben hätte. Sie gilt weiter, insofern der Mensch sich und damit auch seine Mitmenschen aus den Verhältnissen befreien kann, in die sie geraten sind. Das revolutionäre Pathos der Freiheit ist das Erbteil jedes subjektiven Idealismus. Aber diese Freiheit bleibt anarchisch, wenn sie nicht durch rationale gesellschaftliche Ziele an die Sittlichkeit gebunden wird. Befreiung löscht nicht die individuelle Schuld – und kein Management kann sie tilgen, keine Gnade kann sie aufheben. Das Verbrechen gegen die Person des Mitmenschen fordert die gleichwertige Sühne: den Tod. Das Drama findet zum Rigorismus der Tragödie zurück – aber es gibt keine existentialistische Tragödie; denn die Schuld ist aus freier Wahl hervorgegangen, das Individuum hätte nicht schuldig zu werden brauchen. Der Fatalismus der großen Tragödien, der antiken wie der klassischen, fehlt. Was bleibt, ist das Drama des Menschlichen, das den Zuschauer zu einer eigenen Haltung provozieren soll. Franz Gerlach läßt sich mit dem Bösen ein, er wird zum nazistischen Folterknecht – und von dieser Tat kann ihn nichts mehr entbinden. Der Freispruch der „Fliegen" gilt nicht für die Täter.

Daß Sartre dies nach fünfzehn Jahren klarstellen wollte, ist kein Zufall. Wir haben angedeutet, daß die Entwicklung in Deutschland ihm das Problem aufnötigte. Nota bene: nicht nur in Deutschland. Wie die „Fliegen" als Appell an die Franzosen geschrieben waren und doch auch für die veränderte Situation in Deutschland galten, so waren die „Eingeschlossenen" vordergründig als Kritik an der deutschen Nachkriegsentwicklung zu verstehen, hintergründig zugleich auch für die in Algerien stehenden Franzosen gültig: beteilige dich nicht an Verbrechen, wenn dich die äußeren Verhältnisse noch so sehr mitzureißen drohen; das schlimmste, was dir widerfahren kann, ist der Zerfall deines moralischen Bewußtseins – das ist die Lehre, die Sartre seinen Landsleuten erteilte, und die Analogie zum deutschen Faschismus sollte ihnen diese Lehre noch eindringlicher machen.

XI. Zurück zur anarchischen Praxis

Der nicht überwundene Existentialismus, der sich unter der Oberfläche der „Kritik der dialektischen Vernunft" versteckt hatte, kehrte im Augenblick der Krise zurück. Das rebellische Bewußtsein, uneingedenk der kritischen Analysen über die Konstitutionsbedingungen revolutionärer Situationen, über die reale Möglichkeit und Unmöglichkeit von Revolutionen, ergriff Partei für jene, die die Revolte begonnen hatten und sie in den Happenings individueller Aktionen ausklingen ließen. Die unorganisierte Form der studentischen Erhebung des Mai 1968, ihr spontaneistischer Charakter konnte dem individualistischen Freiheitsbegriff Sartres entsprechen: mit dieser Rebellion konnte er sich identifizieren. Die Theorie der gesellschaftlichen Praxis, als welche sich die „Kritik der dialektischen Vernunft" verstanden hatte, interpretierte sich nun als eine Theorie der Interaktion von Individuen; die Organisationsfrage, die für eine marxistische Theorie-Praxis-Einheit ausschlaggebend ist, blieb außer Betracht. Sartres Begegnung mit dem Marxismus hatte sich, im Augenblick der Bewährung angesichts einer Entscheidungssituation, als äußerlich erwiesen. Ins Herz seiner individualistischen Weltanschauung war die Veränderung nicht vorgedrungen, seine Rezeption marxistischer Ansätze beschränkte sich auf die Revision von Randbereichen der Theorie. Sartre kehrte in die Zirkel sektiererischer Linker zurück, diskutierend, demonstrierend, sich solidarisierend.

Sartres Gespräche mit den jungen Redakteuren Philippe Gavi (von der „Libération") und Pierre Victor (von der Maoisten-Zeitung „La cause du peuple", die Sartre durch Übernahme der Chefredaktion vor dem Verbot bewahrte), gesammelt in dem Interview-Band „On a raison de se revolter" (Man hat recht zu revoltieren), spiegeln die Rückverwandlung des Dialektikers in den Existentialisten. Die Leitmotive der absoluten Freiheit, der Relativität der Wahrheit, des erkenntnistheoretischen Agnostizismus, ja sogar des heroischen Pessimismus kehren wieder. Sartre ist nach einem großen Weg und Umweg zu seinen Anfängen zurückgegangen, er hat sich noch einmal in dem weltanschaulichen Dunst der kleinbürgerlichen Ideologie angesiedelt, dem er schon halb entronnen war.

XII. Sartre und die revolutionäre Unruhe der „heimatlosen Linken"

Der Existentialismus hat sich auf dem Boden einer bestimmten gesellschaftlichen Schicht Frankreichs in den Jahren kurz vor und kurz nach dem zweiten Weltkrieg entwickelt und kann als Ideologie eines bestimmten Kreises von Bürgerlichen angesprochen werden, die sich kritisch zu den Erscheinungsformen der modernen kapitalistischen Gesellschaft verhalten. Diese kritische Einstellung hat verschiedene Gründe. Zunächst erwiesen sich die Institutionen der bürgerlichen Demokratie in Frankreich zwischen den beiden Weltkriegen, also in der sogenannten „dritten Republik", als nicht oder nur schlecht funktionsfähig; das staatliche Leben erlebte eine Krise nach der anderen, die Instabilität der französischen Regierungen war sprichwörtlich. Zum zweiten versagten eben diese Regierungen im Abwehrkampf gegen die faschistischen Bewegungen, insbesondere in der Zeit des spanischen Bürgerkrieges. Die republikanischen Gegner Francos genossen weitgehend die Sympathie und die Unterstützung der aktiven demokratischen Kreise in Frankreich, die wiederum die Untätigkeit der Regierung nicht verstehen konnten und die geheimen Querverbindungen zwischen bestimmten Repräsentanten der französischen Industrie und des französischen Bankkapitals zu den faschistischen Nachbarn in Deutschland und Italien mißbilligten. Vollends die Kapitulation Daladiers und Chamberlains vor Hitler in München 1938 forderte die Kritik der demokratischen Linken heraus. Eine bürgerliche Gesellschaft, die nicht bereit war, ihre Freiheiten zu verteidigen, mußte notwendigerweise als eine Verleugnung der französischen Tradition von 1789 erscheinen. In ganz Frankreich, besonders aber in den Kreisen der Intelligenz, waren die Überlieferung der französischen Aufklärungsphilosophie, deren Kampf für die Bürgerrechte und ihre schließliche Verwirklichung in der großen Revolution lebendig geblieben und bestimmten das politische Denken und Verhalten entscheidend. Die Ideologie der französischen Aufklärung aber hatte es mit der Emanzipation eines Standes zu tun, der politisch, rechtlich und gesellschaftlich nicht gleichberechtigt war und um eben diese Gleichberechtigung kämpfen mußte. Die bürgerlich-demokratischen Prinzipien in der politischen Philosophie eines Voltaire oder Montesquieu, eines Diderot, D'Alembert oder Rousseau waren gegen die herrschenden staatlichen Normen des absolutistischen Königtums und der Feudalgesellschaft gerichtet. Es waren die Prinzipien einer Klasse, die zu den Ausgebeuteten und Unterdrückten gehörte.

Mit dem Erfolg der Revolution von 1789 und der nachfolgenden Revolutionen von 1830 und 1848 hatte sich das produzierende Besitzbürgertum jedoch selbst als herrschende Klasse installiert. Die Umsetzung der philosophischen Imperative der Aufklärung in politisch-gesetzliche Realität mußte mithin deren ursprünglichen Charakter grundlegend verändern. Das Bürgerliche Recht wurde derart kodifiziert, daß es die gesetzlichen Voraussetzungen für eine Gliederung der Gesellschaft abgeben konnte, in welcher die Besitzer der Produktionsmittel in der Lage waren, auf Kosten derjenigen, die die Produktionsmittel bedienen, ihren eigenen Besitzstand zu vermehren. Über alle nationalen Differenzen hinweg mußte sich so eine Solidarität der Besitzenden untereinander ebenso herstellen wie eine Solidarität der Besitzlosen. Und die gemeinsamen Interessen der Besitzenden traten umso stärker hervor, je lauter die Besitzlosen ihre Forderung anmeldeten, in den Kreis der Besitzenden aufgenommen zu werden, oder gar die Besitzverhältnisse grundlegend zu verändern. Innerhalb der Konkurrenzgegensätze, die zwischen den verschiedenen Produzenten bestehen, stellte sich so eine Gemeinsamkeit der Produzenten her, auf Grund deren sie in entscheidenden Klassenfragen mit gleichen Methoden und auf der gleichen Linie vorgehen. Diese Übereinstimmung der interessierten Industrie- und Bankkreise in allen Ländern erzeugte jene geheime Verschwörung, die in Italien, Deutschland und Spanien dem Faschismus zum Siege verhalf, und damit im Interesse der Erhaltung der bestehenden Herrschafts- und Besitzverhältnisse die bürgerlich-demokratischen Normen der Gesellschaft liquidierte. Die Rolle, die in der vorrevolutionären Zeit Frankreichs dem aufsteigenden Bürgertum zugefallen war, ging nunmehr auf eine neue aufsteigende Klasse über, nämlich auf das Proletariat, das nun dieselben Forderungen sich zu eigen machte wie seinerzeit das Bürgertum und sie durch das prinzipielle Streben nach Aufhebung der bestehenden Eigentumsverhältnisse erweiterte.

Diese Klassenverhältnisse brachten es mit sich, daß die bestehende Staatsordnung nicht mehr als die Verwirklichung der Ideen von 1789 gelten konnte. Diese Diskrepanz zwischen einer dem Scheine nach aufrecht erhaltenen Prätention und einer nur allzu offenkundigen Wirklichkeit war es, die den Protest der französischen Intelligenz gegen das bestehende Regime auslöste. Andererseits war diese Intelligenz selbst aber aus jener bürgerlichen Klasse erwachsen, deren politische Erscheinungsformen sie ablehnte. So sehr sie sich mit dem Anliegen des Proletariats identifizierte, so konnte sie doch bestimmte strukturelle Veränderungen nicht nachvollziehen, die sich aus dem Übergang von einer Klassenlage, in eine andere ergeben. Jene oppositionellen Intellektuellen blieben im Grunde genommen Verteidiger einer bürgerlichen Ideologie, die vom Bürgertum preisgegeben und verraten worden war, wurden aber nicht zu Vorkämpfern einer proletarischen Ideologie, die im historischen Ablauf an deren Stelle zu treten hätte. Sie wollten den Arbeiter zum Bürger machen, um ihn in den Genuß der bürgerlichen Rechte setzen zu können. Sie dachten aber nicht daran, daß sie damit der gesamten bürgerlichen Lebensweise die Basis entziehen würden, auf der sie aufruht, und daß sie folglich mit dem, was sie anstrebten, in einen unauflöslichen Widerspruch gerieten. Die allgemeine und konkrete Verwirklichung der bürgerlichen Rechte müßte bedeuten, daß die bürgerliche Gesellschaft aufgehoben wird; dann aber könnte es auch keine Verwirklichung der bürgerlichen Rechte mehr geben.

An die Stelle der Aufklärungsideologie und der aus ihr erwachsenen politischen Philosophie hätte also ein Neues treten müssen. Die Inhalte der Weltanschauung von 1789 wären so umzuformen gewesen, daß daraus die Theorie einer neuen Gesellschaft hätte erwachsen können, einer Gesellschaft, die grundsätzlich andere Formen der Daseinsverwirklichung zum Inhalt haben mußte.

Diese Aufgabe, die eine konsequente Aneignung der marxistischen Philosophie bedeutet hätte, wurde von jenem Kreis von Intellektuellen, um den es sich hier handelt, nicht ergriffen. Wir haben gesehen, wie Sartre daran scheiterte, daß er nicht in der Lage war, den veränderten Formen der historischen Wirklichkeit ein adäquat verändertes Bewußtsein zur Seite zu stellen. Sartre ist kein Einzelfall, sondern gerade in dieser Hinsicht typisch für die Geistesverfassung einer breiten Schicht von Gebildeten in seinem Heimatland. Einerseits steht er gemäß der spezifisch französischen Situation in einer Überlieferung, durch die er auf die Seite des gesellschaftlichen Fortschritts gedrängt wird. Es gibt in Frankreich eine lebendige Aneignung der demokratischen Idee. Andererseits ist es gerade diese Überlieferung, deren frühbürgerliche Entwicklungsstufe ihr einen abstrakt-ahistorischen Zug gibt, die eine konsequente Parteilichkeit fortschrittlicher bürgerlicher Denker verhindert. So kommt es, daß jene nicht mehr im Bürgertum zu Hause sind, aber auch noch nicht in der Arbeiterklasse. Sie stehen bewußt links, aber sie sind nicht in der Lage, die Praxis des proletarischen Klassenkampfes widerspruchslos durchzustehen. Dies Situation zwischen den Fronten hat ihnen den Namen „Die heimatlose Linke" eingetragen, heimatlos deshalb, weil sie in keinem der beiden Lager wirklich zuhause sind.

Der Existentialismus als eine Theorie der absoluten Freiheit des Individuums ist nun genau die Weltanschauung, die der politischen Stellung dieser „heimatlosen Linken" entspricht. Die individuelle Entscheidung, auf die allein das Handeln der Person abgestellt wird, und die jede verpflichtende Bindung an übergreifende Normen einer Gemeinschaft negiert, wird zum Inbegriff des moralischen Verhaltens aller einzelnen, die sich aus dem festen Gefüge ihrer Klasse gelöst haben. Diese Entscheidung soll auf die Besonderheit der jeweiligen Situation abgestellt werden, ohne daß dabei auf die Moralgesetze der bestehenden Gesellschaft Rücksicht genommen wird. Sie soll aber auch nicht unter dem Gesichtspunkt eines historischen Zieles erfolgen, sondern rein gegenwartsbezogen, so daß höchstens abstrakt humanitäre Gesichtspunkte für sie bestimmend werden. Diese existentielle Entscheidung, um deren theoretische Fundierung es in der Philosophie von Sartre geht, richtet sich ausschließlich auf die Verwirklichung eines individuellen Wertbegriffs. Sie ist eine Entscheidung gegen die bestehenden Normen und Denkmodelle, weil sie das Recht der individuellen Selbstverwirklichung gegen deren Allgemeingültigkeit geltend macht. Sie ist aber nicht eine Entscheidung für eine neue Ordnung, weil sie grundsätzlich keine verbindliche Ordnung anerkennt. Sie protestiert gegen eine „schlechte Wirklichkeit", ohne ihr das Bild einer besseren gegenüber zu stellen. Es ist kein Zufall, daß dieses anarchisch-individualistische Moment in allen jenen bürgerlichen Philosophien auftaucht, die von Hegel ausgehend über diesen hinausgreifen wollen. Der objektive Idealismus Hegels kulminierte in der Versöhnung mit dem Bestehenden, in der abschließenden Verewigung des Gewordenen. Diese fixe Ordnung aufzubrechen war nur im Rückgriff auf stark subjektive Momente möglich, die stets einen systemsprengenden Charakter haben. Dieses subjektive Moment spielte schon bei Feuerbach eine entscheidende Rolle, insofern dieser die Philosophie auf Anthropologie zurückführen wollte. Noch der junge Marx bedient sich dieses anthropologischen Faktors, um das erstarrte Hegelsche System wieder zur lebendigen Wirklichkeit in Bezug zu setzen. In seiner weiteren Entwicklung gelingt es dann Marx allerdings, die strenge Objektivität des Hegelschen Denkens, also die Gebundenheit an den Gegenstand, mit dem Subjektiven zu vereinigen und damit den Rahmen einer neuen philosophischen Systematik abzustecken. Den Rebellen der sogenannten „Hegelschen Linken" jedoch gelingt dieser Übergang vom objektiven Idealismus zu einem dialektischen Materialismus, in dem der subjektive Faktor in die materielle Objektwelt eingebettet ist und aus ihr hervorwächst, nicht. Indem sie allein das subjektive Moment hervorheben, schlägt bei ihnen der objektive Idealismus Hegels in einen subjektiven Idealismus Kantischer und Fichtescher Prägung um. Am deutlichsten wird dies bei Stirner und den Anarchisten, und zu diesen Repräsentanten der nachhegelianischen Philosophie steht der Existentialismus in enger Verwandtschaft. Wenn wir an anderer Stelle darauf hingewiesen haben, daß Sartres Ontologie sich eng an Fichte anschließt, ebenso wie seine Ethik den Formalismus Kants erneuert, so ist damit schon angedeutet, daß das Erbe Hegels hier auf den Boden des subjektiven Idealismus zurückversetzt wurde; genauso läßt sich in Verlängerung dieser Linie der Zusammenhang mit Stirner darlegen, dessen Ideologie zugleich das Schema dafür abgab, welche Motive aus dem Denken Nietzsches vom Existentialismus übernommen wurden. Denn es sind gerade jene an Stirner anklingenden Themen in Nietzsches Denken, die dann bei den französischen Existentialisten Widerhall gefunden haben.

Die Philosophie des Protestes, die sich in den verschiedenen existentialistischen Theorien niederschlägt, muß nun gemäß den Auswirkungen des protestierenden Verhaltens differenziert werden. Gemeinsam ist allen Formen des Protestes die Negation der Wirklichkeit. Die Erkenntnis von dem Widerspruch zwischen Ideal und Wirklichkeit, zwischen Sollen und Sein, führt dazu, daß das Denken sich zum Sein negativ verhält. Sartre hat in einer Reihe von Schriften die Negation als den Kern und das Wesen der menschlichen Freiheit herausgearbeitet. Nur indem der Mensch etwas Bestehendes verneinen kann, indem er sich gegen eine Wirklichkeit aufzulehnen vermag, bewahrt er seine Unabhängigkeit gegenüber dieser Wirklichkeit und schafft damit einen Spielraum, innerhalb dessen er frei ist. In dieser Bewertung der Negation als einer essentiellen Eigenschaft des Menschen steckt der Protest gegen jede Art von Konformismus, der bereit ist, auch das Schlechte hinzunehmen. Die Negativität, die schon Hegel als eine Grundkategorie der Dialektik herausgestellt hatte, gewinnt damit einen moralisch positiven Charakter. Sie wird zur Kategorie des historischen Fortschritts, der sich durch die Aufhebung des Bestehenden vollzieht. Indem nun aber die Negation als solche und nicht als ein Mittel zu einer neuen Setzung positiv bewertet wird, gerät der Protest in die Gefahr, Selbstzweck zu werden und damit die Beziehung auf ein historisch erstrebenswertes Ziel zu verlieren. Die Anstrengung des Bewußtseins erschöpft sich in der Zersetzung einer alten Ordnung, ohne die Begründung einer neuen Ordnung zu intendieren. Damit aber wird die Negation zum Inbegriff einer unverantwortlichen Haltung, d. h. einer Haltung, die sich der Verantwortung für die Folgen einer Handlung entzieht und eben diese Handlung isoliert für sich bewertet.

Diese Philosophie hat einen anarchischen Zug. Sie erlaubt im Grunde nicht, über den Augenblick hinauszuschreiten, eine Dauer zu intendieren. Sie läßt allein das Heute gelten und führt so den Menschen, der nicht einem konformistischen Quietismus anheimfällt, in die „permanente Revolution“. Gerade diese aber ist dem Wortsinne nach keine Revolution, keine „Umwälzung“ mehr – denn auf den Umsturz müßte ein Zustand folgen, in dem die veränderten Verhältnisse konsolidiert werden. Die „permanente Revolution“ kennt aber keine solche Konsolidierung, sie schreitet von Rebellion zu Rebellion fort, ohne die Beschränkungen einer neuen Ordnung auf sich nehmen zu wollen. Statt der werteschaffenden, ordnungsetzenden Revolution bleibt nur die sich immer wiederholende Revolte.

„Die Welt an sich hat keinen Sinn, erst der handelnde Mensch verleiht ihn ihr, indem er für die Geknechteten und Entrechteten eintritt. Kunst und Revolte sind ewig. Unrecht, Leiden und Tod sind nicht aus der Welt zu schaffen,“

heißt es bei Camus. Das ist ein Programm, in dem zugleich eine tiefe Resignation steckt. Dieses Programm verzichtet auf die Veränderung der Welt zum Besseren hin, obwohl es einen leidenschaftlichen Protest gegen das bestehende Schlechte einschließt. Folglich bleibt den Verfechtern einer Ethik der Humanität nichts anderes, als im Einzelfall gegen begangenes Unrecht Sturm zu laufen. Die historisch-gesellschaftlichen Ursachen dieses Unrechts werden dabei außer acht gelassen. am Symptom soll kuriert werden, ohne die Krankheit zu diagnostizieren, zum mindesten ohne ein Remedium für sie zu wissen.

Die Ratlosigkeit historisch-gesellschaftlicher Desorientierung erfüllt diese politisch-ethische Haltung. Zwar steht nicht die politische Haltung in Frage; diese wird vielmehr vorausgesetzt: „Ich weiß, für den Menschen gibt es kein anderes Heil als die Befreiung der Arbeiterklasse: ich weiß dies, *bevor* ich Materialist bin, schon auf die bloße Prüfung der Tatsachen hin." Aber gegen die Theorie der Revolution, gegen die Theorie der Geschichte, die der dialektische Materialismus bietet, hat Sartre grundlegende Vorbehalte:

„Gewiß ist heute der Materialismus die Philosophie des Proletariats genau in dem Maße, wie dieses revolutionär ist . . . Das bedeutet, daß sein Inhalt geeignet ist, die revolutionären Kräfte zu mobilisieren und zu organisieren; ferner daß zwischen der *Lage* einer unterdrückten Klasse und dem materialistischen *Ausdruck* dieser Lage eine tiefgreifende Beziehung besteht. Doch können wir daraus nicht die Schlußfolgerung ziehen, daß der Materialismus eine Philosophie ist, noch weniger aber, daß er die Wahrheit ist." (63)

Der Materialismus ist für Sartre nur mehr ein Mythos, ein Mythos, der einer ernsthaften Prüfung seiner Behauptungen und Argumente nicht standhält. Die Verbindung von Dialektik und Materialismus erscheint ihm widerspruchsvoll: „Der Materialismus geht, indem er sich dialektisch gibt, in den Idealismus über." (64) Politisch belangvoll ist, daß Sartre die einzige bisher ausgebildete Philosophie einer revolutionären Theorie-Praxis-Einheit als unzulänglich ablehnt und stattdessen das Postulat einer neuen Philosophie der Revolution aufstellt: nämlich

„durch eine aufmerksame Prüfung der revolutionären Haltung die Forderungen zu bestimmen, in dem Fall den Weg noch einmal zu durchmessen, auf dem die konkreten Forderungen in den Anspruch auf eine materialistische Vorstellung des Weltalls hinausliefen, und acht zu geben, ob sie dabei nicht jedesmal vom Wege abgelenkt und von ihrer ursprünglichen Richtung abgewendet worden sind. Wenn man sie von dem Mythos befreit, der sie erdrückt und für sich selbst verdeckt, so werden sie vielleicht die großen Umrisse einer zusammenhängenden Philosophie zu entwerfen erlauben, die gegenüber dem Materialismus die Überlegenheit besitzt, eine *wahre* Beschreibung der Natur und der menschlichen Beziehungen zu sein". (65)

Man sieht, daß Sartre keine Alternative zum dialektischen Materialismus zu bieten hat. Seine Forderung eines erneuten und ständigen Nachprüfens der Voraussetzungen, die zum materialistischen Weltbild und zu einzelnen materialistischen Schlußfolgerungen geführt haben, ist eine allgemein wissenschaftstheoretische, der sich auch der dialektische Materialist nicht entzieht, sie im Gegenteil, wenn er wissenschaftlich arbeitet, stets und unabdingbar erfüllt. Innerhalb des Sartre'schen Existentialismus gibt es wohl ein Pathos der Revolution, nicht aber eine konkrete Theorie der revolutionären Aktion und ihrer geschichtlichen Bedingungen. Indem er diese Schwäche seiner Philosophie (sich selbst und seinen Lesern) hinter einem allgemeinen Postulat verbirgt, das wissenschaftstheoretisch der „permanenten Revolution" äquivalent ist, entzieht er sich den Konsequenzen, seine persönliche revolutionäre Haltung mit der gesellschaftlichen Wirklichkeit in Einklang zu bringen, sie daran zu überprüfen und sie darauf einzustellen. Eine subjektiv aufrichtige, objektiv aber von dauernden Fehlerquellen gestörte Haltung muß notwendig die Folge sein.

Dieser Sachverhalt ist im Hinblick auf die oben beschriebenen Unklarheiten in der politischen Entwicklung Sartres von Belang. Der Mangel an einer geschichtsphilosophischen Grundlage, die in der Lage wäre, die Entscheidungen des Individuums objektiv in der gesellschaftlich-historischen Gesamtsituation zu fundieren, muß in kritischen Fällen zu einer Richtungslosigkeit führen, die sich in einer nach rein subjektiven Kriterien gefällten Entscheidung niederschlägt. Wieder zeigt es sich, daß persönliche Aufrichtigkeit nicht ausreicht, um politische Handlungen zu begründen.

Sartres richtige Einsicht, daß nicht jede revoltierende Haltung auch schon revolutionär ist, daß man folglich zwischen Revolte und Revolution unterscheiden müsse, wird also durch die Ablehnung einer ausgearbeiteten Theorie der Revolution praktisch zunichte gemacht. Da heißt es zwar:

„Es handelt sich um Revolution, wenn die Änderung der Einrichtungen von einer tiefgreifenden Umwandlung der Eigentumsverhältnisse begleitet wird." Und weiter: „Im Gegensatz zum Aufständischen, der allein dasteht, läßt sich der Revolutionär nur in seinen Solidaritätsbeziehungen mit seiner Klasse begreifen." (66)

Das ist ein Ansatz. Wenn jedoch dann das revolutionäre Denken allgemein als ein „Denken in Situation" bezeichnet wird, so ist das wiederum zu wenig konkret, zu allgemein „existentiell", um als Ausgangsbasis für ein Kriterium revolutionärer Entscheidungen zu dienen. Genau diese abstrakte Bestimmung ist für Sartre aber nötig, damit er seinen existentiellen Freiheitsbegriff auf das revolutionäre Bewußtsein anwenden kann.

„Die Möglichkeit, sich von einer Situation *loszulösen,* um in bezug auf sie einen Standpunkt einzunehmen, das ist genau das, was man Freiheit nennt." (67)

Solche Loslösung von der Situation aber wird im dialektischen Materialismus nicht zugelassen. Vielmehr kommt das revolutionäre Bewußtsein gerade in der Situation (der gesellschaftlich-ökonomischen nämlich) und *durch* diese Situation zur Freiheit des revolutionären Handelns.

Sartre selbst sieht die Gefahr, in die er sich begibt. Verbal versucht er ihr zu entgehen, indem er den dialektischen Balanceakt zwischen historischer Notwendigkeit und revolutionärer Freiheit auszuführen sucht:

„Will der Revolutionär handeln, so darf er die geschichtlichen Begebenheiten nicht als das Ergebnis von gesetzlosen Zufälligkeiten betrachten; aber er verlangt keineswegs, daß sein Weg schon bereitet sei: er will im Gegenteil selbst bahnen." (68)

In der Durchführung sieht es allerdings anders aus. Da fällt Sartre immer wieder in die leere Subjektivität der existentialistischen Freiheit zurück, die ihm nicht erlaubt, historische Situationen vorurteilsfrei und objektiv zu durchschauen. Die revolutionäre Unruhe, die ihn ergriffen hat, treibt ihn vorwärts zur revolutionären Entscheidung, für die ihm das philosophische Kriterium fehlt. So muß auch diese Unruhe im Ungewissen bleiben, weil ihr die Methode fehlt, aus der sie Richtung gewinnen könnte.

Vierter Teil

Herbert Marcuse – Utopie und Anarchismus

I. Zur Vorgeschichte der Theorie vom eindimensionalen Menschen

Die „kritische Theorie"

Unter den Denkern, die sich um die Erweiterung einer dialektisch-materialistischen Philosophie bemüht haben, nimmt Marcuse unbestritten eine wichtige, hervorragende Stellung ein. Diesen Rang hat er sich mit einigen grundlegenden Aufsätzen in den dreißiger Jahren erworben und mit dem zu weitreichenden Folgerungen gelangten Versuch gefestigt, die Erkenntnisse der Psychoanalyse im Rahmen einer marxistischen Gesellschaftslehre fruchtbar zu machen. Die Wirkung, die von den späteren Schriften Marcuses ausgeht, ist von dem Ansehen nicht zu trennen, das ihm seine früheren Arbeiten verliehen haben. Es kann sich bei einer kritischen Auseinandersetzung mit Marcuses politologischem Hauptwerk der sechziger Jahre, „Der eindimensionale Mensch", folglich nicht allein darum handeln, Irrtümer und Einseitigkeiten in dessen Ansatz aufzudecken, sondern es zugleich mit den Ausgangspunkten seiner Theorie, die er im Anschluß an die „Frankfurter Schule" die kritische nennt, zu konfrontieren. Die Rekapitulation dessen, was den Kern der „kritischen Theorie" in der Version Marcuses ausmacht, ist darum die Voraussetzung einer „Kritik der kritischen Kritik".

> „Es sind vor allem zwei Momente, die den Materialismus mit der richtigen Theorie der Gesellschaft verbinden: die Sorge um das Glück der Menschen, und die Überzeugung, daß dieses Glück nur durch eine Veränderung der materiellen Daseinsverhältnisse zu erreichen sei. Der Weg der Veränderung und die grundlegenden Maßnahmen für die vernünftige Organisation der Gesellschaft sind durch die jeweilige Analyse der ökonomischen und politischen Verhältnisse vorgezeichnet." (1)

Diese zwei Sätze, die den Ausgangspunkt der „kritischen Theorie" umreißen, enthalten Ziel und Weg: Das Ziel ist das Glück der Menschen (2), zunächst als solches abstrakt genommen; der Weg ist die den jeweiligen Bedingungen und Möglichkeiten angepaßte Veränderung der gesellschaftlichen Verhältnisse, innerhalb welcher das besondere Dasein des einzelnen (sein Glück) vom allgemeinen Dasein aller abhängig ist. Die Betonung der Glücksintention schließt ein, daß das Individuum als Zweck der gesellschaftlichen Organisation gedacht wird; für die allgemeine Idee des Fortschritts ist damit eine ganz besondere Verwirklichung gefordert:

„Der Hedonismus verweist alle Individuen gleichermaßen auf das Glück; er hypostasiert keine Allgemeinheit, in der ohne Rücksicht auf die einzelnen das Glück aufgehoben sei. Es ist sinnvoll, von dem Fortgang der allgemeinen Vernunft zu sprechen, die sich bei allem Unglück der Individuen durchsetze, aber das allgemeine Glück ist getrennt von dem Glück der Individuen eine sinnlose Phrase.“ (3)

Die kritische Theorie hat es also immer auch mit der Auflösung falscher Generalisierungen zu tun. Wenn zum Funktionieren der kapitalistischen Wirtschaft vom Individuum der Verzicht auf Bedürfnisbefriedigung – zum Beispiel als partielle Arbeitslosigkeit oder als „konzertierte Aktion“ – oder gar Opfer an Leib und Leben verlangt werden – zum Beispiel in konjunkturbedingten Kriegen: Dann ist das allgemeine Prinzip, das auf die Erhaltung der bestehenden Gesellschaft hinwirkt, im Unrecht; und die Gesellschaft muß durch eine andere, die dem Glücksanspruch des einzelnen Rechnung trägt, ersetzt werden. Die „kritische Theorie“ hat den Trug der heroischen Täuschungen zu durchschauen und zu entlarven. Sie kann dies, indem sie auf bestimmte abstrakte Kriterien der traditionellen Philosophie zurückgreift und diese im Hinblick auf die besondere geschichtliche Situation des Augenblicks konkretisiert.

„Die Auseinandersetzung der kritischen Theorie mit der Philosophie ist an dem Wahrheitsgehalt der philosophischen Begriffe und Probleme interessiert: Sie setzt voraus, daß Wahrheit wirklich in ihnen enthalten ist . . . Damit ist nicht gemeint, daß es ewige Wahrheiten gäbe, die sich in wechselnden geschichtlichen Formen entfalten, so daß man die Schale nur abstreifen müsse, um den Kern in Händen zu halten. Wenn Vernunft, Freiheit, Erkenntnis, Glückseligkeit wirklich erst aus abstrakten Begriffen zur Wirklichkeit geworden sind, dann werden Vernunft, Freiheit, Erkenntnis, Glückseligkeit auch etwas völlig anderes sein . . . Daß der Mensch ein vernünftiges Wesen ist, daß dieses Wesen Freiheit fordert, daß Glückseligkeit sein höchstes Gut ist: All das sind Allgemeinheiten, die eben durch ihre Allgemeinheit eine vorwärtstreibende Kraft haben. Die Allgemeinheit gibt ihnen einen beinahe umstürzlerischen Anspruch: nicht nur dieser oder jener, sondern alle sollen vernünftig, frei, glücklich sein . . . So ist die kritische Theorie noch mit diesen Wahrheiten verbunden. Sie erscheinen in ihr als ein Bewußtsein der Möglichkeiten, zu denen die geschichtliche Situation selbst herangereift ist, und sie sind in den ökonomischen und politischen Begriffen der kritischen Theorie aufbewahrt.“ (4)

Es ist möglich, einen gegenwärtigen und zukünftigen Sinn aus dem Vergangenen herauszuholen, weil die Entwicklung des Menschengeschlechts sich als ein stetiger Fortgang in der Ausarbeitung der materiellen Mittel menschlicher Selbstverwirklichung darstellt, so daß jedes Stadium mit jedem durch eine Kette von Vermittlungen verknüpft ist und Begriffe, die zu irgendeinem Zeitpunkt einmal als abstrakte Antizipationen auftauchen, auf konkrete Sachverhalte bezogen werden können; solche Kontinuität im Wandel wird durch die Sprache verbürgt.

Die „kritische Theorie“ nimmt also zugleich ein hermeneutisches Verhältnis zu allen bisherigen Philosophien und ein revolutionäres zur gegenwärtigen Gesellschaft ein. Sie will damit die beiden in der 11. Feuerbach-These von Marx formulierten Aspekte erfassen, nicht aber als getrennte

Seiten von Theorie und Praxis, sondern als deren Vereinigung: Konkretisierung philosophischer Abstraktionen vollzieht sich als Weltveränderung, politische Praxis realisiert philosophische Antizipationen. In den dreißiger Jahren enthält die „kritische Theorie" eine starke realutopische Tendenz, die von einem keineswegs ruchlosen, indessen kämpferischen Optimismus getragen ist. Doch ungeachtet ihres utopischen Antriebs verzichtet sie damals darauf, ein Modell der freien Gesellschaft zu entwerfen – „überhaupt handelt es sich in der kritischen Theorie nicht um das Ausmalen einer zukünftigen Welt" (5) –, weil es ja zunächst darum geht, die faktische Unterdrückung zu bekämpfen und zu sprengen: Es gab eine klare Front gegen den deutschen Faschismus. Die Aufgabe der Theorie in dieser Stunde, nämlich die Bewahrung und Aktivierung des aufklärerisch-progressiven und revolutionären Erbes in der Kultur, deckte sich mit den Erfordernissen der Praxis, nämlich der Herstellung einer bürgerlich-demokratischen und sozialistischen Einheitsbewegung gegen die faschistische Gefahr. (6) Weiterreichende Perspektiven konnten auf keinen Fall politisch aktualisiert werden, die Theorie blieb konkret auf die Situation bezogen. Sie fügte sich „der jeweiligen Analyse der politischen und ökonomischen Verhältnisse" ein. Gerade dadurch gelangte sie zu einigen wesentlichen allgemeinen Aussagen über den in Gang befindlichen Prozeß der Weltveränderung. (7)

Die Bestimmung des Glückstopos

Die Niederlage des deutschen Faschismus stellte die „kritische Theorie" vor neue Aufgaben. Die Einheit des Widerstands brach vor der positiven Frage, wie die befreite Welt einzurichten sei, auseinander. Die nach dem Nullpunkt von 1945 mit ökonomischem Aufstieg notwendig verbundene Wiederaufbauphase wurde auch eine solche der Restauration, weil es unter den Bedingungen der weltweiten Kriegszerstörungen in den kapitalistischen Ländern gelingen konnte, den revolutionären Elan der Massen auf die Regeneration der Produktion statt auf die Veränderung der Produktionsverhältnisse zu lenken. Die rasche Wiederherstellung der Produktionsmittel und damit eines zunächst erträglichen, dann steigenden Lebensstandards wurde von der Arbeiterklasse in der Bundesrepublik mit dem Verzicht auf gesellschaftspolitische Ziele erkauft. Der Schein allgemeiner Solidarität im Zeichen der Not verführte zu einer Selbsttäuschung der Arbeitenden über den restaurativen Willen der von den Kriegsfolgen schwer angeschlagenen herrschenden Klasse. Die „politische Disziplin", auf die als „Zeichen staatsbürgerlicher Besonnenheit und Reife" sich etwa die westdeutschen Gewerkschaften in der Nachkriegszeit so viel zugute hielten, ist den Arbeitern und ihren Organisationen dann schlecht gelohnt worden.

In diese Zeit der allgemeinen Wiederaufbaueuphorie fällt Herbert Marcuses Verbindung von Utopie und Psychoanalyse. Die „kritische Theorie“ konnte nicht mehr bloß Negation von offenkundiger Unterdrückung bleiben; sie mußte ihre Perspektive so konkretisieren, daß sie für das Individuum einsehbar zu machen war: also von den Problemen des Individuums aus. Nun hatte die „kritische Theorie“ von Anfang an ihren Horizont durch das Glückspostulat bestimmt; von daher ließ sich die neue Aufgabe dahin präzisieren, daß zu zeigen sei, wie die im Individuum liegenden Bedingungen für die Identität von Freiheit und Glück beschaffen sein und hergestellt werden müßten. Diese Frage versuchte Marcuse in seinem 1955 erschienenen Buche „Eros and Civilization“ (8) durch den Rückggriff auf die Grundlagen der Freudschen Anthropologie zu beantworten.

Marcuse geht aus von Freuds Charakterisierung der Kultur als eines Systems repressiver Funktionen, die im Interesse der Erhaltung und Entwicklung des Menschen einen Triebverzicht des einzelnen erzwingen; Triebverzicht ist gleichbedeutend mit Abnahme der augenblicklichen Befriedigung, Beschneidung der Selbstentfaltung, Verkürzung des Freiheitsspielraums, also mit Einschränkung des Glücks. Weder Freud noch Marcuse bestreiten die Notwendigkeit auferlegter Ordnungen im Interesse der Ausbildung gesellschaftlicher Mittel zur Bewältigung der Lebensnotdurft; aber sie insistieren auf dem widersprüchlichen und damit konflikthaltigen Charakter von Kultur, die sich als Herrschaftsmechanismus instituiert.

„Nach Freud ist die Geschichte des Menschen auch die Geschichte seiner Unterdrückung. Die Kultur unterjocht nicht nur seine soziale, sondern auch seine biologische Existenz, sie unterwirft nicht nur Anteile des menschlichen Wesens ihrem Zwang, sondern seine Triebstruktur selbst. Gerade dieser Zwang jedoch ist die Voraussetzung des Fortschritts. Ließe man den Grundtrieben des Menschen die Freiheit, ihre natürlichen Ziele zu verfolgen, so wären sie unvereinbar mit allem dauernden Zusammenschluß, jedem Fortbestehen: selbst wo sie vereinten, würden sie zerstören. Der ungezügelte Eros ist ebenso verderbenbringend wie sein tödlicher Gegenpart, der Todestrieb. Die Zerstörungskraft dieser Antriebe entspringt dem Umstand, daß sie eine Befriedigung anstreben, die die Kultur nicht gewähren kann: die Befriedigung als solche und als Selbstzweck in jedem Augenblick. Die Triebe müssen daher von ihren Zielen abgelenkt, in ihrer Absicht gehemmt werden. Kultur beginnt dort, wo auf das primäre Ziel – nämlich die vollständige Befriedigung von Bedürfnissen – mit Erfolg verzichtet wird.“ (9)

Unterdrückung der Triebbefriedigung wird mithin durch die Realität gefordert, die nur im organisierten Zusammenwirken von Menschen gemeistert werden kann; sie ist der Preis des Überlebens in einer feindlichen Umwelt, der der einzelne Mensch nicht oder nur sehr unvollkommen gewachsen wäre. Der Prozeß, in dem sich Herrschaftsverhältnisse und Ideologien als Institutionen der Triebunterdrückung im Dienste lebensnotwendiger Gruppenorganisation herstellten, ist nicht empirisch aufweisbar; er liegt vor der Zeit historisch fixierbarer Erfahrung. Es lassen sich nur hypothetische Modelle konstruieren, die diesen Vorgang gleichnishaft darstellen. Ein solches Modell, dessen sich Marcuse – unter ausdrücklichem Hinweis auf seinen hypothetischen, nicht-empirischen Charakter (10) – bedient, ist das von Freud entworfene Schema der Urhorde, das zur Interpretation psychischer Verhaltensweisen nützlich ist. Allen Modellen dieser Art eignet eine hermeneutische, nicht eine historisch-deskriptive Funktion; sie sind darum auch nicht durch eruierbare Fakten zu bestätigen oder zu widerlegen, sondern müssen sich in ihrer Anwendbarkeit als tauglich oder untauglich erweisen.

Die Geschichte des Menschengeschlechts ist nach Freud durch die Zweiseitigkeit steigender Naturbeherrschung (also steigender menschlicher Freiheit von der Naturnotwendigkeit) und wachsender gesellschaftlicher und psychischer Konflikte gekennzeichnet. Kultur ist zugleich Befreiung und Versklavung.

„Der Spielraum der menschlichen Wünsche und die Mittel ihrer Erfüllung werden damit ins Unabsehbare gesteigert, und die Fähigkeit des Menschen, die Realität bewußt im Sinne dessen, ‚was nützlich ist' zu verändern, scheint ein allmähliches Schwinden jener äußersten Schranken zu versprechen, die bisher seine Wunscherfüllung behinderten. Aber nun liegen weder seine Wünsche noch die Veränderung der Wirklichkeit länger in seiner eigenen Entscheidung: Sie werden jetzt von der Gesellschaft ‚organisiert'. Und diese ‚Organisation' unterdrückt und verwandelt seine ursprünglichen Triebbedürfnisse in der Substanz selbst. Wenn der Archetypus der Freiheit das Fehlen der Unterdrückung ist, so besteht die Kultur im Kampf gegen diese Freiheit." (11)

Es entsteht ein Konflikt zwischen individueller Glückserwartung und gesellschaftlichem Fortschritt, der eherne Gang der Weltgeschichte zertritt das Glück der Individuen. Über Freud hinaus, der diese Konflikte als solche zwischen Triebverfassung und Normen im Schicksal des einzelnen aufsucht, kann Marcuse, am historischen Materialismus geschult, die Gesellschaftsformen und ihre Geschichte als Träger der Unterdrückung durchschauen und so die spezifischen Wandlungen der Repression als Funktionen der Klassenherrschaft kenntlich machen. Geschichte wird damit faßbar als ein Verlauf in zwei Richtungen: Als „Fortschritt im Bewußtsein der Freiheit" (dank Entlarvung und Denunziation von Herrschaftsverfassungen im Klassenkampf) und in der Herstellung der Bedingungen der Freiheit (durch zunehmende technische Entlastung des Menschen von den Zwängen der Reproduktion seines Lebens), sowie als Transformation von Herrschaft (durch die Verfeinerung der Ausbeutungsmethoden: zum Beispiel Kannibalismus, Sklaverei, Leibeigenschaft und Lohnarbeit als Stufenfolge) und die gleichzeitige Verlagerung der Repression in unbewußte, nicht rational akzeptierte psychische Hemmungen und Selbstkontrollen. Kultur als vorgegebenes System von Werten und Verpflichtungen steht dann im Dienste der herrschenden Klasse – obwohl sich in ihr, durch ihren widersprüchlichen Charakter, natürlich auch immer die Opposition zur bestehenden Ordnung manifestiert und so aus Widersprüchen der Geschichtsprozeß in Gang gehalten wird. (12)

„Die affirmative Kultur war die geschichtliche Form, in der die über die materielle Reproduktion des Daseins hinausgehenden Bedürfnisse der Menschen aufbewahrt blieben, und insofern gilt von ihr wie von der Form der gesellschaftlichen Wirklichkeit, der sie zugehört: das Recht ist auch auf ihrer Seite. Sie hat zwar die ‚äußeren Verhältnisse‘ von der Verantwortung um die ‚Bestimmung des Menschen‘ entlastet – so stabilisiert sie deren Ungerechtigkeit –, aber sie hält ihnen auch das Bild einer besseren Ordnung vor, die der gegenwärtigen aufgegeben ist . . . In jener Gestalt des Daseins, dem die affirmative Kultur zugehört, ist ‚das Glück am Dasein nur möglich als Glück am Schein‘ (Nietzsche). Aber der Schein hat eine reale Wirkung: es findet eine Befriedigung statt. Ihr Sinn jedoch wird entscheidend verändert: Sie tritt in den Dienst des Bestehenden. Die rebellische Idee wird zum Hebel der Rechtfertigung.“ (13)

Der affirmative Charakter der Kultur tritt in den von ihr festgelegten Werten und Wertrelationen deutlich zutage. Diese sind darauf abgestellt, den Menschen in eine Leistungsgemeinschaft zu integrieren, deren vordergründiger Zweck die Festigung und Erweiterung der Herrschaft der Herrschenden ist (und korrelativ die Ausbeutung der Beherrschten); die jedoch (sozusagen durch die „List der Vernunft“) zur fortschreitenden Entfaltung der Produktivkräfte, mithin zu immer perfekterer Beherrschung der Natur durch den Menschen und damit auch zur Entlastung des Menschen von Arbeitsleistung führt. Analog zur geschichtsphilosophischen Konzeption des Kleistschen Aufsatzes über das Marionettentheater würde der Mensch also nach Durchgang durch die Phasen äußerster Entfremdung wieder in jenen Stand der Unschuld versetzt, in dem er nicht mehr um geforderter und unerläßlicher Leistung willen der Lust entsagen müßte. Im Zeitalter der Automation und Arbeitszeitverkürzung rückt diese Wiedereinsetzung des Lustprinzips anstelle des Leistungsprinzips (oder neben einem entscheidend reduzierten Leistungsprinzip und mit diesem dann vielleicht partiell verschmolzen in lustvoller Betätigung) in den Bereich des real Möglichen.

Das Leistungsprinzip verlangt die Unterordnung des Individuums unter die Ziele der Gemeinschaft, der es angehört. In einer freien Gesellschaft, deren Mitglieder bis auf wenig spürbare Reste von der Notwendigkeit der Arbeit entbunden wären, wird sich das Ziel der Gemeinschaft mit dem Streben des einzelnen nach Selbstentfaltung und Persönlichkeitserweiterung decken. Es kann dann (bis auf jene geringfügigen Reste) nur noch Leistungen geben, die in lustbetontem (libidinösem) Zusammenhang stehen – wobei zum Beispiel die Überwindung von Widerständen in Natur oder Materie oder beim Denkgegenstand eine zwar momentan unlustvolle, im Ergebnis jedoch lustvoll libidinöse Anstrengung einschließen und wünschenswert machen kann. Im Horizont einer marxistischen Gesellschaftskonzeption liegt also die Aufhebung repressiver Leistungsansprüche und der freiwillige und frei gewählte Einsatz des Menschen für selbst gestellte Ziele, ein Engagement in der Welt, das nichts von Zwang und nichts von Trotz an sich hat.

Jedenfalls gibt es eine biologische Basisverfassung des Menschen, die sich unter anderem in seinen, wie auch immer durch Gesellschaft und Individualschicksal beeinflußten und überformten Trieben niederschlägt. (14) Zu diesem Bild des unentfremdeten, freien Menschen gehört eine Triebentfaltung ohne Unterdrückung, bei der auch ein großer Teil psychosomatischer Störungen, vom allgemeinen Unbehagen bis zu echten Krankheitserscheinungen, wegfallen würde. Hier zeichnet sich ein vom Individuum nachvollziehbarer Glückstopos ab, der durch Gesellschaftsveränderung erreicht werden kann. Die Restitution der Triebstruktur kann jedoch nicht den Rückfall in die isolierende, bloß individuelle Befriedigung biologisch angelegter Triebe bedeuten. Vielmehr ist durch die Entwicklung des Spielerischen im Menschen ein libidinös besetzter, lustvoller Einsatz zur Umweltgestaltung, ein Zusammenfallen von Spiel und Arbeit möglich geworden. Freuds Kulturpessimismus, die Folge seines Verzichts auf die Analyse der gesellschaftlichen Perspektiven der Kultur, gilt also nicht.

„Die Kultur fordert (nach Freud) fortgesetzte Sublimierung; dadurch schwächt sie den Eros, den Errichter der Kultur. Und die Desexualisierung entfesselt durch die Schwächung des Eros die destruktiven Impulse. So ist die Kultur von einer Triebentmischung bedroht, in der der Todestrieb danach strebt, die Oberhand über den Lebenstrieb zu gewinnen. Dem Triebverzicht entsprungen und unter fortschreitendem Triebverzicht sich entwickelnd, neigt die Kultur zur Selbstzerstörung.

Diese Beweisführung ist zu glatt, um wahr zu sein. Es erheben sich eine Reihe von Einwänden. Zuerst einmal bedeutet nicht jede Arbeit Desexualisierung, und nicht alle Arbeit ist unangenehm, ist Triebverzicht. Zweitens wirken die von der Kultur verdrängten Hemmungen auch – und vielleicht in der Hauptsache – auf die Abkömmlinge des Todestriebes, die Aggressivität und die Destruktionstriebe ein. Mindestens in dieser Hinsicht tragen die kulturellen Hemmungen zur Stärkung des Eros bei. Außerdem ist Kulturarbeit an sich zum großen Teil die soziale Nutzbarmachung aggressiver Impulse und damit Arbeit im Dienste des Eros. Wollen wir diese Fragen in adäquater Weise zur Diskussion stellen, so setzt das voraus, daß die Triebtheorie von ihrer ausschließlichen Orientierung am Leistungsprinzip befreit wird, daß das Bild einer nicht-unterdrückenden Kultur (wie es gerade die Errungenschaften des Leistungsprinzips nahelegen) auf seine Substanz hin überprüft wird.“ (15)

Ein solches Kultur- und Gesellschaftsbild ergibt sich für Marcuse aus den Konsequenzen der klassenlosen Gesellschaft. Im Stande der Freiheit wird dem Menschen auch sein Körper (samt dem ihm innewohnenden Denken) und damit auch die Betätigung des Körpers (samt dem Denken) als lustvoll zurückgegeben; es wird sich „eine Erotisierung der Gesamtpersönlichkeit“ (16) vollziehen, die „die Manifestation bloßer Sexualität vermindert“ (17) und stattdessen das gesamte Leben sinnlich glückhaft werden läßt. Individuelles Glück und sozialer Fortschritt fallen dann zusammen:

„Nur als soziales Phänomen kann die Libido den Weg der Selbstsublimierung nehmen: Als unterdrückte Kraft kann sie die Kulturbildung nur unter Bedingungen fördern, die zusammengehörige Individuen in der Kultivierung der Umwelt aneinanderbindet, um wachsenden Bedürfnissen und Fähigkeiten gerecht zu werden . . . Die Werkbeziehungen, die die Grundlage der Kultur bilden, und mit ihnen die Kultur selbst, würden durch nichtdesexualisierte Triebenergie ‚gestützt'. Der gesamte Sublimierungsbegriff steht also auf dem Spiel. Das Problem des Werkes, der sozial nützlichen Betätigung ohne (repressive) Sublimierung kann nun neu formuliert werden. Es erscheint jetzt als das Problem eines Wandels im Charakter der Arbeit, kraft dessen die letztere dem Spiel ähnlich werden könnte – dem freien Spiel menschlicher Fähigkeiten." (18)

Das Entscheidende an Marcuses Utopie der nicht-unterdrückenden Kultur ist die Verknüpfung der sozialen mit der individuell-psychologischen Idee der Befreiung. Freiheit von materieller Not und von Existenzangst, Freiheit von äußerem Zwang (Herrschaft) wird verbunden mit Freiheit von innerem Zwang (Verdrängung, Hemmung, Über-Ich) und Freiheit von Triebverzicht. Was die klassischen Utopien, bis hin zu Ernst Bloch, nur mit allgemeinen Ausdrücken zu umreißen versuchten, gewinnt nun bei Marcuse bestimmte, lebendigere Züge: die Identität des unentfremdeten Menschen nicht nur als Gattungswesen, sondern auch als Individuum. Bei aller Skepsis gegen eine die Repression manipulierende, die Herrschaft perpetuierende Kultur (19) ist die Perspektive hoffnungsvoll und die schlechte Gegenwart überschreitend; allerdings theoretisch, da eine Übersetzung der Strukturanalyse der Triebverfassung des Menschen in gesellschaftlich-politische Praxis nicht mehr erfolgt und im Rahmen eines utopischen Entwurfs auch nicht erfolgen kann. Gesellschaftliche Praxis muß ja in der Orientierung am Nahziel oft genug vom utopischen Fernziel absehen, wenn sie auch das Nächstrealisierbare immer nur in Vermittlung zum utopischen Horizont begreifen soll.

Daß es sich beim Ausblick von „Eros und Kultur" um eine utopische Perspektive handelt, hat Marcuse ausdrücklich gesagt. Indem er darauf verzichtet, Psychologie als gesellschaftliches Remedium zu benutzen, ja diesen affirmativ-repressiven Mißbrauch der Psychoanalyse bekämpft (20), kann er die anthropologischen Einsichten Freuds bewahren und für das Bild des zukünftigen Menschen fruchtbar machen; indem er hier aber auch die gesellschaftliche Praxis noch nicht kurzschlüssig auf die Herstellung der nichtrepressiven Kultur ausrichtet, sondern einen kulturgeschichtlichen Wandlungsprozeß ganz richtig als eine langzeitige Entwicklung mit Retardationen versteht, kann er noch Fehlerwartungen und Fehlurteile vermeiden. Weil Marcuse sich in „Eros und Kultur" einer Übersetzung der Theorie in die unvermittelte Praxis enthält, vermag die Theorie unabgelenkt als Utopie wirken. Bald nach diesem Entwurf versucht Marcuse dann jedoch den Übergang zur unmittelbaren praktischen Anwendbarkeit seiner Theorie herzustellen und gerät damit auf das kritische Feld der Bewährung, wo Theorie und Praxis nicht nur als Bewußtseinsinhalte und allenfalls als utopische Einsprengsel im Kontinuum der Wirklichkeit erscheinen, sondern sich als kohärente gesellschaftliche Tätigkeit des Menschen durchhalten lassen müssen.

II. Der existentialistische Entwurf

Zerfällung von Theorie und Praxis

Herbert Marcuses Lehre ist philosophische Theorie; sie ist dies im strengen Sinne einer ideologischen Trennung von Theorie und Praxis, insofern sie selbst nirgends den Punkt ihrer Verwirklichung angeben oder gar aus sich selbst hervorbringen könnte. Marcuses Theorie ist definiert durch den Umstand, daß sie die Einheit von Theorie und Praxis, über die, als einzig mögliche Weise konkreten Philosophierens nach Marx, Marcuse ständig redet, in ihre eigene Denkbewegung nicht nur nicht aufnimmt, sondern als Konsequenz ihrer Vorstellung von der Unentrinnbarkeit der technologischen Herrschaftsformen gerade ausschließen muß.

Opposition gegen den Status quo der Gesellschaft gibt es in mancherlei Gestalt. So haben wir zum Beispiel eine ausgebildete romantische Opposition gegen den Kapitalismus des frühen 19. Jahrhunderts, die zu erstaunlich klarsichtigen Beschreibungen der Mängel der bürgerlichen Gesellschaft kommt; haben dann eine vielfältig differenzierte oppositionelle Ideologie im Vormärz: Indessen reichte diese Opposition nur aus, revoltierendes Bewußtsein zu erzeugen, nicht aber, revolutionäre Umgestaltung der gesellschaftlichen Verhältnisse zu bewirken. Wenn Marx und Engels sich in der „Heiligen Familie" und in der „Deutschen Ideologie" mit den Erscheinungen einer „kritischen Kritik" ihrerseits kritisch auseinandersetzten, dann erhoben sie die Forderung, daß Theorie sich nicht auf die Betrachtung des Bestehenden – und sei sie noch so radikal negierend – beschränke dürfe; sie habe vielmehr in den historischen Prozeß selbst verändernd einzugreifen. Das heißt aber, daß die Theorie von einer allgemeinen Beschreibung einer gesellschaftlichen Lage und des ihr zugeordneten Bewußtseinszustands zu historisch konkreten Analysen einer bestimmten Situation und der in ihr beschlossenen realen Entscheidungs- und Handlungsmöglichkeiten übergehen muß, nicht um Rezepte des politischen Tuns zu liefern, sondern um diesem eine Reflexionsebene gegenüberzustellen, vermittels derer es zum Begriff seiner selbst kommen kann. Politisches Tun geht auf die Verwirklichung einer geschichtlichen Situation aus. Nur das Begreifen des geschichtlichen Jetzt in seinen Bedingtheiten und Tendenzen erlaubt es, aktualisierbare Ziele (Möglichkeiten) zu setzen und gangbare Wege dahin zu finden. Das kritische Bewußtsein muß sich gegenwärtig halten, daß die Veränderung der Verhältnisse bewirkt, daß also in jeder politischen Tätigkeit diese Selbstveränderung mit einkalkuliert werden muß. Praxis, die darauf nicht Rücksicht nimmt, ist blind, Theorie, die nur einen allgemeinen Entwurf veränderter Verhältnisse liefert, ist leer; eine leere Theorie erzeugt eine blinde Praxis.

Theorie-Praxis-Einheit ist immer durch Vernunft begründet; sie impliziert die Rationalität des politischen Verhaltens. Natürlich gibt es auch eine Praxis, die losgelöst von der Theorie aus emotionalen und interessebedingten Spontaneitäten erwächst und sich danach eine Ideologie als Instrument oder Rechtfertigung zurechtbastelt, deren grundsätzlicher Charakter der des Vorurteils ist; irrationale Antriebe werden dann leitend, die Einheit von Theorie und Praxis besteht nur noch scheinbar, die Theorie ist nicht mehr Theorie der Praxis, sondern bloß noch ein Derivat der Praxis, sie ist den Tatsachen entfremdet und wird im und vom Fortgang der Geschichte nicht verifiziert.

Geschichte ist nichts statisch Bleibendes; sie geschieht in der Zeit als Veränderung. Die Logik der Geschichte schließt die Negation zum Bestehenden, den Widerspruch zur bloßen Positivität ein. Rationale Konstruktion der Geschichte, will sagen: vernunftgemäße Politik, muß aus dem Einen, das ist, das Andere, das sein wird, deduzieren. (21) So befindet sich Vernunft eo ipso im Widerstreit mit der reinen Positivität, mit dem status quo, mit der Beharrung. (Darum gibt es keine „vernünftige" konservative Theorie; Konservativismus enthält seiner Natur nach Unvernunft). Vernunft wirkt immer sprengend, weil sie essentiell das Neue in sich trägt. Alles, was ist, bringt aus sich seinen Widerspruch, das Nichtsein seiner selbst, hervor. Das Seiende hat, nach dem Richterspruch der Zeit, den Tod im Herzen, es muß verwesen. Vernunft, die diesen Verwesungsprozeß begreift, tritt gegen das Sein für das Werden an. Das Bestehende, das sich perpetuieren will, ist irrational, weil sein Untergang schon notwendig in ihm liegt. Der Widerspruch, der auf die Negation des Bestehenden gemäß den in ihm selbst liegenden Bedingungen drängt, ist hingegen rational, weil er sich in Einklang mit dem Gesetz der Geschichte befindet.

In Marcuses Beschreibung der hochindustrialisierten kapitalistischen Gesellschaft kehrt sich dieses Verhältnis nun um. Der modernen Industriegesellschaft kommt ein hohes Maß interner Rationalität zu, die zwar, wie Marcuse zugibt, durch die Irrationalität des Ganzen pervertiert wird (22), aber im Funktionieren der gesellschaftlichen Prozesse sich erweisen und damit die Entwicklung rationaler Kritik paralysieren soll. Mit anderen Worten: Marcuse meint, daß es dem Herrschaftssystem der modernen Industriegesellschaft durch Rationalisierung gelungen ist, seine inneren Widersprüche gleichsam nach außen zu kehren (als Frontstellung gegen das „sozialistische Lager") und in eine außenpolitische Aggressivität abzuleiten; während im Inneren der Systemzusammenhang des technisch reibungslosen Ablaufs eine widerspruchslose Formierung der Gesellschaft erfordere und diese als systemgerechte Rationalität von den Individuen auch hingenommen werde:

„Infolge der Art, wie sie ihre technische Basis organisiert hat, tendiert die gegenwärtige Industriegesellschaft zum Totalitären . . . Unter den Bedingungen eines steigenden Lebensstandards erscheint die Nichtübereinstimmung mit dem System als solchem als gesellschaftlich sinnlos.“ (23)

Weil also, nach Marcuse, in der hochindustrialisierten Gesellschaft keine systeminternen Widersprüche fühlbar und als Krisenerscheinungen der Gesellschaft manifest werden, läßt sich das gesellschaftliche Kontinuum durch rationale Kritik nicht mehr aufsprengen:

„Gegenüber dem totalen Charakter der Errungenschaften der fortgeschrittenen Industriegesellschaft gebricht es der kritischen Theorie an einer rationalen Grundlage zum Transzendieren dieser Gesellschaft.“ (24)

Opposition, die sich gegen die Unmenschlichkeit des Systems, nämlich gegen die Maschinisierung des Menschen und die Erniedrigung des Menschen zum Mittel, wendet, wird somit auf irrationale Argumente und Verhaltensweisen zurückgeworfen.

„Die fortschreitende eindimensionale Gesellschaft verändert das Verhältnis zwischen dem Rationalen und dem Irrationalen. Vor dem Hintergrund der phantastischen und wahnwitzigen Aspekte ihrer Rationalität wird der Bereich des Irrationalen zur Stätte des wirklich Rationalen.“ (25)

Marcuses Theorie nimmt die Praxis weder als Teil ihrer selbst in sich auf, noch bildet sie sich selbst in die Praxis als deren Teil hinein. Politische Praxis bleibt ihr disparat; denn der Inhalt der Theorie ist die absolute Diskrepanz zwischen der schlechten Positivität des Gegebenen und dem „ganz Anderen“ des Reichs der Freiheit, zwischen dem Sein und dem Sollen, zwischen der Negation des Ideals hier und jetzt und einer totalen Negation der Negation, in die das Hier und Jetzt irgendwann (und das heißt eben niemals) umschlagen soll. Die strukturelle Verwandtschaft einer, Wirlichkeit und Möglichkeit dergestalt auseinanderreißenden, Realität und Idee einander konfrontierenden Philosophie mit den Denkansätzen der dialektischen Theologie liegt auf der Hand: Marcuses Theorie läuft auf eine innerweltliche Eschatologie hinaus, deren Heilszustand nicht in immerwährender politischer Arbeit am Detail des gesellschaftlichen Lebens hergestellt wird, sondern provoziert durch eine von endzeitlichen Erwartungen durchtränkte Glaubenshaltung (und notfalls auch Märtyrerschaft) ihrer Anhänger eintreten soll. Das „ganz Andere“ kann nicht produziert, sondern nur provoziert werden. Im alltäglichen Leben bedeutet das Rebellion, nicht revolutionäre Praxis. Diese quasi-theologische, jedenfalls geschichtsmystische Konzeption mißachtet die elementare Einsicht dialektischen Denkens, daß Ergebnisse historischer Prozesse nur durch Vermittlungen innerhalb des Bestehenden hindurch erzielt werden; sie eliminiert den Begriff des Fortschreitens zugunsten einer Idee des Überschreitens, ohne zu berücksichtigen, daß Grenzen nur dann überschritten werden können, wenn sie fortschreitend einmal erreicht wurden. Kennzeichnend ist hier die Terminologie: während „Fortschritt“ durchweg im Sinne von „technologischer Fortschritt“ mit dem negativen Beigeschmack einer damit verbundenen Vervollkommnung der Herrschaftsmittel gebraucht wird (26), rücken die Ausdrücke „Transzendenz" und „transzendieren" in den Rang von Schlüsselbegriffen auf, die die Struktur der sogenannten „kritischen Theorie" definieren. (27) Marcuses Interesse gilt unmittelbar dem politischen Jenseits eines Utopicum und verzweifelt an der Topoi (den Stationen) des Weges, der dorthin führen soll. Sein Denken reflektiert jenen doppelten Zustand der Enttäuschung, der einmal durch die Moskauer Prozesse, zum anderen durch die Restauration eines imperialistischen Kapitalismus nach dem zweiten Weltkriege hervorgerufen wurde; er wiederholt auf neuer Stufe die Erfahrung, die Marcuse selber als grundlegend für den Existentialismus Sartres erkannte:

„Die geschichtliche Absurdität, die in der Tatsache liegt, daß die Welt nach der Niederlage des Faschismus nicht zusammenbrach, sondern in ihre früheren Formen zurückfiel, daß sie nicht den Sprung ins Reich der Freiheit unternahm, sondern die alte Einrichtung in Ehre wiederherstellte – diese Absurdität lebt in der existentialistischen Konzeption." (28)

So braucht es nicht zu verwundern, daß gewisse gleichsam existentialistische Konsequenzen im Werk Marcuses auftauchen.

Der Subjektivismus der individuellen Praxis

An zwei Stellen nimmt Marcuse ausdrücklich existentialistische Positionen auf. Einmal heißt es in der Vorrede zu „Der eindimensionale Mensch":

„Die Weise, in der eine Gesellschaft das Leben ihrer Mitglieder organisiert, schließt eine ursprüngliche *Wahl* zwischen geschichtlichen Alternativen ein, die vom überkommenen Niveau der materiellen und geistigen Kultur bestimmt sind. Die Wahl selbst ergibt sich aus dem Spiel der herrschenden Interessen. Sie *antizipiert* besondere Weisen, Mensch und Natur zu verändern und nutzbar zu machen und verwirft andere. Sie ist ein ‚Entwurf' von Verwirklichung unter anderen. Der Terminus ‚Entwurf' (Projekt) hebt das Element von Freiheit und Verantwortung in der geschichtlichen Determination hervor: er verknüpft Autonomie und Kontingenz. In diesem Sinne wird er im Werk Jean Paul Sartres verwandt." (29)

Zum anderen hat Marcuse zu seiner Sartre-Kritik des Jahres 1948 einen neuen Schlußabschnitt geschrieben, in dem es heißt:

„Existentialismus ‚lehrt die Menschen verstehen, daß einzig die Realität zählt, daß Träume, Erwartungen, Hoffnungen nur gestatten, einen Menschen als enttäuschten Traum zu definieren, als fehlgeschlagene Hoffnung, unnütze Erwartungen'. Diese Sätze sind von erschreckender Zweideutigkeit. ‚. . . daß einzig die Realität zählt' – als was? Solche Aussage könnte die Parole des totalen Konformismus sein; noch schlimmer: der gesunden Realitätsgerechtigkeit. Sie kann aber auch den Weg anzeigen, den Sartres eigenes Denken seither gegangen ist: den Weg des radikalen Widerspruchs. Auf diesem Weg zählt die Realität als das, was umzustürzen ist, so daß die menschliche Existenz beginnen kann . . . In der politisch gewordenen Philosophie wird die existentialistische Grundkonzeption gerettet durch das Bewußtsein, das dieser Realität den Kampf ansagt – in dem Wissen, daß die Realität Sieger bleibt. Wie lange? Die Frage, auf die es keine Antwort gibt, ändert nichts an der Gültigkeit der Position, die für den Denkenden heute die einzig mögliche ist." (30)

Nun erfolgt diese Annäherung an Sartre zwar unter Berufung auf dessen Fortentwicklung zu einem politischen radikalen Kämpfer gegen die kapitalistische imperialistische kolonialistische Gesellschaft; aber sie knüpft nicht etwa an die höhere Stufe von Sartres Philosophie, an die „Kritik der dialektischen Vernunft", an (31), sondern nimmt gerade die Bestimmungen des Menschseins aus der existentialistischen Phase auf, die Sartre selbst später als einseitig und in der damals einseitig entwickelten Fassung als unzulänglich charakterisierte. Das heißt aber auch: Marcuse fällt heute hinter die richtigen Einsichten seiner Existentialismuskritik von 1948 zurück.

Man übernimmt einen kategorialen Begriffsapparat nicht ohne Folgen für die eigene Theorie, man übernimmt ihn aber auch nicht ohne Grund. Auf die Herkunft des Terminus „Entwurf" von Sartre hat Marcuse, wie wir sehen, selbst hingewiesen. Die Übereinstimmung geht aber noch weiter: Er übernimmt im gleichen Zusammenhang den Ausdruck „ursprüngliche Wahl" (in „Sein und Nichts": choix originel) und, wenn nicht wörtlich, so doch der Sache nach, den Gedanken des „Scheiterns", der „fehlgeschlagenen Hoffnung", des „Umsonst" (gratuité). Die „ursprüngliche Wahl" ist immer auf das Individuum zurückverwiesen; denn ihrem Begriff nach ist sie gerade die Entscheidung, die der einzelne als solcher, unabhängig von der äußeren Realität, von seiner Klassenlage, von seinen privaten Lebensbedingungen trifft und treffen soll. Gegenüber all diesen umweltlichen Vorgegebenheiten und Bedingtheiten seines Daseins kann er sich nur als frei bestätigen, wenn er zu ihnen Nein sagt. Freiheit des Individuums ist wesentlich Negation. So hat schon Sartre seinen Freiheitsbegriff im Anschluß an Descartes entwickelt:

„Da die Ordnung der Wahrheiten außer mir existiert, so ist das, was mich als autonom definiert, nicht die schöpferische Erfindung, sondern die Weigerung . . . Man erkennt in dieser Fähigkeit, sich zu entziehen, sich zu lösen, zurückzuweichen, eine Vorwegnahme der Hegelschen Negativität." (32)

Die „Große Weigerung" ist ein existentialistisches Prinzip, das nichts anderes als eine individuelle und darum hoffnungslose Praxis zuläßt, die höchstens zu Zeugenschaft und Märtyrertum, mitnichten aber zu Gesellschaftsveränderung führen kann. Genau darin liegt nun der Unterschied einer anarchistischen Rebellion zu einer sozialistischen Revolution. Im Anarchismus wird die Erfahrung der Unterdrückung durch eine jeweils bestehende Herrschaftsordnung zur Theorie der Negation jeder Ordnung toto coelo und damit der Befreiung des Individuums von (und gegenüber) der Gesellschaft. In der Praxis läuft diese Theorie auf die individuelle Aktion gegen jede Manifestation gesellschaftlicher Ordnung überhaupt hinaus. Das Individuum bleibt auf sich zurückgeworfen, auch in Gemeinschaft mit anderen ist die Aktion letztlich privat und geht nicht auf die Herstellung menschlicherer Verhältnisse in der Gesellschaft aus, sondern beschränkt sich auf das Heraustreten des Individuums aus der Gesellschaft (wie Marx in seiner Kritik an Stirner klar gezeigt hat). Anstelle einer repressiven Herrschaftsordnung wird nicht eine solidarische herrschaftslose Ordnung, sondern die Zerstörung von Ordnung schlechthin konzipiert. Eine solche Theorie und die aus ihr resultierende putschistische Praxis verfehlt unvermeidlich ihr Ziel, den Sturz der bestehenden Herrschaftsordnung. Denn da eine Mehrzahl von Menschen nie ohne eine gesellschaftliche Ordnung miteinander leben kann, wird die Aufhebung der Ordnung durch einzelne um so sicherer zur Konservierung und Restitution bestehender Herrschaft (als Alternative gegen die Unordnung) führen; tatsächlich werden die gesellschaftlichen Verhältnisse dann nicht verändert, ja nicht einmal tangiert, sondern bestätigt. Die im Anarchismus gedachte Freiheit als bloße Negation reicht nicht aus.

Ein solcher auf bloße Negativität eingeengter Freiheitsbegriff muß natürlich inhaltlich schrumpfen und kann kein unbefangenes Verhältnis zur Wirklichkeit zulassen. Wie bestimmt Marcuse die neue Gesellschaft?

„So würde ökonomische Freiheit Freiheit *von* der Wirtschaft bedeuten – von Kontrolle durch ökonomische Kräfte und Verhältnisse; Freiheit vom täglichen Kampf ums Dasein, davon, sich seinen Lebensunterhalt verdienen zu müssen. Politische Freiheit würde die Befreiung der Individuen *von* der Politik bedeuten, über die sie keine wirksame Kontrolle ausüben. Entsprechend würde geistige Freiheit die Wiederherstellung des individuellen Denkens bedeuten, das jetzt durch Massenkommunikation und -schulung aufgesogen wird, die Abschaffung der ‚öffentlichen Meinung' mitsamt ihren Herstellern. (33)

Es wurde schon auf die Nachbarschaft zur „negativen" Theologie hingewiesen, die ihren mystischen Begriff Gottes als des „ganz Anderen" nur durch Negationen zu umschreiben wagt (34); Marcuse hat das an dieser Stelle methodologisch untermauert:

„Solche neuen Weisen (der Gesellschaft) lassen sich nur in negativen Begriffen andeuten, weil sie auf die Negation der herrschenden hinausliefen." (35)

Marcuse hat Sartre mit Recht seinerzeit vorgeworfen, daß er letzten Endes auf Stirner zurückkomme: „Sartres ‚Für-sich' ist Stirners *Der Einzige und sein Eigentum* näher als dem *Cogito* des Descartes." (36) Sind jedoch diese „Freiheiten von . . .", die er hier als Programm der „freien Gesellschaft" aufstellt, andere als die, die Stirner für seinen Einzigen in Anspruch nahm? Nur ein Robinson wäre frei von Wirtschaft; wo wo es aber eine Menge von Menschen gibt, da gibt es auch Wirtschaft als das Medium des Austauschs von Gütern und damit zugleich eine Rücksichtnahme des einzelnen auf die objektiven, das heißt in der Sache selbst gegründeten Formen und Regeln dieses Austauschs. Nicht Freiheit von Wirtschaft – das wäre eine anarchistische Parole – sondern Freiheit von einer ausbeuterischen Wirtschaft, von Wirtschaft als Herrschaftsinstrument der wenigen, muß es heißen; mithin Freiheit des Wirtschaftens durch kollektive Kontrolle des Prozesses. Je allgemeiner der Freiheitsbegriff gefaßt ist, um so gegenstandsloser ist er. Die „Große Weigerung" tut der Gesellschaft nicht weh; sie bleibt subjektive Entlastung des Gemüts, bestenfalls Provokation der Schläfrigen nach dem Modell des „épater le bourgeois". Schmerzhaft für das Bestehende ist indessen die Veränderung des augenblicklich Veränderbaren durch gezielten Druck in diesem Augenblick.

Vor allem aber bleibt auch eine Freiheit als bloße Negation in zersplitterter subjektiver Praxis befangen. Mögen noch so viele Menschen in ihrem Nein übereinstimmen, was sie faktisch (positiv) tun, wird unzusammenhängend bleiben, solange sie nicht auch ein gemeinsames Ja zu einem konkreten Ziel verbindet.

Wenn Sartre sagt: „Nicht einmal die Zangen des Henkers entbinden uns davon, frei zu sein", so ist die Freiheit, entweder zum Schmerz Nein zu sagen und zu gestehen oder aber zum Geständnis Nein zu sagen und sich foltern zu lassen, eine höchst illusorische; Ontologie wird hier zum Gaukelspiel und Marcuse kritisiert zu Recht:

„Es ist wohl wahr, daß das ‚Für-sich' *qua* ‚Für sich', in den Händen der zahllosen Henker, die ihm zahllose Gelegenheiten bieten, seine existentielle Freiheit auszuüben, frei ist und bleibt; aber diese Freiheit ist in einem solchen Maße eingeschrumpft, daß sie völlig irrelevant ist und so sich selbst aufhebt. Die freie Wahl zwischen Tod und Versklavung ist weder Freiheit noch Wahl, weil beide Alternativen die ‚Wirklichkeit des Menschen' zerstören, die als Freiheit behauptet wird." (37)

Eins aber übersieht er dabei – und weil er es übersehen kann, muß er fünfzehn Jahre später in analoge Fehler verfallen: Die Freiheit des Gefolterten braucht nicht das Nein zum Henker zu sein; sondern die positive Freiheit, den Kameraden nicht preiszugeben, die gemeinsame Aktion nicht zu verraten, die Freiheit zur Solidarität also für ein gemeinsames Ziel. (38) Gerade diese Freiheit schließt aber oft freiwillige, überzeugte Preisgabe individueller Freiheiten ein. Natürlich wird dieses Problem sich so kraß nicht mehr in einer Gesellschaft stellen, die Unmenschlichkeit und Gewalt aufgehoben hat. Aber gerade dann wird es – zum Beispiel im Kampf um das Zurückdrängen der Naturschranke – Formen der Gemeinschaft geben, die nicht nur eine „Freiheit von . . .", sondern auch eine solidarische „Bindung zu einem gemeinsamen Ziel" erfordern. Ein bloß individualistischer Freiheitsbegriff geht immer am Wesen der Freiheit wie auch am Sein des Menschen als Tätigkeit, also als Praxis vorbei.

III. Die geschichtslose Revolution

Die „Große Weigerung"

Gesellschaftliche Praxis bleibt angewiesen auf die Vermittlung mit der Realität. Stellt sich das revolutionäre Bewußtsein des einzelnen außerhalb des gesellschaftlichen Kontinuums, tritt es aus dem Zusammenhang mit den Determinanten, die die Lebensform innerhalb des kritisierten Herrschaftssystems bedingen und die Identifikation des Individuums mit der repressiven Wirklichkeit hervorrufen, handelt es also nach dem Grundsatz des totalen und unvermittelten „Nein": dann wird der Rebell als Fremdkörper ausgestoßen, darf gegebenenfalls an der Peripherie der Gesellschaft ein sektenhaftes Dasein fristen (39) und bleibt historisch-politisch völlig wirkungslos. Marcuse hat diese Schwierigkeit selbst gesehen, ohne jedoch einen Ausweg aus ihr zu zeigen. Seine Antwort ist eine Mischung aus theoretischer Resignation und eschatologischem Trotz. Das heißt einerseits:

> „Aus theoretischen wie empirischen Gründen spricht der dialektische Begriff seine eigene Hoffnungslosigkeit aus." (40)

Andererseits aber wird die angebliche Harmonisierung der innergesellschaftlichen Gegensätze in der repressiven Manipulation des Menschen als Schein charakterisiert. der

> „weder den Widerspruch zwischen der wachsenden Produktivität und ihrer repressiven Anwendung beseitigt noch das dringende Bedürfnis, den Widerspruch zu lösen." (41)

Das Bedürfnis nach Überwindung des bestehenden Herrschaftssystems, nach Aufhebung der Herrschaft von Menschen über Menschen überhaupt, kann aber unter den Bedingungen der Manipulation nach Marcuses Auffassung keine entsprechende Praxis hervorbringen. Es bleibt bei einer theoretischen Revolte, die sich gerade durch ihren Radikalismus als bloß theoretisch entlarvt.

> „Auf ihrer fortgeschrittenen Stufe fungiert Herrschaft als Verwaltung, und in den überentwickelten Bereichen des Massenkonsums wird das verwaltete Leben das gute Leben des Ganzen, zu dessen Verteidigung die Gegensätze vereinigt werden. Das ist die reine Form der Herrschaft. Umgekehrt erscheint ihre Negation als die reine Form der Negation. Aller Inhalt scheint auf die eine abstrakte Forderung nach dem Ende der Herrschaft reduziert – das einzige wahrhaft revolutionäre Erfordernis und das Ereignis, das die Errungenschaften der industriellen Zivilisation bestätigen würde. Angesichts ihrer wirksamen abschlägigen Beantwortung durch das bestehende System erscheint diese Negation in der politisch ohnmächtigen Form der ‚absoluten Weigerung' – eine Weigerung, die umso unvernünftiger erscheint, je mehr das bestehende System seine Produktivität entwickelt und die Last des Lebens erleichtert." (42)

Aus dem Widerspruch zwischen Hoffnungslosigkeit der Theorie und untergründigem Fortbestand der gesellschaftlichen Antagonismen, die eine revolutionäre Praxis erzeugen müßten, erwächst jener Radikalismus des totalen Nein, der – wie alle unvermittelten und anarchistischen Radikalismen – im Effekt ein sich bei sich selbst beruhigender Scheinradikalismus ist.

Jede Gesellschaft trägt ihre Widersprüche in sich. In der Klassengesellschaft bekommen diese Widersprüche den Charakter von Klassengegensätzen. Die Gesellschaft umschließt mit der herrschenden Klasse zugleich die beherrschte, ja ist auf diese angewiesen: die Dialektik von Herr und Knecht mit all ihren Phasen bis hin zur Revolution bewegt sie. Der Kampf zwischen Herrschenden und Beherrschten, der Klassenkampf, macht die Struktur jeder Klassengesellschaft aus – wie verschleiert er auch sein möge. (43) Die jeweilige Gesellschaftsform ist die Form dieser Gegensätze. Wer sich der bestehenden Herrschaft *entgegen*-setzt, tut es im Rahmen der Gesellschaft, die ihrerseits sich im Herausprozessieren dieser Widersprüche verändert. Wer sich jedoch in einer „Großen Weigerung" aus der Gesellschaft ganz *heraus*-setzt, tritt ihr nicht mehr *entgegen,* sondern ist von ihr *aus*-geschlossen. Er hat nicht mehr teil am Klassenkampf. Er verändert nichts mehr, er stürzt auch nichts um, denn ihm fehlt der Hebel dazu. Die Gesellschaft selbst ist der Boden, auf dem die Auseinandersetzungen stattfinden, ihre jeweilige Organisationsform, der Staat, bietet zugleich die Punkte des Angriffs und dessen Instrumente dar. (44) Es ist also jeweils konkret zu prüfen, welchem Teil der gesellschaftlichen Ordnung man sich verweigert und welchen man benutzt und umfunktioniert. Nur ein undialektischer Anarchismus besteht auf dem totalen Nein, das zugleich ein totaler Verzicht auf jegliche Aktivität ist. Lenin hat in seiner Polemik gegen den „,linken' Radikalismus, die Kinderkrankheit im Kommunismus" Grundsätzliches dazu gesagt:

„Unerfahrene Revolutionäre meinen oft, legale Kampfmittel seien opportunistisch, weil die Bourgeoisie auf diesem Gebiet die Arbeiter besonders häufig (am meisten in ‚friedlichen' nichtrevolutionären Zeiten) betrogen und übertölpelt hat; illegale Kampfmittel aber seien revolutionär. Das ist jedoch unrichtig. Richtig ist, daß Opportunisten und Verräter an der Arbeiterklasse die Parteien und die Führer sind, die nicht verstehen oder nicht wünschen (sage nicht: ich kann nicht, sage lieber: ich will nicht!), illegale Kampfmittel zum Beispiel unter Verhältnissen anzuwenden, wie sie während des imperialistischen Krieges 1914–1918 gegeben waren, als die Bourgeoisie der freiesten demokratischen Länder mit unerhörter Frechheit und Brutalität die Arbeiter betrog und es verbot, die Wahrheit über den räuberischen Charakter des Krieges zu sagen. Aber Revolutionäre, die es nicht verstehen, die illegalen Kampfformen mit *allen* legalen zu verknüpfen, sind sehr schlechte Revolutionäre." (45)

Alle legalen Mittel ausnutzen, heißt aber, auf dem Boden der bestehenden Gesellschaft kämpfen. Von niemandem, am wenigsten von den Integrierten und Manipulierten, kann erwartet werden, sich in einer „Großen

Weigerung" außerhalb der Gesellschaft zu stellen, von der er und durch die er lebt. Wohl aber kann man erwarten, daß er seine besonderen Interessen innerhalb dieser Gesellschaft wahrnimmt. Ihn dabei zu unterstützen, weil diese Interessen ihn irgendwann und vielleicht sogar sehr bald in Gegensatz zur bestehenden Herrschaft führen, weil ihre Weiterverfolgung (zusammen mit der Weiterverfolgung anderer besonderer Interessen anderer Beherrschter) schließlich dazu führt, die bestehende Gesellschaft zu sprengen – das ist der dialektische Weg der Gesellschaftsveränderung. Bewußtsein, Klassenbewußtsein entsteht nicht nur und nicht einmal zuerst durch theoretische Belehrung, sondern durch praktische Erfahrung im Kampf um unmittelbare Ziele.

„Es zu verstehen, den konkreten Weg oder die besondere Wendung der Ereignisse, die die Massen zum wirklichen, entscheidenden, letzten großen revolutionären Kampf *heranführt*, herauszufinden, herauszufühlen, richtig zu bestimmen – darin besteht die Hauptaufgabe des heutigen Kommunismus in Westeuropa und Amerika." (46)

Dieser Satz, im April, Mai 1920 (!) niedergeschrieben, hat seine unveränderte Gültigkeit behalten.

Es wäre ein Irrtum zu glauben, daß die „Große Weigerung" einiger weniger als Auslöser der Bewußtseinsbildung dienen könnte. Sie werden als Außenseiter verlacht bleiben, vielleicht bemitleidet, manchmal, wenn auch seltener, sogar bewundert. Aber es geht keine Aktion von ihnen aus, ihre Handlungen bleiben am Rande der Gesellschaft, statt sie ins Herz zu treffen. Wenn sie selbst zur Aktion schreiten, ohne sich einer Massenbasis zu vergewissern, so opfern sie sich voreilig und arbeiten den Herrschenden in die Hände.

„Mit der Avantgarde allein kann man nicht siegen. Die Avantgarde allein in den entscheidenden Kampf werfen, solange die ganze Klasse, solange die breiten Massen nicht eine Position eingenommen haben, wo sie die Avantgarde direkt unterstützen oder wenigstens wohlwollende Neutralität ihr gegenüber üben und eine völlige Unfähigkeit, ihren Gegner zu unterstützen, an den Tag gelegt haben, wäre nicht nur eine Dummheit, sondern auch ein Verbrechen. Damit aber wirklich die ganze Klasse, damit wirklich die breiten Massen der Werktätigen und vom Kapital Unterdrückten zu dieser Position gelangen, dazu ist Propaganda allein, Agitation allein zu wenig. Dazu bedarf es der eigenen politischen Erfahrung der Massen." (47)

Diese politische Erfahrung wird im Kampf um Nahziele gesammelt. Wenn Studenten in Frankfurt am Main bei der Uraufführung des „Vietnam-Diskurses" von Peter Weiss dem Dichter vorgeworfen haben, er diene der bürgerlichen Welt als Alibi, weil er sein Stück im Rahmen des Establishment darbiete, so verfehlte diese Kritik genau die Einsicht, daß jede Plattform möglicher Bewußtseinsbildung ausgenutzt werden muß. Deutlicher wird dies in der Frage der Verteidigung der parlamentarischen Demokratie gegen faschistoide Aushöhlung, deutlicher noch in der Frage der Unterstützung des gewerkschaftlichen Kampfes um eine demokratische Organisationsform der Wirtschaft. Es ist ein Irrtum zu glauben, daß dadurch die repressive Ordnung gestärkt werde. Vielmehr gewinnt in solchen Kämpfen um seine unmittelbaren Interessen das Volk – oder doch ein wesentlicher Teil des Volkes – die politische Erfahrung, um den Zusammenhang seiner unmittelbaren Interessen mit größeren geschichtlich-gesellschaftlichen Prozessen zu begreifen. Jeder Schritt treibt zum nächsten weiter. Um aus politischen Kämpfen, die sich zunächst immer aus den unmittelbaren Interessen der Beherrschten entwickeln werden, zu weiterführenden Schlußfolgerungen zu gelangen, die den Übergang zur strukturellen Veränderung der Gesellschaft im ganzen einschließen, bedarf es allerdings einer politischen Theorie, die die Erfahrungen der Alltagspraxis verallgemeinert. Keine Theorie kann ohne ein Axiomensystem auskommen, von dem aus sie die Erfahrungen interpretiert. Wer aus einem totalen Mißtrauen gegen „Ideologie" es ablehnt, irgendwelche systematischen Interpretationen der Gesellschaft und des politischen Verhaltens in der Gesellschaft zu akzeptieren, verzichtet damit auf ein Mittel, sein eigenes Verhalten zu artikulieren und nach einem Operationsplan auszurichten. Die von Marcuse hervorgehobene und offenbar mit Sympathie aufgenommene „Ideologie-Feindschaft" der anarchischen linken Opposition bedeutet in der Tat ein Hindernis für die taktische Zielsicherheit des Protestes. Marcuse beschreibt die „neue Linke" wie folgt:

„Zunächst ist sie, mit Ausnahme einiger kleiner Gruppen, nicht orthodox marxistisch oder sozialistisch. Sie ist charakterisiert durch ein tiefes Mißtrauen gegen alle Ideologie, auch gegen die sozialistische Ideologie, von der man sich irgendwie verraten glaubt und von der man enttäuscht ist. Die neue Linke ist außerdem in keiner Weise – wiederum mit Ausnahme kleiner Gruppen – auf die Arbeiterklasse als die revolutionäre Klasse fixiert. Sie selber kann überhaupt nicht klassenmäßig fixiert werden . . . Sie haben hier eine Opposition, die offenbar nichts zu tun hat mit der klassischen revolutionären Kraft im Marxismus . . . Ich glaube, daß diese so ganz unorthodoxe Konstellation einer Opposition ein treuer Reflex der autoritär-demokratischen Leistungsgesellschaft ist, der ‚eindimensionalen Gesellschaft', wie ich sie zu beschreiben versucht habe, und deren Hauptmerkmal die Integration der beherrschten Klasse auf einem sehr materiellen, sehr realen Boden ist, nämlich auf dem Boden gesteuerter und befriedigter Bedürfnisse, die ihrerseits den Monopolkapitalismus reproduzieren – ein gesteuertes und unterdrücktes Bewußtsein." (48)

Opposition, so führt Marcuse weiter aus, bestehe unter diesen Umständen nur noch an den extremen Polen der Gesellschaft, bei den unterprivilegierten Außenseitern einerseits, bei der Intelligenz, die noch ein Wissen und Bewußtsein von dem gesellschaftlichen Widerspruch habe, andererseits. Beide Randschichten der Gesellschaft sind natürlich nicht zu einer wirklich umwälzenden Kraft fähig, sie können nur ein totales Nein zur Gesellschaft im ganzen sagen. Von beiden am Rande der Gesellschaft sich als Außenseiter etablierenden Gruppen gibt es jedoch keine Verbindung zu der breiten Masse der Manipulierten und Integrierten, die mit ihren Ausbeutern und Herren zusammen ein totalitär organisiertes System, eine „geschlossene Gesellschaft" bilden.

Einem totalitären System läßt sich durchaus ein totales Nein, ein Nein zum System in toto, entgegenstellen. Der Nein-Sager wird aber damit system-extern, er begibt sich der Chance der Veränderung und verläßt sich auf den Umsturz von außen. Das bedeutet, daß er auf den im Schoße der Koexistenz der kapitalistischen und sozialistischen Gesellschaftssysteme weiterschwelenden Konflikt spekulieren müßte, der doch nach Marcuses eigener Theorie gerade zu einer Deformation des Sozialismus zu einem neuen Herrschaftssystem geführt haben soll. (49) Die Hoffnung auf eine Umwälzung der bestehenden Ordnung durch Invasion – also nach Art des Untergangs des Römischen Reiches – bleibt Marcuses Lehre immanent untersagt. Auch ist Marcuse ja keinesfalls ein Vabanque-Theoretiker der Gewalt, der im Zeitalter nuklearer Waffen das Risiko eines internationalen Konflikts einkalkulieren oder gar befördern möchte. Seine Resignation gründet er vielmehr gerade in der durch die militärtechnische Entwicklung erzwungenen Koexistenz der beiden großen Gesellschaftssysteme, die eine Verewigung repressiver Organisationsformen des menschlichen Lebens zu begünstigen scheine.

Aber auch nach der klassischen marxistischen Gesellschaftslehre wäre der Rückzug auf die Erwartung einer Umwälzung von außen unzulässig. Die etwas saloppe Formulierung, daß die Revolution kein Exportartikel sei, entstand nicht erst als taktische Aussage im Zeichen der Koexistenz. Ihr sachlicher Gehalt findet sich programmatisch schon im „Kommunistischen Manifest“: „Obgleich nicht dem Inhalt, ist der Form nach der Kampf des Proletariats gegen die Bourgeoisie zunächst ein nationaler. Das Proletariat eines jeden Landes muß natürlich zuerst mit seiner eigenen Bourgeoisie fertig werden.“ Der junge Marx hatte in den Feuerbach-Thesen die revolutionäre Praxis als das Zusammenfallen des Änderns der Umstände und der menschlichen Selbstveränderung bestimmt, womit klar gesagt ist, daß Revolution einer Gesellschaft nicht auferlegt werden, sondern nur aus ihr selbst entstehen kann. Der Rebell, der sich der Gesellschaft entzieht, zieht damit zugleich seiner Rebellion den Boden unter den Füßen weg.

Die Große Weigerung ist zu wenig. Eine kritische Theorie muß mehr anbieten als eine völlig abstrakte Totalnegation im Horizont einer ebenso abstrakten utopischen Totalalternative; sie muß die Richtung der nächsten Schritte angeben können. Allein der Weg ist konkret geschichtlich, obwohl es wichtig und unerläßlich ist, daß das Ziel, die Totalalternative, unterwegs nicht vergessen wird. (50) Die Große Weigerung aber hat das Ziel im Auge, ohne den Weg zu kennen. Sie ist eschatologisch in jenem Sinne, den Walter Benjamin am Schluß der „Geschichtsphilosophischen Thesen“ andeutete: „Den Juden wurde die Zukunft aber darum doch nicht zur homogenen und leeren Zeit. Denn in ihr war jede Sekunde die kleine Pforte, durch die der Messias treten konnte.“ (51) Messianismus und Eschatologie sind aber ungeschichtlich. Ihr anarchistisches Gegen-stück, die Große Weigerung, eliminiert die historischen Vermittlungen. Eine Theorie, die in diese Praxis (oder vielmehr Unpraxis) ausläuft, macht die Idee der Revolution geschichtlos und damit gegenstandslos.

Der qualitative Sprung

Geschichtslos, nämlich von der dialektischen Bewegung des historischen Prozesses abgelöst, ist jede Erwartung, die ein erstrebtes Optimum unter Überspringung der gesellschaftlichen Zwischenstufen zu verwirklichen fordert. Wer die Trägheit gesellschaftlicher Institutionen und Bewußtseinsinhalte unterschätzt und Gesellschaftsänderung mit einem Schlage postuliert, wird überhaupt nichts ändern. Jeder Maximalismus ist utopisch in jenem Sinne, der die Vorwissenschaftlichkeit einer Zukunftsperspektive bezeichnen soll. Es ist in der politischen Praxis genau zu unterscheiden zwischen einem Horizont, in den alle Fernziele eingetragen sind und vor dem alle Nahziele stehen, und den erreichbaren nächsten Stufen, die betreten werden müssen, um weiterschreiten zu können und die Fernziele schließlich in Nahziele zu verwandeln.

Natürlich kennt Marcuse seinen Hegel und Marx zu gut, um theoretisch in diesen Fehler der schlechten Unmittelbarkeit zu verfallen. Im Gegenteil; wenn er von den rationalen Grundlagen der Veränderung des Bestehenden spricht, kalkuliert er die Vermittlung des Neuen durch das Bestehende wohl ein; er bleibt schulgerechter Dialektiker:

„Die geschichtliche Wahrheit ist relativ; die Rationalität des Möglichen hängt ab von der des Wirklichen, die Wahrheit des transzendierenden Entwurfs von der des verwirklichten. Die Aristotelische Wissenschaft wurde ihrer Falschheit aufgrund ihrer Errungenschaften überführt; würde der Kapitalismus durch den Kommunismus seiner Falschheit überführt, so würde er es aufgrund seiner eigenen Errungenschaften. Die Kontinuität wird durch den Bruch gewahrt: quantitative Entwicklung wird zu qualitativer Änderung, wenn sie an die innere Struktur eines etablierten Systems heranreicht; die etablierte Rationalität wird irrational, sobald die Potentialitäten des Systems im Laufe ihrer *inneren* Entwicklung über dessen Institutionen hinausgewachsen sind. Eine solche Widerlegung gehört zum geschichtlichen Charakter der Wirklichkeit, und gerade dieser Charakter verleiht den Begriffen, die diese Wirklichkeit erfassen, ihre kritische Intention. Sie anerkennen und akezptieren das Irrationale in der je bestehenden Wirklichkeit – sie entwerfen die geschichtliche Negation.“ (52)

Der allgemeine Geschichtsprozeß ist damit exakt beschreiben. Sobald Marcuse jedoch zu den praktischen Schlußfolgerungen fortschreitet, hat er die Einsicht in die Verschränkung von Kontinuität und Bruch vergessen. Dann träumt er von einem wesentlich neuen geschichtlichen Subjekt, das plötzlich da sein soll, um die in die kapitalistische Gesellschaft integrierten Menschen abzulösen; und er spricht den im Schoße der Gesellschaft sich entwickelnden – wenn auch widersprüchlich und mit Rückfällen sich entwickelnden – Gegenkräften die Chance ab, geschichtliche

Erneuerung einzuleiten. Ohne jede Begründung lehnt Marcuse es ab, daß die Arbeiterklasse durch politischen Kampf, durch schrittweise Eroberung der Beteiligung an der politischen Macht in ihre Rolle als Träger der geschichtlichen Veränderung und Umwälzung hineinwachsen könne:

„Das Ziel wahrhafter Selbstbestimmung der Individuen hängt ab von wirksamer sozialer Kontrolle über die Produktion und Verteilung der lebensnotwendigen Güter . . . Selbstbestimmung wird in dem Maße real sein, wie die Massen in Individuen aufgelöst worden sind, befreit von aller Propaganda, Schulung und Manipulation fähig, die Tatsachen zu kennen und zu begreifen und die Alternativen einzuschätzen.

Mit anderen Worten, die Gesellschaft wäre in dem Maße vernünftig und frei, wie sie von einem wesentlich neuen geschichtlichen Subjekt organisiert, aufrechterhalten und reproduziert wird. Auf der gegenwärtigen Entwicklungsstufe der fortgeschrittenen Industriegesellschaften verneint das materielle ebenso wie das kulturelle Interesse dieses Erfordernis. Die Macht und Leistungsfähigkeit des Systems, die gründliche Angleichung des Geistes an die Tatsache, des Denkens an das geforderte Verhalten, der Wünsche an die Realität wirken dem Entstehen eines neuen Subjekts entgegen. Sie wirken auch der Vorstellung entgegen, daß die Ersetzung der herrschenden Kontrolle über die Produktionsprozesse durch die ‚Kontrolle von unten' eine qualitative Veränderung ankündige. Diese Vorstellung war und ist gültig, wo die Arbeiter die lebendige Negation und Anklage der bestehenden Gesellschaft waren und noch sind. Wo diese Klasse jedoch zur Stütze der herrschenden Lebensweise geworden ist, würde ihr Aufstieg zur Kontrolle jene nur verlängern." (53)

Hier unterliegt Marcuse zwei charakteristischen Denkfehlern: Erstens kann er Freiheit, das heißt Selbstbestimmung (Autonomie) nicht als gesellschaftliche, vermittelt durch das Kollektiv, fassen, sondern reduziert sie auf das abstrakt anarchische Selbstsein des Individuums. Die Welt würde dann zum „Eigentum" des „Einzigen", aber die Vermittlung der Einzigen zu einer freien Gesellschaft wäre durch nichts gewährleistet; in der Konsequenz fällt Marcuse auf die Position Stirners zurück. Die Auflösung der Massen in Individuen als Träger der gesellschaftlichen Entscheidungen führt herab in die Niederungen jener unvermittelten „Iche", von denen schon Marx gegen Stirner spottet:

„Er kennt bloß ‚Dinge' oder ‚Iche'" und dagegen geltend macht: „daß die ‚Gewalt des Einzelnen' sehr davon abhängig ist, ob andre ihre Gewalt mit der seinigen verbinden." (54)

Vielleicht verlohnt es, noch einen Augenblick bei der Parallele zwischen Marcuse und Stirner zu verweilen; die Entwicklung mancher Einwände erübrigt sich dann durch den Hinweis auf der „Deutschen Ideologie" dritten Teil. Folgende Partie aus Stirner ließe sich ohne Schwierigkeit in die Terminologie Marcuses übersetzen:

„Die Revolution zielt auf neue *Einrichtungen;* die Empörung führt dahin, Uns nicht mehr einrichten zu lassen, sondern Uns selbst einzurichten. Sie ist kein Kampf gegen das Bestehende, da, wenn sie gedeiht, das Bestehende von selbst zusammenstürzt. Sie ist nur ein Herausarbeiten Meiner aus dem Bestehenden. Verlasse Ich das Bestehende, so ist es tot, und geht in Fäulnis über. Da nun nicht der Umsturz eines Bestehenden Mein Zweck ist, sondern Meine Erhebung darüber, so ist Meine

Absicht und Tat keine politische oder soziale, sondern als allein auf Mich und Meine Eigenheit gerichtet, eine *egoistische*." (54a)

Das ist, in der Sprache des 19. Jahrhunderts, die Ideologie der „Großen Weigerung". Die Revolution verliert ihren geschichtlichen Boden, sie wird zur Tathandlung des einzelnen. Marx resumiert:

„Vermittels der *Empörung* springen wir herüber in eine neue egoistische Welt . . . Revolution – Umsturz des Bestehenden. Empörung – Bestehen des Umsturzes." (55)

Das ist also der qualitative Sprung, der aus der Kraft des Bewußtseins erzwungen werden soll, ohne Rücksicht auf die bestehenden Verhältnisse und die von ihnen geforderten politischen Aktionen, die schrittweise das Bewußtsein der Massen entwickeln, das heißt schulen müssen. Und Marx glossiert dazu:

„Was das ‚Heraustreten aus dem Bestehenden' für einen Sinn hat, wissen wir schon. Es ist die alte Einbildung, daß der Staat von selbst zusammenfällt, sobald alle Mitglieder aus ihm heraustreten, und daß das Geld seine Geltung verliert, wenn sämtliche Arbeiter es anzunehmen verweigern. Schon in der hypothetischen Form dieses Satzes spricht sich die Phantasterei und Ohnmacht des frommen Wunsches aus. Es ist die alte Illusion, daß es nur vom guten Willen der Leute abhängt, die bestehenden Verhältnisse zu ändern und daß die bestehenden Verhältnisse Ideen sind. Die Veränderung des Bewußtseins, abgetrennt von den Verhältnissen, wie sie von den Philosophen als Beruf, das heißt als *Geschäft* betrieben wird, ist selbst ein Produkt der bestehenden Verhältnisse und gehört mit zu ihnen. Diese ideelle Erhebung über die Welt ist der ideologische Ausdruck der Ohnmacht der Philosophen gegenüber der Welt. Ihre ideologischen Prahlereien werden jeden Tag durch die Praxis Lügen gestraft." (56)

Damit sind wir beim zweiten Fehler, der Marcuse unterlaufen ist. Er setzt richtig voraus, daß zur Änderung der Verhältnisse das Bewußtsein von dem Bedürfnis nach Änderung der Verhältnisse gehört. Da er nun nicht daran glaubt, daß bei den Massen dieses Bewußtsein zu erzeugen ist, weil ja die Massen der Manipulation ausgesetzt sind, will er und muß er den Anstoß zur Umwälzung denen überlassen und auftragen, die kraft ihrer nicht-manipulierten, kritischen Intelligenz autonom tätig werden können. So wird für ihn die freischwebende Intelligenz zum Träger und Subjekt der Revolution. Der Zweifel an der Mobilisierbarkeit der Massen schließt quantitative Vermittlungen zum qualitativen Sprung in die neue Gesellschaft aus. Folglich muß das Bewußtsein der Nicht-Integrierten allein die revolutionäre Tat übernehmen. Ihr Bewußtsein *ist* dann schon die Revolution – und diese muß darum das äußerste Ziel als nächstes setzen, weil es ja die Übergänge nicht herstellen kann. Daß die Veränderung der Verhältnisse erst möglich wird, wenn die Menschen, die in ihnen leben, sie verändern wollen – daß es also einen unvermittelten qualitativen Sprung weder von einer Bewußtseinslage in die andere, noch von einem Gesellschaftszustand in den anderen gibt, bleibt bei Marcuse außer Betracht. Auch hier gilt wieder Marx gegen Stirner:

„Sancho denkt nicht im entferntesten daran, daß die ‚Zustände' von jeher die Zustände dieser Menschen waren und nie umgewandelt werden konnten, ohne daß die ‚Menschen' sich umwandeln und wenn es einmal so sein soll, ‚mit sich' in den alten Zuständen ‚unzufrieden' wurden." (57)

Es gibt keinen unvermittelten Sprung, weder von der kapitalistischen in die sozialistische Gesellschaft noch von der sozialistischen in die kommunistische. (58) Und selbst nach der Revolution gehören noch lange Perioden der Entwicklung des Bewußtseins dazu, um die veränderten Verhältnisse auch wirklich als das zu verwirklichen, was sie sein sollen. Ein Maximalismus, der das Resultat schon am Anfang des Prozesses verlangt, ist unrealistisch und also ineffektiv. Er verdammt sich selbst dazu, nicht über das Bewußtsein hinauszukommen, als dessen ideologischer Inhalt er erscheint.

IV. Der Verzicht auf die Alternative

Manipulation ohne Ende?

Charakteristikum der entwickelten Industriegesellschaft im Sinne Marcuses ist die universelle Manipulation. Im Zeitalter der Massenmedien einerseits und der wissenschaftlichen Erforschung der psychischen Mechanismen andererseits ist es möglich, den einzelnen in einer ihm selbst bewußt werdenden Weise zu beeinflussen und zu steuern; nur die wenigen, denen kritische Reflexion auf das Zustandekommen ihrer Urteile sozusagen zum berufsmäßigen, nämlich durch eine wissenschaftliche Ausbildung geforderten Denkhabitus gehört, können sich diesem Einfluß entziehen: allerdings auch sie nur dann, wenn sie zur methodisch-kritischen Einstellung auch noch einen Grundstock gesellschaftstheoretischen Wissens mitbringen. Doch selbst der Geist wissenschaftlicher Kritik, der als ein Regulativ zur universellen Manipulation wirken könnte, wird im Zeichen positivistischer Wissenschaftstheorie noch in seiner reflexiven Funktion gelähmt. So wird in einem lückenlosen Gefüge unreflektierter technologischer Rationalität der Mensch herrschaftskonformen Determinanten unterworfen; er akzeptiert diese Nötigung, weil er dem ideologischen Schein erliegt, hier werde durch eine rationelle Daseinsgestaltung sein eigenes Wohlbefinden garantiert. Der manipulierte Mensch identifiziert sich mit dem System von Abhängigkeiten, das ihn seiner Selbständigkeit und seines Denkens beraubt.

Über die Universalität der Bewußtseinsmanipulation besteht kaum ein Zweifel. Marktgerechte Werbung, zerstreuende Unterhaltung und politische Propaganda bilden nach Methode und Inhalt ein in sich übereinstimmendes und eng verfilztes Geflecht von Meinungslenkung, das sich wie ein Netz über das unkritische und ungeschulte Denken legt. So wird der einzelne in einem durch das Interesse des Herrschaftssystems vorbestimmten Gehege von Meinungen gehalten, innerhalb dessen er glaubt, sich eigene Urteile bilden und eine unabhängige Meinung haben zu können. Pluralität wird ihm nur vorgespiegelt. Demokratie beruht jedoch auf der Möglichkeit sachgerechter Stellungnahmen; genau diese Möglichkeit ist unter den Bedingungen der Bewußtseinsmanipulation abgeschnitten. Manipulation ist ihrem Wesen und ihrem Begriff nach verschleierter Entzug der Freiheit, also Entzug der Freiheit unter dem Anschein von Freiheit. Entzug von Freiheit heißt aber Herstellung oder Aufrechterhaltung von Herrschaft. Manipulation dient also der Herrschaft der Manipulierenden oder, was dasselbe ist, der Unterdrückung der Manipulierten. Unterdrückung ist Verhinderung der Selbstentfaltung, das Selbst ist die individuelle Trieb-, Bedürfnis- und Ausdrucksstruktur eines Menschen. Sofern die Unterdrückung unter dem Anschein von Freiheit erfolgt, werden die Repressionen in das Individuum selbst verlegt und bekommen den Charakter von Verdrängungen. Verdrängungen sind mithin Ausdruck einer Gesellschaftsstruktur, die dem Menschen im Interesse einer bestehenden Herrschaftsordnung Versagungen abfordert. Soweit diese Versagungen dazu dienen, die ursprüngliche sozial anarchische Struktur des Selbst dergestalt zu modifizieren, daß ein Überleben in befriedeter sozialer Gemeinschaft garantiert wird, liegt darin eine legitime Kulturleistung. Die darüber hinausgehende „zusätzliche Unterdrückung" legt Beschränkungen auf, die durch die Unterwerfung des einzelnen unter eine als Herrschaftsverhältnis organisierte Gesellschaftsform gefordert werden; sie erzeugt eine gesellschaftliche Unlust, die sich zunächst im psychischen Haushalt des Individuums intern niederschlägt, indessen bei einer sich akkumulierenden, die Massen ergreifenden Spannung sich nach außen wendet und sowohl spontane als auch, in der Reflexion auf ihre Ursachen, vernünftige politische Reaktionen hervorruft. (59)

Im Zusammenhang des Abbaus von familiärer Umwelt und des Zunehmens unmittelbaren öffentlichen Einflusses auf den heranwachsenden Menschen sieht Marcuse nun die Ursache für eine entscheidende Schwächung der Widerstandskraft des Ich gegenüber den Forderungen einer Realität, die durch die bestehende Herrschaftsordnung charakterisiert ist. Einerseits wird dadurch die Manipulierbarkeit des Individuums erhöht, andererseits – im Sinne des Freudschen Äquivalenzprinzips von lebenssteigernden und destruktiven Triebmomenten (60) – eine wachsende extravertierte Aggressivität erzeugt, die sich in politischem Extremismus entlädt. (61) Besteht Manipulation in einer dauernden Repression zu der das Einverständnis der Unterdrückten erschlichen wird, so bedeutet das, daß die Unterdrückung als Selbstkontrolle und mithin auf dem Wege von Verdrängungen, Tabus, Entäußerungen realisiert wird. Weit verbreitete neurotische Desintegrationen und eine allgemein aufgestaute Aggressivität sind die Konsequenzen – also eine Bewußtseinslage, die in Widerspruch zu dem System im ganzen geraten muß. Aus sozio-psychologischen Gründen müßte daher die politische Entwicklungstendenz der fortgeschrittenen Industriegesellschaft notwendig zu faschistischen Formen führen, sobald es gelingt, diesen Widerspruch systemkonform abzuleiten. Marcuse weist auf diese Gefahr faschistischer Entwicklungen hin:

„Für die Vorbereitung, für die Eventualität einer solchen Krise kann und wird vielleicht auch die Arbeiterklasse politisch radikalisiert werden. Aber wird dürfen uns nicht verhehlen, daß in dieser Situation die Frage noch völlig offen ist: politisch radikalisieren nach links oder nach rechts? Die akute Gefahr des Faschismus oder des Neofaschismus – und der Faschismus ist immer seinem Wesen nach eine Bewegung der Rechten – diese akute Gefahr ist noch in keiner Weise überwunden." (62)

Natürlich ist die Tendenz zum Faschismus jeder kapitalistischen Gesellschaft inhärent und immer als Gefahr gegeben; und es ist wichtig, wahrscheinlich sogar lebenswichtig, daß man nicht nur den polit-ökonomischen, sondern auch den sozio-psychologischen Mechanismus durchschaut, der in der spätkapitalistischen Gesellschaft am Werke ist. Eine faschistische Gefahr ist jedoch um so größer, je allgemeiner und unverbindlicher die Ablehnung der Gesellschaft und die damit verbundene Äußerung der Unlust ist. Nicht die „Große Weigerung", das totale und wirkungslose Nein ist darum die revolutionäre Antwort auf die schlechte Wirklichkeit, sondern der konkrete Kampf um Abbau von Herrschaftspositionen und um Ausgangsstellungen für einen gesellschaftlichen Kampf um weitergesteckte Ziele.

Auch hier wieder unterschätzt Marcuse die inneren Widersprüche, die ein System der manipulierten Selbstunterdrückung erzeugt. Die kapitalistische Gesellschaft wird solange stabil sein, wie es ihr gelingt, die Menschen in Ungewißheit über ihre Lage zu halten, ihnen ein scheinbar vortreffliches Funktionieren der Gesellschaft zum Wohle aller vorzugaukeln. Kann sie aber verhindern, daß die von ihr produzierte Unfreiheit, die äußerste Entfremdung des Menschen von sich selbst, mehr und mehr Menschen zunächst fühlbar wird und dann zu Bewußtsein kommt? Ist die Manipulation lückenlos und unwiderstehlich? Die Beantwortung dieser Fragen entscheidet über die Berechtigung, kritische Theorie der Gesellschaft nur als negative zu betreiben. Es gibt eine Reihe von Indizien dafür, daß die Manipulation nicht widerspruchsfrei erfolgen kann, sondern aus sich selbst heraus eine Gegenströmung hervorbringt, die das Kontinuum der Bewußtseinslenkung durchbricht.

Die, wenn auch verborgene Außensteuerung des Bewußtseins und Ablenkung von der Selbstentfaltung des einzelnen, seine Unterwerfung unter ein System marktkonformer Verhaltenspostulate (bei nur vorgetäuschter, in Wirklichkeit versagter Befriedigung) bewirkt eine konstante, mehr oder weniger deutliche Unlust, die sich von den milderen Formen der „schlechten Laune", des Launisch-seins überhaupt, bis zu schweren psychischen und psycho-somatischen Störungen manifestiert; die Zunahme der Krankheitsbilder, die mit der allgemeinen Diagnose „neurovegetativer Störungen" erfaßt werden, gibt ein Indiz hierfür. Natürlich kann sich eine solche Unlust einerseits in unspezifischer Aggressivität niederschlagen, die dann im Interesse bestehender Herrschaft auf faschistoide Weise abgelenkt wird; andererseits macht sie aber auch ganz allgemein aufgeschlossen für Kritik und bietet somit den Nährboden für gesellschaftliche Aufklärung und Artikulierung der Aggressivität in Richtung gegen die bestehende Herrschaftsordnung, ebenso wie die faschistische Gefahr eine Reaktivierung demokratischer Abwehrkräfte im Organismus der Nation bewirkt. Länder mit einer langen und bewährten Tradition der Arbeiterbewegung eröffnen hier andere gesellschaftliche Perspektiven als Länder ohne solche Tradition. Wo etwa Erfahrungen aus der Widerstandsbewegung gegen Faschismus und Nationalsozialismus hinzukommen, sind die Voraussetzungen für eine Überwindung der Manipulation günstig. Eine Gewerkschaftsbewegung, deren bewußte Mitglieder und Funktionäre die Gefahren manipulierter Gleichschaltung erkennen und ihre Kollegen aufklären, politisch aktivieren und mobilisieren, kann ein entscheidendes Bollwerk gegen die totale und unwiderrufliche Repression bilden. Es ist ja auch keineswegs so, als ob es sich bei den Widersprüchen der kapitalistischen Gesellschaft nur um solche handle, die sich bloß im Bewußtsein (und im Unbewußten) ausdrücken. Selbst die höchst rationalisierte Industriegesellschaft des Spätkapitalismus kann nicht vermeiden, daß sie bei den Versuchen zur Befestigung des Herrschaftssystems unter sich wandelnden Produktionsbedingungen in Widerspruch mit den bereits etablierten Interessen der Beherrschten gerät. So wurde zum Beispiel ein Anschlag auf das Streikrecht, wie ihn die Notstandsgesetze der westdeutschen Bundesrepublik enthalten, trotz aller Manipulation der öffentlichen Meinung von den Betroffenen als solcher erkannt; der Versuch einer derartigen Ausweitung der Herrschaft ruft Widerstand hervor und weckt den Wunsch nach Erneuerung, Absicherung und Ausbau der demokratischen Rechte. Die Notstandsplanungen in der Bundesrepublik Deutschland aktualisierten die Forderung nach gewerkschaftlicher Mitbestimmung im gesamtgesellschaftlichen Bereich – als konkrete Alternative oder „bestimmte Negation." (63) Darüber hinaus entsteht Mißtrauen ganz allgemein gegen die Manipulatoren – und gewann eine erste politische Gestalt in der Forderung nach Eindämmung eines hauptsächlichen Manipulators („Enteignet Springer!"), nach Begrenzung der Konzentration meinungsbildender Mittel. Ökonomische Krisenerscheinungen führen zur Zuspitzung der Arbeitskämpfe, diese wieder zu wachsendem gesellschaftskritischen Bewußtsein, wie zum Beispiel 1969 die Septemberstreiks zeigten. Hier treten die ersten Phasen der Bewußtwerdung im konkreten politischen Kampf, aus den von ihm geschaffenen Umständen heraus, zutage – nicht als totales Nein von Anfang an, sondern als Stufen der Entwicklung einer politischen Situation. Manipulation wird partiell unwirksam. Einmal durchbrochen, kann ihre geschlossene Wirkung (und nur als geschlossene ist sie überhaupt permanent wirkungsvoll) weiter zersetzt werden.

Lückenlosigkeit gehört zum Begriff der Manipulation. Sobald an einer Stelle die Fremdsteuerung außer Kraft gesetzt wird, und vom Individuum kritische Einsichten verlangt oder selbstverantwortliche Stellungnahmen erwartet werden, geht die Manipulation schon in Selbstzersetzung über. Nun kommt keine, auch nicht die universell manipulierte Gesellschaft ohne solchen Spielraum für kritisches Denken aus. Denn einmal bedürfen der industrielle Fortschritt und das Funktionieren des Marktes immer wieder neuer kritischer Intelligenzen, die an den Schulen und Universitäten herangebildet werden müssen. Selbst im Rahmen einer positivistischen Wissenschaftshaltung werden darum gewisse Widersprüche unübersehbar. Es muß dabei gar nicht an Extremfälle, wie die Nuklearforschung, gedacht werden. Wenn zum Beispiel große Industriebetriebe eigene Forschungsabteilungen unterhalten, die damit beschäftigt werden, die Haltbarkeit von Produkten herabzusetzen (64), so wird eine solche künstlich gesteigerte Verschleißquote auf die Dauer keinem Wissenschaftler sinnvoll erscheinen. Der Vergleich mit den Produkten einer sozialistischen Wirtschaft, die auf solche Irrationalität nicht angewiesen ist, muß den Wissenschaftler auf die Widersprüche im eigenen System aufmerksam machen. Das Denken läßt sich nicht ausschalten; denn Roboter genügen der kapitalistischen Gesellschaft weder in ihrem internen Konkurrenzkampf noch gar im Wettbewerb mit dem sozialistischen Gesellschaftssystem: die Koexistenz wirkt hier, entgegen der pessimistischen Behauptung Marcuses (auf die wir noch näher eingehen werden), unbedingt destruktiv auf die manipulierte Ordnung.

Zudem hat die Manipulierbarkeit ihre Grenze an den erlebten Widersprüchen zwischen vorgegaukeltem Wohlbefinden und tatsächlicher Lage des einzelnen. In einer auf Abhängigkeiten gegründeten Wirtschaftsordnung wird es immer Personen geben, die die Irrationalität und Repressivität solcher Abhängigkeiten nicht ergeben hinnehmen, sondern dagegen aufmucken. Die Bedeutung einer non-konformistischen Publizistik, Literatur und Kunst, die solche latenten Unzufriedenheiten artikuliert, ist nicht zu unterschätzen. Manipulation, die nur dann funktioniert, wenn sie den Schein der Freiheit läßt, kann solche nicht ganz unterdrücken. Auch fordern die Gesetze des Marktes einen Spielraum, in dem sich mancherlei entfalten kann, was nicht von den Herrschenden eingeplant ist. Wenn zwei sich ausschließende Manipulationseffekte auf das Individuum auftreffen, mag sich zum mindesten Mißtrauen entwickeln, wenn nicht bei jedem, so doch bei einigen. Ein simples, alltägliches Beispiel: die Waschmittelreklame im Werbefunk; unter mehreren gleich superlativ angepriesenen Erzeugnissen kann die Hausfrau nur eines wählen, aber vielleicht wird die eine oder andere dabei skeptisch gegen Superlative, schließlich gegen die Methoden der Werbung überhaupt. Einmal geweckt, greift Skepsis um sich.

So gibt es Ansatzpunkte für politische Aufklärung in den inneren Widersprüchen, die das kapitalistische System produziert. Solche Aufklärung muß eingreifen, wo die Manipulation Lücken läßt oder undicht wird. Schließlich zerreißt das ganze Netz. Und letztendlich bleibt zu bedenken, daß Manipulation überhaupt nur Aussichten auf Wirksamkeit hat, solange der allgemeine Wohlstand gesichert bleibt. Eine Krise der Wirtschaft würde das Scheingebäude manipulierter Identifikationen schnell zusammenstürzen lassen. Seiner Welt und sich selbst entfremdet und unbehaust stünde der Mensch wieder da. Mit gutem Grund hat Marcuse darum seiner Beschreibung des manipulierten Menschen den Fundamentalsatz vorausgeschickt:

„Unter den Bedingungen eines steigenden Lebensstandards erscheint die Nichtübereinstimmung mit dem System als solchem als gesellschaftlich sinnlos." (65)

Die Vorstellung von einem unaufbrechbaren Kontinuum der Manipulation ist indessen undialektisch, wie auch die Voraussetzung des ständig steigenden Lebensstandards den inneren Gesetzen des Kapitalismus nicht entspricht. (66) Im Wesen der Manipulation liegt es, daß sie einen Freiheitsspielraum lassen muß, damit Repression nicht bewußt erfahren werde. Wie sehr man diesen Spielraum auch auf den bloßen Schein von Freiheit beschränkt zu halten versucht, er bleibt ein Widerspruch zur erstrebten totalitären Reglementierung. In ihm entfaltet sich, was das geschlossene Herrschaftssystem zuguterletzt sprengt. Herrschaft kann sich auf die Dauer nie als Freiheit ausgeben, der Schein entlarvt sich als solcher; denn die dialektische Negation liegt in der Sache selbst, aus ihr müssen die Widersprüche hervorgetrieben und als Agentien der Geschichte wirksam gemacht werden.

Diese Widersprüche sind aber primär ökonomischer Natur. Wenn die Manipulation nur auf der Voraussetzung beruht, daß der Schein des krisenfreien Funktionierens des kapitalistischen Systems aufrecht erhalten werden und darum Repression nicht als Repression spürbar werden kann, Herrschaft nicht als Herrschaft erfahren zu werden braucht, dann ist das System der Manipulation auf die Dauer nicht aufrecht zu erhalten. Denn der Kapitalismus kann den Krisen nicht entgehen, die in seiner Struktur angelegt sind – wie sehr er sie auch hinwegzumanipulieren versucht.

Die falsche Stabilitätsthese

Die Vorstellung von der uneingeschränkten Manipulierbarkeit des sog. „eindimensionalen" Menschen hängt mithin auf engste zusammen mit der These von der Stabilität der spätkapitalistischen Gesellschaft. Marcuse behauptet die Wechselwirkung, daß die Gesellschaft sich stabil erhalten könne, weil es ihr gelinge, die Menschen herrschaftskonform zu manipulieren; und daß sie die Manipulation fortsetzen könne, weil die marktgerechte Steuerung des Verhaltens ein Andauern des Wohlstandes garantiere. Unter den Bedingungen allgemeinen Wohlergehens wäre Gesellschaftsänderung überflüssig – denn was darf der Bürger von der Gesellschaft anders fordern als eben die Sicherung seines Wohlbefindens?

„In dem Maße, wie Freiheit von Mangel, die konkrete Substanz aller Freiheit, zur realen Möglichkeit wird, verlieren die Freiheiten, die einer niederen Stufe der Produktivität angehören, ihren früheren Inhalt. Unabhängigkeit des Denkens, Autonomie, das Recht auf politische Opposition werden gegenwärtig ihrer grundlegenden kritischen Funktion beraubt in einer Gesellschaft, die immer mehr imstande scheint, die Bedürfnisse der Individuen vermittels der Weise zu befriedigen, in der sie organisiert ist. Eine solche Gesellschaft kann mit Recht verlangen, daß ihre Prinzipien und Institutionen hingenommen werden, und kann die Opposition auf die Diskussion und Förderung alternativer politischer Praktiken innerhalb des Status quo einschränken. In dieser Hinsicht scheint es wenig auszumachen, ob die zunehmende Befriedigung der Bedürfnisse durch ein autoritäres oder ein nichtautoritäres System erreicht wird. Unter den Bedingungen eines steigenden Lebensstandards erscheint die Nichtübereinstimmung mit dem System als solchem gesellschaftlich sinnlos." (67)

Stünde es wirklich so zweifelsfrei um den Wohlstand für alle und die rationale Widerspruchslosigkeit des Systems, wie Marcuse unterstellt, so müßte seine Trauer um die verloren gegangene Opposition als ein romantizistischer Irrationalismus gewertet werden. Doch hat ja gerade Marcuse selbst gezeigt, daß das Wohlbefinden des Menschen (das die Übereinstimmung seines Lebens mit seiner anthropologischen Struktur voraussetzt) in einer auf Herrschaft gegründeten Gesellschaft nie hergestellt werden kann (68), und daß jede Beziehung von Herrschaft und Knechtschaft in sich widerspruchsvoll sein muß. (69) Daß eine Gesellschaft widerspruchsfrei gehalten werden könne, nur weil sie ein steigendes Angebot von Konsumgütern produziert, ist selbst eine ideologische Prämisse, die dem falschen Bewußtsein des hochindustrialisierten Spätkapitalismus zugehört:

„Je mehr die Herrschenden in der Lage sind, Konsumgüter zu liefern, desto fester wird die Bevölkerung an die verschiedenen herrschenden Bürokratien gekettet werden" (70);

dieser Satz hypostasiert die Bedeutung des Konsumüberflusses für den Bewußtseinsstand des Menschen. Darin unterliegt Marcuse selbst den Vorstellungszwängen der Konsumgesellschaft. Daß gerade die einseitige Bevorzugung des materiellen Verbrauchs gegenüber anderen Bedürfnissen menschlicher Selbstverwirklichung zu Desintegrationserscheinungen in der kapitalistischen Industriegesellschaft führt, ergibt sich eigentlich als Konsequenz aus Marcuses eigener Theorie, wird von ihm jedoch in der Gesellschaftsanalyse und politischen Prognose vernachlässigt. (71) Konsumausweitung ist ja nicht einmal der Gesellschaftszweck, der dem ideologischen Selbstverständnis des Spätkapitalismus zugrunde liegt. Vielmehr wird selbst in diesem System dem humanistischen Menschenbild das Zugeständnis gemacht, wenigstens als vorgebliches ideales Ziel ins Bewußtsein aufgenommen zu werden. Damit aber gerät die Praxis des Spätkapitalismus in einen deutlichen und durch keine Manipulation zu überdeckenden Widerspruch zu ihrem eigenen Wertsystem. Marcuse hat dieses Problem durchaus gesehen:

„Wie sind die Mittel der Gesellschaft auf die Zwecke bezogen, zu denen sie sich selbst bekennt? Die Zwecke sind angeblich die von der (gesellschaftlich) gebilligten ‚höheren Kultur' festgelegten; damit sind sie Werte, die mehr oder weniger angemessen in den gesellschaftlichen Institutionen und Verhältnissen verkörpert werden sollen." (72)

Aber er zieht daraus nicht die Folgerung, daß in der spätkapitalistischen Herrschaftsordnung Diskrepanzen zwischen deklariertem Zweck und tatsächlicher Gestalt auftreten, die deren Stabilität von innen heraus erschüttern und den historischen Prozeß der Gesellschaftsveränderung in Gang halten.

Faßt man, wie es neuerdings mit Recht geschieht, den Begriff der Verelendung in diesem weiteren Sinne einer Nichterfüllung der Humanansprüche des Menschen, so kann also nicht mehr ohne weiteres hingenommen werden, daß die Verelendung als Voraussetzung einer Revolutionierung des Bewußtseins im Zeichen eines steigenden allgemeinen Wohlstands außer Betracht gesetzt werde. Sicher ist zwar, daß Verelendung heute nicht mehr einfach mit Pauperisierung gleichgesetzt werden darf, obschon es, wie wir noch sehen werden, zum Beispiel in den USA immer noch echte Pauperität gibt. Indessen ist Verelendung – gerade weil und insofern sie sich auf eine Revolutionierung des Bewußtseins bezieht – eine Kategorie, die den ganzen Menschen sowohl in seiner materiellen Subsistenzweise wie auch in seiner geistig-seelischen Existenz betrifft und rückbezogen auf das umfassendere Problem der Entfremdung verstanden werden muß. Werner Hofmann hat in einer überzeugenden Abhandlung diese Implikationen des Verelendungsbegriffs herausgearbeitet. (73) Da macht er geltend, daß es ein Mißverständnis sei, Verelendung „als durchgängige und geradlinige Lohnverelendung zu deuten". Im Gegenteil, Marx habe von vornherein die „umfassende gesellschaftliche Natur" der Verelendung im Auge gehabt, wie schon aus den Formulierungen der „Kritik der politischen Ökonomie" hervorgehe, wo die Armut als „absolute Trennung zwischen Eigentum und Arbeit" definiert wurde. Unter diesen allgemeinen Begriff des Elends fallen dann die Lohnverelendung, nicht nur absolut, sondern auch im relativ sinkenden Anteil am Wachstum, die physiologische Verelendung durch gesundheitsschädigende Ausnutzung der Arbeitskraft (74) und die psychische Verelendung, die ihrerseits gerade durch Manipulation gefördert und bis zu einem unerträglichen pathogenen Maß vorangetrieben wird. Gestützt auf die „Kritik des Gothaer Programms" kann Hofmann zeigen, daß Marx jedenfalls die „Verkümmerung des Arbeiters in seiner Gesamtperson" in den Mittelpunkt seiner Erwägungen rückte, Verelendung also auf Entfremdung bezog.

Es widerspricht daher keineswegs der Marxschen Verelendungstheorie, wenn wir heute von einem Formwandel des Elends, von einer Umstrukturierung der Pauperisierung ausgehen müssen.

„Die Produktion von heute ist zum großen Teil auf den Massenabsatz und daher vor allem auf die Lohnkaufkraft der Unselbständigen angewiesen." (75)

Unter diesen Umständen bedeutet die Insinuierung unnützer Bedürfnisse eine Verarmung, die dem Konsumenten nicht unmittelbar bewußt wird, weil er ja zu einer Scheinbefriedigung kommt.

„Was heute, in der Zeit der Massenproduktion, der Produktion auch *für* die Massen, des zunehmend aufwendigen Werbekriegs, der immer listigeren und aggressiveren Verfahren, den Verbrauchern die Bedürfnisse der Produktion als ihre eigenen einzuimpfen, mit der Folge zunehmender Einkommensvorgriffe in Gestalt des Abzahlungsgeschäfts, der Kleinkredite, des Lebens auf Pump und Borg – was unter solchen Umständen also untersucht werden muß, ist offenbar nicht so sehr die *Versagung* als vielmehr gerade die *Gewährung*, ja selbst die *Aufdrängung* von Genuß. – In einer Gesellschaft, die das Arbeitsverhältnis seinem eigentlich menschlichen Zweck gründlich entfremdet hat, denaturieren auch die Formen des Genießens. Verarmung kann in der Konsumsphäre selbst stattfinden, Entfremdung vom *menschlichen* Zweck der verfügbaren Dinge, ja von den eigenen Bedürfnissen der nur noch Begehrenden ... In der *Akkumulation der Bedürfnisse*, in dem ständigen Vorauseilen der Begehrlichkeit gegenüber dem, was das Individualeinkommen hergibt, finden sich auch die Unselbständigen immer neu an die gesellchaftlichen Bedingungen ihrer Arbeit gefesselt." (76)

Es zeigt sich also, daß Verelendung heute weiter zu fassen ist und jenes Paradox der „Verelendung durch Verbrauch" einschließt, von dem Hofmann sagt, daß es nicht länger mehr widersinnig scheine.

Daß ein objektiv elender Zustand auch subjektiv als solcher empfunden werde, ist nun allerdings erst das Ergebnis eines langen Prozesses von Erfahrungen. Naturgemäß wird die „Verkümmerung der Gesamtperson" nicht so unmittelbar erfahren wie die nackte materielle Not. Andererseits stumpft äußerste Not auch ab und korrumpiert. Die Verarmung des Lebensinhalts indessen läßt zunächst allgemeine, unartikulierte Unzufriedenheit entstehen, die sich dann auch auf ein gesellschaftspolitisches Verständnis der eigenen Lage richten kann und diese schließlich als Klassenlage erfährt. Vergessen wir nicht, daß die Produktionsbedingungen der hoch entwickelten Industrie ein steigendes Ausbildungsniveau der Beschäftigten erfordern, und daß mit höherem Bildungsstand auch die Erwartungen an Lebensinhalte und Persönlichkeitswerte größer werden. Das System ist also gezwungen, selbst Kräfte zu entwickeln, die es sprengen könnten; wobei der Wert einer richtigen Einwirkung auf das Bewußtsein, also von Aufklärung und Schulung, nicht gering veranschlagt werden darf.

Dieser grundsätzliche Antagonismus zwischen Menschlichkeit und Herrschaftsordnung manifestiert sich in den ökonomischen und strukturellen Widersprüchen an der Basis der spätkapitalistischen Gesellschaft, in Widersprüchen, die sich aus deren Produktionsverhältnissen und Klassencharakter ergeben. (77) Marcuses Stabilitätsthese entspricht ja nicht einmal dem Selbstverständnis des Kapitalismus, das sich in dessen eigener Wirtschaftstheorie niederschlägt, wie sie von John Maynard Keynes und seiner Schule entwickelt wurde. Ausgehend von der Gleichung, daß die Summe des Volkseinkommens sich aus Konsum und Investitionen (beziehungsweise Sparen) bilde, kann man schlußfolgern, daß ein Mehr von Investitionen einen Konsumausfall nach sich zieht, der eine Überproduktion, also die Erstellung von Überkapazitäten zur Folge hat. Da nun aber steigende Einkommen nie voll in den Konsum fließen, sondern automatisch zur Erhöhung der Sparguthaben, also zu vermehrten Investitionen führen, wird im kapitalistischen System Überproduktion unvermeidlich. Um deren Folgen abzuwehren, wird eine staatliche Auftragspolitik – auf dem Binnenmarkt durch unproduktiven Verbrauch, im Außenhandel durch machtpolitisch abgesicherte Expansion – notwendig, die in defizitärer Haushaltsführung und schleichender Inflation endet.

Natürlich ist dieser Resumé vereinfacht, aber es hat Modellcharakter. Alle Verfeinerung des wirtschaftspolitischen Instrumentariums kann an der grundsätzlichen Widersprüchlichkeit einer auf Kapitalakkumulation angelegten Wirtschaft nichts ändern. Harrods „dynamische Wirtschaftstheorie" kommt sogar zu einer prinzipiellen, aus der Natur der Wachstumstendenz resultierenden Instabilität, die auch durch einen Computerversuch (78) als unausweichlich festgestellt wurde, wobei der Computer das Vorhandensein der Profitrate als Störungsquelle der Stabilität angab. Und Paul A. Baran, der zu den linken Kritikern des amerikanischen Kapitalismus gehörte und mit Marcuse eng befreundet war, kann unter Berücksichtigung der neueren Fortbildungen der Keynesschen Theorie folgern:

„In der Tat werden Verbrauch und private Investition durch die Erfordernisse der Gewinnmaximierung unter Monopol- und Oligopolbedingungen recht eng begrenzt, und Art und Umfang der Staatsausgaben sind durch die soziale Basis und die Funktion des Staates in einer kapitalistischen Gesellschaft ebenso streng festgelegt. Unter dem kapitalistischen System ist fölglich weder die Höchstproduktion zu erwarten, die rational zwischen Investition und Verbrauch aufgeteilt wird, noch irgendeine vorher festgesetzte Produktionshöhe, die mit einer Verminderung der Arbeitslast verbunden wäre. Die ständige Wiederholung des schrecklichen Dilemmas von kriegsbegünstigtem Produktionsanstieg und einer durch Krisen hervorgerufenen Arbeitslosigkeit dürfte wahrscheinlich sein." (79)

Und auf die relative Verelendung einer ganzen Nation deutet es hin, wenn selbst im Konjunkturjahr 1952 nur 55 % der industriellen Kapazität der USA genutzt wurden. Einer Überkapazität an Produktionsmitteln entspricht in anderer Blickrichtung eine Unterbeschäftigung der Arbeitnehmer und eine Unterkapazität der Kaufkraft. Die konstant hohe Zahl der Arbeitslosigkeit in den USA – nach Regierungsangaben 5 Millionen, nach Gewerkschaftsangaben 6 Millionen (80) – ist bekannt. Weniger bekannt ist der viel höhere Stand der tatsächlichen Pauperisierung:

„Auch kann nicht belanglos abgetan werden, daß in jener Gesellschaft, die man als Gesellschaft des Überflusses zu bezeichnen pflegt, annähernd ein Drittel der Menschen in tiefster Armut leben und mindestens ein Fünftel aller amerikanischen Familien (und ein zweimal so hoher Prozentsatz von farbigen amerikanischen Familien) in menschenunwürdigen Elendsquartieren ihr Leben fristen." (81)

Dazu seien einige Zahlen angegeben, die L. L. Matthias aus dem von Senator Lampman herausgegebenen Bericht des Wirtschaftlichen Komitees des US-Kongresses zitiert:

„Es gibt etwa 32–50 Millionen Mittellose. 32–50 Millionen Menschen leben auf oder unter einem Niveau, das als Lebensminimum errechnet worden ist ... Die amerikanische Währung hat von 1940 bis 1962 etwa 54 % ihres Werts verloren ... Das amtliche Washington Bureau of Labor Statistics ist zu dem Ergebnis gekommen, daß das Budget einer in bescheidenen, aber ausreichenden Verhältnissen lebenden Arbeiterfamilie von vier Köpfen zwischen 5400 und 6000 Dollar jährlich liegt... Wird eine Einkommensbasis von 2500 Dollar pro Jahr zugrunde gelegt, ein Betrag, der für den Lebensunterhalt nicht mehr ausreicht, so gibt es immer noch 32 Millionen Menschen (oder 19 % der Bevölkerung), die versuchen müssen, ihr Leben mit dieser Summe zu fristen." (82)

Und Matthias kommt aus seinem reichhaltig ausgebreiteten ökonomischen und soziologischen Material zu der Schlußfolgerung: „Die Situation in den Vereinigten Staaten ist trotz aller scheinbaren Ruhe explosiv" (83) – ein Ergebnis, das der Stabilitätsthese von Marcuse diametral entgegengesetzt und besser als diese mit politisch-ökonomischen Daten untermauert ist.

Auch hier sieht Marcuse also offenbar zu kurz, wenn er auf der Stabilität der bestehenden Ordnung beharrt:

„Die gegenwärtige Gesellschaft scheint imstande, einen sozialen Wandel zu unterbinden – eine qualitative Veränderung, die wesentlich andere Institutionen durchsetzen würde, eine neue Richtung des Produktionsprozesses, neue Weisen menschlichen Daseins. Die Unterbindung sozialen Wandels ist vielleicht die hervorstechenste Leistung der fortgeschrittenen Industriegesellschaft; die allgemeine Hinnahme des ‚nationalen Anliegens', das Zweiparteiensystem, der Niedergang des Pluralismus, das betrügersiche Einverständnis von Kapital und organisierter Arbeiterschaft in einem starken Staat bezeugen die Integration der Gegensätze, die das Ergebnis wie die Vorbedingung dieser Leistung ist." (84)

Sind aber die Gegensätze tatsächlich integriert? In allen kapitalistischen Industrieländern gibt es eine klar antigewerkschaftliche Politik der Konzerne und der von ihnen beherrschten Regierungen. Dem spürbar werdenden oder zu erwartenden Widerstand der Arbeiterbewegung begnet die herrschende Klasse mit diktatorischen Tendenzen und Ambitionen, die ihrerseits wiederum neuen Widerstand im demokratischen Lager der Gesellschaft hervorrufen. So werden Klassenspannungen innerhalb der kapitalistischen Gesellschaft bewußt gemacht und dadurch verschärft. Der Einschätzung Marcuses von der Stabilität der Industriegesellschaft stellen wir ein anderes, aus den Erfahrungen des politischen Kampfes stammendes Zeugnis entgegen:

„Die Krise der bürgerlichen Wirtschaft ist sehr tiefgreifend. Im System des staatsmonopolistischen Kapitalismus treten vollkommen neue Probleme auf, die die herrschenden Klassen mit den traditionellen Mitteln nicht mehr zu lösen vermögen. Vor allem stellt sich heute in den größten Ländern die Frage einer Zentralisierung der Wirtschaftsleitung, die man im Interesse der großen Monopole mit Hilfe einer Programmierung von oben und durch staatliche Intervention zu verwirklichen sucht. Diese Frage steht im gesamten Westen auf der Tagesordnung ... Der Kampf um die Demokratie erhält in diesem Rahmen einen anderen, konkreteren Inhalt als bisher, einen Inhalt, der enger mit der Wirklichkeit des wirtschaftlichen und sozialen Lebens verknüpft ist. Die kapitalistische Programmierung geht nämlich immer

Hand in Hand mit antidemokratischen und autoritären Tendenzen, denen eine demokratische Methode auch in der Wirtschaftsführung entgegengestellt werden muß.“ (85)

Hinzu kommt, daß die kapitalistische Industriegesellschaft nicht einheitlich organisiert ist. In der Durchsetzung von widerstreitenden Interessen treten gegenläufige Expansionsbewegungen auf, deren Konkurrenz zu einem Druck auf den Lebensstandard, also entgegen Marcuses optimistischer Beurteilung zu einer Verminderung des Konsums und zu einer Versagung gerade erst geweckter Bedürfnisse führen muß.

Es ist der klassische Ausweg einer konflikthaltigen Gesellschaft, ihren inneren Konflikt nach außen abzuleiten und unter Kriegsdrohung die eigenen Gegensätze zu einer manipulierbaren Einheit zusammenzuschweißen. Paradigmatisch für diese Tendenz steht das berüchtigte Wort Wilhelms II. bei Ausbruch des ersten Weltkriegs: „Ich kenne keine Parteien mehr, ich kenne nur noch Deutsche!“ Mit dem Appell an die nationale Einheit verbindet sich der Schein des temporären Wirtschaftsbooms im Zeichen einer angekurbelten Rüstungswirtschaft. Diesem Schein ist auch Marcuse zum Opfer gefallen, wenn er meint,

„daß die fortgeschrittene Industriegesellschaft reicher, größer und besser wird, indem sie die Gefahr verewigt. Die Verteidigungsstruktur erleichtert das Leben einer größeren Anzahl von Menschen und erweitert die Herrschaft des Menschen über die Natur.“ (86)

Auch dieses Argument stammt aus der Mottenkiste des Kapitalimus; die einschneidenden Einschränkungen auf dem zivilen Sektor zugunsten steigender Rüstungsausgaben in den großen Industrienationen (USA, BRD) sprechen gegen die These, daß die Verteidigungsstruktur der Gesellschaft deren Stabilität befördere. Im Gegenteil, auf die Dauer führt sie zu wirtschaftlichen Schwierigkeiten, die das Vertrauen in das herrschende System und seine innere Festigkeit erschüttern.

Auch ganz unmittelbar wirkt die nach außen abgeleitete Konfliktlage destruierend auf das bestehende Herrschaftssystem zurück. Der Vietnam-Krieg erhärtete diesen logisch konstruierbaren Sachverhalt empirisch: Die für außenpolitische Aggressivität geforderten Opfer wurden im Inneren als allgemeiner Druck und in vielen Fällen als persönliches Leid erfahren. Der Widerspruch zwischen einer offenkundig unmoralischen Kriegsführung und den vorgeblich verteidigten Werten führte zur Ausbildung einer kritischen Einstellung. Um ihre Schlagkraft angesichts kritischer Reflexion erhalten zu können, bereitete die herrschende Schicht die Anwendung terroristischer Mittel vor (87), durch welche sie sich selbst entlarvte. Wie die nach außen gerichtete Aggressivität, ideologisch als Antikommunismus mit der geltenden Gesellschaftsidee notdürftig harmonisiert, sehr schnell zu nackter Repression nach innen umschlagen konnte, hat die Geschichte des McCarthysmus in den USA gezeigt. Solch offener Terror wirkt sich nicht nur auf die unmittelbar Verfolgten aus, sondern richtet sich als System von Verdächtigungen, Bespitzelungen und Einschüchterungen gegen zahlreiche und prinzipiell gegen alle Bürger. (88) In Augenblicken der Krise schlägt die „wohlwollende“ Manipulation in bösartige Unterdrückung um. Die Irrationalität des Herrschaftssystems tritt zutage und wird nun selbst Gegenstand einer Kritik aus dem Geiste jener Rationalität, die das System zunächst als eine solche des Konformismus ausgebildet hatte. Im Boden der bestehenden Ordnung sitzt der Maulwurf der Dialektik und gräbt seine Stollen. Herrschaft kann nicht umhin, sich irgendwann selbst als repressiv bemerkbar zu machen und damit den Widerstand gegen sich auszulösen. Die universelle Manipulation, die die Repression nicht spürbar werden läßt, kann nur gelingen, wenn die Aufrechterhaltung des Wohlstands dem Existenzkampf den Anschein des Erfolgs verleiht und das Bewußtsein der Klassenlage einschläfert; andererseits wird das Klassenbewußtsein nur dann verkümmern, wenn die Manipulation auf der Basis des Wohlstands funktioniert; der Wohlstand bleibt schließlich jedoch nur erhalten, wenn die Manipulation der Bedürfnisse eine ständig steigende Konsumnachfrage erzeugt und keine Klassenkämpfe die Produktion erschüttern. Man sieht, daß die Stabilität der kapitalistischen Gesellschaft sich schon einer systeminternen Betrachtung als ein höchst prekäres Gleichgewicht erweist, das auch durch geringfügige Veränderungen der Umstände ins Wanken gebracht werden könnte.

In der Tat führt der lückenlose Kreislauf von Bedürfniserzeugung, Konsum und Produktion in einer kapitalistischen, also auf Gewinnzuwachs berechneten ökonomischen Ordnung zu einer konstanten Überproduktion, die nur durch eine expansive Wirtschaftspolitik abgesetzt werden kann. Eine hochindustrialisierte kapitalistische Gesellschaft braucht ständig neue Absatzgebiete – sie befindet sich in einem permanenten Prozeß der Ausdehnung, dem jedoch natürliche Grenzen gesetzt sind. Sobald diese erreicht werden, ergeben sich Konfliktsituationen: Erstens müssen Abhängigkeiten geschaffen und erhalten werden, die doch gerade im Zuge der wirtschaftlichen Entwicklung aufgehoben werden müßten, wenn man dem Gang der Dinge freien Lauf ließe; neokolonialistische Praktiken und entsprechende Reaktionen der abhängig gehaltenen Nationen sind die Folge. Zweitens entstehen Konkurrenzkämpfe zwischen annähernd gleichstarken Wirtschaftsgruppen, die sich gegenseitig von den Märkten verdrängen müssen; der Unterliegende hat an der Stabilität nicht länger teil; notfalls werden nationalstaatliche Hilfsmittel in Anspruch genommen, es entstehen Widersprüche innerhalb des Systems, die dessen Zerfall beschleunigen. Drittens wird eine universale Verschleißwirtschaft betrieben, die sich in der Rüstungsproduktion und in deren Anwendung während bewaffneter Konflikte ihr Ventil schafft; erhöhte

Rüstungsausgaben und Kriegseinsatz führen aber ökonomisch zu Belastungen, die auf die Allgemeinheit verteilt werden müssen und bringen persönliche Opfer an Leib und Leben mit sich, die den immer größer werdenden Kreis der Betroffenen die Krise des Systems unmittelbar erfahren lassen. Es ist nur eine Frage der Zeit, wann diese Krisenerscheinungen deutlich werden – hinwegmanipuliert werden können sie auf die Dauer nicht, weil ja auch die Manipulation davon abhängt, daß die Unlusterlebnisse der einzelnen sich nicht akkumulieren dürfen.

Für alle drei kritischen Aspekte der kapitalistischen Gesellschaft treten die Belege offen zutage. Auf das problematische Verhältnis der Industriestaaten zu den Ländern der Dritten Welt, auf die Zerfallserscheinungen in EWG und NATO und schließlich auf die Konsequenzen des Vietnamkriegs für die USA und die Westmächte insgesamt sei hier summarisch hingewiesen.

Marcuse formulierte seine Stabilitätsthese wie folgt:

„Der organisierte Kapitalismus stellt eine Gesellschaft dar, in der immer mehr Güter und immer mehr Dienste produziert und von den Eingeordneten konsumiert werden, in der für breitere Schichten die Arbeit körperlich leichter und das Leben komfortabler wird, in der ein Pluralismus von Organisationen, Meinungen, Abweichungen erlaubt ist und praktiziert wird und in der eine gewisse, oft sehr überschätzte Assimilierung der gesellschaftlichen Klassen in der Konsumsphäre stattfindet . . . Meine Hypothese ist, daß die Stabilisierungs- und Integrierungstendenzen von der Basis des Systems ausgehen, nicht nur ideologische oder Randphänomene sind." (89)

Demgegenüber ist festzuhalten: die geschilderten kontradiktorischen Tendenzen im Kapitalismus treiben automatisch zu Konstellationen, in denen der Mißbrauch des Menschen im Dienste der Kapitalakkumulation nicht nur theoretisch erkennbar, sondern auch praktisch spürbar wird und mithin Widerstände gegen das System provoziert. Das prekäre Gleichgewicht wird zerstört, die Krise bereitet sich vor. Marcuses Stabilitätsthese hält einer Struktur- und Tendenzanalyse des Systems nicht stand, dieses besitzt kein Instrumentarium, seinen eigenen inneren Antagonismus aufzuheben oder auf unabsehbare Zeit zu stornieren; einmal muß er, trotz aller Manipulation, durchbrechen.

Die Resignation Marcuses, die von der Annahme einer stabilen und permanent manipulierten spätkapitalistischen Industriegesellschaft ausgeht, ist mithin unbegründet. Aus den objektiven Bedingungen dieser Gesellschaft erwachsen ihr Gegenkräfte. Die Gegnerschaft gegen die schlechte Wirklichkeit ist nicht auf die isolierte individuelle Weigerung, auf das Große Nein des einzelnen zurückgeworfen. Zum mindesten in den großen Industrieländern Europas gibt es Traditionen kämpferisch-demokratischer Organisationen, an die der Widerstand anknüpfen kann. Die Fortentwicklung des Spätkapitalismus zu einem System totalitärer Massenlenkung ist nicht unaufhaltsam, doch darf Gesellschaftsveränderung nicht von sektiererischen Maximalpositionen aus betrieben werden. Die Alternative zu jedem möglichen Herrschaftssystem ist die konkrete

Demokratie; ihre Verwirklichung muß aus der bestehenden Ordnung von innen heraus in Angriff genommen werden.

Das Problem der Koexistenz

Marcuses Überschätzung der Selbstbehauptungsfähigkeit des Kapitalismus entspricht seine Fehleinschätzung der Auswirkungen der Koexistenz. Naturgemäß hat der Sieg der Oktoberrevolution in Rußland und das Scheitern sozialistischer Revolutionen in den industriell entwickelten Ländern Westeuropas eine Situation geschaffen, die in der klassischen Revolutionstheorie nicht vorbedacht war. Die Verwirklichung des Kommunismus, die das Absterben des Staates und damit das Erlöschen von Herrschaftsverhältnissen einschließt, setzt die Weltrevolution, zum mindesten die Revolution in den entwickelten Industrieländern voraus. Denn naturgemäß kann ein sozialistischer Staat seine staatliche Macht nicht selbst aufheben, solange er als einzelner Staat (oder als eine sozialistische Staatengruppe) einer feindlichen kapitalistischen Umwelt konfrontiert ist. Seine Selbsterhaltung fordert die Fortdauer staatlicher Institutionen, vielleicht sogar den Ausbau staatlicher Machtinstrumente, letzteres besonders dann, wenn die feindliche Umwelt technologisch oder quantitativ überlegen ist und ihre aggressiven Absichten offenkundig sind oder mit gutem Grunde geargwöhnt werden müssen.

Dieses Problem stellte sich in der Sowjetunion mit besonderer Schärfe, weil das Machtpotential des jungen Sowjetstaates seinen hochindustrialisierten kapitalistischen Gegnern weit unterlegen war. Als vordringlichste Aufgabe ergab sich darum eine beschleunigte Industrialisierung, zugleich damit aber auch der Ausbau einer sozialistischen Staatlichkeit. Die Beschlüsse des XIV. Parteitages der KPdSU vom Dezember 1925 sind Ausdruck dieser doppelten Anstrengung: Sich gegen einen äußeren übermächtigen Feind zu rüsten, um als nicht-kapitalistischer Staat (also mit der Perspektive der kommunistischen Gesellschaft) überleben zu können; und zugleich die ökonomischen und strukturellen Voraussetzungen für den Aufbau des Sozialismus zu schaffen.

Das Nebeneinander von kapitalistischer und sozialistischer Gesellschaft war also durch die historische Entwicklung – das Scheitern der Revolution in den westlichen Industrienationen – gegeben; es konnte von der Sowjetunion nicht aufgehoben werden, es sei denn durch die Aufhebung ihrer selbst. Jede Politik, die zum Zwecke schnellerer Erreichung des kommunistischen Endziels, des Abbaus von Herrschaft, in der Phase des Überlebenskampfes die Sowjetunion anfälliger gegen eine Intervention gemacht und sie damit gefährdet hätte, mußte, theoretisch falsch, sich praktisch als verräterisch auswirken. Maurice Merleau-Ponty schreibt:

„Politischer Irrtum gilt dann als Fehler und Opposition als Verrat. Diese Auffassung stellt wiederum, gemäß der Tradition des revolutionären Denkens, die abstrakten Unterscheidungen des liberalen Denkens in Frage. In Wirklichkeit gibt es nicht einen juristischen Bereich und einen politischen Bereich, beide sind immer nur zwei Ausdrucksformen des totalen gesellschaftlichen Prozesses . . . Politische Handlungen dürfen nicht nur nach der Bedeutung beurteilt werden, die das moralische Agens ihnen beimißt, sondern nach der, die sie im geschichtlichen Zusammenhang und in der dialektischen Phase gewinnen, in der sie entstehen.“ (90)

Gesellschaftspolitischer Maximalismus, der die historischen Vermittlungen überspringt, die notwendig sind, um die Bedingungen für Gesellschaftsveränderungen reif werden zu lassen, ist nicht etwa eine konsequente Anwendung der revolutionären Theorie, sondern praktisch Sabotage des revolutionären Prozesses. Theorie, die nicht in der Praxis, und durch die Praxis verifiziert wird, ist, wie radikal sie auch sein mag, konterrevolutionär.

Nicht, daß die Sowjetunion die Koexistenz mit kapitalistischen Staaten akzeptiert hat, kann er ihr zum Vorwurf machen; denn es blieb ihr keine andere Wahl, ohne die Revolution preiszugeben. Vielmehr anerkennt auch Marcuse diese Entscheidung als unausweichlich, folgert daraus jedoch zugleich die Unausweichlichkeit einer Deformation des Sozialismus. Gerade weil nach der Oktoberrevolution keine andere Möglichkeit als die der Koexistenz blieb, ist unter den gegebenen Umständen die Sowjetunion nicht das „Vaterland der Werktätigen“ geworden, sondern ein, wenn auch nicht-kapitalistisch organisierter, Staat mit einzelstaatlichen Interessen, Bedürfnissen und Herrschaftsstrukturen; um zu überleben, mußte die UdSSR ihrem revolutionären Gehalt entsagen. Praktisch würde dies bedeuten, daß die Oktoberrevolution gescheitert ist, weil sie nicht zum Auslöser der Weltrevolution wurde; sie hat zwar eine Umwälzung der Herrschaftsverhältnisse in Rußland, nicht aber die Befreiung des Menschen gebracht. Oder mit Marcuses Worten:

„Die Unterschiede zwischen den ersten Jahren der bolschewistischen Revolution und dem vollentwickelten stalinistischen Staat liegen auf der Hand; sie stellen sich sogleich dar als das beständige Anwachsen von Totalitarismus und autoritärer Zentralisation, als das Anwachsen der Diktatur nicht des Proletariats und der Bauernschaft, sondern über sie. Und wenn das dialektische Gesetz des Umschlags von Quantität in Qualität je anwendbar war, dann auf den Übergang vom Leninismus (nach der Oktoberrevolution) zum Stalinismus. Die ‚Verzögerung‘ der Revolution im Westen und die Stabilisierung des Kapitalismus bewirkten qualitative Veränderungen in der Struktur der Sowjetgesellschaft.“ (91)

Marcuse unterliegt hier, so scheint es, wieder dem trügerischen Maximalismus: Weil die vollständige Befreiung des Menschen innerhalb der historisch kurzen Frist eines halben Jahrhunderts nicht zu erreichen war, gibt er die Hoffnung ihrer Verwirklichung auf dem eingeschlagenen Weg ganz auf. Richtig ist sicher, daß der Übergang zur Endstufe des Kommunismus erst nach der Überwindung des Kapitalismus, also nach dem Ende koexistierender antagonistischer Gesellschaftssysteme in der Welt möglich wird. Neu und von Marcuse theoretisch nicht durchdacht ist jedoch die Tatsache, daß sich der Klassenkampf unter den Bedingungen der Koesistenz nun zugleich auf zwei Ebenen abspielt: auf der Ebene des Kampfes zwischen Arbeitern und Kapitalisten einerseits und auf der Ebene zwischenstaatlicher Auseinandersetzungen andererseits. Beide Ebenen haben unterschiedliche Methoden der Konfrontation. Die historische Dialektik wird also verwickelter als in der Periode vor der Oktoberrevolution; die Widersprüche in der Sache selbst nehmen zu, ihre Lösung bietet sich nicht mehr einfach an. Das ist jedoch ein Prozeß, der sich zu allen Zeiten in vor- und nachrevolutionären Stadien der geschichtlichen Entwicklung nachweisen läßt; auch nach der französischen Revolution wurde die Dialektik der bürgerlichen Gesellschaft komplizierter. Marcuse sieht also den Sachverhalt zu einfach und zu einseitig, wenn er schreibt:

„Der Konflikt zwischen den wirklichen und den unmittelbaren Interessen des Proletariats, von Anbeginn in der Marxschen Theorie enthalten, wird jetzt zum Konflikt zwischen zwei internationalen Gruppierungen . . . Der Klassenkampf wird zu einem Kampf um Räume und Bevölkerungen, und die gesellschaftlichen Streitfragen werden zu einer Funktion von politischen.“ (92)

Natürlich ergeben sich spezifische Widersprüche daraus, daß einerseits die Revolution kein Exportartikel ist und nur aus der Anstrengung der Arbeiterklasse jeweils des Landes selbst entstehen kann, in dem die Bedingungen für die Revolution reif geworden sind; und daß andererseits die Ausnutzung revolutionärer Situationen von der Rücksicht auf das prekäre machtpolitische Gleichgewicht in der Koexistenz abhängig ist. (93) Wie unterschiedlich sich die Situation innerhalb von fünfzehn Jahren, aber auch an verschiedenen Orten der Welt darstellen kann, zeigt der Ausgang des griechischen Bürgerkrieges, in dem die Sowjetunion die griechische Linke der massiven Intervention der kapitalistischen Mächte hilflos ausgeliefert lassen mußte; und der Ausgang der Kuba-Krise, in der es der Sowjetunion gelang, den Status quo zu erhalten und die Versicherung der USA zu erlangen, Kuba nicht mit Waffengewalt anzugreifen. Man sieht, daß sich auch auf weltpolitischer Ebene der Machtzuwachs der Sowjetunion zugunten der Revolutionäre auswirkt, ohne daß darum die friedliche Koexistenz in Frage gestellt werden müßte.

Es ist darum keine Abkehr der Sowjetunion vom Ziel einer Gesellschaftsveränderung, wenn sie die Angleichung an das industrielle Niveau der USA erstrebt und folglich einen beträchtlichen Teil ihrer Energie auf industrielle Entwicklung legt. Wenn Marcuse von der Sowjetgesellschaft sagt:

„Sie ist nicht die Negation des Kapitalismus, sondern hat in einem entscheidenden Aspekt an der Funktion des Kapitalismus teil, nämlich an der industriellen Entwicklung der Produktivkräfte, wobei die Kontrolle über die Produktion von den ‚unmittelbaren Produzenten‘ getrennt wird“ (94)

– so übersieht er wieder, daß ein langfristiger Prozeß der Gesellschaftsentwicklung nicht ohne Mittelglieder stattfindet. Wie die Kontrolle der Produktionsmittel durch die unmittelbaren Produzenten einmal in einer weltweit verflochtenen Produktions- und Konsumgemeinschaft aussehen wird, ist jetzt noch nicht abzusehen. Daß unter den Bedingungen eines unterschiedlichen Niveaus der Landesteile (intern) und eines zwischenstaatlichen Welthandels (extern) eine gestufte Organisation der volkswirtschaftlichen Planung und Leitung unerläßlich bleibt, leuchtet ein. Eine solche Planungsorganisation muß keineswegs ein Herr-Knecht-Verhältnis erzeugen; im Gegenteil, Abhängigkeiten im Sinne von Herrschaft und Knechtschaft werden abgebaut, wo das Eigentum an Produktionsmitteln aufgehoben ist. (95)

Ob die Behauptung, die sowjetische Gesellschaft habe sich vom Ziel des Kommunismus abgewandt, berechtigt ist, werden wir im nächsten Abschnitt noch untersuchen. Hier bleibt noch die These Marcuses zu bedenken, daß die Koexistenz nicht nur die Sowjetgesellschaft deformiert habe, sondern auch zur Stabilisierung des Kapitalismus beitrage; und dies aus zwei Gründen: einmal nämlich, weil im Zeichen der Koexistenz ein Gleichgewichtszustand zwischen den beiden antagonistischen Mächten hergestellt sei, den keine von beiden ohne Risiko des alleszerstörenden Nuklearkrieges verändern könne; zum zweiten, weil die Koexistenz den Kapitalismus zu Konzessionen und Anpassungen zwinge, die die inneren Widersprüche des Systems vertuschen und den revolutionären Impuls lähmen.

„In diesem Zusammenhang gesehen, ist die Koexistenz vielleicht der eigenartigste Zug des gegenwärtigen Zeitalters, nämlich das Zusammentreffen zweier antagonistischer Formen der industriellen Zivilisation, die in derselben internationalen Arena einander herausfordern und von denen keines stark genug ist, das andere zu ersetzen. Diese relative Schwäche beider Systeme ist für ihre jeweiligen Strukturen charakteristisch und deshalb ein langfristiger Faktor; das Ende der Wirksamkeit eines Systems wäre gleichbedeutend mit dem Ende des Systems.“ (96)

Und:

„Was den Westen angeht: die früheren Konflikte in der Gesellschaft werden unter der doppelten (und auf Wechselseitigkeit beruhenden) Einwirkung von technischem Fortschritt und internationalem Kommunismus modifiziert und geschlichtet. Die Klassenkämpfe werden abgeschwächt, und die ‚imperialistischen Widersprüche‘ bleiben angesichts der Bedrohung von außen unausgetragen. Mobilisiert gegen diese Bedrohung, zeigt die kapitalistische Gesellschaft eine innere Einheit und Kohärenz, wie sie auf früheren Stufen der industriellen Zivilisation unbekannt war.“ (97)

Nun haben wir im vorigen Abschnitt gesehen, daß die Annahme, das kapitalistische System sei durch soziale Anpassung und „Unterbindung des gesellschaftlichen Wandels“ stabil geworden, auf einer Täuschung durch zu kurzfristige Lageanalysen beruht. Ist das System jedoch langfristig instabil und krisengefährdet, so kann das koexistentielle Gleichgewicht auch nicht zu seiner Festigung beitragen; gerade umgekehrt: Der Zwang, das Gleichgewicht der Macht aufrechtzuerhalten, beziehungsweise der Versuch, es zu eigenen Gunsten zu verändern, führt in einer auf Privatprofit angelegten ökonomischen Ordnung zu einer Verschwendung, deren Ausmaß spürbare Rückwirkung auf die Lebensweise der Massen haben muß. Marcuses Satz „die Mobilisierung gegen den Feind wirkt als mächtiger Antrieb zur Produktion und Beschäftigung und erhält so den hohen Lebensstandard" (98) ist *einfach falsch*. Das heißt aber: à la longue ist das kapitalistische System in der koexistentiellen Konkurrenz unterlegen – nicht nur weil, wie Baran gezeigt hat, die Wachstumsrate unter sozialistischen Produktionsverhältnissen erheblich größer ist, sondern auch deshalb, weil in der Struktur der kapitalistischen Ökonomie ein so hoher Prozentsatz von Verschwendung inbegriffen ist, daß die Wettbewerbsfähigkeit darunter leiden muß. Gerade bei den unproduktiven Ausgaben, die sich aus dem Programm gegenseitiger Abschreckung ergeben, bedeutet diese Verschwendungsrate eine zusätzliche Belastung der kapitalistischen Wirtschaft und damit eine irrevozible Vorgabe an die sozialistische, aus der diese bei wachsender industrieller Produktivität sichtbaren Vorteil ziehen muß. Die ursprünglich einseitige Belastung der sozialistischen Ökonomie durch den nur für den Kapitalismus profitablen Rüstungszwang, schlägt auf lange Sicht ins Gegenteil um.

Das Gleichgewicht innerhalb der Koexistenz ist mithin nicht stabil, sondern verschiebt sich langfristig zugunsten der sozialistischen Welt. Marcuses Auffassung, daß die Verhältnisse gleichsam eingefroren sind, ist weder tendenziell noch aktuell zu verifizieren. Folglich gibt es auch kein Argument für seine Schlußfolgerung, daß die Koexistenz zur Stabilisierung des Kapitalismus beitrage. Im Gegenteil: Der Zwang, mit sozialistischen Staaten zu konkurrieren und zugleich das Vordringen nichtkapitalistischer Gesellschaftsformationen in der „dritten Welt" zu verhindern, erfordert vom Kapitalismus zusätzliche Aufwendungen und Anstrengungen, die er nur unter erheblichen Opfern für die Massen und unter krisenhaften Erschütterungen der Volkswirtschaft leisten kann. Die gesellschaftsinternen Spannungen, die in Perioden konjunktureller Aufschwungs temporär zu verdecken waren, müssen dann wieder aufbrechen. Gerade dann kann der Kapitalismus sich nicht auf Manipulation beschränken, sondern er greift zu fühlbarer Unterdrückung und Terror.

Die Fehleinschätzung der Sowjetgesellschaft

Es bleibt also noch die Behauptung Marcuses zu erwägen, die Organisationsstrukturen einer hoch industrialisierten Gesellschaft drängten auch unter nicht-kapitalistischen Verhältnissen, also nach Sozialisierung der Produktionsmittel, zur Restitution von Herrschaftsformen, unter denen die Herstellung menschlicher Freiheit vereitelt und durch Manipulation das Bewußtwerden der Unfreiheit verhindert werde. Diese Behauptung besagt also, daß die Strukturen der entwickelten Industriegesellschaft unter Kapitalismus und Kommunismus konvergent seien. Marcuse entwickelt diese Auffassung im wesentlichen in seinem zwischen 1952 und 1955 entstandenen Buche „Die Gesellschaftslehre des sowjetischen Marxismus". Neben der Manipulationstheorie und der Stabilitätsthese stellt diese Konvergenzthese den dritten Pfeiler seiner Lehre von der „Eindimensionalität" der geschichtlichen Situation der Gegenwart dar und bildet einen Grund dafür, daß er resignierend an der verändernden Gewalt der immanenten Widersprüche der gesellschaftlichen Wirklichkeit zweifelt und nur noch die anarchischen, individuellen Widerstandsmöglichkeiten gegen die Repression für praktizierbar hält.

„Dem grundlegenden Unterschied zwischen der westlichen und der sowjetischen Gesellschaft geht eine starke Tendenz zur Angleichung parallel. Beide Systeme zeigen die allgemeinen Züge der spätindustriellen Zivilisation: Zentralisation und Reglementierung treten an die Stelle individueller Wirtschaft und Autonomie; die Konkurrenz wird organisiert und ‚rationalisiert'; es gibt eine gemeinsame Herrschaft ökonomischer und politischer Bürokratien; das Volk wird durch die ‚Massenmedien' der Kommunikation, die Unterhaltungsindustrie und Erziehung gleichgeschaltet. . . Verstaatlichung, die Abschaffung des Privateigentums an den Produktionsmitteln, bedeutet an sich noch keinen wesentlichen Unterschied, solange die Produktion über die Köpfe der Bevölkerung hinweg zentralisiert und kontrolliert wird. Ohne die Initiative und Kontrolle ‚von unten' durch die ‚unmittelbaren Produzenten' ist Verstaatlichung bloß ein technisch-politisches Mittel, die Arbeitsproduktivität zu erhöhen, die Entwicklung der Produktivkräfte zu beschleunigen und sie von oben zu kontrollieren (zentrale Planung) – mehr ein Wechsel in der Herrschaftsweise, eine Modernisierung der Herrschaft, als eine Voraussetzung, sie abzuschaffen." (99)

Diese zusammenfassende Passage zeigt klar, daß Marcuses „kritische Theorie" die klassische marxistische Lehre aufgegeben hat, die in den Eigentumsverhältnissen an den Produktionsmitteln das entscheidende Kriterium einer Gesellschaftsformation sah. Marcuse unterstellt, daß auch bei unterschiedlichen Eigentumsverhältnissen die Organisation von Gesellschaften sich grundsätzlich entsprechen könne. Der vermittelnde Begriff wird der der „Kontrolle": Die Kontrolle über die Produktion und den Markt, über die Weckung und Befriedigung der Bedürfnisse liege unter den Bedingungen der industriellen Massenproduktion bei den Managern, für deren Verfahrensweise es ziemlich gleichgültig sei, ob sie im Dienste von Eigentümern oder als Funktionäre des Staats ihr Amt ausübten.

Gegen diese willkürliche Interpretation der Sowjetgesellschaft ist prinzipiell festzuhalten, daß die Verlagerung der Kompetenzen an die Basis zu den elementaren Momenten der sowjetischen Entwicklung der letzten fünfzehn Jahre gehört. Eine Stadialität im Aufbau der Sowjetgesellschaft war angesichts der ökonomischen Lage des Landes zur Zeit der Oktoberrevolution unvermeidbar: Der Übergang zum Sozialismus erforderte praktische Zwischenstufen; es galt ja, ein verschieden dicht besiedeltes, wirtschaftlich und kulturell auf verschiedenen Entwicklungsstufen stehendes Land von ungeheueren Ausmaßen zu entwickeln. Zentralisierte Organisation und Befehlshierarchie waren für die erste Aufbauphase notwendig. Ehe dieses Stadium durchlaufen war, begann eine aggressive Einkreisungspolitik des Nationalsozialismus und seiner Verbündeten gegen die Sowjetunion (Antikominternpakt), die dann nach wenigen Jahren auch zum deutschen Überfall auf die UdSSR 1941 führte. Nach vier Jahren eines fürchterlichen Krieges mit mehr als 20 Millionen Toten und einer totalen Zerstörung der wirtschaftlichen Mittel in den westlichen, am weitesten entwickelten Gebieten – auf einer geographischen Linie, die von Leningrad bis zum Kaukasus lief, westlich an Moskau vorbei über Woronesch und Stalingrad, also die weißrussische und ukrainische Volksrepublik insgesamt mit den Industriegebieten Mittelrußlands und am Don umfassend – mußte nach 1945 der Wiederaufbau aufs neue beginnen. Bis in den Anfang der fünfziger Jahre hinein waren es also extrem außergewöhnliche Umstände, die in der Sowjetunion eine „exzessiv machtorientierte Ordnung der Innen- und Außenbeziehungen" (Werner Hofmann) (100) verursachte. Im Hinblick auf diese nicht in der Natur der sozialistischen Gesellschaft und nicht in der Koexistenz als solcher gegründeten Umstände ist es nicht erlaubt, von einer „Deformation des Sozialismus" zu sprechen; vielmehr ist es richtiger zu sagen, daß der Sozialismus sich erst in den Anfängen seiner Aufbauphase und daß die sowjetische Gesellschaft sich in der Entwicklung – und zwar in einer durch äußere Feindseligkeiten stark behinderten Entwicklung – auf die Herstellung der Bedingungen des Sozialismus hin befand. Es ist eher verwunderlich, daß es trotz dieser extrem außergewöhnlichen Lage der sowjetischen Gesellschaft gelungen ist, in einer historisch recht kurzen Zeitspanne nicht nur eine riesige wirtschaftliche und kulturelle Aufbauleistung zu vollbringen, sondern zugleich auch den Übergang zu einer neuen Phase der Machtverteilung auf die Basis der gesellschaftlichen Gliederung einzuleiten.

Werner Hofmann trifft den Sachverhalt richtig, wenn er schreibt, daß

> „über formalen Ähnlichkeiten das *Inhaltliche*, die besondere gesellschaftliche Trägerschaft, der Unterschied zwischen Privateigentum und Gemeineigentum an den Wirtschaftsmitteln und der tiefere soziale Zweck jeweiliger Machtausübung vernachlässigt wird. Nur so ist es möglich, eine Ordnung vom Typus der historischen *Erziehungs*diktatur mit einer Form geschichtlicher *Beharrungs*diktatur gleichzusetzen und einem Auswuchs der Diktatur des Proletariats eine Erscheinung von ‚Diktatur der Bourgeoisie' vergleichbar zu machen" (101).

Wenn auch Marcuse gewiß nicht den Faschismus und den Stalinismus auf einen Nenner bringen will, so unterliegt er doch dem von Hofmann gerügten Mißverständnis, insofern er eine gesellschaftliche Ordnung, die eine zentrale Leitung enthält, mit Herrschaftsordnung ohne weiteres gleichsetzt. (102) Nicht einmal in der Zeit des sogenannten „Stalinismus" oder

„Personenkults" ist ja der Gesellschaftszweck einer Förderung der allseitigen Bildung des Menschen verleugnet worden; im Gegenteil: Die dazu notwendige Voraussetzung, nämlich eine umfassende Volksbildung, ist mit erstaunlicher Intensität vorangetrieben worden. Erst eine Entwicklung des allgemeinen Bildungsniveaus auf einen Stand, der die Teilnahme aller an den öffentlichen Angelegenheiten erlaubt, gestattet auch den Übergang zur Demokratie der unmittelbaren Produzenten. Diesen langwierigen Weg ist die Sowjetunion mit großer Konsequenz und unbeirrbar gegangen. Die Aktivierung der individuellen Initiative und der Übergang zu einer Verlagerung der politischen Kompetenzen nach unten seit den fünfziger Jahren ist die Folge und Ernte dieser Volkserziehung. Die heutige Staatsstruktur beschreibt noch einmal Werner Hofmann:

„Von besonderer, weiterweisender Bedeutung ist die Wiederbelebung des Gedankens einer Führerkontrolle von unten geworden. In der Sowjetunion sind schon 1955 die betrieblichen „Produktionsberatungen' der Werktätigen, die es in anderer Form bereits in den zwanziger Jahren gegeben hatte, zu neuem Leben erweckt worden; seit 1962 fungieren sie unter dem Namen ‚Produktionskomitees' als zugleich initiative und kontrollierende Organe der Beschäftigten in den Betrieben und Abteilungen. Im Zeichen des Kampfes gegen den ‚Bürokratismus' in der Wirtschafts- und Staatsverwaltung wird seit längerem an die Werktätigen in den Betrieben appelliert, über die Einhaltung der Gesetze auch durch ihre Vorgesetzten zu wachen.

Die Wirkungen solcher Rückbesinnung auf Lenins Gedanken einer ‚Meeting-Demokratie' können nicht ausbleiben ... Die Organe der Volksvertretung werden in ihren legislativen kontrollierenden Funktionen gegenüber den Behörden gestärkt; das Wahlsystem wird beweglicher gemacht. So ist in der Sowjetunion die Zuständigkeit der örtlichen Sowjets erweitert worden ... Mit dieser Erneuerung des alten marxistischen Gedankens der Räte als der eigentlichen Organe zunehmender Selbstverwaltung der Produzentengesellschaft geht eine Dezentralisierung der Hoheitsbefugnisse einher ... Vollends aber muß die Rückbesinnung auf das Leninsche Prinzip einer Führerkontrolle von unten erfolgreich für die gesellschaftlichen Beziehungen werden. Der Wiedererweckung und Stärkung von Organen einer betrieblichen Mitsprache der Arbeitenden entspricht die Wiederherstellung einer allgemeinen ‚Volkskontrolle' über die Arbeit der Verwaltungen, der betrieblichen und zum Teil der Parteiorgane." (103)

Diese Ausführungen zeigen, daß noch nicht zehn Jahre nach den Analysen Marcuses dessen apodiktische Behauptung „es gibt keine wirksame soziale Kontrolle von unten" (104) durch die Entwicklung widerlegt wurde. Marcuses kritische und feindselige Einstellung zur Sowjetunion resultiert auch wieder aus seinem schon behandelten undialektischen Maximalismus, der einen qualitativen Sprung in eine neue Gesellschaftsstufe ohne Vermittlungen postuliert.

„Wenn die Revolution nicht von Anfang an das Verhältnis zwischen dem Arbeiter und seinen Arbeitsmitteln umkehrt, das heißt, ihm die Kontrolle über sie überträgt, dann hat sie keine *raison d'etre*, die von der kapitalistischen Gesellschaft wesentlich verschieden wäre. Die Aufhebung des Privateigentums an den Produktionsmitteln ist daher wesentlich verbunden mit der Übertragung der Kontrolle an die Arbeiter selbst. Solange eine solche Übertragung nicht durchgeführt ist, muß die Revolution eben jene Antagonismen reproduzieren, die sie zu überwinden strebt." (105)

Wichtig ist in diesem Satz die Formulierung „von Anfang an", die den fehlerhaften Ansatz Marcuses bezeichnet und von der aus er ja zu der angeblichen Konvergenz von Sozialismus und Kapitalismus weitergeht. Demgegenüber zeigt nun gerade der Abbau von Machtkonzentration in der Sowjetunion seit 1950, daß es sinngemäß ein stufenweises Fortschreiten zum Sozialismus gibt, parallel zu der Reife der ökonomischen Bedingungen und des Bewußtseins. In einer Zusammenfassung seiner Charakterisierung der Sowjetgesellschaft auf Grund persönlichen Augenscheins sagt Hofmann:

„Was die umfassende Weisungsgewalt führender Funktionäre angeht, so ist sie gegenüber der Epoche des forcierten Erstaufbaus der sowjetischen Industrie eingeschränkt worden. Unkontrolliert war sie nie: sie ist stets *Auftragsgewalt* gewesen, ausgeübt von einer *Dienstelite,* die bis in den Kreis der letztlich Entscheidenden hinein delegierte, prinzipiell von der Person ablösbare spezifische *Funktionen* wahrnahm. Die Befugnisse sind mittlerweile umstrukturiert worden: Einerseits ist – vor allem im ökonomischen Bereich – das lange Zeit durchgehaltene Verhältnis einer kleinlichen Gängelung und Kontrolle von ‚oben' eingeschränkt, andererseits die Mitwirkung beratender und kontrollierender Gremien aus dem Kreis der einfachen Beschäftigten und des mittleren Personals erweitert worden . . . Die Funktion der leitenden ‚Kader' soll nach ‚unten' immer transparenter, immer durchschaubarer werden – auch im Sinne des Fernziels; der unmittelbaren Teilnahme aller an der Verwaltung der wirtschaftlichen wie der öffentlichen Angelegenheiten . . . Gleichzeitig hat die Sowjetmacht in einer ungeheuren, das ganze Volk ergreifenden Bildungsrevolution die arbeitenden Menschen in Stadt und Land an jenes Wissen herangeführt, ohne das die Aufgaben des industriellen Aufbaus und der industriellen Zivilisation nicht zu meistern sind; sie hat den Geist des Lernens im ganzen Volk geweckt und damit die Grundlage einer Überwindung des ‚Bildungsprivilegs' gelegt. Der Soziologe wird sich vergeblich fragen, welche ‚herrschende Klasse' jemals in der Geschichte in dieser Hinsiht so gründlich auf ihre eigene Selbstentwertung hingearbeitet hat . . . Leitbild ist eine werktätige Intelligenz, *welche die soziale Scheidung von geistiger und körperlicher Arbeit*, von Theorie und Praxis schließlich hinter sich lassen soll . . . Ohne Sinn für das geschichtlich unverwechselbar *Neue* der Sowjetgesellschaft wird man freilich aus einer dauernden Fehleinschätzung jener fremden Ordnung nicht herausfinden" (106).

Marcuses Behauptung von der „Deformation des Sozialismus" ist durch Kenner der sowjetischen Situation zweifellos widerlegt: Sie kehrt die historische Entwicklungsrichtung um. Indem Marcuse von einem Soll-Bild des Sozialismus ausgeht, das sofort und unvermittelt realisiert werden müßte, ignoriert er die zwar noch nicht erreichte, aber sich tendenziell abzeichnende Verwirklichung und funktioniert das Noch-Nicht in ein Überhaupt-Nicht um, so daß er dann sagen kann, das Ideal sei verfälscht worden. Auch Marx hat aber von allem Anfang seiner Theorie an einen langwierigen, viele Zwischenstufen der Entwicklung der Produktivkräfte und damit der gesellschaftlichen Institutionen durchlaufenden Prozeß prognostiziert, bis endlich der Kommunismus verwirklicht sein würde:

„Daß die bisherigen Revolutionen innerhalb der Teilung der Arbeit zu neuen politischen ‚Einrichtungen' führen mußten, geht aus dem oben gegen Feuerbach Gesagten hervor; daß die kommunistische Revolution, die die Teilung der Arbeit aufhebt, die politischen Einrichtungen schließlich beseitigt, geht ebenfalls daraus hervor; und daß die kommunistische Revolution sich nicht nach ‚gesellschaftlichen Einrichtungen erfinderischer sozialer Talente' richten wird, sondern nach den Produktivkräften, geht endlich auch daraus hervor." (107)

Wie Marcuse sich den „sofortigen Übergang zur unmittelbaren Kontrolle der Produzenten" in einem Lande vorstellt, dessen Einwohner 1917 zu einem Teil – in Sibirien und in den mittelasiatischen Republiken zum größten Teil – noch Analphabeten waren, dessen Infrastruktur völlig unterentwickelt war und das unter einem starken ökonomischen und kulturellen Gefälle zu leiden hatte, gibt er nicht an. Seine Kritik an der Sowjetgesellschaft bleibt anarchistisch-kleinbürgerlich, von einem individualistischen Maximalismus ausgehend, der den gesellschaftlichen Entwicklungsbedingungen keine Rechnung trägt und den Fortschritten (wie auch den selbst schon in der Zeit des „Personenkults" dafür angelegten Voraussetzungen) keine Beachtung schenkt. Die Sowjetunion befindet sich in einer kontinuierlichen, wenn auch – gemäß den Einsichten marxistischer Dialektik – *nicht widerspruchsfreien* Umgestaltung der Gesellschaft zu einer sozialistischen; das bedeutet insofern eine Rektifizierung der marxistischen Theorie, als diese bisher nur eine relativ kurze Übergangsphase zwischen Kapitalismus und Kommunismus angenommen hatte, während nun der Sozialismus als eine selbständige Teilformation mit eigenen Gesetzen der gesellschaftlichen Entwicklung erkannt worden ist. Die Konvergenzthese Marcuses erweist sich als nicht minder unhistorisch und vordergründung, von bloßen Oberflächenphänomen abgelesen, als die Stabilitätsthese.

V. Das historische Subjekt der Revolution

Der Aufstand der Außenseiter und Verelendeten

Geschichtslos, das heißt ihrer historischen Lage und ihrer gesellschaftlichen Bedingtheiten nicht bewußt, ist die Rebellion, von der Marcuse den möglichen Umschlag erhofft, von der er annimmt, daß sie die widerstandsfähige Kohärenz der rational konstruierten Industriegesellschaft aufsprengen könne. Daß gegen das Verdammungsurteil des bürgerlichen Establishments Gammler und Beatniks, Provos und Hippies ein Anrecht auf ein soziologisch fundiertes, angemessenes Verständnis haben, daß die Sympathie auf seiten derer ist, die einen Ausdruck für den unbewußten Widerstand gegen das etablierte Herrschaftssystem, gegen die konformistische Unterwerfung suchen, ist eine emotionale Konsequenz, die sich aus der Analyse der menschenunwürdigen Organisationsweise der spätkapitalistischen Gesellschaft ergibt. Ist aber nicht gerade der offenkundig anarchistische Zug, der diesen Rebellionen anhaftet, höchst bedenklich, weil das private Nein, die individuelle Absage an die auferlegte Ordnung diese nicht auflöst, sondern den Nein-Sager nur als Außenseiter an die Peripherie der Ordnung stellt? Die im Zentrum unangetastete Macht kann aber in der Peripherie exzentrische Negationen und Abweichungen nicht nur dulden, sondern sogar zur Stütze ihrer selbst verwenden; auf zweifache Art, indem sie nämlich einmal jede entstehende ernsthafte Bedrohung ihrer Position von vornherein auf die wirkungslose individuelle Protesthaltung ablenkt, und zum anderen kraft eines argumentum ex negativo den anarchischen Bürgerschreck dazu benutzt, den „guten Sinn" der bestehenden Ordnung allen Zweifelnden darzutun. Der Gammler ist nicht die Alternative zum Bestehenden, sondern wird als Alternative hingestellt, um diese lächerlich zu machen. Zu undifferenziert ist darum Marcuses positive Beurteilung der anarchischen Eruptionen:

„In dieser Situation könnte die Oppostion der amerikanischen Jugend zu politischer Wirkung gelangen. Diese Opposition ist ideologiefrei oder von tiefem Mißtrauen gegenüber aller Ideologie (auch der sozialistischen) durchdrungen; sie ist sexuelle, moralische, intellektuelle und politische Rebellion in einem. In diesem Sinne ist sie total, gegen das System als Ganzes gerichtet; sie ist der Ekel vor der ‚Gesellschaft im Überfluß', das vitale Bedürfnis, die Spielregeln eines betrügerischen und blutigen Spiels zu verletzen – nicht mehr mitzumachen. Wenn diese Jugend das bestehende System der Bedürfnisse und seine stetig sich mehrende Warenmasse verabscheut, so deshalb, weil sie beobachtet und weiß, wieviel Opfer, wieviel Grausamkeit und Dummheit täglich in die Reproduktion des Systems eingehen. Diese Jungen und Mädchen teilen nicht mehr die repressiven Bedürfnisse nach den Wohltaten und nach der Sicherheit der Herrschaft – in ihnen erscheint vielleicht ein neues Bewußtsein, ein neuer Typus mit einem anderen Instinkt für die Wirklichkeit, fürs Leben und fürs Glück; sie haben die Sensibilität für eine Freiheit, die mit den in der vergreisten Gesellschaft praktizierten Freiheiten nichts zu tun hat und nichts zu tun haben will. Kurz: Hier ist die ‚bestimmte Negation' des Bestehenden – aber ohne wirksame Organisation und an sich selbst unfähig, entscheidenden politischen Druck auszuüben. Nur im Bündnis mit den Kräften, die dem System ‚von außen' widerstehen, kann eine solche Opposition zu einer neuen Avantgarde werden; wenn sie isoliert bleibt, läuft sie Gefahr, der Verharmlosung und damit dem System selbst zu verfallen." (108)

Es kann kein Zufall sein, daß Marcuse hier einem kategorialen Irrtum verfällt: Was er schildert, ist gerade nicht die „bestimmte Negation" des Bestehenden, welche nur in der Alternative – eben der Bestimmtheit des anderen – bestehen könnte; sondern die allgemeine, unbestimmte Negation, die bloße Verneinung und Ablehnung, die anarchische Vorstufe einer dialektischen Entgegen-Setzung (Anti-Thesis), die vom Gesetzten (der Thesis) eben nicht nur verschieden, sondern unterschieden sein muß. (109)

Jede „bestimmte Negation" wäre in der Lage, politischen Druck auszuüben. Zu ihr würde aber das Bewußtsein sowohl des Negierten wie des Intentionierten gehören. Daß Marcuse die politische Ineffektivität der totalen Opposition zugibt, enthüllt zugleich ihren fehlerhaften Ansatz; wenn irgendwo, gilt hier das Kriterium der praktischen Bewährung.

Was meint Marcuse, wenn er sagt, daß der Aufstand des gesellschaftlichen Non-Konformismus (der Beatniks, Hippies und Provos und ihrer studentischen Wahlverwandten auf dem Campus) sich mit Kräften verbünden müßte, die dem System „von außen" widerstehen? Das klingt mißverständlich – falsch interpretierend könnte man meinen, aus den Rebellen solle eine „fünfte Kolonne" gemacht werden. Darum geht es jedoch nicht. „Außen" bezeichnet vielmehr jene Teile der Gesellschaft, die in deren rational funktionierendes System nicht integriert sind: die „outlaws" und „outcasts". Von ihnen heißt es:

„Unter der konservativen Volksbasis befindet sich jedoch das Substrat der Geächteten und Außenseiter: die Ausgebeuteten und Verfolgten anderer Rassen und anderer Farben, die Arbeitslosen und Arbeitsunfähigen. Sie existieren außerhalb des demokratischen Prozesses; ihr Leben bedarf am unmittelbarsten und realsten der Abschaffung unerträglicher Verhältnisse und Institutionen. Damit ist ihre Opposition revolutionär, wenn auch nicht ihr Bewußtsein. Ihre Opposition trifft das System von außen und wird deshalb nicht durch das System abgelenkt; sie ist eine elementare Kraft, die die Regeln des Spiels verletzt und es damit als aufgetakeltes Spiel enthüllt. Wenn sie sich zusammenrotten und auf die Straße gehen, ohne Waffen, ohne Schutz, um die primitivsten Bürgerrechte zu fordern, wissen sie, daß sie selbst dem Tod gegenüberstehen. Ihre Kraft steht hinter jeder politischen Demonstration für die Opfer von Gesetz und Ordnung. Die Tatsache, „daß sie anfangen, sich zu weigern, das Spiel mitzuspielen, kann die Tatsache sein, die den Beginn des Endes einer Periode markiert." (110)

Diese Beschreibung orientiert sich offenkundig an der Situation der USA. Das große Heer von outcasts und Verelendeten, das diese Gesellschaft hervorbringt oder in sich enthält – eine Gesellschaft, die Marcuse doch als Prototyp der entwickelten Industriegesellschaft betrachet –, widerlegt seine eigene These von der Statik des Systems und der Identifikation der Menschen mit ihrem Dasein innerhalb des Systems. (111) Nur eine genaue Analyse der Klassenlage in der Gesellschaft der USA und der Formen, die dort der Klassenkampf angenommen hat, könnte zu einer historisch-politisch exakten Theorie der Gesellschaftsveränderung dort, mithin zur Praxis führen. Auf die Verhältnisse in Europa, die ihrerseits wieder sehr differenziert sind und in Italien eine andere politische Strategie erfordern als zum Beispiel in Frankreich und wieder eine andere in der Bundesrepublik Deutschland (und so fort), sind Schlußfolgerungen, die aus der Situation in den USA abgeleitet werden, keinesfalls übertragbar. So stellt sich etwa in der Bundesrepublik das Problem pauperisierter Massen, die außerhalb des rationalisierten gesellschaftlichen Prozesses stehen, nicht in gleicher Weise, wie in den USA. Wohl aber gibt es Erfahrungen mit dem Nationalsozialismus, die eine liberal-demokratische Abwehr gegen diktatorische Bestrebungen in einer Minderheit des Bürgertums ebenso wie in der Mehrheit der Arbeiterschaft begünstigen. Die konkreten politischen Fronten müssen allerorts aus der jeweils besonderen Situation bestimmt werden. Eine allgemeine Theorie kann immer nur den umfassenden Sinnhorizont aufzeigen, innerhalb dessen sich realdemokratische Bewegungen da und dort halten und auf den hin sie im Fortgang der Entwicklung bezogen werden sollen.

Eins klingt außerdem bei Marcuse zu wenig an: daß Gesellschaftsveränderung die Ausbildung eines Bewußtseins nicht nur von den Mängeln des Bestehenden, sondern auch von den realmöglichen Alternativen in jeder Phase des Geschichtsprozesses voraussetzt. 1964 versagt er sich noch diese „bestimmte Negation“:

> „Die kritische Theorie der Gesellschaft besitzt keine Begriffe, die die Kluft zwischen dem Gegenwärtigen und seiner Zukunft überbrücken könnten; indem sie nichts verspricht und keinen Erfolg zeigt, bleibt sie negativ. Damit will sie jenen die Treue halten, die ohne Hoffnung ihr Leben der Großen Weigerung hingegeben haben und hingeben.“ (112)

Ein Jahr später klingt es schon aufklärerischer:

> „Mehr denn je gilt der Satz, daß Fortschritt in der Freiheit Fortschritt im Bewußtsein der Freiheit erfordert. Wo der Geist zum Subjekt-Objekt der Politik und ihrer Praktiken gemacht worden ist, ist geistige Autonomie, die Anstrengung des reinen Denkens, eine Sache politischer Erziehung (oder vielmehr: Gegenerziehung) geworden.“ (113)

Die große Gärung, die am Anfang grundlegender gesellschaftlicher Veränderungen steht, mag von den Nicht-Integrierten des Systems ausgehen. Der Prozeß der Veränderung selbst muß sich nach den Gesetzen der Dialektik im Schoße der Gesellschaft entwickeln – nur als radikal demokratischer Prozeß hat er Aussicht auf geschichtlichen Erfolg. Dieser Prozeß setzt Bewußtsein voraus, das heißt Bewußtsein von den Bedingungen der Unfreiheit und von den Möglichkeiten ihrer Überwindung. In diesem Sinne werden die „Bildungselemente“ der Bourgeoisie im „Kommunistischen Manifest" als die „Waffen des Proletariats" bezeichnet. Nach wie vor gilt, daß das Subjekt des gesellschaftlichen Fortschritts nur die zum Bewußtsein ihrer selbst – also zum Klassenbewußtseins – gekommene Arbeiterklasse sein kann. Sie allein sitzt an den Hebeln der ökonomischen Macht, sie hat als organisierte Masse (in den Gewerkschaften, in den Arbeiterparteien) die Möglichkeit kritischer Bewußtseins-, Meinungs- und Willensbildung.

Die „Dritte Welt"

Auf weltpolitischer Ebene sind die Völker der sog. „Dritten Welt" die Außenseiter und Verelendeten. Jahrhundertelang am Rande des geschichtlichen, technologischen und gesellschaftlichen Fortschritts gehalten, um sie desto besser der kolonialen Beherrschung und Auspowerung auszuliefern, sind sie nach dem Zweiten Weltkrieg in den allgemeinen Zug zur Emanzipation geraten, der durch die Angewiesenheit der im Kriege bedrängten Herren auf ihre kolonialen Ressourcen beschleunigt wurde. Nur eine an sachlichen Entwicklungsbedürfnissen orientierte, von jeglicher Profitabsicht freie internationale und unter Aufsicht der UNO durchgeführte Aufbauhilfe und Investitionspolitik hätte für dieses ungeheure Nachholproblem optimale Lösungen erarbeiten können. Stattdessen wurden Investitionen punktuell und in der Hauptsache unter den Gesichtspunkten privatwirtschaftlicher Gewinnaussichten betrieben. Eine Schicht lokaler Kollaborateure, die die Interessen der Industrien ihrer früheren Kolonialherren vertreten, wird begünstigt. Die Gesellschaften in den Entwicklungsländern werden – soweit sie nicht aus dem Unabhängigkeitskampf die Kraft zum eigenen Aufbau einer sozialistischen Gesellschaft gezogen haben (wie zum Beispiel Mozambique und Angola) – als Folge dieser ausbeuterischen, rein von privatwirtschaftlichen Interessen bestimmten Politik in einem kaum vorstellbaren Maße in eine dünne Schicht von Herren und Statthaltern sowie eine breite Masse total verelendeten Volks zerfällt. Es entstehen krasse Widersprüche, die nicht nur zu Klassengegensätzen, sondern zu schärfstem Klassenhaß führen müssen. Unter diesen Umständen kann für die Adaptation einer Bevölkerung, die aus frühen, vorindustriellen Gesellschaftsformen – oft auf der Stufe frühgeschichtlicher Stammesorganisationen – in die hochindustrialisierte Welt der Gegenwart hineinspringen muß, wenig oder gar nichts getan werden. Das System solcher Behandlung der Entwicklungsländer wird als Neokolonialismus gekennzeichnet. Es leuchtet ein, daß hier Spannungen entstehen, die die breiten Massen in der Dritten Welt zu einem revolutionären Potential werden lassen. Marcuse zitiert aus den Berichten des amerikanischen Department of Commerce:

„Die direkten privaten Auslandsinvestitionen der Vereinigten Staaten waren 1950 11,8 Milliarden Dollar, 1963 40,6 Milliarden Dollar, 1966 nach vorsichtiger Schätzung 50 Milliarden Dollar. Von 1957 bis 1963 stieg der Absatz der ausländischen Filialen der Vereinigten Staaten um 54 %, während der inländische Absatz nur um 17 % stieg. Von 1960 bis 1965 wuchs das Bruttosozialprodukt der Vereinigten Staaten von 503 Milliarden im Jahre 1960 auf 676 Milliarden im Jahre 1965, das heißt, es stieg um 34 %, während die Profite der großen Konzerne während derselben Zeit um über 50 % stiegen." (114)

Angesichts dieses Gewichts der Außenhandelspolitik wird verständlich, warum die amerikanische Industrie – und dasselbe gilt für die Wirtschaftsweise aller Exportländer – danach strebt, die Kontrolle über die politische Macht in den Entwicklungsländern, möglichst über einheimische Repräsentanten, in die Hand zu bekommen. So wird sich in jenen Ländern keine nationale Bourgeoisie ausbilden können, die sich mit den notleidenden Massen im eigenen Interesse solidarisieren müßte.

„Ich glaube, daß es in den Entwicklungsländern unter dem imperialistischen Druck keine unabhängige nationale Bourgeoisie gibt, welche die beherrschten Klassen für eine radikale demokratische Reform im Interesse der Industrialisierung und Modernisierung des Landes organisieren könnte. Eine solche unabhängige nationale Bourgeoisie gibt es in diesen Ländern nicht. Was es an Bourgeoisie gibt, ist verfilzt mit dem noch semi-feudalen Großgrundbesitz in diesen Ländern. Unter diesen Umständen muß die Reformbewegung von Anfang an radikale und undemokratische Formen annehmen." (115)

Das sind die Voraussetzungen, unter denen Marcuse seine Hoffnung auf eine Erschütterung des – wie er meint: stabilen – Herrschaftssystems des Kapitalismus an die Aufstände hängt, die von der Dritten Welt ausgehen.

„Hier sind objektiv, wenn auch nicht subjektiv, die klassischen Bedingungen für den Übergang zum Sozialismus gegeben, nämlich 1. das Elend der unmittelbaren Produzenten als Klasse, als agrarisches, nichtindustrielles Proletariat, 2. das vitale Bedürfnis nach radikaler Umwälzung unerträglicher Lebensbedingungen, 3. die Unfähigkeit der herrschenden Klasse, die Produktionskräfte zu entwickeln, 4. die militante Organisation der nationalen Befreiungsfront, die eine Einheit von nationaler und sozialer Revolution darstellt. Und alle diese Kräfte wirken innerhalb des Weltsystems des imperialen Kapitalismus. Der Sieg dieser Kräfte würde in der Tat die Ökonomie der Metropolen erschüttern." (116)

Sicher ist in dieser Auffassung ein richtiger Kern. Probleme einzelner Staaten können heute nur noch im Zusammenhang der Weltprobleme und in Interdependenz gesehen werden. Revolutionen in der Dritten Welt müssen naturgemäß die wirtschaftliche und damit auch die gesellschaftliche Stabilität der Industrieländer stören, können sie vielleicht ins Wanken bringen. Die USA hatten allen Grund, die kubanische Revolution als für sie gefährlich zu betrachten, und sie wissen, warum sie sich gegen die Ausbreitung des Castrismus in Lateinamerika mit allen Mitteln zur Wehr setzen!

Die Vorgänge in der Dritten Welt verdienen unsere größte Aufmerksamkeit, der Befreiuungskampf der unterdrückten Nationen unsere Teilnahme und Unterstützung. In der Erwartung jedoch, von den Entwicklungsländern her den Anstoß zur Gesellschaftsveränderung in der eigenen hochindustrialisierten Welt zu bekommen, liegt ein Denkfehler und zugleich eine Art von Eskapismus. Wer sich darauf verläßt, daß in Asien, Afrika oder Lateinamerika die Geschicke seiner Welt entschieden werden, dem wäre das klassische *Hic Rhodus, hic salta!* entgegenzuhalten. Von den Sympathien für den Befreiungskampf der Dritten Welt geht gewiß eine stimulierende Wirkung aus. Ohne eine Demokratisierung in den kapitalistischen Industrieländern selbst blieben jedoch die Machtmittel der Neokolonialisten groß genug, um sich über lange Zeit hinweg behaupten zu können. Wenn in manchen Ländern erst einmal die Kenntnis des Pflugs und der einfachsten mechanischen Weisen der Bodenbebauung und des Handwerks gelehrt werden müssen, wenn in solchen Ländern ein hoher Prozentsatz der Bevölkerung noch im Analphabetismus verharrt und also die Voraussetzungen für jeden weiteren technischen Fortschritt fehlen, solange nicht die ersten Anfänge der Volksbildung und einer mit ihr verbundenen Weiterentwicklung der Produktionsweisen gelegt sind – dann darf nicht damit gerechnet werden, daß von solchen ganz mit der Entwicklung der Produktivkräfte in der eigenen Gesellschaft beschäftigten Ländern eine Revolutionierung der Gesellschaftsverhältnisse in der übrigen Welt ausgeht. Die Enquêten von verschiedenen Unterorganisationen der UNO – FAO, UNESCO, TRADE AND DEVELOPMENT COMMISSION – spiegeln deutlich die prähistorische Situation, in der sich viele Entwicklungsländer befinden. Gesellschaftliche Entwicklung bedeutet für sie vor allem einmal, den Anschluß an die technologische Entwicklung zu finden. In den meisten Fällen schließt dies die Ausbildung einer nationalen Führungsschicht ein, die um so eher bourgeoise Züge annimmt, als sie sich auf ein vorhandenes ausgebildetes nationales Kulturerbe stützen kann (vorzügliche Beispiele sind die Staaten des indischen Subkontinents, Ägypten und die Länder des Nahen Ostens). Sofern sich nicht – wie in Ländern mit geringerer nationaler Tradition (z. B. in Lateinamerika) und mit schon frühzeitig einsetztender Kolonialisierung (China, Indien) – eine Compradorenklasse entwickelte, die die Staathalterschaft für die kolonialistischen Mächte übernahm, wurde die nationale Bourgeoisie aus dem Interesse eigener Selbsterhaltung und Selbstentfaltung antiimperialistisch und nationalistisch; gegen eine bestehende Compradorenklasse organisierte sich aus dem aufrückenden Kleinbürgertum ebenfalls eine nationale und antiimperialistische Bourgeoisie. In beiden Fällen übernimmt diese eine – relativ zum Entwicklungsstand iher Länder – weltpolitisch progressive Funktion, ohne weitergehende gesellschaftspolitische Ziele. Aus dieser Situation und der von ihr vorgeschriebenen Bündnispolitik der sozialistischen Staaten mit der nationalen Bourgeoisie der Entwicklungsländer ergibt sich zwar eine Schwächung der internationalen Positionen der imperialistischen Großmächte, nicht aber ein Anstoß zu revolutionären Entwicklungen in diesen selbst, sondern eher die Gefahr eines Rückfalls in neonationalistische Zustände. Der entscheidende Prozeß der Veränderung der gesellschaftlichen Verhältnisse in der Welt darf nicht an der Peripherie, sondern muß im Herzen der wirtschaftlichen Macht ansetzen.

Die Möglichkeit der Aufhebung repressiver Gesellschaftsstrukturen ist – in Übereinstimmung mit Marcuses eigener Theorie – an eine solche Entwicklung der Produktivkräfte geknüpft, daß die Entlastung des Menschen von dem Zwang der Arbeit, sein Übertritt vom „Reich der Notwendigkeit" in das „Reich der Freiheit" (117) technisch zu verwirklichen wäre. Nur die höchstentwickelten Industrienationen erfüllen diese Bedingung; nur hier ist der Widerspruch zwischen den Produktivkräften und den Produktionsverhältnissen so weit fortgeschritten, daß seine Aufhebung zugleich die Herstellung der sozialistischen Gesellschaftsordnung bedeuten muß.

Was getan werden kann, um die Verhältnisse zu verändern und zu verbessern, muß überall zugleich und jeweils an Ort und Stelle getan werden. Für die Opposition in den kapitalistischen Ländern läßt sich aus der Tätigkeit der Befreiungsfronten in der Dritten Welt kein Modell, keine Analogie des Verhaltens ableiten. Nur aus der Analyse der konkreten Verhältnisse in einem Lande können die Methoden der Opposition entwickelt werden, nur unter diesen Voraussetzungen verspricht der Einsatz einen Erfolg. Der entscheidende historische Fortschritt kann sich nur in den Zentren vollziehen, in denen die Produktivkräfte massiert sind. Denn dort befinden sich die materiellen Agentien, die die Geschichte in Bewegung halten.

VI. Marcuses Fehleinschätzung

Marcuse akzeptiert eine geschichtsphilosophische Voraussetzung: daß nämlich die Produktionsverhältnisse und ihre Relation zum Stand der Produktivkräfte die letztlich bestimmenden Momente der großen geschichtlichen Abläufe sind; daß das Bewußtsein eben bei einer Inadäquatheit von Produktionsverhältnissen und Produktivkräften in die Kritik der gesellschaftlichen Institutionen umschlägt und eine revolutionierende Funktion bekommt; und daß unter den Bedingungen der hochindustrialisierten Gesellschaft die nächste Stufe der Vergesellschaftung der Sozialismus und die Aufhebung von Herrschaft-und-Knechtschaft überhaupt sein müsse.

Alsdann versucht Marcuse in einer Beschreibung der Strukturen der spätkapitalistischen Gesellschaft die Einsatzpunkte zu gewinnen, an denen aus der Unstimmigkeit von Produktionsverhältnissen und Produktivkräften ein revolutionäres Bewußtsein entstehen könnte. Weil Marcuse eine Analyse der ökonomischen Basis versäumt, kommt er zu einer grundsätzlichen Fehleinschätzung der im Überbau wirkenden Kräfte:

1. er hält die Manipulation für lückenlos;
2. er meint, daß durch die lückenlose Manipulation die Stabilität des in sich widerspruchsvollen kapitalistischen Systems garantiert werden könne;
3. er gesteht nur noch den Außenseitern, den Unterprivilegierten und den durch ihre Berufsausbildung zu kritischem Denken inspirierten Intellektuellen die Chance revolutionärer Bewußtseinsbildung zu.

Wir haben die Mängel und Irrtümer dieser Einschätzung der gesellschaftlichen Situation darzulegen versucht. Sie laufen letzten Endes darauf hinaus, daß Marcuse den Klassencharakter geschichtlicher Auseinandersetzungen für die Gegenwart verkennt; aus der objektiven historischen Lage, die im Augenblick eine Mobilisierung der Arbeitermassen zu einer revolutionären Aktion in den meisten großen Industrieländern noch nicht gestattet und „eine langfristige Strategie der massenhaften Aufklärung“ (Habermas) erfordert, zieht Marcuse die Konsequenz, die klassenmäßig nicht artikulierten Randschichten zu Trägern der revolutionären Bewegung zu machen. Revolution wird damit zur Revolte zurückgebracht. Denn Revolution setzt als Veränderung der Eigentums- = Herrschaftsverhältnisse, als Umgestaltung der Produktionsverhältnisse voraus, daß sie von den Subjekten der Produktion, den „unmittelbaren Produzenten“, getragen wird. Revolution ist eine Massenbewegung. Die Massen werden aber nur durch Bewußtwerden ihrer eigenen Interessen in Bewegung gesetzt; Agitation hat nur Aussicht auf Erfolg, wenn sie mit einer Interessenlage koinzidiert. Vom Rand der Gesellschaft her ist diese nicht umzustürzen; nur von innen heraus kann es gelingen, die Widersprüche der bestehenden Ordnung zutage zu fördern und sie zum Motor von historischen Veränderungen werden zu lassen. Insofern Revolutionen nur unter der Zustimmung der Massen möglich sind (wodurch sie sich von partiellen Revolten und Putschs unterscheiden), bedarf es der Masse der Betroffenen, also der Arbeiterklasse, als ihres Subjekts. Nicht revolutionär sind deshalb alle Aktionen, die die Masse nicht ergreifen, das heißt, deren aktuelle Bewußtseinslage und Interessen verfehlen. Darum ist Maximalismus der Forderungen und Erwartungen falsch und schädlich, weil er die Avantgarde von ihren Adressaten isoliert. Ein Bündnis der in der Analyse Geübten und Fortgeschrittenen mit den Opfern der etablierten und manipulierenden Herrschaft muß in konkreten Fragen hergestellt und am Detail unmittelbar einleuchtender, die erfahrenen Belange der Massen berührender Fragen bewährt werden. Erst eine sich an den unmittelbar empfundenen Interessen der Massen orientierende Aufklärung kann die Bewußtseinslage umgestalten. Die Veränderung gesellschaftlicher Verhältnisse erfordert lange Vorbereitungszeiten selbstloser und scheinbar undankbarer Kleinarbeit. Sie erfordert indessen auch die Bereitschaft, auf spontane Umschwünge und Reaktionen im Bewußtsein der Massen sofort eingehen zu können. Klarheit der Analyse, Disziplin des Verhaltens und eine unerschütterliche Hoffnung auch in Augenblicken der Niederlage oder des Rückschlags sind die Eigenschaften des wirklichen Revolutionärs.

Zwar sind es die verzweifelte Negation der Gesellschaft, der Maximalismus der großen Weigerung, der ausbrechende Anarchismus der einzelnen, die Marcuses Wirkung auf eine „freischwebende Intelligenz", auf eine „heimatlose Linke" ausmachen. Die Analysen in „Der eindimensionale Mensch" sind einseitig auf diesen Aspekt zugeschnitten, so richtig und wichtig die Entlarvung der Manipulation und des Konformitätsmechanismus auch sein mögen. Sie verleihen einem noch ungerichteten, der konkret-politischen Zielsetzung ermangelnden Unbehagen Ausdruck, dessen Klassenbasis eher kleinbürgerlich als proletarisch ist. Auf dieser Stufe vermag die kritische Theorie den Protest nur im Rahmen einer letzten bürgerlichen Ideologie zu formulieren, aber nicht, ihn politisch wirksam zu artikulieren. Statt sich der Ausarbeitung konkreter und erreichbarer Ziele zu widmen, die zu weiteren Veränderungen der Gesellschaft hin vermitteln könnten, verschanzt sie sich in der Igelstellung eines nicht vollstreckbaren Radikalismus. Nichts sei gegen utopische Horizonte gesagt; ohne sie entbehrt der politische Impuls seines Leitsterns. Was aber soll Aufklärung, auch über fernhin Erstrebtes, wenn sie nicht bei den Erfahrungen anfängt, die heute schon von den Massen gemacht und verarbeitet werden können? Der Überschwang des Verändernwollens darf den demokratischen Prozeß der Entwicklung politischer Einstellungen in der Masse nicht überspringen wollen, sonst verdammt er sich zu sektiererischer Isolation.

Zwar, sagte ich, ist die Wirkung Marcuses vor allem in dieser Selbstüberschätzung einer progressiven intellektuellen Minderheit zu sehen. Seine Resignation gegenüber der Arbeiterklasse führt notwendig in diese Sackgasse, die nach der Euphorie demonstrativer Selbst*bestätigung* bei der Selbst*beschränkung* auf bloße Theorie und die ihr entsprechenden anarchischen Aktionen endet.

„Es gibt keine revolutionäre Massenbewegung und es wird auch in den überentwickelten Ländern keine revolutionäre Massenbewegung in der absehbaren Zukunft geben . . . In dieser Situation wird die Kraft des Negativen als Arbeit für die Befreiung des Bewußtseins und des Wissens zu einer Hauptaufgabe . . . In dem Maß, wie das Klassenbewußtsein in dem allgemein verwalteten Bewußtsein zu einer repressiven Produktivkraft im Reproduktionsprozeß des Bestehenden wird, wird die Arbeit an der Befreiung des Bewußtseins eine *materielle* Grundbedingung für die Umwälzung des Bestehenden. Ich wiederhole: das ist keine revolutionäre Aktion, gewiß nicht, es ist im Augenblick eine hilflose, vielleicht sogar für lange Zeit hoffnungslose Opposition.“ (118)

Sektiererische wie anarchistische Züge sind in einer Theorie angelegt, die – wenn auch nur aus Verzweiflung – sich elitär gibt und mit der Idee des Opfers arbeitet. Gelingt es der Theorie nicht, die Praxis der Massen zu bestimmen, so ist das nicht der Fehler der Massen.

„Und selbst wenn wir nicht sehen, daß die Opposition hilft, müssen wir weitermachen: müssen wir weitermachen, wenn wir noch als Menschen arbeiten und glücklich sein wollen“,

lautet Marcuses Resumé. (119) Anders klingt es im klassischen Manifest der Revolutionäre:

„Die Proletarier haben nichts zu verlieren als ihre Ketten. Sie haben eine Welt zu gewinnen.“

Fünfter Teil

Die schlechten Söhne Lenins – Anarchismus einst und heute

Die Kategorie des Abenteuers ist wohl eher beiläufig in der Geschichtswissenschaft gebraucht und geschichtsphilosophisch kaum angemessen durchleuchtet worden. Umgangssprachlich haftet dem Wort eine eigentümliche Wertambivalenz an: ein großes Abenteuer ist eine wohl aufregende, aber doch prinzipiell positiv bewertete Lebenserfahrung, die eine Steigerung des Selbstgefühls, ein Erlebnis der Hochspannung einschließt. Der Zwang zur Bewährung im Außerordentlichen macht den beunruhigenden Reiz des Abenteuers aus, und wenn wir von einem abenteuerlichen Ereignis oder Geschehen sprechen, so liegt darin eine Faszination, in die etwas vom Geist der Utopie einschlägt, von der Sehnsucht des Knaben nach dem Ausbruch aus der behüteten Welt, auch von Mißbehagen an der öden Durchschnittlichkeit des Alltags. Ernst Bloch hat gesehen, wie in der Kolportage sich solche Selbsterhöhung, als Rebellion gegen das Kleinliche bourgeoiser Umwelt, ihren geträumten Auslaß schafft:

„Das reißende Märchen ist also die Abenteuergeschichte, sie lebt am besten heute als Kolportage fort. Auf ihrem Gesicht liegt der Ausdruck eines anerkannt unfeinen Wesens, und ist auch öfters so. Doch zeigt die Kolportage durchgehende Märchenzüge; denn ihr Held wartet nicht ab, wie in der Magazingeschichte, bis ihm das Glück in den Schoß fällt, er bückt sich auch nicht, damit er es auffängt wie einen zugeworfenen Beutel. Sondern ihr Held bleibt dem armen Schwartenhals des Volksmärchens verwandt, dem kühnen, setzt Leichen ans Feuer, haut den Teufel übers Ohr. Am Helden der Kolportage ist ein Mut, der, meist wie sein Leser, nichts zu verlieren hat. Und ein bejahtes Stück vom bürgerlichen Tunichtgut dringt an, vom durchgebrannten, doch nicht umgekommenen; er hat, wenn er zurückkommt, Palmen, Messer, die wimmelnden Städte Asiens um sich her. Der Traum der Kolportage ist: nie wieder Alltag; am Ende steht: Glück, Liebe, Sieg. Der Glanz, auf den die Abenteuergeschichte zugeht, wird nicht wie in der Magazingeschichte durch reiche Heirat und dergleichen gewonnen, sondern durch aktive Ausfahrt in den Orient des Traums. Hat die Magazingeschichte etwas von einer unsäglich verkommenen Legende, so ist die Kolportage der letzte, doch noch erkennbare Schein aus Ritterromanen, aus Amadis von Gallien. Von daher das Ruhmredige, wie es schon aus den ältesten Heldengeschichten bekannt ist, so dem Waltharilied, wo der Held zehn Ritter zugleich übermannt, oder aus der Sage von König Rother und dem starken Asprian, der einen Löwen an die Wand wirft, daß er zerbricht. Von daher aber auch das Pathos gegen die Philister, gegen ein Leben, dessen Grabschrift schon mit zwanzig Jahren feststeht, gegen Ofenwinkel und juste milieu. Es entsteht echte Märchenaura wildester Art; die Aura der Stevenson-Welt ‚von Glut und Kälte, Stürmen und Passaten, von Schiffen, Inseln, Abenteuerweisen, von Ausgesetzten, Schätzen und Piraten'." (1)

Doch das Wort „Abenteuer" gewinnt sofort einen negativen Akzent, wenn es sich mit einem Vokabular verbindet, das dem Sinnbereich einer geordneten Vernunftwelt zugehört. Es ist ein abenteuerlicher, weil der statistischen Gesetzmäßigkeit zuwiderlaufender Versuch, im Glücksspiel reich werden zu wollen, um seine Schulden bezahlen zu können; und ein Abenteuer mag es sein, mit einem betrunkenen Fahrer eine kurvenreiche Alpenpaß-Straße in überhöhter Geschwindigkeit bergab zu rasen. Wer sich auf unsichere oder illegale Geschäfte einläßt und sein Gewerbe auf dunkle Spekulationen gründet, wird durchaus abfällig ein Abenteurer genannt; ja, dieses Wort, das nicht ein einmaliges Geschehen, sondern einen charakterologischen Habitus bezeichnet, ist ganz und gar negativ bewertet. So gern jemand sich ins Abenteuer träumen mag, ein Abenteurer will er gewiß nicht sein. Darum liegt, wie Bloch auch bemerkt, ein „Ludergeruch". Und „Der ist zweideutig, kann auf Kukluxer und Faschisten weisen, ja ihnen ein besonderes Reizmittel sein" (2). Die politische Implikation ist da schon erwähnt, auf sie zielen wir ab.

Dem beidseitigen Gebrauch der Wortgruppe Abenteuer muß eine Sachverhaltsstruktur zugrunde liegen. Diese kommt am deutlichsten zum Ausdruck, wo sich die Faszination des Abenteuers mit den verhängnisvollen Konsequenzen abenteuerlicher, also unüberlegter Handlungen verbindet, nämlich in der politischen Aktion. Die Geschichte des Anarchismus im 19. und 20. Jahrhundert liefert Beispiele genug. Und bezeichnend ist, daß eben dieses Moment von Abenteuertum in der Politik, das seit der Antike immer wieder aufweisbar ist, im Zusammenhang der bürgerlichen Gesellschaft – oder auf Theorie bezogen: in der nachhegelschen Ära – eine neue Qualität bekommt: Abenteuer ist eine auf die Person bezogene Kategorie; das Individuum erlebt ein Abenteuer, ist ein Abenteurer. Solange Politik sich in den Beziehungen ihrer einzelnen Akteure ausdrücken und darstellen ließ – also bis zum Ausgang der letzten Phasen des Feudalismus – konnte Abenteurertum auch als politische Kategorie relevant werden: ob Alkibiades oder Catilina, Wallenstein oder Karl XII – ihre gesellschaftliche Funktion ließ sich mit ihrem persönlichen Handeln identifizieren, denn noch war die Gesellschaft ein weithin durchsichtiges Gewebe personaler Beziehungen, wie Produktion und Distribution sich unmittelbar in der Relation des Produzenten zum Produkt, der Tauschpartner untereinander darstellen ließen.

Mit der Entfaltung kapitalistischer Produktionsverhältnisse wurde das anders. Die gesellschaftlichen Beziehungen nahmen den Charakter komplexer Sachverhaltsstrukturen an, innerhalb derer die Individuen nur noch als unselbständige Glieder auftraten. Unfreiheit wird nicht mehr erlebbar als personaler Zwang, sondern als Druck eines Systems. Individuelle Empörung aber richtet sich nicht gegen Systeme und Strukturen, sondern gegen individuelle Unterdrückung. Seiner vermeintlichen Freiheit in der bürgerlichen Gesellschaft beraubt, richtete der Kleinbürger seinen Zorn gegen die Funktionäre der Gesellschaft statt gegen diese selbst. Individueller Terror, im Feudalismus sinnvoll gegen individuelle Tyrannei, wurde zur Karikatur der Revolution, die, als Klassenkampf von den Massen getragen, sich gegen die Bedingungen des Systems, nicht gegen seine Epiphänomene richten mußte. Theoretisch die Institution negierend, wandten sich die Anarchisten praktisch gegen deren Repräsentanten; sie übten individuellen Terror aus. Der aber, weil er sich gegen sichtbare Übel (wenn auch nicht gegen deren Ursachen) richtete, faszinierte all jene, die sich betrogen und deklassiert vorkamen; er pflanzte sich fort. Einzelaktionen wurden als heroisches Abenteuer (gleichsam in den Kategorien des Heldenepos) erlebt, ihre systematisierende Funktion verkannt.

„Terrorismus steckt an. Das zeigt die Häufung der Anschläge auf prominente Persönlichkeiten in den Jahren zwischen 1880 und 1914. Einige davon gingen, auch wenn die Art ihrer Ausführung es nahelegte, nicht zu Lasten der Anarchisten, sondern ganz anderer politischer Gruppen – die Ermordung Zar Alexanders II. oder des Erzherzogs Franz Ferdinand liefern Beispiele. Dagegen waren die Morde an den Präsidenten Carnet und McKinley, an der Kaiserin von Österreich, dem König von Italien und dem spanischen Ministerpräsidenten allesamt mehr oder weniger direkte Ergebnisse anarchistischen Glaubens an den apokalyptischen Wert eines Aktes der Selbstaufopferung, der auch das Symbol der herrschenden Gesellschaftsordnung beseitigt. . . Häufig waren die Gewalttaten der Anarchisten Akte symbolischer Vergeltung für die Hinrichtung eines Kameraden. So warf ein junger Anarchist namens Pallas 1892 eine Bombe auf den General Martines Campos, um die Exekution von vier Anarchisten zu rächen, die im Jahr zuvor an einem Aufstand in Jerez teilgenommen hatten. Santiago Salvador, ein Freund von Pallas, nahm Rache an der Gesellschaft, indem er aus einem Vergeltungsdrang von grauenhafter Wahllosigkeit eine Bombe in ein vielbesuchtes Theater in Barcelona warf und zwanzig Menschen tötete. Eine weitere Bombe explodierte wenig später unter den Teilnehmern einer Corpus-Christi-Prozession. Da hier wieder nur einfache Leute verletzt wurden, kam der Verdacht auf, Urheber des Anschlags sei die Polizei selbst, die den Anlaß nutzte, viele Anarchisten und sogar Liberale einzusperren, zu foltern und hinzurichten. Ein italienischer Anarchist, Angiolille, der sich zu dieser Zeit in London aufhielt, war über die Nachricht so empört, daß er sogleich nach Spanien fuhr und den Ministerpräsidenten Canovas del Castille ermordete. Attentate wurden nicht nur auf Staatsoberhäupter und ihre ausführenden Organe oder zum Zeichen symbolischer Vergeltung verübt. Sie galten auch Einrichtungen, die die falschen Werte der bürgerlichen Gesellschaft zu repräsentieren schienen . . . Der berühmteste Anschlag auf eine Institution des bürgerlichen Staats war der auf die Deputiertenkammer im Jahre 1893. Auguste Vaillant bastelte eine mächtige, auf große Splitterwirkung berechnete Bombe und schleuderte sie am 9. Dezember 1893 um vier Uhr nachmittags von einem Balkone der Abgeordnetenkammer. Es gab eine heftige Explosion. Als der Qualm sich lichtete und eine Szene von Blut und Glassplittern enthüllte, sprach der Präsident, Dupuy, die berühmten Worte: ‚La séance continue'. Obgleich niemand ums Leben gekommen war, wurde Vaillant zum Tode verurteilt und trotz eines bewegenden Gnadengesuchs seiner Tochter hingerichtet. Seine letzten Worte waren: ‚Vive l'anarchie'. Man wird meinen Tod rächen." (3)

In merkwürdiger Weise verwechselt der individuelle Terror die Gesellschaft, gegen deren Repressivität er sich richtet, mit den Funktionären, die die ausführenden Organe dieses Gesellschaftssystems sind. Eine solche Personalisierung, die den Mann haftbar macht für die Ordnung, die er repräsentiert, hatte ihren Sinn in einer historischen Lage, in der die Unterdrückung mehr an die Individualität des Herrn als an die Abstraktion der Herrschaft gebunden war: an die Stelle des grausamen Tyrannen mochte nach dem Tyrannenmord der wohlwollende Fürst, der aufgeklärte Monarch treten, unter dem die Verhältnisse sich zum Besseren wendeten. Tells Geschoß traf den Peiniger, aber die Bauern, die Zwinguri stürzten, vollzogen die Befreiungstat.

Die Identifikation von Personen mit den Mechanismen eines Gesellschaftssystems hat einen literarischen Zug. Antigone und Kreon, Don Carlos und Philipp, Tell und Gessler stehen eher für Prinzipien als für Personen, und als Personen sind sie eins mit dem Prinzip, das sich in ihrem Tun ebenso wie in ihrem Charakter ausdrückt. Es ist eine ästhetische Einstellung, den Weltzustand unter dem Gesichtspunkt der Personifikation begreifen zu wollen. Was der ästhetischen Anschauung unerläßlich ist, kann sich das wissenschaftliche Begreifen nicht gestatten. Daß „der allgemeine Weltzustand" sich in der „individuellen Selbständigkeit" von Protagonisten verwirklicht, hat Hegel als ein Characteristikum der „Heroenzeit" beschrieben, die der Ausbildung des modernen Staatswesens vorangeht und deren Lebensgehalte für uns nur noch ästhetisch-symbolische Bedeutung besitzen. Als Voraussetzung gilt:

„Die wahre Selbständigkeit besteht allein in der Einheit und Durchdringung der Individualität und Allgemeinheit, indem ebenso sehr das Allgemeine durch das Einzelne erst konkrete Realität gewinnt, als das einzelne und besondere Subjekt in dem Allgemeinen erst die unerschütterliche Basis und den echten Gehalt seiner Wirklichkeit findet." (4)

Für die Heroenzeit stellt sich die Einheit und Durchdringung von Individualität und Allgemeinheit sichtbar in der Einzelperson dar:

„Das ideale Individuum muß in sich beschlossen, das Objektive muß noch das Seinige sein und sich nicht losgelöst von der Individualität der Subjekte für sich bewegen und vollbringen, weil sonst das Subjekt gegen die für sich schon fertige Welt als das bloß Untergeordnete zurücktritt . . . Wie nun aber im Heroenzustand das Subjekt mit seinem gesamten Wollen, Tun, Vollbringen im unmittelbaren Zusammenhange bleibt, so steht es auch ungeteilt für das ein, was irgend an Folgen, aus diesem Tun entspringt." (5)

Demgegenüber heißt es von der neueren Weise der Existenz:

„Sie ist da vorhanden, wo der sittliche Begriff, die Gerechtigkeit und deren vernünftige Freiheit sich bereits in Form einer gesetzlichen Ordnung hervorgearbeitet und bewährt hat, so daß sie nun auch im Äußerlichen als in sich unbeweglicher Notwendigkeit da ist, ohne von der besonderen Individualität und Subjektivität des Gemüts und Charakters abzuhängen . . . Die einzelnen Individuen erhalten dadurch im Staate die Stellung, daß sie sich dieser Ordnung und deren vorhandenen Festigkeit anschließen und sich ihr unterordnen müssen, da sie nicht mehr mit ihrem Charakter und Gemüt die einzige Existenz der sittlichen Mächte sind, sondern im Gegenteil, wie es in wahrhaften Staaten der Fall ist, ihre gesamte Partikularität der Sinnesweise, subjektiven Meinung und Empfindung von dieser Gesetzlichkeit regeln zu lassen und mit ihr in Einklang zu bringen haben. Dies Anschließen an die objektive Vernünftigkeit des von der subjektiven Willkür unabhängigen Staates kann entweder eine bloße Unterwerfung sein, weil die Rechte, Gesetze und Institutionen als das Mächtige und Gültige die Gewalt des Zwanges haben, oder es kann aus der freien Anerkennung und Einsicht in die Vernünftigkeit des Vorhandenen hervorgehen, sodaß das Subjekt in dem Objektiven sich selbst wiederfindet. Aber auch dann sind und bleiben die einzelnen Individuen immer nur das Beiläufige und haben außerhalb der Wirklichkeit des Staats in sich selbst keine Substantialität. Denn die Substantialität ist eben nicht mehr nur das besondere Eigentum dieser oder jener Individuums, sondern für sich selbst und in allen seinen Seiten bis ins kleinste Detail hin in allgemeiner und notwendiger Weise ausgeprägt." (6)

Wir begreifen, nach Hegels Einsicht, den allgemeinen Weltzustand also nicht mehr dadurch, daß wir ihn in der Person des Anderen oder auch in einem dinglichen Objekt vergegenständlichen, das heißt – wie Marx später sagt – zum Fetisch machen. Es ist ein kindliches Verhalten, den Stuhl zu schlagen, an dem man sich gestoßen hat, oder die Eltern zu beschimpfen, weil sie ein Verbot aussprechen. Die Interdependenzen im System der Wirklichkeit gilt es zu durchschauen, ihre Korrelation muß aufgehoben werden, wenn die Wirklichkeit verändert werden soll. Der geschichtliche Gegner ist nicht durch moralische, sondern durch gesellschaftliche Kriterien zu qualifizieren.

Die Personalität der Beziehungen zwischen den Gliedern einer Produktions- und Lebensgemeinschaft – auf der Stufe früher Gesellschaftsformationen etwa des Clans oder des Stamms – hat sich erhalten in der Gruppenexistenz der Familie. Die Personalität der Gesellschaftsstrukturen im „Heroenzeitalter" ist darin begründet, daß die Organisation des Zusammenlebens der Menschen sich am Schema der Familie orientierte, das heißt daß die Polis sich als eine große Stadtfamilie verstehen konnte. In dieser Größenordnung blieben die Zusammenhänge innerhalb des Staatsgebildes als solche zwischen Individuen überschaubar. Die Beziehungen zwischen Menschen stellten sich als menschliche Beziehungen dar; und der Rekurs aller Humanismen auf die griechische Antike drückt die Sehnsucht nach einer humanen Gesellschaft aus, die deshalb als human empfunden wurde, weil in ihr die bestimmten Besonderheiten der einzelnen noch in ein unmittelbares Verhältnis zur Allgemeinheit traten.

Die Vorstellung, daß die Aufhebung der Entfremdung, die sich in der Verdinglichung der menschlichen Beziehungen und Tätigkeiten bekundet, durch die Restitution personaler Unmittelbarkeit im gesellschaftlichen Leben erreicht werden könne, ist eine romantische Sentimentalität. Die numerische Ausweitung der Produktionsgemeinschaften und die qualitative Differenzierung der Produktion lassen eine quasi-familiäre Gliederung der Gesellschaft nicht mehr zu. Das Problem besteht nicht länger darin, daß der Mitmensch als „Bruder" oder Partner in mein Selbstbewußtsein aufgenommen wird; vielmehr müssen die Vermittlungen, die sich zwischen Mensch und Mensch schieben, durchschaut werden, muß deren Verselbständigung zu anonymen Mächten aufgehoben werden, damit eine humane Gesellschaft als System der Reflexion multipler Kreisrelationen entstehen kann. Die Chance der menschlichen Freiheit liegt nicht in der Spontaneität, sondern in der Gesellschaftstheorie, die mit der gesellschaftlichen Praxis eins wird.

Wieder war es zuerst Hegel, der dieses „Übergehen der Familie in ein anderes Prinzip" deutlich gesehen und beim Namen genannt hat. Der Prozeß ist irreversibel, aus den Gentilordnungen des Heroenzeitalters erwächst mit Notwendigkeit die bürgerlicher Gesellschaft. Von ihr heißt es in der „Rechtsphilosophie":

> „Die konkrete Person, welche sich als besondere Zweck ist, als ein Ganzes von Bedürfnissen und eine Vermischung von Naturnotwendigkeit und Willkür, ist das eine Prinzip der bürgerlichen Gesellschaft, – aber die besondere Person als wesentlich in Beziehung auf andere solche Besonderheit, sodaß jede nur durch die andere und zugleich schlechthin nur als durch die Form der Allgemeinheit, das andere Prinzip, vermittelt sich geltend macht und befriedigt.
>
> Der selbstsüchtige Zweck in seiner Verwirklichung, so durch die Allgemeinheit bedingt, begründet ein System allseitiger Abhängigkeit, daß die Subsistenz und das Wohl des Einzelnen und sein rechtliches Dasein in die Subsistenz, das Wohl und Recht aller verflochten, darauf gegründet und nur in diesem Zusammenhange wirklich und gesichert ist.
>
> Die Besonderheit für sich, einerseits als sich nach allen Seiten auslassende Befriedigung ihrer Bedürfnisse, zufälliger Willkür und subjektiven Beliebens, zerstört in ihren Genüssen sich selbst und ihren substantiellen Begriff; andererseits als unendlich erregt, und in durchgängiger Abhängigkeit von äußerer Zufälligkeit und Willkür, sowie von der Macht der Allgemeinheit beschränkt, ist die Befriedigung des notwendigen, wie des zufälligen Bedürfnisses zufällig. Die bürgerliche Gesellschaft bietet in diesen Gegensätzen und ihrer Verwirklichung das Schauspiel ebenso der Ausschweifung, des Elends und des beiden gemeinschaftlichen physischen und sittlichen Verderbens dar.
>
> Aber das Prinzip der Besonderheiten geht eben damit, daß es sich für sich zur Totalität entwickelt, in die Allgemeinheit über, und hat allein in dieser seine Wahrheit und das Recht seiner positiven Wirklichkeit. Diese Einheit, die wegen der Selbständigkeit beider Prinzipien auf diesem Standpunkte der Entzweiung nicht die sittliche Identität ist, ist eben damit nicht als Freiheit, sondern als Notwendigkeit, daß das Besondere sich zur Form der Allgemeinheit erhebe, in dieser Form sein Bestehen suche und habe." (7)

Den Staat sich als den seinen anzueignen, statt ihn als fremde Macht zu erfahren, die als „herrische Gewalt" über den einzelnen gesetzt ist, kann nur kraft jener Beziehung auf die Totalität geschehen, in der die Tätigkeit der Individuen sich als gesellschaftliche vereinheitlicht. Die bürgerliche Gesellschaft kann (wie Hegel richtig erkennt) diese Totalität nicht als Integration der individuellen Aktivitäten, sondern nur als äußere Notwendigkeit herstellen. Die Totalität wird damit zur totalen Repression, in der die Besonderheit des Individuums gerade nicht als solche in der Allgemeinheit erhalten bleibt, sondern zugunsten der besonderen Interessen deformiert wird, die sich „zur Form der Allgemeinen erheben" und sich als das Interesse des Ganzen ausgeben.

Hegel ist über diesen Stand der bürgerlichen Gesellschaft nicht hinausgegangen. Mit seiner Beschränkung auf den Herrschaftsstaat der Klassengesellschaft als Prinzip der Totalität hat er die Idee der gesellschaftlichen Totalität selbst in Mißkredit gebracht. Adornos Einspruch gegen die Konstruktion des Wirklichen als System, sein Veto gegen eine Dialektik, die „die vom Allgemeinen diktierte Differenz des Besonderen vom Allgemeinen entfaltet", hat in dieser Frontstellung gegen Hegel ihren Ursprung.

Was bleibt jedoch, wenn man von der Konzeption einer freien Gesellschaft das Moment der Ganzheit abzieht, die Vermittlung der Individuen zu einem Totum, das heißt – mit den Worten Hegels – „die Vermittelung des Bedürfnisses und die Befriedigung des Einzelnen durch seine Arbeit und durch die Arbeit und Befriedigung der Bedürfnisse aller Übrigen – das System der Bedürfnisse" (8)? Die Antithese zur Totalität ist der absolute Einzelne, der sich von jeder objektiven Bindung an andere, von jeder Vermittlung mit dem allgemeinen Weltzustand gelöst denkt, allein auf sich gestellt und in jeder Gemeinschaft, die er eingeht, nur sich selbst, seine Besonderheit verwirklichend. Max Stirner hat mit der absurden Konsequenz des Monomanen diese Position des Egoismus gegen Hegels Idee der Totalität gestellt – und Adorno, Meister eines verschämten Anarchismus, kehrte zu Stirner zurück, wenn er statuierte:

„Demgegenüber ist die in jeglicher einzelnen Bestimmung wirkende Kraft des Ganzen nicht nur deren Negation, sondern selber auch das Negative, Unwahre. Die Philosophie des absoluten, totalen Subjekts ist partikular." (9)

Bei dem geschwätzigen Künder der Philosophie des Einzigen klingt das überschwänglicher, aber in der Sache schon ganz so, wie es die Ideologen des absoluten Subjekts später intendieren: ob Nietzsche, ob der existentialistische Sartre, ob Adorno – Stirner ist ihr Archetyp:

„Meine Freiheit gegen die Welt sichere Ich in dem Grade, als Ich Mir die Welt zu eigen mache, das heißt sie für Mich ‚gewinne und einnehme', sei es durch welche Gewalt es wolle, durch die der Überredung, der Bitte, der kategorischen Forderung, ja selbst durch Heuchelei und Betrug, u.s.w.; denn die Mittel, welche Ich dazu gebrauche, richten sich nach dem, was Ich bin. Bin Ich schwach, so habe Ich nur schwache Mittel, wie die genannten, die aber dennoch für ein ziemlich Teil Welt gut genug sind. Ohnehin sehen Betrug, Heuchelei, Lüge schlimmer aus als sie sind. Wer hätte nicht die Polizei, das Gesetz betrogen, wer hätte nicht vor den begegnenden Schergen schnell die Miene ehrsamer Loyalität vorgenommen, um eine etwa begangene Ungesetzlichkeit zu verbergen usw.? Wer es nicht getan hat, der hat sich eben Gewalt antun lassen: er war ein Schwächling aus – Gewissen. Meine Freiheit weiß Ich schon dadurch geschmälert, daß Ich an einem Andern (sei dies Andere ein Willenloses, wie ein Fels, oder ein Wollendes, wie eine Regierung, ein Einzelner usw.) meinen Willen nicht durchsetzen kann . . . Meine Freiheit wird erst vollkommen, wenn sie meine Gewalt ist; durch diese aber höre ich auf, ein bloß Freier zu sein, und werde ein Eigener. Warum ist die Freiheit der Völker ein ‚hohles Wort'? Weil die Völker keine Gewalt haben! Mit einem Hauch des lebendigen Ichs blase Ich Völker um, und wär's der Hauch eines Nero, eines chinesischen Kaisers oder eines armen Schriftstellers. Warum schmachten denn die deutschen Kammern vergeblich nach Freiheit, und werden dafür von den Ministern geschulmeistert? Weil sie keine ‚Gewaltigen' sind! Die Gewalt ist eine schöne Sache, und zu vielen Dingen nütze; denn ‚man kommt mit einer Hand von Gewalt weiter, als mit einem Sack voll Recht'. Ihr sehnt Euch nach der Freiheit ? Ihr Toren! Nähmet Ihr die Gewalt, so käme die Freiheit von selbst. Seht, wer die Gewalt hat, der ‚steht über dem Gesetze'. Wie schmeckt Euch diese Aussicht, Ihr ‚gesetzlichen Leute'? Ihr habt keinen Geschmack!." (10)

Daß solche Aneignung der Welt das bloße Bramabarsieren eines Stammtisch-Titanen ist, der kläglich sich mit dem Notdürftigen bescheiden muß, weil seine erträumte Gewalt an der realen Gewalt jener scheitert, die über die Produktionsmittel verfügen, hat Marx in der „Deutschen Ideologie" mit beißendem Spott gezeigt. Das hindert nicht, daß heute die Jünger Stirners sich lieber auf Marx berufen als auf ihren doch allzu lächerlichen Stammvater – und wenn sie zu diesem Gebrauche den Marx auch von den Füßen auf den Kopf stellen müssen. Was dabei herauskommt, ist die Selbstbefriedigung des ästhetischen Experiments. Ein Mitglied des Living Theatre antwortete auf die Frage, ob das Ensemble die Absicht habe, die Welt zu verändern:

„Das ist eine beinahe zu abstrakte Frage. Ich will ein konkretes Beispiel geben für das, was wir im Grunde wollen. Als wir hier nach Avignon kamen und man uns dieses Lyzeum als Wohnung übergab, fanden wir vor: leere, dreckige Zimmer. Sonst nichts. Wir begannen, ein Environment zu kreieren. Wir erschufen einen Raum. Kreation ist das einzige, was wir tun können. Ändern können wir nichts außer uns selbst." (11)

Die Ausflucht ins Private ist offenkundig, und wenn man in diesen aufgezeichneten Gesprächen in stereotypen Wiederholungen hört, daß jeder in dieser community sich selbst, seine extreme Eigenheit zu finden und zu verwirklichen suche, ohne daß dabei die Relation zur Umwelt auch nur als Moment der Bestimmung des eigenen Standorts berücksichtigt würde – dann tritt der Widerspruch zwischen dem wirklichen Tun dieser wunderlichen Heiligen, die sich zum Anarchismus bekennen, und ihrer Prätention, das reine Menschenbild einer freien Gesellschaft vorzuleben, deutlich genug zutage. Nicht zufällig reproduziert sich auch auf hoher philosophischer Ebene, was diese kleine Wandertruppe mit weltanschaulichem Anspruch in ihrer Alltagspraxis vorexerziert: das Ausweichen in einen ästhetisierten Moralismus, der Nietzsches Künstlermetaphysik des Übermenschen ebenso bestimmt wie Sartres Romanhelden in „La nausee" und in „L'age de raison" und nicht zuletzt Adornos Denken, das allein in der Partikularität der Kunstfigur den Gegenstand findet, den an der Allgemeinheit des Begriffs festzuhalten er ausgeschlagen hatte. Das absolute Subjekt, das seine Tätigkeit nur auf sich selbst richtet und das also nichts anderes tun kann als Denken – denn Denken ist (wie Leibniz formulierte) agere in seipsum, auf sich selbst wirken – dieses Subjekt verändert die Welt nicht, sondern schafft nur selbsgenügsame Bilder der eigenen Subjektivität. Die Totalität wird nicht gesprengt, die Welt nimmt nach den Gesetzen dieser unveränderten Totalität ihren Lauf. Die Negation ist verinnerlicht.

Dieser Verinnerlichungsprozeß wird daran kenntlich, daß die Negation die bestimmte Qualität verliert, dergemäß sie sich gegen ein Moment des allgemeinen Weltzustands richtete. Noch einmal liefert uns ein Mitglied des Living Theatre einen schlagenden Beleg:

„Wir wachsen, indem wir eine Gruppe Gleichgesinnter sind. Ich will es wieder mit einem Beispiel sagen. Es gab in Italien ein ‚American Committee against Americans in Vietnam'. Es entstand aus dem Bedürfnis, sich zusammenzuschließen, um etwas erreichen zu können. Aus dieser Gruppe wurde ein ‚Committee for immediate peace amongst people'. Aus der Bewegung gegen etwas wurde eine Bewegung für etwas." (12)

Nun, „Friede auf Erden und den Menschen ein Wohlgefallen" ist eine ehrwürdige Verkündigung; aber sie bleibt das unverbindliche Bekenntnis schöner Seelen angesichts von Napalm und Massakern. Die konkrete Forderung auf Truppenabzug, die jene Amerikaner ihrer Regierung stellten, war politisch wirkungsvoller, weil gegenständlich bestimmt. Die Verblasenheit des abstrakt Universellen ist dagegen nichtssagend, weil zuviel gesagt und verlangt wird. Das Postulat der Herrschaftslosigkeit enthält wenig Realisierbares, auf die Beseitigung definierter Herrschaftsausübung, die als ungerecht oder unerträglich empfunden wird, kann sich hingegen politische Praxis richten.

Die Ausdehnung der Protesthaltung auf eine grundsätzliche Verweigerung allem Bestehenden gegenüber führt mit Notwendigkeit zu einer Verinnerlichung und Vergeistigung der Revolte. Veränderung ist immer Veränderung relativ zu einem Bestehenden, also die Wandlung eines Teils relativ zum Ganzen (und damit mittelbar die Wandlung des Ganzen selbst). Die Veränderung des Ganzen auf einen Schlag zu wollen, heißt nichts wollen, denn das Andere des ganzen Bestehenden ist das Nichts. Revolte wird dann zum Gedankenspiel, zur Selbstbefriedigung einer kritischen Theorie, die im Geiste zersetzt, was sie in der Wirklichkeit unangetastet lassen muß. Alexander Trocchi, ein Wortführer der sogenannten „situationistischen Internationale", die sich nach eigenen Worten „als höchsten Ausdruck internationalen revolutionären Bewußtseins" versteht, hat diese idealistische Verstiegenheit, die sich kaum von der Stirners unterscheidet, charakteristisch formuliert:

„Der Geist kann der brutalen Gewalt nicht in einer offenen Schlacht die Stirn bieten. Unsere Aufgabe besteht vielmehr darin, klar und ohne Vorurteile zu begreifen, welche Kräfte in der Welt wirken und im Zusammenspiel die Zukunft bestimmen. Dann gilt es, ruhig und ohne Entrüstung mit einer Art geistigen Jiu-Jitsu, das uns auf Grund unserer Intelligenz zukommt, zu verändern, zu korrgieren, zu kompromittieren, abzuweichen, zu verderben, zu zersetzen, zu verwandeln, anzuregen, was wir den unsichtbaren Aufstand nennen können." (13)

Die Gegenstandslosigkeit solcher mentaler Kraftakte liegt auf der Hand. Die Verachtung für die entsagungsvolle Tätigkeit in Organisationen, für den mühevollen Kleinkrieg um die Durchsetzung konkreter und partieller Interessen, in dem sich erst die Solidarität der Bedrückten und Ausgebeuteten und die Gemeinsamkeit des Klassenkampfs herstellt, gestattet es, von der Studierstube aus die Welt umzukrempeln – allerdings wiederum nur in der Einbildungskraft, die zuvor die Welt in die Studierstube geholt hatte. Gegen Stirner, den Stammvater dieser neuen Jünger des Anarchismus, hat Marx in der „Deutschen Ideologie" schon deutlich genug gesagt, was es mit dem „unsichtbaren Aufstand" auf sich habe:

„Die Revolution und die Stirnersche Empörung unterscheiden sich nicht, wie Stirner meint, dadurch daß die Eine eine politische und soziale Tat, die Andre eine egoistische Tat ist, sondern dadurch daß die Eine eine Tat ist und die Andre keine . . . Dann läßt Sancho es hypothetisch, ob die Empörung *„gedeiht"* oder nicht. Wie sie *nicht* gedeihen soll, ist nicht abzusehen, und wie sie gedeihen soll, noch viel weniger, da jeder der Empörer nur seinen eigenen Weg geht, es müßten denn profane Verhältnisse dazwischentreten, die den Empörern die Notwendigkeit einer *gemeinsamen* Tat zeigten, einer Tat, die eine ‚politische oder soziale' wäre, gleichviel ob sie von egoistischen Motiven ausginge oder nicht." (14)

Stirners Aufstand war die Revolte des Individuums gegen die Geschichte. Wo die Philosophie den Menschen nicht mehr als einzelnen definieren konnte, der das Prinzip seiner Existenz im cartesischen Zweifel fand und sich als sum cogitans in seiner Autonomie bestätigt wußte, sondern ihn als Gattungswesen zu fassen hatte, das durch den Gang der „Phänomenologie des Geistes", durch die Vernunft in der Weltgeschichte erst zu dem wird, was es ist – da schien die äußere Notwendigkeit übermächtig zu sein und die Freiheit des Subjekts unter sich zu begraben. Die kantische Begründung der Subjektivität in der moralischen Person, das heißt die Zurücknahme des geschichtlichen Fortschritts in den moralischen des Individuums, wurde gegen den Hegelschen Weltgeist aufgerufen, dem sich der einzelne sonst hilflos ausgeliefert empfunden hätte. Die private Welt des Bürgers wollte sich gegen die Mechanismen der bürgerlichen Gesellschaft behaupten; das heißt: jeder sollte für sich den Anspruch erheben, Herr seiner selbst und des Ganzen zu sein, was er natürlich nur *in mente* sein konnte. Hegel hatte erkannt, daß der Einzelne nur durch Vermittlung mit dem Allgemeinen in seiner Besonderheit konstituiert ist; die Junghegelianer, die das Individuum wieder auf sich selbst gründen wollten, stellten einen Rückfall hinter die Ausarbeitung der geschichtlichen Konkretion des Menschen dar. Aber Hegel hatte noch nicht das Prinzip gefunden, nach dem in dieser Vermittlung des Einzelnen mit dem Allgemeinen die Freiheit der Selbstbestimmung zu entspringen hätte; insofern stellte die Besinnung der Junghegelianer auf den wirklichen, sinnlichen Einzelmenschen einen Fortschritt gegen Hegels abstrakten Universalismus dar, der den Staat als Inkarnation der Sittlichkeit zu deduzieren unternahm; so in der „Rechtsphilosophie“:

„Der Staat ist als die Wirklichkeit des substantiellen *Willens*, die er in dem zu seiner Allgemeinheit erhobenen besonderen *Selbstbewußtsein* hat, das an und für sich *Vernünftige.* Diese substantielle Einheit ist absoluter unbewegter Selbstzweck, in welchem die Freiheit zu ihrem höchsten Recht kommt, so wie dieser Endzweck das höchste Recht gegen die Einzelnen hat, deren *höchste Pflicht* es ist, Mitglieder des Staates zu sein.“ (15)

Der junge Marx hat angemerkt, Hegel stelle in seiner Staatsphilosophie eine ungelöste Antinomie auf – einerseits äußerliche Notwendigkeit, andererseits immanenten Zweck.

„Die Einheit des *allgemeinen Endzwecks* des Staats und des *besondren Interesses der Individuen* soll darin bestehen, daß ihre *Pflichten* gegen den Staat und *ihre Rechte* an denselben identisch sind . . . Familie und bürgerliche Gesellschaft sind die Voraussetzungen des Staates; sie sind die eigentlich Tätigen, aber in der Spekulation wird es umgekehrt. Wenn aber die Idee versubjektiviert wird, werden hier die wirklichen Subjekte, bürgerliche Gesellschaft, Familie, ‚Umstände, Willkür usw.‘ zu *unwirklichen,* anderes bedeutenden, objektiven Momenten der Idee . . . Familie und bürgerliche Gesellschaft machen *sich selbst* zum Staat.“ (16)

Insofern die bürgerliche Gesellschaft sich selbst zum Staat macht, reproduziert sie im Staat als ihrem Instrument der Selbsterhaltung den eigenen Widerspruch, „daß das Besondere sich zur Form der Allgemeinheit erhebe“. Die von Marx konstatierte Antinomie ist unaufhebbar, der Staat ist immer das Mittel der Klassenherrschaft.

Der Protest der Posthegelianer gegen Hegels Staatsvergottung, die Verteidigung des leibhaftigen Menschen gegen das vom Menschen abgelöste Prinzip mußte in eine Negation des Staats auslaufen. Sofern diese Negation sich auf das isolierte Individuum in seiner privaten Selbständigkeit bezog, konnte die Aufhebung des Staates nur als Anarchie der Individuenpluralität gedacht werden, nur als subjektive und willkürliche Zerstörung der Institutionen (oder gar als Vernichtung ihrer Repräsentanten) erscheinen. Das Zusammenleben der Menschen in einer staatenlosen Gemeinschaft wäre dann nur auf die Moral zu gründen. In der Tat klingt in allen anarchistischen Utopien ein höchst moralisierender Ton mit, der sich anthropologisch gibt, wenn er von der guten Urnatur des Menschen spricht und an den Aufklärungstopos vom „guten Wilden“ anknüpft; Kropotkin hat, mit dem wissenschaftlichen Eifer des Gelehrten, diese These in zahlreichen Werken entwickelt; Jell resumiert:

„Für Kropotkin liefert die primitive Gesellschaft nicht ein Beispiel Hobbes'schen Konflikts und des Krieges aller gegen alle, sondern den Nachweis, daß Zusammenarbeit und gegenseitige Hilfe der Natur des Menschen entsprechen. Verhindert werden sie durch die korrumpierende Wirkung von Regierungen und Gesetzen, die hervorgehoben aus dem Wunsch der herrschenden Klasse, den von ihr selbst zu ihrem Vorteil oktroyierten Bräuchen Dauer zu verleihen‘. Vorbedingungen eines harmonischen Zusammenlebens sind nach Kropotkin gerade jene für die Gesellschaft nützlichen Bräuche, die keiner Gesetze bedürfen, um sich Geltung zu verschaffen . . . Der Mensch ist von Natur gesellig und unschuldig, sein instinktives Bedürfnis nach Zusammenarbeit hat sich durch die ganze Geschichte behauptet, in den primitiven Gemeinschaften, in den griechischen Stadtstaaten, in den städtischen Kommunen des Mittelalters . . . Die auf Solidarität gerichteten Instinkte müssen auf zweierlei Weise gefördert werden, durch eine gesunde Organisation der Wirtschaft und durch ein frisches Herangehen an die Moralsysteme . . . Auf der moralischen Ebene bedarf es eines Systems, das den guten Instinkten des Menschen entspringt und sich auf keinerlei äußeren Zwang verläßt." (17)

Die Idealisierung der Geschichte nimmt dieser Argumentation ihre Beweiskraft. Die Ungeschichtlichkeit einer Lehre vom Absterben des Staates durch Moralisierung des Menschen ist ein evidenter Rückfall hinter Hegel. Dessen Einsichten in den Geschichtsprozeß hatte indessen Marx aufgenommen, als er die Aufhebung von Herrschaftsinstitutionen als einen geschichtlichen Prozeß beschrieb, dessen Determinanten in der gesellschaftlichen Organisationsform der Produktion – in den Produktionsverhältnissen – zu suchen sind und der darum nicht im Rückgang auf das private Individuum, sondern in der Herstellung der Öffentlichkeit der gesellschaftlichen Vermittlungen seinen Zielpunkt hat. Der Fortschritt in der Weltgeschichte wird nun nicht dem subjektiven Wollen überantwortet, sondern der wissenschaftlichen Einsicht in die Bedingungen der Möglichkeit der Veränderung bestehender Verhältnisse auf Grund der ihnen innewohnenden Widersprüche – eine Einsicht, die nicht in der reinen Anschauung der Theorie, sondern nur in der Erfahrung der politischen Praxis und als deren Formulierung gewonnen werden kann. Genau gegen die Abtrennung der Theorie von der Praxis, die es nicht gestattet, das menschliche Wesen als „Ensemble der gesellschaftlichen Verhältnisse" zu begreifen und es durch Öffentlichkeit der Vermittlungen zum Fürsichsein zu erheben, hat Marx in seinen Thesen über Feuerbach polemisiert, deren neunte besagt:

„Das Höchste, wozu der anschauende Materialismus kommt, das heißt der Materialismus, der die Sinnlichkeit nicht als praktische Tätigkeit begreift, ist die Anschauung der einzelnen Individuen und der bürgerlichen Gesellschaft."

Damit trifft Marx nicht nur die Schwäche der Feuerbachschen Position, sondern in weiterem auch die Schwäche der Anarchisten, die auf der Stufe der „Deutschen Ideologie" am Beispiel Stirners kritisiert werden. Ohne die Stirner- und Proudhonkritik des jungen Marx sind dann allerdings die späteren Auseinandersetzungen mit Bakunin nicht zu verstehen. Denn die Polemik gegen die bloß isolierende Betrachtung der politischen Aktion bei Bakunin, gegen seine Gleichgültigkeit im Hinblick auf die konkreten geschichtlichen Bedingungen des gesellschaftlichen Wesens des Menschen, gegen seine ebenso individualistischen wie utopistischen Vorstellungen von Sozialismus sind in den theoretischen Auseinandersetzungen der „Deutschen Ideologie" und des „Elends der Philosophie" vorbereitet. Die Lehre vom Absterben des Staates kann nicht die Abschaffung des Staates durch eine spektakuläre Tat oder eine einmalige Deklaration besagen, sondern meint einen langen historischen Prozeß der Umwandlung der Produktionsverhältnisse, an dessen Anfang die revolutionäre Aufhebung des Privateigentums an Produktionsmitteln steht. Das hat Engels später klar ausgesprochen. Die anarchistische Vorstellung vom Anbruch des Reichs der Freiheit in einem Augenblick war nie die Vorstellung der marxistischen Geschichtsanalyse.

An diesem Punkte entsteht nun allerdings auch der Konflikt zwischen den Erwartungen eines beträchtlichen und aktivistischen Teils der revolutierenden Jugend heute und der Zurückhaltung, die die Analyse der gesellschaftlichen Situation den traditionellen Vertretern des Marxismus auferlegt. Der Utopismus, eine sozialistische Gesellschaft sei in kurzer Frist in den hochindustrialisierten kapitalistischen Staaten zu verwirklichen, gehört zum Ideenrepertoire jenes ideologischen Untergrunds, aus dem die Revolten der ausgehenden sechziger Jahre ihre Antriebskräfte bezogen. Der von Cohn-Bendit repräsentierte Flügel der Pariser Studenten proklamierte großspurig als „unmittelbares Nahziel den Sturz der kapitalistischen Gesellschaftsordnung, den Aufbau des Sozialismus" und behauptete von den völlig undisziplinierten und uneinheitlichen studentischen Gruppen:

„In der revolutionären Organisation, die zur Zeit im Aufbau begriffen ist, gibt es keine Studenten, Arbeiter, Angestellten usw. mehr, sondern nur noch revolutionäre Intellektuelle." (18)

Hier liegt nun allerdings eine Überschätzung der Leitfunktion der intellektuellen Avantgarde vor, die zu den klassischen Irrtümern der anarchistischen Bewegung gehört. Schon Bakunins „Internationale Sozialdemokratische Vereinigung", die innerhalb der 1. Internationale eine Spalterfunktion ausübte, war von der Idee ausgegangen, kleine Stoßtrupps der Revolution müßten die Massen durch Propaganda und provokatorische Aktionen mobilisieren und mitreißen können, ohne sich an deren realen erlebten Interessen und Bewußtseinsinhalten orientieren zu brauchen. Diese Überschätzung des agitatorischen Moments, unabhängig von der gesellschaftlichen Praxis und den in ihr sich langsam ausbildenden, zuerst immer nur partiell und widerspruchsvoll manifesten Klassenfronten, bestimmte auch die Anfänge der deutschen Studentenbewegung, die etwa durch das Selbstverständnis Rudi Dutschkes charakterisiert werden können. In seiner Untersuchung der jugendlichen Rebellionsbewegung hält Walter Hollstein diese illusionistische Phase knapp fest:

„Rudi Dutschke resümierte: ‚Die laue Oppositionsbewegung ist tot, der spontane Widerstand, sehr oft noch in völlig unorganisierter Form, hat begonnen . . . Überall bilden sich selbsternannte Avantgarden, die, völlig autonom und von keiner Zentrale organisiert beziehungsweise manipuliert, den von ihnen als notwendig erkannten Kampf gegen Manipulation und Unterdrückung der schöpferischen Fähigkeiten des Menschen begonnen haben. Darin liegt die Stärke dieser antiautoriären Bewegung, daß die praktisch-kritische Tätigkeit der Antiautoritären der reale Ausdruck der eigenen Interessen und Bedürfnisse der Individuen ist'. Dutschke gab an, daß die jugendliche Protestbewegung überall ,die für die Bewußtwerdung der Menschen entscheidenden Kettenglieder' besitzt, ,die Straßen der großen Städte' beherrscht und mit ,mobilisierenden Massenveranstaltungen' eine ,wirkliche Vermassung der Idee der sozialistischen Befreiung außerhalb der Schüler- und Studentenbewegung' zu realisieren beabsichtigt. Die überwiegende Mehrheit wollte derweil nichts von Revolution, aber viel von Reform wissen. Jene Bevölkerungsgruppe schließlich, die der SDS zu mobilisieren gedachte, mobilisierte sich gegen den SDS; die Arbeiter in West-Berlin und Westdeutschland weigerten sich, ihre Solidarität mit den Studenten auch nur verbal zu erklären, und gingen stattdessen mancherorts fäustlings wider die jugendlichen Rebellen vor. Offensichtlich hatte der SDS das revolutionäre Potential in Deutschland ebenso überschätzt wie die Qualität seiner Mittel. Mißerfolge und Kalamitäten erwuchsen der Protestbewegung in Deutschland vor allem daraus, daß sie den vielfältigen Wunsch nach Reformen *innerhalb* des vorgegebenen Systems mit einer prärevolutionären Situation verwechselte, die es nur noch in sozialistische Zustände zu überführen galt." (19)

Es ist bemerkenswert festzustellen, wie sich die eschatologische Euphorie des Anarchismus im ausgehenden 19. Jahrhundert bei der revoltierenden Jugend der Gegenwart wiederholte. Langfristig angelegte politische Praxis samt der zu ihr gehörenden Theorie braucht es allerdings nicht mehr, wenn man die Revolution und den Anbruch der Zeit der Verheißung als unmittelbar bevorstehend betrachtet. Allerdings beruht solche Erwartung auch auf einem Glauben, der nicht durch wissenschaftliche Argumente, sondern allenfalls durch Enttäuschungen erschüttert zu werden vermag – und letzteres auch nur, wenn die Verfestigung des Vorurteils noch nicht zu weit fortgeschrittten ist (dann allerdings oft genug mit dem Umschlag in völlige Resignation).

Die tatsächliche Wirkungslosigkeit der anarchistischen Bewegung wird durch die Lehre von der Auslöserfunktion stellvertretender Aktionen kompensiert. (Wie schon bei dem eschatologischen Charakter der Erwartungseffekte kann man auch hier eine theologische Struktur der Theorie erkennen). Individuelle Gewalthandlungen und Provokationen gehören zu dem Instrumentarium der anarchistischen Strategie. Im Umkreis Bakunins verkündete der dubiose Terroist Netschajew:

„Ohne Rücksicht auf Menschenleben, vor keiner Bedrohung, Furcht oder Gefahr zögernd, müssen wir uns mit einer Kette von persönlichen Akten und Opfern, die einander nach genau festgelegtem Plan folgen, mit einer Serie von kühnen, um nicht zu sagen waghalsigen Unternehmungen in das Leben des Volkes stürzen, ihm Vertrauen zu sich selbst und uns machen, es aufrütteln, vereinigen und zum Sieg der Sache drängen. Wir haben einen einmaligen negativen Plan, an dem niemand etwas ändern kann: totale Zerstörung." (20)

Kaum anders argumentierten die holländischen Provos:

„Wenn dem Provotariat die Kraft noch fehlt für eine Revolution, dann bleibt uns die Provokation. Der schlaue Nadelstich, unsere letzte Chance, um die Autoritäten an den vitalen Stellen zu treffen. Durch Provokationen müssen wir die Autoritäten zwingen, sich bloßzustellen. Alle Uniformen, Stiefel, Mützen, Säbel, Knüppel, Wasserwerfer, Polizeihunde, Tränengasbomben und was man für uns noch in petto hat, müssen in Aktion treten." (21)

Und von der Pariser Studentengruppe, die als „Bewegung des 22. März" bekannt geworden ist, heißt es in den ersten Mai-Tagen 1968:

„Die Taktik der ‚Bewegung des 22. März' in den Tagen der Mai-Revolution bestand von Anfang an darin, vor allem den repressiven Charakter des Systems – notfalls durch kleinere Provokationen – zu entschleiern." (22)

Jene Gruppen, die an der klassischen Idee festhielten, daß nur eine Organisation in der Lage sein würde, die partikulären Erfahrungen und spontanen Aktionen zu politischer Effizienz zu integrieren, wurden ebenfalls zum Feind deklariert, also ein Kampf der Linken gegen die Linke entfacht:

„Der Kampf gegen jede Art von Bürokratie, insbesondere auch gegen das leninistische Prinzip der bolschwistischen Partei, ist eines Hauptziele der Bewegung des 22. März. Ihrer Auffassung nach sind Organisationen wie die C.G.T. und die K.P.F. Integrationsfaktoren in die spätkapitalistische Gesellschaft, die die Spontaneität der Massen systematisch über ihre Apparatschiks bremsen und die proletarische Revolution verhindern wollen. Bezeichnend hierfür ist die folgende Erklärung der Bewegung des 22. März: ‚Die Entwicklung der letzten Tage hat gezeigt, daß die wahre Macht sich an Stellen versteckt, wo man sie nicht vermutet hätte, das heißt auf politischer Ebene im Straßenkampf mit der C.R.S. (der einzigen Handlungsweise der bürgerlichen Regierung), auf der Ebene der Produktion nicht nur bei den Unternehmern (der allen sichtbaren Autorität), sondern bei den versteckten Autoritäten, die den kapitalistischen Staat am Leben erhalten wollen, das heißt bei den Gewerkschaften, der KP, die objektiv ein Integrationsfaktor des Regimes sind'." (23)

Der fraktionistische Charakter jener Gruppe, deren Sprecher Cohn-Bendit war, wird an einer solchen Erklärung deutlich. Es liegt in der Natur einer anarchistischen, grundsätzlich organisations- und institutionsfeindlichen Bewegung, daß sie durch Abspaltungen und Aufsplitterungen eine lähmende Wirkung ausübt.

Daß es dabei zu höchst verstiegenen und verworrenen Kundgaben kommen kann, zeigt ein skurriles Dokument, das in die Vorgeschichte der Rebellionen der sechziger Jahre gehört, das Manifest der Münchner Gruppe Spur, die sich zeitweilig zur „situationistischen Internationale" zählte. Zu seinen Initiatoren gehörte der spätere Kommunarde Dieter Kunzelmann, eine der Schlüsselfiguren im westdeutschen Anarchismus, der in unzähligen Gruppierungen der sechziger Jahre auftaucht und eine verworrene Ideologie verbreitet. In diesem Manifest heißt es:

„Von nun an schlagen wir eine autonome Organisation der Schöpfer einer neuen Kultur vor, die unabhängig von den gegenwärtigen politischen und gewerkschaftlichen Organisationen ist, denn wir sprechen ihnen die Fähigkeit ab, etwas anderes zu organisieren als den Ausbau des Bestehenden. Das dringendste Ziel, das wir in dieser Organisation in dem Augenblick, wo sie aus der anfänglichen experimentellen Phase in eine erste öffentliche hinaustritt, ins Auge fassen, ist die Einnahme der UNESCO. Da die Existenz selber dieser dirigistischen Konzentration der Kultur, die in einem einzigen Gebäude lokalisiert ist, eine Beschlagnahme durch die Mittel eines *Putsches* begünstigt, und da die Institution der Möglichkeit einer vernünftigen Anwendung außerhalb unserer umstürzenden Perspektive entbehrt, fühlen wir uns vor unseren Zeitgenossen berechtigt, uns dieses Apparates zu bemächtigen. Er wird uns gehören. Wir sind entschlossen, die UNESCO zu beherrschen, selbst wenn es nur für kurze Zeit wäre, denn wir sind sicher, dort sofort ein Werk zu vollbringen, das das bezeichnendste bleiben wird, um eine lange Periode von Rückforderungen deutlicher ins Licht zu stellen." (24)

Man mag hierin einen Ulk sehen, die Verfasser selbst verstanden sich jedenfalls ganz ernst – mindestens in dem Sinne, daß sie eine verbale Provokation zu produzieren versuchten. Daß gewisse Schemata surrealistischer Literatur hier wieder aufgenommen werden, haben Peter Szondi und Jacob Taubes im Gutachten aus Anlaß des Teufel-Langhans-Prozesses gezeigt. Gerade dieser historische Hinweis macht eine Kontinuität anarchistischer Provokationspraktiken kenntlich, die für die ideologische Situierung der Studentenbewegung belangvoll ist.

Daß unter diesen Umständen der Durchbruch zu einer politisch realen Massenbewegung nicht gelingen konnte, ist verständlich. Die amerikanischen „Students for a Democratic Society" haben sich demgemäß auch mehr oder weniger absichtsvoll von Solidarisierungsversuchen mit der Arbeiterschaft ferngehalten und sich, gemäß der Theorie Herbert Marcuses, auf einen Appell an die Unterprivilegierten beschränkt. Ein Spitzenfunktionär dieser Organisation bekannte ausdrücklich:

„Mit den Arbeitern haben wir nicht viele Kontakte. Wir versuchen, unter den Armen und Arbeitslosen Projekte in Gang zu bringen, die zu Gemeinschaftsbewegungen führen und damit die Machtstruktur angreifen sollen." (25)

Unter solchen Umständen wird eine Artikulation der Revolte schwierig. Es gibt kaum konkrete Ziele, auf die sich eine intellektuelle Minorität festlegen könnte, der die Klassenbasis des gesellschaftlichen Kampfes fehlt und die in sich durch einen individualistischen Tendenzenpluralismus zersplittert ist. Die Revolte formalisiert sich zur „reinen" Protesthaltung, die der „Großen Weigerung" Herbert Marcuses entspricht und die mangels konkreter Alternativen zur bestehenden Gesellschaft keine große Attraktivität besitzen kann. Dafür ist die Äußerung eines amerikanischen Dozenten, der selbst von der studentischen Rebellion herkommt, aufschlußreich:

„Das Band, das zwischen den verschiedenen Tendenzen innerhalb der Studentenbewegung besteht, ist der feste Glaube an Wert und Notwendigkeit des aktiven Protestes. Im Laufe ihres kurzen Bestehens hat die studentische Revolution eine Ideologie des Protestes geschaffen, die ihre Anhänger im Dickicht der politischen Aktion leitet und in gewisser Hinsicht einen Kompromiß zwischen den entgegengesetzten Tendenzen von Individualismus und Massenaktion darstellt . . . Man könnte uns Umherirrende nennen, denn wir treiben in stürmischen und unsicheren Gewässern. Wir fürchten, daß uns ein fester Kurs an Gestade bringen könnte, die nicht unseren Wünschen entsprechen. Wir wissen auch, daß die riesigen Wellen, die aus den Schlünden der konservativen Tradition oder der staatlichen Obrigkeit hervorbrechen, uns schwächen oder gar vernichten können. Vielleicht ist dies der Grund dafür, daß wir nun eine Ideologie des Protests haben. Wogegen wir sind, sprechen wir ohne Zögern aus, aber wir sind uns weit weniger sicher, wofür wir sind. Deshalb sind wir eher

Reformer als Revolutionäre. Wir neigen dazu, an Gewaltlosigkeit zu glauben nicht nur, weil sie wirksam ist, sondern weil sie in sich selbst gut ist." (26)

Der Gedanke der Gewaltlosigkeit, der eine spezifische amerikanische Variante eines pazifistischen Anarchismus in einer Situation fast völliger Machtlosigkeit ist, kehrt auch in der Deklaration von Port Huron wieder, in der die „Students for a Democratic Societe" 1962 ihre Ziele formulierten:

„Gewalt bei der Sozialreform lehnen wir scharf ab, weil dabei notgedrungen das Angriffsziel, sei es ein einzelner oder eine Gruppe, in ein unpersönliches Haßobjekt verwandelt wird. Oberstes Gebot ist die Abschaffung der Mittel der Gewalt und der Ausbau derjenigen regionalen, nationalen und internationalen Institutionen, die Gewaltlosigkeit als Grundbedingung jeder Auseinandersetzung proklamieren." (27)

Hier ist die Verinnerlichung und Moralisierung der Revolte so weit gediehen, daß selbst die Konfrontation nur noch als Leiden vorgestellt wird.

Wer so weit von den wirklichen Klassenkämpfen entfernt ist, stellt natürlich keine Gefahr für die bestehende Gesellschaftsordnung mehr dar: sein Protest kann toleriert, die Unterdrückung des Protests als erwartete und von Unterdrückten (bewußt oder unbewußt) gewünschte Ritualhandlung vollzogen werden. Diesem Bewußtseinszustand entspricht die völlige Privatisierung der Revolte, die schließlich dem Rebellen einen ästhetischen Genuß in der Perspektive auf ein unerfülltes, aber geahntes Weltkunstwerk gewährt. Diesen Aspekt sprechen die Wortführer der deutschen „subversiven Aktion" aus (zu denen wieder der schon erwähnte Dieter Kunzelmann gehörte):

„Die *Subversive Aktion*, bestehend aus Rädelsführern des organisierten Ungehorsams, als erster Schritt zur Verwirklichung der emanzipierten Gesellschaft der Kohorte, definiert sich als eine direkt auf Aktion ausgerichtete Paria-Elite. Kriterium selbst infinitesimaler Aktion ist das Maß an Entblößung gesellschaftlicher Repression. Zur subversiven Linken darf sich nur zählen, wer an einer neuen Tradition der Revolte sich aktiv beteiligt. Theorie und Methode der totalen Umwälzung resultieren aus der Koordination der gesammelten Erfahrungen von unzähligen erlebten Mikrorebellionen. Die Wahl einer bestimmten Handlung läßt Mögliches ahnen, und das in der sterilisierten Gesellschaft durch Aktion Nacktgewordene verführt zur Vision einer faszinierenden Welt." (28)

Der Ausdruck Paria-Elite ist entlarvend. Er trifft das Isolationsbewußtsein ebenso wie dessen Überhöhung zu einem individualistischen Sendungspathos.

Die Privatisierung der Rebellion wird ablesbar an dem Gewicht, das der Befreiung von sexuellen Tabus beigemessen wird. Sicher ist die Auflösung der Unterdrückungsfunktion, die die Sexualmoral (samt ihren heimlichen verdrängungs- und schuldbeladenen Konzessionen) in der bürgerlichen Gesellschaft besitzt, ein wichtiger Teil der menschlichen Emanzipation überhaupt. Wo jedoch die sexuelle Befreiung als Ersatzhandlung für die ökonomische eintritt oder diese in den Hintergrund treten läßt, da wird das Streben nach privater Glückserfüllung (oder Triebbefriedigung) zum Korrelat verfestigter gesellschaftlicher Herrschaftsausübung, zum Moment der Manipulation. Die sexuelle Emanzipation hat nur einen Stellenwert in der Befreiungsbewegung des Menschen, aber keinen absoluten Vorrang. Für die Verschiebung der Prioritäten ist noch einmal ein Manifest der „subversiven Aktion" bezeichnend:

„Der gemeinsame Nenner, der das Streben nach Selbstverwirklichung boykottiert, ist die Negation der Sexualität. Die historischen Bedingungen, denen die Sexualität im Laufe der Menschheitsentwicklung unterworfen war, sind uns bekannt. Was nottut, ist die rücksichtslose Entblößung der Repression, der die Sexualität innerhalb der industriellen Gesellschaft unterliegt." (29)

Bei Gerhard Zwerenz, der sich für einen Sozialisten hält, wird Lust zur sexuell betonten Ableitung des Aggressionstriebes:

„Die neue Revolution, die ihre Kraft aus Gehirnen und Genitalien zieht, nimmt euch und eure Werke nur als Vehikel des Sozialismus ernst. Vom Kaufhausbrand bis zum freien Busen im Gericht, von der Sabotage des Kapitals bis zum kalten Nein gegen stalinistische Bürokratien reicht das Kampfspiel der neuen Lust. Das Ziel steht fest; die Methoden, es zu erreichen, sind wandelbar." (30)

Daß der Klassenkampf nicht ein lustvolles Kampfspiel, ein ästhetisches Vergnügen ist, sondern eine harte, mühe- und leidensvolle Erfahrung, die nur der auf sich nimmt, den seine Interessen dahin führen – diese Einsicht, die bei Marx schon ausgesprochen ist (der keine Turniervorstellungen davon hatte, mit Blumenkranz und Kuß von der Dame des Herzens am Schluß), fehlt einem Ideologen der privaten Lustgewinnung, die dann allerdings auch keine Adäquation von Methode und Ziel, sondern nur lustvolle Protesthandlungen kennt. Dasselbe würde von der Welle psychodelischer Lustgewinnung gelten, die unter dem Vorwand von Erkenntniszweck die Ausflucht ins Reich des privaten Eigensinns verschleiert. Die Selbstbeschränkung auf die individuelle Aktion, die „Leidenschaft der an sich selbst Interessierten" (wie es ganz à la mode de Stirner in einem frühen studentischen Aufruf zur Kommunenbildung heißt) ist gesellschaftlich zu wenig. Hier zelebriert der Bürger seine Rebellion, unverbindlich und ineffektiv, die Erfahrungen geschichtlichen Denkens und revolutionärer Theorie-Praxis, die Erfahrungen von Hegel, Marx und Lenin ignorierend, als hätte es sie nicht gegeben. Der Anarchismus ist als gesellschaftliche Praxis so obsolet wie der Aderlaß in der Medizin. Er ist in der Tat ein Aderlaß der revolutionären Bewegung.

Es ist eine schon von Marx gegen Bakunin ins Feld geführte Regel, daß geschichtlich überholte Phasen revolutionärer Bewußtseinsbildung sich wiederholen können, in dem „Vertraulichen Rundschreiben des Generalrats der Internationalen Arbeiterassoziation" vom 5. März 1872 schrieb Marx:

„Die erste Stufe im Kampfe des Proletariats gegen die Bourgeoisie ist durch die sektererische Bewegung gekennzeichnet. Sie hat ihre Berechtigung zu einer Zeit, wo das Proletariat noch nicht genügend entwickelt ist, um als Klasse vorzugehen. Einzelne Denker kritisieren soziale Widersprüche und bieten phantastische Lösungen, welche die Masse der Arbeiter nur anzunehmen, auszubreiten und in die Tat umzusetzen braucht ... Die Sekten, ursprünglich Hebel der Bewegung, werden ihr zum Hemmnis, sobald sie über sie hinauswächst ... Ebenso wie in jeder neuen historischen Phase die alten Irrtümer für einen Augenblick wieder erscheinen, um bald darauf zu verschwinden, ebenso sah die Internationale in ihrem Inneren sektiererische Sektionen wiedererstehen, wenn auch in einer geringfügig veränderten Form." (31)

Ein wesentlicher Teil des Klassenkampfs besteht in der Ausarbeitung richtiger theoretischer Positionen. Dabei ist die Bekämpfung der apologetischen Ideologien des Bürgertums nur die eine Seite der kritischen Polemik; auf der anderen Seite erweist sich als ebenso wichtig, wenn nicht wichtiger, die Zerstörung irriger Auffassungen und Taktiken bei den Freunden und Bundesgenossen, bei den kritischen Theoretikern und Rebellen. So bedeutende Schriften wie „Die Heilige Familie" und die „Deutsche Ideologie" von Marx und Engels, „Antidühring" von Engels, „Empiriokritizismus und Materialismus", „Die proletarische Revolution und der Renegat Katusky", „Der linke Radikalismus, die Kinderkrankheit und Empörung begonnen hatte, bedurfte im Fortgang der Bewegung gerichtet. Die Einheit von Theorie und Praxis im Marxismus entspringt aus der kritischen und selbstkritischen Auseinandersetzung mit den Doktrinen und Praktiken derer, die sich im Klassenkampf engagieren.

Die Zunahme oppositioneller Aktivitäten etwa seit 1965, die in der Hauptsache von den Universitäten ausgingen, und die sich verschärfende Konfrontation zwischen den Machtinstrumenten der herrschenden Klasse und den intellektuellen Gesellschaftskritikern brachte eine Flut von theoretischen und pseudotheoretischen Publikationen hervor, in denen die Opponenten sich einer rationalen Grundlegung ihrer Taktiken zu vergewissern suchten. Was als spontaner Ausdruck der Unzufriedenheit und Empörung begonnen hatte, bedurfte im Fortgang der Bewegung einer gedanklichen Selbstverständigung. Mangels anderer Anhaltspunkte orientierte diese sich in der BRD zunächst an der „Kritischen Theorie" der Frankfurter Schule, also der Theorien von Horkheimer, Adorno und Habermas; sodann an der scheinbar stärker praxisbezogenen Lehre Herbert Marcuses, über die der Anschluß an die Ideologie des amerikanischen „New Left" vollzogen wurde, dessen spektakuläre Aktionen – etwa auf dem Campus von Berkeley – ansteckend wirkten; und schließlich an den mannigfachen Spielarten des westeuropäischen neuen Anarchismus, für dessen studentische Version dann der Cohn-Bendit-Sauvageot-Flügel der Pariser Mai-Revolte von 1968 die Wortführer stellt. Die offenkundigen Mängel und das baldige Scheitern dieser Bewegung, die eine sofortige Revolution mit Aufhebung der gesellschaftlichen Herrschaftsverhältnisse anstrebte und erhoffte, fordern eine Kritik streng marxistischer Observanz heraus.

Die Ausgangsbasis für eine solche Kritik hat Hans G. Helms markiert. (32) Durch seine umfassenden und eindringlichen Analysen zu Stirner und den Wirkungen der Stirnerei bis hin zum Nationalsozialismus und zur postfaschistischen Ideologie in der BRD ist er für die Entlarvung des anarchistischen Syndroms geradezu prädestiniert. Er deckt das Mißverhältnis von Erwartungshorizont und Realmöglichkeiten, von theoretischer Intention und praktischem Tun in der studentischen Oppositionsbewegung auf; und mehr: er macht auch die objektiven Ursachen für dieses Mißverhältnis kenntlich.

Zentral scheint mir der Hinweis darauf, daß die gesellschaftlichen Erfahrungsinhalte der studentischen Rebellen durch ihre Ausbildung für jene Berufe abgesteckt sind, die zu den Bereichen der Verwaltung des Produktionsprozesses der Warenzirkulation und der Kommunikation gehören. Die in diesen Berufen Tätigen hat Marx – im Unterschied zu den unmittelbaren Produzenten des Mehrwerts, den Arbeitern in der Gütererzeugung – die „kommerziellen Arbeiter" genannt, denen heute sinngemäß die Angehörigen der Dienstleistungsgewerbe zugerechnet werden dürfen. Sie stehen der Produktion fern und sind in ihrem Denken und Handeln auf die Konsumsphäre fixiert. Diese Fixierung bestimmt das Vokabular und die Kategorien der antiautoritären Ideologie.

> „Hier stehen isolierte Konsumenten einander gegenüber und nicht, wie in der Produktionssphäre, klassenmäßig organisierbare Kollektive. Die mannigfaltig unter Beweis gestellte Unfähigkeit der Linksradikalen, sich politisch zu organisieren, die sie mit den alten Anarchisten gemeinsam haben, resultiert aus ihrer ideologischen Orientierung an den Mechanismen und Institutionen der Warenzirkulation; ihr Anti-Etatismus ist deren Extrem . . . Der linksradikale Anti-Etatismus stellt insofern einen Versuch dar, die Entfremdung des Menschen, die durch Entziehung und Privilegierung der Verfügungsgewalt über Produktionsmittel und Mehrwert entstanden ist, durch Zerschlagung des Warenverteilungsapparats aufzuheben, um nach vollzogener Revolution die Verteilung der Waren neu und gerecht zu organisieren." (33)

Die grundlegende Einsicht von Marx, daß Revolutionen aus Widersprüchen in den Produktionsverhältnissen entstehen, wird hier aus einer partikulären Interessenlage der rebellierenden Subjekte in die abstrakte Opposition gegen Herrschaft an sich zurückgebildet. Entgegen dem aus der Überproduktion an Waren resultierenden Schein einer zunehmenden Befriedigung der menschlichen Bedürfnisse in der sogenannten „Konsumgesellschaft" kann Helms – in Übereinstimmung mit parallel laufenden Argumentationen, die Werner Hofmann vorgetragen hat – eine steigende Verelendung des Arbeiters konstatieren: Intensivierung der Arbeit und Beschleunigung des Arbeitstempos mit negativen Folgen für den körperlichen und psychischen Gesundheitszustand und Vorverlegung des Renten- und Pensionsalters; zunehmende Spezialisierung und Interdependenz der Arbeitsakte und damit zunehmende sklavische Abhängigkeit vom monopolkapitalistisch organisierten Arbeitgeber – sowohl in ökonomischer wie in politischer Hinsicht; Schrumpfung des Wissens durch Spezialisierung des Fachwissens und Verbreitung von Halbwissen außerhalb der eng begrenzten Fachausbildung; Brutalisierung durch Aggressionsstau als Folge zurückgedrängter Energien, die im Arbeitsprozeß nicht mehr sinnvoll genutzt werden können. Aus diesen Widersprüchen, die der Arbeitswelt insgesamt sowohl im primären wie im sekundären Sektor eigen sind, müßte eine revolutionierende Aufklärung, eine revolutionäre Agitation entwickelt werden, die die Verwurzelung der Verelendung in der privaten Aneignung des Mehrwerts aufzeigt. Die Beschränkung auf die Erscheinungen des Sekundärbereichs von Staat, Verwaltung, Distribution und gar bloß der Ideologie macht die Schwäche der anarchistischen und antiautoritären Thesen aus und bedingt die Abstraktheit ihrer Formulierung. Indessen hängt diese Verschiebung des Interessenschwerpunkts natürlich damit zusammen, daß der sekundäre (Distributions- und Dienstleistungs-) Sektor im Gesellschaftsprozeß angesichts der personellen Entlastung und Effektivitätssteigerung im primären (Produktions-)Sektor an Umfang zunimmt. Das falsche Bewußtsein der antiautoriären Ideologie signalisiert ein echtes Problem. Weil Helms mit klassischen marxistischen Methoden der Klassenanalyse gearbeitet hat, konnte er unter dem Schleier verworrener Utopien dieses Problem freilegen.

Die von den antiautoritären Theoretikern denunzierte Herrschaft wird – diesseits einer historisch genauen Bestimmung der Klassenstrukturen – nur als Ausübung persönlicher Macht, als Erleiden individueller Abhängigkeit erfahren. Die anarchistische, antiautoritäre Bewegung verfällt immer wieder in Personalisierungen, die die Richtung des Klassenkampfs in einen Aufstand gegen Funktionsträger ablenken. Ein Strukturverhältnis ist auf den Nenner eines negativen Fetischs gebracht, demgegenüber positiv die Revolution fetischisiert wird, statt als Resultat historischer Entwicklungen begriffen zu werden. Demgemäß fehlt auch die Einsicht in die Stadien dieses historischen Prozesses – in die Stufen von Vermittlungen hier und jetzt, wie auch in die Notwendigkeit der Diktatur des Proletariats als eines langfristigen Übergangs zum Absterben des Staates überhaupt. Die Aufgabe dialektischer Denkansätze in der Theorie zugunsten spontaner Kurzschlüsse schlägt um in einen scheinrevolutionär verbrämten Antikommunismus, der sich als Stabilisierungsfaktor der bestehenden Verhältnisse, als willkommene Unterstützung der herrschenden Klasse erweist. Mangelnde oder falsche Theorie macht revolutionäre Unruhe im Effekt konterrevolutionär.

Anmerkungen

Erster Teil: Max Stirner

1 *Hans G. Helms*, Die Ideologie der anonymen Gesellschaft, Köln 1966.
2 Stirner wird zitiert nach der von *Hans G. Helms* besorgten Auswahlausgabe: *Max Stirner*, Der Einzige und sein Eigentum und andere Schriften, München 1968. Dort sind die Stellen in der Originalausgabe von 1844 sowie in der Reclamausgabe von 1893 nachgewiesen. (Im folgenden einfach zitiert als Stirner). Hier: Seite 71.
3 *Stirner,* a.a.O., Seite 223. Vgl. hierzu die gesamte Passage *Stirner,* a.a.O., Seite 149 ff.
4 *Stirner*, a.a.O., Seite 224.
5 *Karl Löwith*, Von Hegel zu Nietzsche, Stuttgart 1950, Seite 118.
6 *Stirner*, a.a.O., Seite 124 und 220.
7 *Stirner*, a.a.O., Seite 193.
8 *Stirner, a.a.O., Seite 171 f.*
9 *Stirner*, a.a.O., Seite 180.
10 *Stirner*, a.a.O., Seite 176.
11 *Stirner*, a.a.O., Seite 179.
12 *Stirner*, a.a.O., Seite 190 und 194.
13 *Georg Friedrich Wilhelm Hegel*, Phänomenologie des Geistes, Werke (Theorie-Werkausgabe), Frankfurt am Main 1970, Band II, Seite 275 ff. Rechtsphilosophie, a.a.O., Band VII, Seite 339 ff. Vgl. Phänomenologie, Seite 280 f.: „Das Herzklopfen für das Wohl der Menschheit geht darum in das Toben des verrückten Eigendünkels über, in die Wut des Bewußtseins, gegen seine Zerstörung sich zu erhalten, und dies dadurch, daß es die Verkehrtheit, welche es selbst ist, aus sich herauswirft und sie als ein Anderes anzusehen und auszusprechen sich anstrengt. . . Denn das Wahre ist ihm das Gesetz des Herzens, – ein bloß *Gemeintes,* das nicht, wie die bestehende Ordnung, den Tag ausgehalten hat, sondern vielmehr, wie es sich diesem zeigt, zugrunde geht".
14 *Hegel*, Rechtsphilosophie, a.a.O., Seite 339 f.
15 *Theodor W. Adorno*, Negative Dialektik, Gesammelte Schriften Band 6, Frankfurt am Main 1973. Vgl. dazu auch *Hans Heinz Holz*, Mephistophelische Philosophie, in: Die neue Linke nach Adorno, München 1969, Seite 176 ff.
16 *Stirner*, a.a.O., Seite 73, 74, 76.
17 *Stirner*, a.a.O., Seite 76.
18 *Stirner*, a.a.O., Seite 115.
19 Vgl. *Helms*, a.a.O., cap. XI und XII.
20 Rezension zu *Bruno Bauers* „Posaune"; vgl. *Löwith,* a.a.O., Seite 118. Man vergleiche dazu die Stufen, auf denen sich *Stirner* von *Hegel* ablöst:
1. Rückübersetzung des objektiven in subjektiven Idealismus: Gott ist alles, also ist alles seine Sache, und indem er für alles sorgt, ist er der Egoist par excellence; ich bin nur ein Teil, muß mich also, wenn ich Gottes Sache zu meiner mache, einer fremden Sache hingeben und unterwerfen; aber im Geiste kann ich alles zu meiner Sache machen, folglich bin ich Schöpfer meiner Sache und alles dessen, was ich zu meiner Sache mache.
2. Die Menschheit ist sich selber ihre Sache. Die spekulative Metaphysik wird in der Nachfolge Feuerbachs auf Anthropologie reduziert.
3. Auch die Anthropologie erweist sich noch als ein Schein, weil „die Mensch-

heit" ein Abstraktum ist. Gottes Sache ist nichts als er selbst, der Menschheit Sache nichts als er selbst – beide aber sind nur Gedanken; allein ich selbst bin für mich wirklich, also setze ich, daß meine Sache nichts als ich selbst bin und nichts außer mir; dann ergibt sich: „Ich bin nicht Nichts im Sinne der Leerheit, sondern das schöpferische Nichts, das Nichts, aus welchem ich selbst als Schöpfer alles schaffe". *Stirner*, S. 37.

21 *Franco Lombardi,* Die Geburt der modernen Welt, Köln und Berlin 1961, S. 143.

22 Vgl. *Joachim Ritter*, Hegel und die französische Revolution, Frankfurt am Main 1965. *Wilhelm R. Beyer*, Zwischen Phänomenologie und Logik, Frankfurt am Main 1955. *Herbert Marcuse*, Vernunft und Revolution, Neuwied und Berlin 1962.

23 *Lombardi*, a.a.O., Seite 125 ff.

24 Zur Kritik an der Gattungsallgemeinheit der Kategorien der Hegelschen Logik vgl. *Nicolao Merker*, Le origini della logica hegeliana, Milano 1961.

25 *Stirner*, a.a.O., Seite 225.

26 *Ludwig Feuerbach,* Zur Kritik der Hegelschen Philosophie, Berlin 1955, Seite 30.

27 *Feuerbach*, a.a.O., Seite 46.

28 *Karl Marx*, Feuerbachthese Nr. 9.

29 *Stirner*, a.a.O., Seite 99.

30 *Stirner*, a.a.O., Seite 42 f.

31 *Friedrich Nietzsche*, Werke, ed. *Karl Schlechta*, München 1954 ff., Band II, Seite 297 f.

32 *Stirner*, a.a.O., Seite 38, 149, 154.

33 *Nietzsche*, a.a.O., Band III, Seite 857, 917, 697.

34 *Stirner*, a.a.O., Seite 37.

35 *Stirner*, a.a.O., Seite 37.

36 *Jean Paul Sartre*, Der Existentialismus ist ein Humanismus, Zürich 1947. Vgl. *Hans Heinz Holz*, Jean Paul Sartre, Darstellung und Kritik seines Denkens, Meisenheim/Glan 1951.

37 Zum Verhältnis *Sartre – Fichte* vgl. *Holz*, ebd., Seite 81 f.

38 *Stirner*, S. 64.

39 *Theodor W. Adorno*, a.a.O., Seite 148. Vgl. ebd., Seite 161 ff zur Kritik der positiven Negation.

40 *Stirner*, Seite 70.

41 *Herbert Marcuse*, Der eindimensionale Mensch, Neuwied und Berlin 1967, Seite 266.

42 *Stirner*, Seite 99 f.

43 *Stirner*, Seite 37.

44 *Stirner*, Seite 191.

45 *Friedrich Nietzsche*, a.a.O., Band III, Seite 913.

46 *Martin Heidegger,* Sein und Zeit, Halle 1927, Seite 41 f.

47 *Hans G. Helms*, a.a.O., Seite 95 (Begriff der „Eigentlichkeit"), Seite 123 f, Seite 181 f (ideologische Funktion), Seite 216 (Etymologien), Seite 495 f (Linie *Stirner–Heidegger–Sartre*).

48 *Stirner,* Seite 37.

49 Vgl. *Hans Heinz Holz,* Strömungen und Tendenzen im Neomarxismus, München 1972, cap. III. *Wilhelm R. Beyer,* Tendenzen bundesdeutscher Marx-Beschäftigung, Köln 1968.

50 Vgl. *Hans G. Helms,* Fetisch Revolution, Neuwied und Berlin 1969, cap. II.

51 *Stirner*, Seite 191.

52 *Stirner*, Seite 191 f. Natürlich ist der Solipsismus nicht staatsgefährdend, und *Stirner* beeilt sich, dieses zu versichern: „Um Mich gegen eine Kriminalklage zu sichern, bemerke Ich zum Überfluß ausdrücklich, daß Ich das Wort ‚Empö-

rung' wegen seines *etymologischen Sinnes* wähle, also nicht in dem beschränkten Sinne gebrauche, welcher vom Strafgesetzbuch verpönt ist". *Stirner*, Seite 192. Auch die submissest geschehene Zurücknahme des politischen Sinnes von Empörung wird allerdings noch mit der majestätischen Großschreibung der 1. Person des Personalpronomens verbunden!

53 *Stirner*, Seite 82, 109 und 191.

54 *Karl Marx* und *Friedrich Engels*, Deutsche Ideologie.

55 Vgl. *Wolf Dieter Gudopp*, Martin Bubers dialogischer Anarchismus, Bern und Frankfurt am Main 1975.

Zweiter Teil: Friedrich Nietzsche

1 Die editorische Situation begünstigte lange diese Unklarheit. Der erste Anlauf zu einer historisch-kritischen Gesamtausgabe der Werke *Friedrich Nietzsches* stand unter einem Unstern. Er fiel in die Jahre nach 1933, als Nietzsche nicht unter systematischen und philosophiegeschichtlichen Perspektiven erforscht, sondern als Vorläufer und geistiger Schirmherr nazistischer Barbarei reklamiert wurde. Noch lebte – bis zum Herbst 1935 – die Schwester *Elisabeth Förster-Nietzsche*, die den Zugang zu einem Teil des Nachlasses verwehrte und an ihrer privaten Nietzsche-Legende bastelte. Den damaligen Herausgebern, *Karl Schlechta* und *Wilhelm Hoppe*, ist zwar die unbestechliche Aufklärung der Fälschungen und Kompilationen der Nietzsche-Schwester zu verdanken, die bereits in einem Memorandum vom 7. August 1937 an den Wissenschaftlichen Ausschuß der Historisch-Kritischen Gesamtausgabe fixiert wurde; doch konnten die gesamten skandalösen Tatbestände erst nach dem Kriege von Schlechta in seiner Ausgabe der Nietzsche-Werke publiziert werden. Die historisch-kritische Gesamtausgabe selbst blieb stecken, als der Kriegsausbruch den Fortgang der Arbeiten abschnitt; erschienen waren nur die Jugendschriften bis in die früheste Basler Zeit 1869, sowie die Briefe bis ins Jahre 1877. Die ungedruckten Nachlaßmanuskripte aus den späteren Jahren blieben weiterhin verschlossen.

Nach dem Kriege konnten mehr als fünfzehn Jahre lang die im Goethe- und Schiller-Archiv in Weimar musterhaft aufbewahrten Bestände nicht publiziert werden. Erst als Anfang der sechziger Jahre zwei italienische Gelehrte, *Giorgio Colli* und *Mazzino Montinari*, die Vorbereitung einer italienischen Nietzscheausgabe begannen, ergab sich wieder die Möglichkeit, die Arbeiten an der historisch-kritischen Gesamtausgabe aufzunehmen, die auf der Gesamtmasse des handschriftlichen Nachlasses im Umfang von fünfundzwanzig Druckmanuskripten, achtzehn Mappen, sechsundvierzig Notizbüchern und einhunderteinunddreißig Heften zu beruhen hatte.

Eine neue Phase der Nietzscheforschung wurde damit eingeleitet. Stand das erste halbe Jahrhundert seit seinem Tode im Zeichen der Legenden und der ideologisch-politischen Wirkungen, setzte mit *Schlechtas* „Entmythologisierung" des „Willens zur Macht" und mit seiner Aufdeckung der Brieffälschungen der Schwester eine Phase der Diskussion über die wahren Intentionen Nietzsches ein, so ermöglicht nun die Zusammenschau von Werkstattarbeiten und publizierten Schriften einen tieferen Einblick in die Antriebe seines Denkens, in die Quellen, aus denen er schöpfte, in die Verschränkung der Perioden, die wir bei ihm zu unterscheiden pflegen. Dies allerdings schließt nicht aus, daß nun gerade wieder seine ideologische Wirkung (ungeachtet der historischen Kritik) zu wachsen beginnt.

2 Ein durch textkritisch-philologische Erwägungen gestütztes und gesichertes Nietzsche-Verständnis, das seiner weltanschaulichen Wirkung eine kritische Ana-

lyse entgegensetzt, ließ lange genug auf sich warten. Kaum berücksichtigten die Interpreten die krausen Wege, auf denen Nietzsches Werk zu den folgenden Generationen gekommen ist, obwohl die merkwürdigen Tradierungsmethoden seiner ersten und lange Zeit maßgebenden Herausgeber manches zur Erklärung des Nietzsche-Kultes beitragen könnten. Vielmehr folgten bis in die fünfziger Jahre die gängigen und verbreiteten Nietzsche-Ausgaben im großen und ganzen dem Vorbild der ersten, für „authentisch" gehaltenen Editionen, die von Nietzsches Schwester redigiert wurden.

Daß sich damit im allgemeinen Bewußtsein ein Vorurteil festgesetzt hat, das zur Legenden-Bildung um Person und Werk Nietzsches führte, zeigte mit aller Deutlichkeit erst der kritische Apparat der Nietzsche-Ausgabe, die von *Karl Schlechta*, der von 1934 bis in den zweiten Weltkrieg hinein die Arbeiten der historisch-kritischen Gesamtausgabe leitete, 1956 veranstaltet wurde. Es gibt kaum jemanden sonst, der so wie er mit Nietzsches Werk bis in die feinsten Nuancen und Regungen dieses hypersensiblen Geistes vertraut wäre; philologische Exaktheit der Textkenntnis vereinigt sich bei ihm mit philosophischer Eindringlichkeit des Verständnisses und feinnerviger Bewußtheit des aktuellen Geisteszustandes. Seine Ausgabe war darauf angelegt, Mythen zu entlarven und Nietzsche in einer Gestalt erscheinen zu lassen, die seinem eigenen Denken am ehesten entspricht und dem Werke auch gegen die Auslegungen der Nachfolger treu bleibt. Aufs Äußerste zusammengedrängt und präzise legte Schlechta im Anhang Rechenschaft ab über seine editorischen Neuerungen, nämlich die Auflösung der scheinsystematischen Ordnung des „Willens zur Macht" in die chronologische Reihenfolge der Aphorismen und Notizen. Durch diese Neugestaltung des Nachlasses wurde ein entscheidender Schritt zur Richtigstellung unseres Nietzsche-Bildes getan.

Was aus Schlechtas langjähriger Forschungsarbeit greifbar geworden ist und woran keine Nietzsche-Interpretation mehr vorbeigehen kann, ist die Zerstörung zweier Legenden. Er zeigte nämlich, daß der von den früheren Herausgebern unter dem Tiel „Der Wille zur Macht" angeordnete Teil des Nachlasses Nietzsches nicht das Rohmaterial eines großen, unvollendet gebliebenen systematischen Hauptwerks enthält, sondern nur aus Abfallprodukten und Parerga zu den veröffentlichten Schriften besteht. Des weiteren stellte Schlechta die Geschichte der Brieffälschungen der Schwester Nietzsches dar, die der Ausgangspunkt der Gemeinde-Bildung geworden sind. Das sind Einsichten, die zu einer Revision vieler Züge unserer herrschenden Nietzscheauffassung führen mußten.

3 Nimmt man, im Sinne der Nietzsche-Gemeinde, sein Werk als Aufruf, die darin manifestierte Lebenshaltung im politischen und menschlichen Alltag zu *vollziehen*, so sind Unmenschlichkeit, Nihilismus, Zynismus die Folgen. Sieht man in Nietzsches Werk hingegen die mit radikaler Konsequenz ausgeführte Deskription eines Geistes- und Gesellschaftszustandes, dem wir als Folge überlieferter Wertmaßstäbe ausgeliefert sind, wenn wir uns nicht dagegen durch eine Umwertung aller Werte, durch einen radikalen Neubeginn also, wehren, so mag diese grelle Philosophie eine hellsichtige Warnung sein; Nietzsche, der die Unerbittlichkeit seiner Sicht des neuzeitlichen Lebens schonungslos bis zur Selbstzerstörung aushielt (und durchlitt, denn er war ein großer Leidender, der seine eigene Härte als Martyrium der Redlichkeit durchlebte), hätte dann das Opfer seiner eigenen Existenz stellvertretend für die Menschheit gebracht, so wie in *Thomas Mann*s „Dr. Faustus" der Tonsetzer Adrian Leverkühn, dem manche Züge des Vorbilds Nietzsche gegeben sind; Nietzsche selbst verstand sich wohl so als Geopferter zum Heile der Menschheit, wenn er sich im Ausbruch des Wahnsinns mit Dionysos und Christus identifizierte. Ihn so zu lesen, heißt, ihn wie gefährlichen Impfstoff aufnehmen, der Ansteckung oder Immunisierung in sich birgt, der aber, recht gedeutet und erhellt, gegen die von ihm indizierten Gefahren feien wird.

4 *Ernst Sandvoss*, Nietzsche und Hitler, Göttingen 1967.
5 Ebd., cap. 1 und 2, Seiten 19, 49, 22, 10 f., 39.
6 Es entbehrt nicht der Komik, daß ähnliche Vorwürfe in ähnlich der „Registerarie" verwandter Form von *Popper* und *Topitsch* gegen *Marx* erhoben werden. Vgl. die Zusammenstellung und Analyse dieser Stellen in der Marburger Dissertation von *Joachim Kahl*, Ernst Topitschs Marxismus-Kritik, 1975.
7 *Abendroth, Holz, Kofler*, Gespräche mit Lukacs, hg. von *Theo Pinkus*, Reinbek bei Hamburg 1967, Seite 72.
8 *Georg Lukacs*, Schicksalswende, Berlin 1948, Seite 5.
9 *Georg Lukacs*, Die Zerstörung der Vernunft, Berlin 1954, Seite 256.
10 Ebd., Seite 271.
11 *Lukacs*, Schicksalswende, a.a.O., Seite 15.
12 *Lukacs*, Zerstörung der Vernunft, a.a.O., Seite 249.
13 *Lukacs*, Schicksalswende, a.a.O., Seite 10 und 35.
14 *Albert Camus*, Der Mensch in der Revolte, Reinbek bei Hamburg 1953.
15 *Hans G. Helms*, Die Ideologie der anonymen Gesellschaft, Köln 1966.
16 *Camus*, a.a.O., Seite 81 und 80 f.
17 Ebd., Seite 81.
18 Ebd., Seite 18.
19 *Jean Paul Sartre*, Descartes und das Problem der Freiheit, in Descartes, Abhandlung über die Methode, Mainz 1948, Seite 195.
20 *Hans Blumenberg*, Die Legitimität der Neuzeit, Frankfurt am Main 1967, Seite 90 und 92.
21 *Camus*, a.a.O., Seite 72 f.
22 Ebd., Seite 76.
23 Vgl. *Gerd-Günther Grau*, Christlicher Glaube und intellektuelle Redlichkeit, Frankfurt am Main 1958.
24 *Ernst Bloch*, Durch die Wüste, Frankfurt am Main 1964, Seite 105 und 108; Erbschaft dieser Zeit, Gesamtausgabe Band 4, Frankfurt am Main 1962, bringt eine spätere Version unter dem gleichen Titel.
25 *Friedrich Nietzsche*, Werke, ed. *Schlechta*, München 1954 ff., Band I, Seite 1011 f.
26 *Camus*, a.a.O., Seite 76.
27 Ebd., Seite 77.
28 Vgl. *Karl Schlechta*, Der Fall Nietzsche, München 1958, Seite 113.
29 *Walter Benjamin*, Briefe, hg. von *Theodor W. Adorno* und *Gerschom Scholem*, Frankfurt am Main 1966, Seite 86.
30 *Karl Schlechta*, Nachwort zu Friedrich Nietzsche, Werke, a.a.O., Band III, Seite 1452.
31 In der Auseinandersetzung zwischen *Schlechta* und *Pannwitz*, vgl. *Schlechta*, Der Fall Nietzsche, a.a.O., Seite 99 ff., spiegelt sich noch spät der Sektengeist der Nietzsche-Jünger, der sich angesichts einer philologisch exakten Edition verletzt fühlt.
32 *Thomas Mann*, Briefe 1937–1947, Frankfurt am Main 1963, Seite 520.
33 *Schlechta*, Der Fall Nietzsche, a.a.O., Seite 113.
34 *Thomas Mann*, a.a.O., Seite 23.
35 *Karl Löwith*, Von Hegel zu Nietzsche, Stuttgart 1950. *Franco Lombardi*, Die Geburt der modernen Welt, Köln 1961.
36 *Thomas Mann*, a.a.O., Seite 579.
36a *Martin Heidegger*, Nietzsche, Tübingen 1961.
36b Vgl. *Karl Schlechta*, Nietzsche-Chronik, München 1975, Seite 49: „1874: N. empfiehlt Adolf Baumgartner Schriften von Max Stirner."
37 *Karl Schlechta*, Nietzsches Großer Mittag, Frankfurt am Main 1954.

38 Vgl. *Walter Bröcker*, Nietzsche und der europäische Nihilismus, Zeitschr. f. philos. Forschung, Band III, Seite 161 ff., 1949. *Eckhard Heftrich*, Nietzsches Philosophie, Identität von Welt und Nichts, Frankfurt am Main 1962.

39 Ecce homo. Werke, ed. *Schlechta*, Band II, Seite 1152.

40 *Schlechta*, Nietzsches Großer Mittag, a.a.O., Seite 81.

41 Ebd., Seite 52.

42 Ebd., Seite 71.

43 Ebd., Seite 26.

44 Vgl. dazu *Camus*, a.a.O. pass.

45 *Werke* (damit ist in Zukunft immer die Ausgabe von *Schlechta* gemeint, wenn nicht ein besonderer Hinweis auf eine andere Ausgabe beigefügt ist), Band I, Seite 287.

45a Vgl. *Bruno Snell*, Die Entdeckung des Geistes, Hamburg 1948^2, Seite 235 ff. *Ders.*, Marburger Hochschulgespräche 1946, Frankfurt am Main 1947, Seite 135 ff. (mit Diskussion und Korreferat von *Rudolf Bultmann*).

45b *Werke*, Band II, Seite 149 f. Vgl. *Karl Schlechta*, Der junge Nietzsche und das klassische Altertum, Mainz 1948.

46 Wir sehen hier einmal ab von dem Moment der Eitelkeit, das bei dem vierundzwanzigjährigen Doktoranden, der vom Studium weg auf einen Lehrstuhl berufen wird, eine berechtigte Rolle spielte. Aber die Leistungen, die diesen Ruf bewirkten, kamen nicht von ungefähr. So früh und so eindrücklich zeichnet sich bei aller Begabung nur aus, wer eine tiefe Affinität zu seinem Fach hat. Und spätestens mit den Demokrit-Studien des Jahres 1867 hat diese Affinität ihren Gegenstand gefunden.

47 *Werke*, Band III, Seite 1034.

48 *Werke*, Band III, Seite 1020.

49 *Werke*, Band III, Seite 1029.

50 *Werke*, Band III, Seite 1032.

51 *Werke*, Band I, Seite 137.

52 *Jürgen Kuczinsky*, Die Bewegung der deutschen Wirtschaft von 1800 bis 1946, Meisenheim/Glan 1948^2, Seite 77.

53 *Karl Marx*, Das Kapital, Band III, Berlin 1949, Seite 873 f.

54 Ebd., Seite 873. Vgl. dazu *Nietzsches* Bemerkung, „auf welcher Stufe und in welcher Höhe erst ungefähr von ‚Würde' gesprochen werden kann, dort nämlich, wo das Individuum völlig über sich hinausgeht und nicht mehr im Dienste seines individuellen Weiterlebens zeugen und arbeiten muß". *Werke*, Band III, Seite 276.

55 Bezeichnend ist vielmehr, daß er als Student bei der einzigen Gelegenheit der Berührung mit der Arbeiterbewegung an Gersdorff schreibt: „Ein Büchlein, aus dem ich über den Stand der sozial-politischen Parteien mir manches angeeignet habe, obgleich es eine bedenkliche Lektüre ist und scharf säuerlich nach Reaktion und Katholizismus schmeckt, ist Dir vielleicht auch bekannt: Geschichte der sozialpolitischen Parteien in Deutschland, von Jos. Edm. Jörg (Freiburg im Breisgau 1867). Auch aus ihm leuchtet die irrationale Größe Lasalles hervor. Leider sehe ich keine Möglichkeit, wie ich dessen Schriften in meine Hände bekommen könnte, und ich muß mich daher auf spätere Zeiten vertrösten." *Werke*, Band III, Seite 991. Noch im Nachlaß der achtziger Jahre findet sich die Aufzeichnung: „Die Arbeiter sollen einmal leben wie jetzt die Bürger; – aber *über* ihnen, sich durch Bedürfnislosigkeit auszeichnend, die *höhere Kaste*, also ärmer und einfacher, doch im Besitz der Macht." *Werke*, Band III, Seite 843.

56 Zu dem Hinweis auf die moderne Geldwirtschaft noch einige Zahlen: „Der Banknotenumlauf, soweit er nicht durch Gold gedeckt war, vervierfachte sich (scil. zwischen 1860 und 1870), und im Januar 1870 vereinigten sich 21 größere Bank- und Handelsfirmen mit einem Kapital von 15 Millionen Mark zur Deut-

schen Bank. Davon waren 6 Millionen Mark zur öffentlichen Zeichnung aufgelegt – gezeichnet wurden 882 Millionen Mark, ein Ausdruck geradezu phantastischen Vertrauens in die wirtschaftliche Rentabilität der neuen kapitalistischen Methoden." *Kuczinsky*, a.a.O., Seite 83. „Im Königreich Bayern beispielsweise wurden in dem Jahrzehnt von 1837 bis 1848 insgesamt 6 Aktiengesellschaften mit einem Kapital von nicht ganz 4 Millionen Mark gegründet; im folgenden Jahrzehnt (1849–1858) dagegen deren 44 mit einem Kapital von 145 Millionen Mark. Im Bergbau und Hüttenbetriebe des Königreichs Preußen betrug die Zahl der gegründeten Aktionsgesellschaften in den achtzehn Jahren von 1834 bis 1851 14, ihr Kapital 23,29 Millionen Taler; dagegen in den sechs Jahren von 1852–1857 die Zahl 59, das Kapital 70,69 Millionen Taler. Nach den Angaben Max Wirths bezifferte sich für ganz Deutschland das Aktienkapital der von 1853–1857 neu gegründeten Banken allein auf 200 Millionen Taler." *Werner Sombart*, Die deutsche Volkswirtschaft im 19. Jahrhundert, Darmstadt 1954[8], Seite 84 f. „Während man den Betrag der Anfang der 1850er Jahre durchschnittlich im ganzen Deutschland im Umlauf befindlichen Banknoten auf höchstens 120 Millionen bemessen darf (wovon höchstens 25 Millionen ungedeckt), war die Summe der in Zirkulation befindlichen Banknoten bis Ende 1873 auf den zehnfachen Betrag angewachsen, nämlich 1 352 Millionen Mark, wovon etwa ein Drittel ungedeckt." Ebd., Seite 173 f. „Von der Preußischen Bank wurden übernommen Wechsel 1847 im Betrage von 102,7, 1848 für 80,5, 1849 für 64,6, 1850 für 82,5, 1851 für 78,6, 1852 für 103,5 Millionen Taler, das ist im Durchschnitt nicht mehr als der fünfzehnte Teil des Betrages, den die Preußische Bank zu Beginn der 1870er Jahre diskontierte." Ebd., Seite 183.

57 *Werke*, Band III, Seite 275.

58 Man vgl. dazu die Darstellung der Kosmologie des *Anaxagoras* in „Die Philosophie im tragischen Zeitalter der Griechen". Daß gerade *Anaxagoras* als Höhepunkt und Abschluß dieser geschichtsphilosophisch konstruierten Entwicklung des vorsokratischen Denkens erscheint, hat in der Analogie der willkürlichen Setzung des Nous zur Herrenordnung des griechischen Staats (beides in der Sicht Nietzsches) seinen Grund.

59 *Werke*, Band III, Seite 277.

60 *Werke*, Band I, Seite 30.

61 *Werke*, Band I, Seite 14.

62 *Werke*, Band III, Seite 286.

63 Zum Verhältnis Nietzsche-Stirner vgl. zusammenfassend *Hans G. Helms*, a.a.O., pass. und die vollständige Bibliographie daselbst.

63a *Werke*, Band III, Seite 1029.

63b *Werke*, Band III, Seite 1042 f.

63c Ebd.

64 *Werke*, Band I, Seite 11.

65 *Friedrich Nietzsche*, Werke, Kritische Gesamtausgabe, hg. von *Giorgio Colli* und *Mazzino Montinari*, Berlin 1967 ff. (in Zukunft zitiert als Werke KG), Abt. IV, Band I, Seite 296 f.

66 *Werke KG*, IV,1, Seite 320.

67 *Werke KG*, IV, 1, ebd.

68 *Bloch*, Erbschaft dieser Zeit, Gesamtausgabe Band 4, a.a.O., Seite 361.

69 *Werke KG*, IV,1, Seite 305 f.

70 Siehe dazu die folgenden Stellen aus den Nachlaß-Notizen dieser Übergangszeit: „Unzeitgemäße Betrachtungen. Ich habe zusammengebunden und gesammelt, was Individuen groß und selbständig macht, und auch die Gesichtspunkte, auf welche hin sie sich verbünden können. Ich sehe, wir sind im Aufsteigen: wir werden der Hort der ganzen Kultur in Kürze sein. Alle anderen Bewegungen sind

kulturfeindlich (die sozialistische ebenso als die des Großstaats, die der Geldmächte, ja die der Wissenschaften).
Ich will den Menschen die Ruhe wiedergeben, ohne welche keine Kultur werden und bestehen kann. Ebenso die Schlichtheit." *Werke KG*, IV,2, Seite 396. „Es liegt vor aller Augen, daß nach dem letzten Kriege der Deutschen und der Franzosen ungefähr jeder Deutsche um einen Grad mehr unehrlich, genußgierig, habsüchtig, gedankenlos geworden war: die allgemeine Bewunderung vor Strauss war das Denkmal, welches man dem tiefsten Stande des Stromes der deutschen Kultur gesetzt hat: ein freier denkender altgewordener Theologe wurde der Herold des öffentlichen Behagens." *Werke KG*, IV,2, Seite 406. „Aberglaube vom Besitz – er macht nicht freier, sondern sklavischer, braucht viel Zeit, Nachdenken, macht Sorge, verbindet mit andern, denen man nicht gleichstehen mag, weil man sie braucht; bindet fester an den Ort, an den Staat. – Der Bettler freilich ist abhängiger, – aber wenig Bedürfnisse ein kleiner dazu ausreichender Erwerb und viel freie Zeit. Für die, welche freilich keinen Gebrauch von der freien Zeit machen können, ist das Streben nach Besitz, wie das nach Ehren, Orden usw., eine Unterhaltung. Der Reichtum ist oft das Resultat geistiger Inferiorität: er aber erregt Neid, weil durch ihn die Inferiorität sich mit Bildung maskieren kann. Insofern ist die geistige Ohnmacht des Menschen die indirekte Quelle von der unmoralischen Begehrlichkeit der anderen. – Dies, eine Betrachtung nach dem Kriege. Die Bildung als Maske, der Reichtum als Folge der innerlichen wirklichen Unbildung und Rohheit." *Werke KG.*, IV, 3, Seite 408 f.
„Ich imaginiere zukünftige Denker, in denen sich die europäisch-amerikanische Rastlosigkeit mit der hundertfach vererbten asiatischen Beschaulichkeit verbindet: eine solche Kombination bringt das Welträtsel zur Lösung. Einstweilen haben die betrachtenden Freigeister ihre Mission: sie heben alle die Schranken hinweg, welche einer Verschmelzung der Menschen im Wege stehen: Religionen, Staaten, monarchische Instinkte, Reichtums- und Armutsillusionen, Gesundheits- und Rassenvorurteile – usw. Zum Schluß: die Freigeister sind die *leichtlebenden* Götter." *Werke KG*, IV,2, Seite 402 und 406.
Das sind fünf Fragmente, von denen vier dem gleichen Heft vom Sommer 1876 entstammen. Dennoch sei, um den Eindruck einer fälschlichen Systematisierung zu vermeiden, auf die Zusammenhanglosigkeit der Niederschrift hingewiesen. Andererseits möchte ich es für unabweisbar halten, daß Nietzsches Zeit- und Kulturkritik, die sich in jenen Jahren im Zusammenhang mit dem Aphorismenbuch „Menschliches–Allzumenschliches" artikuliert, um die gleichen Ausgangspunkte kreist, die auch schon in seinen Basler Schriften zur griechischen Philosophie sichtbar werden. Erst später, eben im Zusammenhang der inneren Entwicklung, die sich in „Menschliches–Allzumenschliches" anzeigt und die zu den Spätschriften der achtziger Jahre hinführt, stößt er sich von jenem Ausgangspunkt ab und konzentriert sich ganz auf das Verfallsbild der Gegenwart, aus dem er durch Negativabdruck sein positives Gegenbild, den Übermenschen zu gewinnen versucht. Die sogenannte „mittlere Periode" Nietzsches aber ist eine ausgesprochene Übergangszeit, in der noch manche Motive sichtbar werden, die später dann unter der überlauten, schrillen Kritik begraben werden.

71 *Werke KG*, IV, 3, Seite 148 f.
72 *Werke KG*, IV, 2, Seite 467.
73 *Werke KG*, IV,2, Seite 508. Vgl. auch ebd., Seite 577 ff., Fragment „Sozialismus".
74 *Werke KG*, IV,1, Seite 254 ff.
75 Ebd.
76 *Werke KG*, IV,2, Seite 502 ff.
77 *Werke KG*, IV,1, Seite 266.

78 *Werke KG*, IV,1, Seite 153 f.
79 *Werke KG*, IV,1, Seite 299.
80 *Werke KG*, IV,1, Seite 159.
81 *Werke KG*, IV,1, Seite 124.
82 *Werke KG*, IV,3, Seite 446.
83 *Werner Krauss*, Gracians Lebenslehre, Frankfurt am Main 1947, Seite 13 und 22.
84 *Larochefoucauld*, Reflexionen und moralische Sentenzen, Aphorismus 1, in: Französische Moralisten, verdeutscht und hg. von *Fritz Schalk*, Wiesbaden o. J., Seite 5.
85 *Karl Voßler* schreibt von den französischen Moralisten: „Sie schreiben leise." Ebd., Seite V (Vorwort).
86 *Werke*, Band I, Seite 1249.
87 Gegenbeispiel eines echten Aphorismus wäre zum Beispiel „Morgenröte" 438, *Werke*, Band I, Seite 1226: „*Mensch und Dinge.* – Warum sieht der Mensch die Dinge nicht? Er steht selber im Wege: er verdeckt die Dinge."
88 *Johann Wolfgang Goethe*, Farbenlehre, Theoretische Schriften, Ausgabe der Wissenschaftlichen Buchgesellschaft, Tübingen 1953, Seite 509.
89 Ebd.
90 Der Vorrang des Einzelgedankens und die völlig subjektive Weise seiner Integration in einen Buchkontext verbietet darum auch jede Rekonstruktion eines Werks aus Nachlaß-Stücken und Fragmenten. Der Denkstil Nietzsches gibt *Schlechtas* Behandlung des Nachlasses gegen die „Gralshüter" recht. Zu Nietzsches Veröffentlichungen einen posthumen Abschluß, sozusagen ein Resumé und letztes Wort, herstellen zu wollen, heißt Nietzsches Schreibweise und Denken völlig mißverstehen und bedeutet einfach Manipulation.
91 *Werke*, Band I, Seite 394 und 404.
92 *Werke KG*, IV,1, Seite 121.
93 *Werke*, Band I, Seite 476 f.
94 Man vergleiche die siebenundzwanzigeinhalb Spalten, die im Nietzsche-Register die Fundstellen zum Begriff „Moral" umfassen; *Richard Oehler*, Nietzsche-Register, Stuttgart 1943. Vgl. auch *Schlechta*, Nietzsche-Index, München 1964. Eine Mannigfaltigkeit von Façetten der Betrachtung wird da erkennbar, die systematisch nur schwer zu ordnen wäre.
95 *Werke KG*, IV,2, Seite 555.
96 *Werke KG*, IV,2, Seite 559.
97 *Werke*, Band I, Seite 433 f.
98 *Werke KG*, IV,2, Seite 395.
99 *Werke KG*, IV,2, Seite 404.
100 *Werke KG*, IV,2, Seite 441. Vgl. dazu die Notiz aus dem nächsten Umkreis: „Alle Grundlagen der Kultur sind hinfällig geworden: also muß die Kultur zugrunde gehen." Ebd., Seite 444.
101 Die Stufen dieses geistesgeschichtlichen Prozesses, der den revolutionären Bruch im 19. Jahrhundert umrahmt, hat *Karl Löwith*, Von Hegel zu Nietzsche, Stuttgart 1950², dargestellt; dort Seite 350 ff. besonders das Problem der Christlichkeit.
102 *Werke KG*, IV,2, Seite 477.
103 „Wilhelm, Bismarck und alle Antisemiten abgeschafft", heißt es im Briefe an *Jacob Burckhardt* vom 6. Januar 1889 (Poststempel 5. 1. 1889). Und kurz zuvor an Overbeck: „Ich selber arbeite eben an einem Promemoria für die europäischen Höfe zum Zwecke einer antideutschen Liga. Ich will das ‚Reich' in ein eisernes Hemd einschnüren und zu einem Verzweiflungskrieg provozieren. Ich habe nicht eher die Hände frei, bevor ich nicht den jungen Kaiser, *samt* Zubehör, in den Händen habe." *Werke*, Band III, Seite 1350 und 1378 f.

104 Noch der Angriff auf die aristotelische Logik als Ideologie der Herrschaft, wie er von *Herbert Marcuse*, Der eindimensionale Mensch, Neuwied und Berlin 1967, und von *Theodor W. Adorno*, Negative Dialektik, Frankfurt am Main 1967, vorgetragen wurde, steht in einer Tradition des „totalen Ideologieverdachts", den, mit Rückgriffen auf *Marx* verbrämt, soziologisierend zuerst Karl Mannheim und Hans Kelsen ausgesprochen haben. Insbesondere die anarchistische Linke hat mehr von Nietzsche aufgenommen, als sie wahrhaben möchte.

105 *Friedrich Engels*, Ludwig Feuerbach und der Ausgang der klassischen deutschen Philosophie, MEW,

106 Es ist bezeichnend, daß die blasse Systematisierung dieses Relativismus durch Vaihingers Schule des Fiktionalismus Nietzsche sofort für sich in Anspruch nahm: *Walter del Negro*, Die Rolle der Fiktionen in der Erkenntnistheorie Friedrich Nietzsches, München 1923 – eine von der philosophischen Gesellschaft preisgekrönte Arbeit. Auf den Zusammenhang zwischen *Friedrich Albert Lange, Friedrich Nietzsche* und *Karl Vaihinger* hat kürzlich *Joachim Kahl* in einem Referat anläßlich einer Arbeitstagung zum 100. Todestag von *Friedrich Albert Lange* in Marburg aufmerksam gemacht.

107 *Werke*, Band II, Seite 33.

108 *Werke*, Band II, Seite 39. Es wäre aufschlußreich, für die gedankliche wie emotionale Nähe eines universellen Nonkonformismus, der jedes konkrete Sich-Einlassen mit der Wirklichkeit verweigert, um nicht-integriert zu bleiben, bei Nietzsche Belegstellen zu sammeln. Diese Nähe hätte den Protagonisten der „Großen Weigerung" zu denken geben müssen; in der Reflexion auf Nietzsche hätten sie vielleicht die Mängel ihrer eigenen Position leichter zu erkennen vermocht.

109 *Werke*, Band II, Seite 1047.

110 Das wäre am Beispiel der *Schopenhauer*-Rezeption *Max Horkheimer*s zu belegen.

111 „Alle feinere Servilität hält am kategorischen Imperativ fest und ist der Todfeind derer, welche der Pflicht den unbedingten Charakter nehmen wollen." *Werke*, Band II, Seite 40.

112 *Werke*, Band II, Seite 910 f.

113 Ebd.

114 Es entbehrt nicht einer gewissen Ironie, daß *Nietzsche* eine Kritik an *Schopenhauer* vorträgt, die wesentliche Momente der Schopenhauer-Kritik von *Georg Lukacs* vorwegnimmt – da *Lukacs* doch *Nietzsche* ganz und gar verteufelt und dessen rebellisches Moment außer acht läßt. Vgl. *Georg Lukacs*, Die Zerstörung der Vernunft, Berlin 1954; zu *Schopenhauer* Seite 156 ff., zu *Nietzsche* Seite 244 ff.

115 *Werke*, Band II, Seite 1065.

116 Der Anklang an *Feuerbach* muß hier mitgehört werden!

117 *Werke*, Band II, Seite 1124.

118 *Werke*, Band II, Seite 1125.

119 *Werke*, Band I, Seite 1011.

120 *Werke*, Band I, Seite 1012 und 1015.

121 *Nietzsche* nimmt hier eine kulturgeschichtliche Konzeption vorweg, die dann für die Kulturtheorie *Freud*s und die daran anknüpfende Lehre *Herbert Marcuse*s von den repressiven Funktionen der Kultur und der Moral im besonderen bestimmend wird.

122 *Werke*, Band I, Seite 1028, 1037 und 1021.

123 Der repressive Charakter wird deutlich ausgesprochen in Aph. 108, *Werke*, Band I, Seite 1080: „Dem Individuum, *sofern* es sein Glück will, soll man keine Vorschriften über den Weg zum Glück geben: denn das individuelle Glück quillt

aus eigenen, jedermann unbekannten Gesetzen, es kann mit Vorschriften von außen nur verhindert, gehemmt werden. – Die Vorschriften, welche man ‚moralische' nennt, sind in Wahrheit gegen die Individuen gerichtet und wollen durchaus nicht deren Glück."

124 Gilt nicht dasselbe von *Kierkegaard*, so daß wir in dieser Personalisierung und Subjektivierung der Philosophie das Merkmal einer bestimmten geistesgeschichtlichen Situation sehen müssen, in der eine allgemein verbindliche Objektivierung der Lebensverhältnisse, also die Ausarbeitung einer Theorie, nicht möglich war? Philosophie bekommt dann Bekenntnischarakter, statt Traktaten werden Confessiones geschrieben. Die Systemphilosophie tritt in den Hintergrund, wird zur Schulangelegenheit und fundiert sich in Erkenntnistheorie, Methodologie und Wissenschaftstheorie (wie die neukantianischen und positivistischen Richtungen). Der Existentialismus versucht dann erst wieder, den Bekenntnischarakter der Philosophie, ihre Erlebnisinhalte, in Theorie überzuleiten; vgl. *Hans Heinz Holz*, Jean Paul Sartre, Darstellung und Kritik seiner Philosophie, Meisenheim/Glan 1951. Insofern *Marx* in eben dieser Situation die Erfahrungsgehalte in eine allgemeine Theorie bringt und mithin den Neueinsatz einer systematischen Philosophie bezeichnet, ist er in der Tat der Antipode Nietzsches (ebenso wie Kierkegaards) und überholt ihn auf die Zukunft hin. Und das Denken des späten 19. und beginnenden 20. Jahrhunderts dissoziiert sich in die beiden Extreme Marx und Nietzsche.

125 *Werke*, Band II, Seite 1065.

126 Ebd.

127 *Werke*, Band II, Seite 1097.

128 *Werke*, Band II, Seite 1100 ff.

129 Vgl. *Georg Lukacs*, Der junge Hegel, Zürich und Wien 1948.

130 *Werke*, Band II, Seite 911.

131 *Werke*, Band II, Seite 912.

132 Das Problem der Glaubwürdigkeit hat *Gerd-Günter Grau* zum Angelpunkt seiner Nietzsche-Interpretation gemacht: Christlicher Glaube und intellektuelle Redlichkeit, Frankfurt am Main 1958.

133 *Werke*, Band II, Seite 1152.

134 *Erich Heller*, Nietzsche, Frankfurt am Main 1964, Seite 31 f.

135 *Werke*, Band III, Seite 634.

136 Ebd.

137 *Werke*, Band III, Seite 494 f.

138 *Werke*, Band III, Seite 493.

139 *Werke*, Band III, Seite 558.

140 *Werke*, Band III, Seite 417.

141 Ebd.

142 *Werke*, Band III, Seite 562.

143 „Der *unvollständige* Nihilismus, seine Formen: wir leben mitten drin. Die Versuche, dem Nihilismus zu entgehn, *ohne* die bisherigen Werte umzuwerten, bringen das Gegenteil hervor, verschärfen das Problem." *Werke*, Band III, Seite 621.

144 *Werke*, Band III, Seite 557.

145 Ebd.

146 *Werke*, Band III, Seite 555.

147 *Werke*, Band III, Seite 550: „Der Nihilismus als normales Phänomen kann ein Symptom wachsender *Stärke* sein oder wachsender *Schwäche*: teils, daß die Kraft, zu *schaffen*, zu *wollen*, so gewachsen ist, daß sie diese Gesamt-Ausdeutungen und *Sinn*-Einlegungen nicht mehr braucht (‚nähere Aufgaben', Staat usw.); teils, daß selbst die schöpferische Kraft, *Sinn* zu schaffen, nachläßt und

die Enttäuschung der herrschende Zustand wird. Die Unfähigkeit zum *Glauben* an einen ‚Sinn', der ‚Unglaube'."

148 *Werke*, Band III, Seite 684.

149 *Werke*, Band III, Seite 684 f.

150 *Werke*, Band III, Seite 696.

151 *Werke*, Band III, Seite 750 f.: „Gerade an allem Lebendigen ist am deutlichsten zu zeigen, daß es alles tut, um *nicht* sich zu erhalten, sondern um *mehr* zu werden . . .
Ist ‚Wille zur Macht' eine *Art* ‚Wille' oder identisch mit dem Begriff ‚Wille'? Heißt es so viel als begehren? oder *kommandieren*? Ist es der ‚Wille', von dem Schopenhauer meint, er sei das ‚An sich der Dinge'? Mein Satz ist: daß *Wille* der bisherigen Psychologie eine ungerechtfertigte Verallgemeinerung ist, daß es diesen Willen *gar nicht gibt*, daß, statt die Ausgestaltung *eines bestimmten* Willens in viele Formen zu fassen, man den Charakter des Willens *weggestrichen* hat, indem man den Inhalt, das Wohin? heraussubtrahiert hat —: das ist im höchsten Grade bei *Schopenhauer* der Fall: das ist ein leeres Wort, was er ‚Wille' nennt. Es handelt sich noch weniger um einen ‚Willen *zum Leben*': denn das Leben ist bloß ein *Einzelfall* des Willens zur Macht; — es ist ganz willkürlich, zu behaupten, daß alles danach strebe, in *diese* Form des Willens zur Macht überzutreten."

152 *Werke*, Band III, Seite 700. Vgl. *Werke*, Band III, Seite 421: „Jedes Lebendige greift so weit um sich mit seiner Kraft, als es kann, und unterwirft sich das Schwächere: so hat es seinen Genuß an sich."

153 *Werke*, Band III, Seite 858.

154 *Werke*, Band III, Seite 859.

155 *Werke*, Band III, Seite 694.

156 *Werke*, Band III, Seite 679 f.

157 *Werke*, Band III, Seite 680.

158 *Werke*, Band III, Seite 689.

159 *Schlechta*, Der Fall Nietzsche, a.a.O., Seite 96 f.

Dritter Teil: Jean Paul Sartre

1 Ich denke etwa an *Oswald Spengler*s „Der Untergang des Abendlandes", München 1923; zuvor schon an *Otto Weininger*s „Geschlecht und Charakter", Wien und Leipzig 1903.

2 Der Einfluß der Philosophie wurde gefiltert durch andere kulturelle Medien des öffentlichen Bewußtseins: Literatur, Antike-Rezeption des Neuhumanismus, Methodologie der Naturwissenschaften, Historie, politische Theorie, Moral- und Sittenvorstellungen usw.

3 Vgl. *Bernhard Groethuysen*, Philosophie der französischen Revolution, Neuwied und Berlin 1971.

4 *Jean Paul Sartre*, L'être et le néant, Paris 1943; deutsch: Das Sein und das Nichts, Hamburg 1962.

5 Eine monographische Darstellung der Philosophie *Sartre*s auf der Stufe eines vormarxistischen Existentialismus habe ich früher versucht: *Hans Heinz Holz*, Jean Paul Sartre, Meisenheim/Glan 1951. Dort finden sich ausführlichere Belege und Begründungen für die im folgenden versuchte Charakterisierung des Sartreschen Existentialismus. Den Übergang vom Existentialismus zur „zweiten Philosophie" *Sartre*s, Critique de la raison dialectique, Paris 1960, die durch die Begegnung mit dem Marxismus und den Versuch einer Verbindung existentialisti-

scher und marxistischer Ansätze gekennzeichnet ist, zeichnet vorläufig und ohne die erforderliche kritische Auseinandersetzung mein Aufsatz „Sartres Kritik der dialektischen Vernunft", Merkur, 15. Jg., Heft 164, 1961, Seite 969 ff.; und ergänzend mein Aufsatz „Sartres zweite Philosophie", Beilage zu „Die Tat", 2. Oktober 1960 (Zürich).

6 *Jean Paul Sartre*, La liberté cartésienne (1941), Stiuations I, Paris 1947, Seite 314 ff.

7 Zur philosophischen Autobiographie vgl. die einschlägigen Kapitel bei *Georg Misch*, Geschichte der Autobiographie, Frankfurt am Main 1949 ff. Insbesondere I. Band, III. Teil, 3. Kapitel (Augustin); IV. Band, 2. Hälfte, 2. Abschnitt, IV (Descartes).

8 *Jean Paul Sartre*, Les Mots, Paris 1964; deutsch: Die Wörter, Reinbek bei Hamburg 1965.

9 *Sartre*, Situations I, a.a.O., Seite 317.

10 *Hans Mayer* in Sartre, Die Wörter, a.a.O., Seite 197 f.

11 *Jean Paul Sartre*, La nausée, Paris 1938; deutsch: Der Ekel, Reinbek bei Hamburg 1953.

12 *Sartre*, Die Wörter, a.a.O., Seite 83.

13 *Jean Paul Sartre*, Merleau-Ponty vivant in Situations IV, Paris 1964; deutsch: Freundschaft und Ereignis, Frankfurt am Main 1962 (jetzt wieder in Porträts und Perspektiven, Reinbek bei Hamburg 1971) – hier Seite 27 bzw. Seite 178.

14 *durch* die Organisation, das heißt: 1. durch sie als das Medium der Diskussion, der innerparteilichen demokratischen Willensbildung und der politischen Aktivität hindurch; und 2. vermittels ihrer als des Instruments der historischen Praxis, die das Resultat eben der unter 1 genannten Prozesse ist.

15 So charakterisiert *Hans Mayer*, Von der dritten zur vierten Republik, Singen 1946, diese Periode im Denken Sartres.

16 Vgl. *Hans Mayer*, Welt und Wirkung Henri Bergsons, in Literatur der Übergangszeit, Berlin 1949, Seite 98 ff.

17 Vgl. *Holz*, Sartre, a.a.O., Seite 11.

18 Wir werden später sehen, wie dieser Ansatz modifizierbar ist, wenn er unter dem Aspekt einer gemeinschaftlich-menschlichen Aktion gesehen wird. Hier, in der frühen Formulierung der Vorkriegsjahre, ist damit nur der radikale Subjektivismus des vereinzelten Menschen gemeint.

19 *Jean Paul Sartre*, L'âge de raison, Paris 1945; deutsch: Zeit der Reife, Reinbek bei Hamburg, 1947.

20 *Herbert Marcuse* stellt in seiner Abhandlung Existentialismus, in Kultur und Gesellschaft 2, Frankfurt 1965, Seite 49 ff., fest, daß *Sartre* das Wesen der menschlichen Beziehungen in Kategorien des kapitalistischen Eigentumsbegriffs expliziert.

21 Aufschlußreich ist hierfür *Otto Friedrich Bollnow*, Rilke, Stuttgart 1951, wo die existenzphilosophische Interpretation *Rilke*s bis ins einzelne durchgeführt wird.

22 Vgl. *Otto Friedrich Bollnow*, Das Wesen der Stimmungen, Frankfurt am Main 1943; *ders.*, Die Ehrfurcht, Frankfurt am Main 1947.

23 Vgl. *Georg Lukacs*, Die Zerstörung der Vernunft, Berlin 1954.

24 Vgl. *Max Scheler*, Der Formalismus in der Ethik und die materiale Wertethik, Halle 1913.

25 *Immanuel Kant*, Werke, ed. *Weischedel*, Band IV, Darmstadt und Frankfurt 1956, Seite 7 ff., hier Seite 51.

26 *Georg Wilhelm Friedrich Hegel*, Phänomenologie des Geistes, Theorie-Werk-Ausgabe, Band 3, Frankfurt am Main 1970, Seite 147.

27 *Simone de Beauvoir*, Soll man de Sade verbrennen?, München 1964.

28 A.a.O., Seite 84.

29 *Sartre*, Dramen, deutsch Stuttgart und Hamburg 1949, Seite 3.

30 *Sartre*, ebd.
31 Einen ähnlichen Fall stellt der französische Schriftsteller *André Malraux* dar, dessen Werk dem Existentialismus nahesteht, und der das gleiche Paradox durch den Anschluß an den Gaullismus zu lösen versuchte.
32 *Hans Mayer*, Von der dritten zur vierten Republik, a.a.O., Seite 52.
33 *Jean Paul Sartre*, Der Existentialismus ist ein Humanimus, deutsch Zürich 1947.
34 Vgl. oben Anmerkung 25.
35 *Ernst Bloch*, Zweierlei Kant-Gedenkjahre, Deutsche Zeitschrift für Philosophie, 1954/1, Seite 15. Jetzt: Philosophische Aufsätze, Gesamtausgabe Band 10, Frankfurt am Main 1969, Seite 457 f.
36 *Jean Paul Sartre*, Der Schriftsteller und seine Zeit, Les Temps Modernes Nr. 1, deutsch in „Die Umschau" 1946, Heft 1, Seite 14 ff.
37 *Sartre*, ebd.
38 *Martin Heidegger*, Sein und Zeit, Halle 1927, Seite 305 ff. *Otto Friedrich Bollnow*, Existenzphilosophie, Stuttgart o. J., Seite 408 ff. (Separatausgabe aus Systematische Philosophie, hg. von *Nikolai Hartmann*).
39 *Sartre*, a.a.O.
40 *Sartre*, ebd.
41 Die selbst in Zeiten schärfsten Antikommunismus in den kapitalistischen Staaten ungebrochene Massenbasis der KPF, die bis weit in das städtische Bürgertum hinein ihre Wähler und Sympathisanten besitzt, hängt u. a. damit zusammen, daß die radikaldemokratisch-humanitären Forderungen der Kommunisten an das Aufklärungselement im ideologischen Selbstverständnis der Bourgeoisie anknüpfen konnten. Vgl. *Hans Heinz Holz*, Strömungen und Tendenzen im Neomarxismus, München 1972, Seite 30 ff.
42 Vgl. *Georg Lukacs*, Die Zerstörung der Vernunft, Berlin 1954, cap. IV, VI und VII.
43 Vgl. *Hans Heinz Holz*, Jean Paul Sartre, a.a.O., Seite 112 ff.
44 Vgl. zum Problem des bürgerlichen Humanismus *Hans Heinz Holz*, Humanismus in unserer Zeit, in Geist und Zeit, 1959, Heft 5, Seite 5 ff.
45 Vgl. zu *Merleau-Ponty: Hans Heinz Holz*, Situierung eines Denkers, in Festschrift zum achtzigsten Geburtstag von Georg Lukacs, Neuwied und Berlin 1965, Seite 317 ff.
46 *Jean Paul Sartre*, Freundschaft und Ereignis, a.a.O.
47 *Jean Paul Sartre*, Freundschaft und Ereignis, Begegnung mit Merleau-Ponty, Frankfurt am Main 1962, Seite 25 f.
48 *Sartre*, Freundschaft und Ereignis, a.a.O., Seite 30 ff.
49 Vgl. *Maurice Merleau-Ponty*, Humanismus und Terror, Frankfurt am Main 1966.
50 *Sartre*, Freundschaft und Ereignis, a.a.O.
51 Vgl. *Hans Heinz Holz*, Herr und Knecht bei Leibniz und Hegel, Neuwied und Berlin 1968.
52 Auch *Fritz Heinemann* erkennt in seiner Darstellung Existenzphilosophie – lebendig oder tot, Stuttgart 1954, das Problem der Entfremdung als den Antrieb der Existenzphilosophien.
53 Interview mit *Jean Paul Sartre*, Interviewer *Jean Guiton*, zitiert nach dem Manuskript des Hessischen Rundfunks, Frankfurt am Main.
54 *Sartre*, Situations I, Paris 1947, Seite 100.
55 *Albert Camus*, Der Mensch in der Revolte, Reinbek bei Hamburg 1953.
56 *Sartre*, Antwort an Albert Camus, in Porträts und Perspektiven, Reinbek bei Hamburg, 1971, Seite 73 ff.
57 Dieses und die folgenden Zitate stammen aus dem Interview Sartres mit dem „Express" vom 9. November 1956.
58 La Nouvelle Critique, Dezember 1956.

59 So wenig wie in den vorangegangenen Abschnitten kann es sich hier darum handeln, die philosophische Position der „Kritik der dialektischen Vernunft" zu entfalten und zu kritisieren. Vorläufig habe ich das andernorts getan: *Sartre*s „Kritik der dialektischen Vernunft", Merkur Nr. 164, 1961, Seite 969 ff. Die „Kritik der dialektischen Vernunft" sprengt ohnehin den existentialistischen Ansatz und braucht hier, wo es um diesen geht, nur am Rande behandelt zu werden. Eine ausführliche Auseinandersetzung soll in einem späteren Bande dieser Serie von Studien zur bürgerlichen Ideologie der Gegenwart erfolgen. An dieser Stelle geht es nur darum, die Stellung der „Kritik" im politischen Denken *Sartre*s anzudeuten.

60 Die erste Konfrontation mit einem imperialistisch aggressiven Faschismus stellte für die bürgerliche Intelligentsia Frankreichs einen Schock dar, der zu einer zeitweiligen Politisierung, zusammen mit dem schriftstellerischen und persönlichen Engagement für die Verteidigung der spanischen Republik führte. *Hemingway*s Weg von „Fiesta" zu „Wem die Stunde schlägt" läuft dem *Sartre*s parallel – und ebenso der Rückschlag in die individualistische Moral nach dem 2. Weltkrieg, die in „Der alte Mann und das Meer" dargestellt wird.

61 Die hier gegebene Skizze einer Interpretation verdankt wichtige Anregungen der Inszenierung *Rudolf Sellner*s im Darmstädter Landestheater, Wintersaison 1960/61.

62 Vgl. *Hans Heinz Holz*, Schicksalstragödie heute – über O'Neills „Trauer muß Elektra tragen", Das Goldene Tor 1948, Heft 6.

63 *Jean Paul Sartre*, Materialismus und Revolution, Stuttgart und Zürich 1950, Seite 49 und 51.

64 A.a.O., Seite 42.

65 A.a.O., Seite 53.

66 A.a.O., Seite 54 und 58.

67 A.a.O., Seite 75.

68 A.a.O., Seite 99.

Vierter Teil: Herbert Marcuse

1 *Herbert Marcuse*, Kultur und Gesellschaft I und II, edition suhrkamp 1010 und 135, Frankfurt (Main) 1965 (im folgenden abgekürzt zitiert als *KG I* und *II*). Hier: *KG I*, S. 103.

2 Glück wird hier absolut gesetzt in der menschlichen Solidarität aller und jeder, nicht, wie in der liberalistischen Theorie *Benthams*, relativiert als das „größtmögliche Glück der größtmöglichen Zahl".

3 *KG I*, S. 135.

4 *KG I*, S. 116, 120, 121, 127.

5 *KG I*, S. 123.

6 In diesem Zusammenhang spielt etwa die Entlarvung der Selbstaufhebung des bürgerlichen Liberalismus eine wichtige Rolle als Warnung für die Demokraten und zugleich als Bewahrung des Erbes der französischen Revolution. Vgl. *KG I*, S. 17 ff.

7 Die konkrete Konvergenz der progressiven Philosophie der Ära des antifaschistischen Kampfes wird deutlich, wenn man das Spätwerk *Benjamins*, das „Prinzip Hoffnung" *Bloch*s und *Marcuse*s Aufsätze aus jener Zeit zusammenhält.

8 Deutsch: Eros und Kultur, Stuttgart 1957 und in Neuauflage unter dem Titel Triebstruktur und Gesellschaft in der Bibliothek Suhrkamp, Band 158. Hier zitiert nach der ersten deutschen Auflage (abgekürzt als *EK*).

9 *EK*, S. 19.

10 „Wenn Freuds Hypothese nicht durch irgendwelche anthropologischen Zeugnisse belegt wird, müßte sie völlig preisgegeben werden, wäre nicht die Tatsache, daß sie die historische Dialektik der Herrschaft in einer Reihenfolge von katastrophalen Ereignissen zusammenfassend überblickt und dadurch bisher ungeklärte Aspekte der Kultur erhellt. Wir verwenden Freuds anthropologische Spekulation nur in diesem Sinne: um ihres symbolischen Wertes willen." *EK*, S. 64.

11 *EK*, S. 22.

12 *KG I*, S. 56; *II*, S. 147.

13 *KG I*, S. 88 ff.

14 Wir können uns hier nicht mit der psychoanalytischen Lehre von der Triebstruktur des Menschen und ihrer Aufnahme und Weiterbildung durch *Marcuse* beschäftigen. Eine solche Untersuchung wäre zwar für die Ausarbeitung einer marxistischen Anthropologie (und übrigens auch einer marxistischen Ästhetik) unerläßlich. Soweit jedoch die politische Philosophie *Marcuse*s betroffen ist, um die es hier allein geht, kann von anthropologischer Grundlagen- und Perspektivenforschung abgesehen werden. Das Ziel marxistischer Gesellschaftsveränderung, die Aufhebung der Entfremdung des Menschen, muß naturgemäß auch ein unentfremdetes Verhältnis des Menschen zu seiner Triebwelt einschließen. Damit ist auch der Abbau repressiver Morallehren gegeben. Jedes Zusammenleben von Menschen bringt neben Trieberfüllung (der in einer humanen Gesellschaft viel weiterer Spielraum offensteht) auch Triebverzicht aus gegenseitiger Rücksicht mit sich und führt also auch wieder zu Sublimationen, die ein neues und sicher niemals endgültiges Wertsystem erzeugen. Konkrete Inhalte der Triebbefreiung und Sublimierung können gewiß jetzt schon imaginiert werden; sie werden im Zerstören traditioneller Tabus und im Abbau soziologisch-ethischer Institutionen des Alltagslebens bereits keimhaft ausgetragen. Insofern hat *Marcuse* zweifellos recht, wenn er in der „sexuellen Revolution" der Jugend ein Moment eines Syndroms gesellschaftssprengender Rebellionen sieht. Andererseits ist der Aufstand gegen eine ineffekt gewordene, verlogene Sexualmoral politisch so indifferent, daß er von der herrschenden Klasse durchaus als ein Instrument der Ablenkung und Manipulation umgedreht werden kann. Nur wo sich der Umsturz sexueller (und also allgemein zwischenmenschlicher) Verhaltensweisen bewußt mit dem Kampf gegen politische Machtstrukturen verbindet, kann er als ein Indiz der Progressivität gesehen werden. Bloße Libertinage hingegen würde eher zum Ausweichen vor den politischen Zusammenhängen führen. Indessen mag die Erschütterung bestehender Verhaltensnormen durchaus als Beleg dafür gelten, daß die Kohärenz der bürgerlichen Gesellschaft sich auflöst und neue Elemente der Unruhe und Selbstzersetzung aus ihr entspringen. Immerhin scheint soviel klar zu sein, daß die Kultur durch gesteigerten Triebverzicht und Triebfrustration eine erhöhte Aggressivität auslöst, die auch eine Entartung des Triebziels von Befriedigung zum Besitz einschließt. Aggressivität an sich, also gelöst von den lebenserhaltenden Funktionen, die ihr im Tierreich zukommen, ist das Korrelat der unterdrückenden Kultur und der sie determinierenden Verlagerung der Triebintention von Genuß auf Besitz. Daraus folgt: „Eine verstärkte Abwehr gegen die Aggression ist notwendig; aber um wirksam zu sein, müßte die Abwehr gegen die erhöhte Aggression den Sexualtrieb stärken, denn nur ein starker Eros kann die Destruktionstriebe mit Erfolg ‚binden'. Und genau dies ist es, was die entwickelte Kultur zu leisten außerstande ist, denn sie hängt, um existieren zu können, von einer gesteigerten und umfassenden Reglementierung und Kontrolle ab." (*EK*, S. 83.) Daraus folgt weiter, daß die Sexualrevolution im Zusammenhang mit einer Aufhebung der Eigentumsverhältnisse, die das System der Reglementierung und Kontrolle zementieren, einen Teil der allgemeinen Befreiung des Menschen darstellen könnte – aber eben nur in diesem Zusammenhang.

15 *EK*, S. 86.
16 *EK*, S. 195.
17 *EK*, S. 196.
18 *EK*, S. 202 f. und 206.
19 *EK*, S. 91–105 enthält alle Ansätze zu einer Beschreibung der total entfremdeten Gesellschaft, die dann in: Der Eindimensionale Mensch, Darmstadt und Neuwied 1970 (abgekürzt: *DEM*) ausgeführt werden.
20 *EK*, S. 229 ff., *KG II*, S. 85 ff., *Paul A. Baran*, Unterdrückung und Fortschritt, edition suhrkamp 179, Frankfurt (Main) 1966, S. 71 ff.
21 Konstruktion und Deduktion als Termini einer Philosophie der Theorie-Praxis-Einheit meinen immer auch den Einsatz der „kritisch-praktischen Tätigkeit".
22 „Und doch ist diese Gesellschaft als Ganzes irrational. Ihre Produktivität zerstört die freie Entwicklung der menschlichen Bedürfnisse und Anlagen, ihr Friede wird durch die beständige Kriegsdrohung aufrecht erhalten, ihr Wachstum hängt ab von der Unterdrückung der realen Möglichkeiten, den Kampf ums Dasein zu befrieden – individuell, national, international." *DEM*, S. 11 f.
23 Ebd., S. 23 und 22.
24 Ebd., S. 16.
25 Ebd., S. 258.
26 *DEM*, S. 62 f.
27 Ebd., S. 13.
28 *KG II*, S. 51. *Marcuse* geht von der irrigen Voraussetzung aus, „weder Triumph noch Zusammenbruch des Faschismus haben irgendeine grundsätzliche Veränderung der existentialistischen Konzeption hervorgerufen". Ebenda, S. 51. Vgl. dagegen oben die Freilegung der Entwicklungsschichten im Denken *Sartres*.
29 *DEM*, S. 18.
30 *KG II*, S. 83 f.
31 Vgl. *Hans Heinz Holz*, Sartres „Kritik der dialektischen Vernunft", in: Merkur: Jg. 1961, S. 969 ff.
32 *Jean Paul Sartre*, Descartes und das Problem der Freiheit, Genf 1946, deutsch: Mainz 1948 (Nachwort zu Descartes' Discours de la méthode), S. 195. Vgl. *Hans Heinz Holz*, Jean Paul Sartre, Darstellung und Kritik einer Philosophie, Meisenheim am Glan 1951.
33 *DEM*, S. 24.
34 Es kann sich hier keineswegs darum handeln, das ebenso beliebte wie falsche Säkularisierungsmodell anzuwenden. Sofern dieses davon ausgeht, daß wesentliche Motive und Denkformen der Neuzeit von einem ursprünglich religiösen oder theologischen Entwurf abgeleitet und durch Verweltlichung eines transzendenten Sinns gewonnen werden, impliziert es, oft mit hämischem Unterton, den Vorwurf der Uneigentlichkeit, der dann mit Vorliebe gegen radikal weltliche, humanistische, aufklärerische, materialistische Positionen erhoben wird. Diese qualifizierende Verwendung des Säkularisierungsmodells kennzeichnet zur Genüge dessen ideologischen Charakter. Demgegenüber hat *Hans Blumenberg*, Die Legitimität der Neuzeit, Frankfurt/Main 1967, den Terminus Säkularisierung als eine „Kategorie des geschichtlichen Unrechts" aufgewiesen und den genuinen Charakter innerweltlicher Denkschemata dargestellt. Auf diese grundlegende Zurückweisung theologisch interessierter Geschichtsphilosophien sei hier nachdrücklich verwiesen. Wenn in unserem Zusammenhang gegen Marcuse geltend gemacht wird, daß seine Konsequenzen in Analogie zu Verfahrensweisen der negativen Theologie auch zu einer weltentfremdenden Eschatologie geraten, so muß der Denkweg umgekehrt zum „Säkularisierungsprozeß" verstanden werden: ein ursprünglich und eigentlich innerweltlicher Ansatz transzendiert sich selbst, sobald er in falscher Radikalität die dialektischen Vermittlungen zu über-

springen versucht, die die Kontinuität des Geschichtsprozesses ausmachen. Dominiert im dialektischen Denken die unvermittelte Negation, die allein im Bewußtsein hergestellt werden kann, so bildet sich die Dialektik wieder zum Idealismus zurück, dem sie durch ihre Verankerung im materiellen Kontinuum entronnen war. Wieder können wir *Marcuse* selbst gegen seine eigene Hypostasierung der Negation zitieren; vgl. *KG I*, S. 10. Auch die reine Negation der kritischen Vernunft, die sich – noch einmal in Analogie zur negativen (sich auch „dialektisch" nennenden) Theologie – des unverbildeten, unentfremdeten Menschseins nur in Bestimmungen dessen, was es nicht ist, versichert, kann systemimmanent integriert und verinnerlicht werden. Der Protestierende ist dann mit sich allein, wie auch der radikale Protestant, dessen Gott der unsägliche „ganz Andere" ist und nicht einmal in der Gemeinde gegenwärtig werden kann, es sei denn kraft eines irrationalen Umschlags, der, auf die weltliche Form des Protests übertragen, höchst bedenkliche Ergebnisse hervorbringen kann. Die Nähe zu Stirner ist hier nicht von der Hand zu weisen.

35 Ebenda, S. 24.

36 *KG II*, S. 66.

37 *KG II*, S. 65 ff.

38 Die Kritik der französischen Widerstandskämpfer an der artifiziellen Situation von Sartres „Tote ohne Begräbnis", die auf einen bloß negativen Freiheitsbegriff abstellt, lag auf der Ebene dieses Einwands.

39 Der Mechanismus einer Toleranz, die Marcuse richtig als „repressiv" kennzeichnet, tritt dann in Aktion. Siehe *Wolff, Moore, Marcuse*, Kritik der reinen Toleranz, edition suhrkamp 181, Frankfurt (Main) 1966.

40 *DEM*, S. 264.

41 Ebenda, S. 266 f.

42 Ebenda, S. 266.

43 Vgl. *Hans Heinz Holz*, Die verschleierte Klassengesellschaft, in: Was ist heute links?, München 1963, S. 69 ff.

44 Vgl. *Wilhelm R. Beyer*, Staatsphilosophie, München 1959, S. 30: „Der Staat umgreift die *ganze* Gesellschaft, eine klassengespaltene eben gerade in dieser ihrer Spaltung . . . Es wäre ungenügend, den Staat jeweils nur als den ‚Staat der herrschenden Klasse' hinzustellen, wenn er in seiner Totalität gewertet werden soll. Der Staat stellt sich genau so als der Staat der beherrschten Klasse vor."

45 *W. I. Lenin*, Ausgewählte Werke in zwei Bänden, Moskau 1947, Band II, S. 740.

46 Ebenda, S. 741.

47 Ebenda, S. 737.

48 *Herbert Marcuse*, Ziele, Formen und Aussichten der Studentenopposition, in: Das Argument, Heft 45, Dezember 1967, S. 398 ff. (im folgenden zitiert als Argument). Vgl. dazu auch *Herbert Marcuse*, Ist die Idee der Revolution eine Mystifikation, in: Kursbuch, Heft 9, 1967, S. 1 ff. (im folgenden zitiert als *Kursbuch*).

49 *Herbert Marcuse*, Die Gesellschaftslehre des sowjetischen Marxismus, Darmstadt und Neuwied 1974 (abgekürzt als *SM*). Ebenso *Herbert Marcuse*, Perspektiven des Sozialismus in der industriell entwickelten Gesellschaft, neue kritik, Heft 31, August 1965, S. 11 ff. (im folgenden zitiert als *Perspektiven*).

50 Die Vermittlung von Weg und Ziel ist die Aufgabe einer historisch-konkreten revolutionären Theorie, die darum auf jeder Stufe des Weges ihre spezifische Ausarbeitung braucht und nie ein für allemal fertig ist.

51 *Walter Benjamin*, Schriften, Frankfurt (Main) 1955, Bd. II, S. 506. Zur Anwendung des Denkmodells Eschatologie vgl. oben Anm. 34.

52 *DEM*, S. 232 f.

53 Ebenda, S. 262 f.

54 *Karl Marx*, Die Frühschriften, ed. *Siegfried Landshut*, Stuttgart 1953, S. 435.
54a *Stirner*, a.a.O., S. 191.
55 *Karl Marx*, a.a.O., S. 452 f.
56 Ebenda, S. 455.
57 Ebenda, S. 455 f.
58 Vgl. *Otto Reinhold*, Wesen und Merkmale der entwickelten sozialistischen Gesellschaft, Einheit 3/1976.
59 Zum Gesamtproblem einer Anwendung psychoanalytischer Kategorien auf gesellschaftliche Sachverhalte sei nochmals auf *EK* und *KG II* sowie auf *Baran*, a.a.O., verwiesen.
60 *KG II*, S. 99.
61 Ebenda, S. 103 ff.
62 Argument, S. 407.
63 Vgl. *Hans Heinz Holz*, Intelligenz und Mitbestimmung, in: Blätter für deutsche und internationale Politik, 1966, Heft 4, S. 278 ff. (Auch als Sonderdruck erschienen in der Reihe: Argumente zur Zeit, Köln 1966)
64 Dies Beispiel findet sich bei *Paul A. Baran*, Politische Ökonomie des wirtschaftlichen Wachstums, Neuwied-Berlin 1966.
65 *DEM*, S. 22.
66 Die Entwicklung seit dem Erscheinen von *DEM* widerlegt Marcuses Diagnose.
67 Ebenda, S. 21 f.
68 *EK*, I. Teil.
69 *Herbert Marcuse*, Vernunft und Revolution, Neuwied-Berlin 1962, S. 108 ff., S. 193, S. 336; dazu die eingehenden Untersuchungen von *Hans Heinz Holz*, Herr und Knecht bei Leibniz und Hegel, Zur Interpretation der Klassengesellschaft, Neuwied-Berlin 1968.
70 *DEM*, S. 63.
71 Auf einige Erscheinungen, wie das allgemeine Unbehagen in der Wohlstandsgesellschaft, die Zunahme psychosomatisch bedingter Erkrankungen, das Aufstauen einer latenten Aggressivität wurde bereits oben hingewiesen. Andere Krisenzeichen, wie die starke Zuwachsrate der Jugendkriminalität, die steigende Zahl von Ehescheidungen, die Ausbreitung von Alkoholismus und anderen Süchten (um willkürlich einige Indizien herauszugreifen), seien hier ergänzend vermerkt.
72 *KG II*, S. 149.
73 *Werner Hofmann*, Verelendung, in: Folgen einer Theorie, Essays über „Das Kapital" von Karl Marx, edition suhrkamp 226, Frankfurt (Main) 1967, S. 27 ff.
74 Hier ist auf die von *Günther Donath*, Die Wahrheit, 29.9.1967, Beilage, zitierten Untersuchungen der IG Textil zu verweisen. *Hofmann* merkt an: „Lt. Arbeitswissenschaft (1966, S. 35) lag in den letzten Jahren das durchschnittliche Invalidisierungsalter der männlichen Arbeiter in der Bundesrepublik bei 54 Jahren." A.a.O., S. 50.
75 *Werner Hofmann*, a.a.O., S. 52, 53 und 55.
76 Ebd.
77 Vgl. *Hans Heinz Holz*, Die verschleierte Klassengesellschaft, a.a.O.
78 Vgl. *Albert Ducrocq*, Die Entdeckung der Kybernetik, Frankfurt am Main 1959, S. 88 f.
79 *Baran*, Politische Ökonomie, a.a.O., S. 65 f.
80 Ebenda, S. 26. In der sich zuspitzenden Krise der Mittsiebziger Jahre ist diese Zahl auf mehr als 8 Millionen gestiegen.
81 Ebenda, S. 26.
82 *L. L. Matthias*, Die Kehrseite der USA, Reinbek/Hamburg 1965[3], S. 58 f. Die

aus *Baran* wie aus *Matthias* entnommenen Ziffern beziehen sich auf die Entstehungszeit von *DEM*, widerlegen also *Marcuses Analyse*. Die weitere Entwicklung hat auch seine *Prognose* widerlegt.
83 Ebenda, S. 77.
84 *DEM*, S. 14.
85 *Palmiro Togliatti*, Reden und Schriften, Frankfurt (Main) 1967, S. 217 f.
86 *DEM*, S. 11.
87 Vgl. *Robert B. Rigg*, A. Military Appraisal of the Threat to US. Cities, in: US-Magazine 1/68; deutsch in: Blätter für deutsche und internationale Politik, 1968, Heft 3, S. 307 ff.
88 Die Praxis der „Berufsverbote" in der BRD der siebziger Jahre liefert ein Parallel-Beispiel.
89 *DEM*, S. 14.
90 *Maurice Merleau-Ponty*, Humanismus und Terror, edition suhrkamp 147 und 148, Frankfurt (Main) 1966, Bd. I, S. 75 f. Vgl. den Hinweis auf den Ausspruch von *Saint Just*: „Patriot ist, wer die Republik insgesamt unterstützt; wer immer sie im einzelnen bekämpft, ist ein Verräter." Ebenda, S. 76.
91 *SM*, S. 79.
92 *SM*, S. 97 f.
93 Die Schwierigkeiten vieler radikal-fortschrittlicher Intellektueller in ihrem Verhältnis zu den Kommunistischen Parteien ihres jeweiligen Landes resultieren daraus. Für Frankreich hat *Jean Paul Sartre* das sehr deutlich in der Schilderung seiner politischen Diskussion mit *Maurice Merleau-Ponty* herausgehoben. Vgl. *Jean Paul Sartre*, Freundschaft und Ereignis, Nachruf auf Merleau-Ponty, Frankfurt (Main) 1962 (siehe oben).
94 *SM*, S. 142.
95 Einen guten summarischen Überblick über das Zusammenspiel von zentraler Planung und örtlicher Initiative der unmittelbaren Produzenten sowie deren Einfluß auf die Planung im Betrieb selbst gibt der Bericht des früheren hessischen Wirtschaftsministers *Dr. Harald Koch* über ein Informationsgespräch mit Funktionären des staatlichen Planungskomitees in Moskau in: Sowjetsibirien und Zentralasien heute, hg. von *Herbert Mochalski* und *Eugen Kogon*, Frankfurt (Main) 1967, S. 122 ff.; vgl. ebenda, S. 243 ff.: *Werner Hofmann*, Zur Berichtigung einiger Fehldeutungen der Sowjetgesellschaft.
96 *SM*, S. 25.
97 *DEM*, S. 41.
98 Ebenda, S. 41.
99 *SM*, S. 84 f.
100 *Werner Hofmann*, Stalinismus und Antikommunismus, Zur Soziologie des Ost-West-Konflikts, edition suhrkamp 222, Frankfurt (Main) 1967, S. 13.
101 Ebenda, S. 17.
102 *Hofmann* hat den erhellenden Unterschied zwischen Macht- und Herrschaftsverhältnis eingeführt.
103 *Werner Hofmann*, Stalinismus und Antikommunismus, a.a.O., S. 101, 102 f., 104.
104 *SM*, S. 108.
105 *SM*, S. 98.
106 *Werner Hofmann*, Zur Berichtigung einiger Fehldeutungen der Sowjetgesellschaft, a.a.O., S. 245, 246, 247. Der Verfasser, der an der gleichen Studienreise wie *Hofmann* 1967 und schon 1964 an einer Studienreise bundesrepublikanischer Publizisten in die Sowjetunion (beide organisiert vom Stimme-Verlag, Frankfurt/Main, unter Leitung von *Herbert Mochalski*) teilgenommen hat, kann diesen Eindruck aus eigener Anschauung bestätigen. Die durch den

XXIV. und XXV. Parteitag der KPdSU beschlossenen Entwicklungslinien weisen weiter in derselben Richtung.

107 *Karl Marx*, Die Frühschriften, a.a.O., S. 457.

108 *Herbert Marcuse*, Ist die Idee der Revolution eine Mystifikation?, in: Kursbuch 9, Juni 1967, S. 6.

109 Es gehört zu den elementaren Voraussetzungen dialektischen Denkens, daß das Verschiedene (diversa, hetera) und das Unterschiedene (differentia, diaphora) auseinandergehalten werden. *Marcuse* kann nicht entgangen sein, daß er in dem oben zitierten Passus nicht von Unterschiedenem, sondern von Verschiedenem spricht, also in einen undialektischen Begriff der Kontradiktion zurückfällt. Indem er jedoch darauf die dialektische Kategorie der „bestimmten Negation" anwendet, erschleicht er den Eindruck der Dialektik, ein Verfahren, das für den linkshegelianischen Anarchismus (*Stirner*) charakteristisch ist.

110 *DEM*, S. 267.

111 Ebd., S. 37: „Operationalismus in Theorie und Praxis wird zur Theorie und Praxis der Eindämmung. Unter ihrer handgreiflichen Dynamik ist diese Gesellschaft ein völlig statisches System des Lebens: sie reproduziert sich stets aufs neue in ihrer unterdrückenden Produktivität und vorteilhaften Gleichschaltung." Ferner ebd., S. 30 f.: „Das Ergebnis ist nicht Anpassung, sondern Mimesis: eine unmittelbare Identifikation des Individuums mit seiner Gesellschaft und dadurch mit der Gesellschaft als einem Ganzen . . . Diese Identifikation ist kein Schein, sondern Wirklichkeit. Die Wirklichkeit bildet jedoch eine fortgeschrittene Stufe der Entfremdung aus. Diese ist gänzlich objektiv geworden; das Subjekt, das entfremdet ist, wird seinem entfremdeten Dasein einverleibt."

112 Ebd., S. 268.

113 *Wolff, Moore, Marcuse*, Kritik der reinen Toleranz, a.a.O., S. 123.

114 *Herbert Marcuse*, Vietnam – Analyse eines Exempels, in: neue kritik, Heft 36/37, 1966, S. 34.

115 Ebenda, S. 32.

116 Ebenda, S. 36 f.

117 *Karl Marx*, Das Kapital, III. Band, Berlin 1947, S. 864.

118 *Herbert Marcuse*, Vietnam – Analyse eines Exempels, neue kritik 36/37, Juni/August 1966, S. 37.

119 *Herbert Marcuse*, Argument, a.a.O., S. 408.

Teil V: Die schlechten Söhne Lenins

1 *Ernst Bloch,* Das Prinzip Hoffnung, Gesamtausgabe Band V, Frankfurt am Main 1959, Seite 426 f.

2 Ebd., Seite 427.

3 *James Joll,* Die Anarchisten, Frankfurt am Main und Berlin 1969, Seite 94 ff.

4 *Georg Wilhelm Friedrich Hegel*, Ästhetik, ed. Bassenge, Berlin 1955, Seite 204.

5 Ebd., Seite 204 und 210.

6 Ebd., Seite 205 f.

7 *G. W. F. Hegel*, Rechtsphilosophie §§ 182–185, Theorie-Werk-Ausgabe Band 7. Frankfurt am Main 1970, Seite 339–343.

8 Ebd., § 188, Seite 346.

9 *Theodor Wiesengrund Adorno*, Negative Dialektik, Gesammelte Schriften, Band 6 pass. Vgl. dazu z.B.: „Geschichtliche Kontingenz und Begriff widerstreiten ein-

ander desto erbarmungsloser, je fugenloser sie ineinander sind. Zufall ist das geschichtliche Schicksal des Einzelnen, sinnlos, weil der geschichtliche Prozeß selber es blieb, der Sinn ursurpierte". Seite 352.

10 *Stirner*, a.a.O., Seite 114 f.
11 *Erika Billeter*, The Living Theatre. Paradise now. Bern 1968, Seite 42.
12 Ebd., Seite 44.
13 *Alexander Trocchi*, Internationale Situationiste, Nr. 8.
14 *Karl Marx*, Frühschriften, a.a.O., Seite 453 f.
15 *Hegel*, Rechtsphilosophie § 258, a.a.O., Seite 399.
16 *Marx*, Frühschriften, a.a.O., Seite 22 und 24.
17 *Joll*, a.a.O., Seie 115 f.
18 Partisan, Sondernummer Mai–Juni 1968, Seite 215.
19 *Walter Hollstein*, Der Untergrund, Berlin und Neuwied 1968, Seite 101 f.
20 Zitert nach *Joll*, a.a.O., Seite 70 f.
21 Zitiert nach *Hollstein*, a.a.O., Seite 48.
22 *Arno Münster*, Paris brennt, Frankfurt am Main 1968, Seite 116.
23 Ebd., Seite 116 f.
24 *Albrecht Goeschel*, Richtlinien und Anschläge. München 1968, Seite 9.
25 *Paul Jacobs*, Saul Landau, Die neue Linke in den USA, München 1969, Seite 168.
26 Ebd., Seite 113.
27 Ebd., Seite 153.
28 *Goeschel*, a.a.O., Seite 51 f.
29 Ebd., Seite 48.
30 *Gerhard Zwerenz*, Die Lust am Sozialismus, Frankfurt am Main 1969, Seite 114.
31 *Karl Marx*, Werke, Schriften, Briefe, ed. Lieber, Band III, 2, Stuttgart 1960, Seite 988 ff.
32 *Hans G. Helms*, Fetisch Revolution, Neuwied und Berlin 1969.
33 Ebd., Seite 103.